Klára Móricz

·

In Stravinsky's Orbit

Responses to Modernism in Russian Paris

University of California Press

2020

Клара Мориц

·

На орбите Стравинского

Русский Париж и его рецепция модернизма

Academic Studies Press

Библиороссика

Бостон / Санкт-Петербург

2022

УДК 78.071.1
ББК 85.313(2)6-008.6
С50

Перевод с английского Натальи Бугаец

Серийное оформление и оформление обложки Ивана Граве

Мориц К.

С50   На орбите Стравинского. Русский Париж и его рецепция модернизма / Клара Мориц ; [пер. с англ. Н. Бугаец]. — СПб.: Academic Studies Press / Библиороссика, 2022. — 439 с. — (Серия «Современная западная русистика» = «Contemporary Western Rusistika»).

ISBN 979-8-887190-60-0 (Academic Studies Press)
ISBN 978-5-907532-44-1 (Библиороссика)

В этой книге Клара Мориц исследует транснациональное эмигрантское пространство, сложившееся вокруг Игоря Стравинского, Владимира Дукельского, Сергея Прокофьева, Николая Набокова и Артура Лурье в межвоенном Париже.

Их музыка отражала конфликт между модернистским нарративом, требующим новаторства, и нарративом изгнания, связанным с сохранением дореволюционной русской культуры. Противоположные представления эмигрантов и большевиков о России и ее прошлом часто сталкивались во французской столице, где Советы демонстрировали свою политическую и художественную продукцию. Русским композиторам в Париже также приходилось считаться с непропорционально большим влиянием Стравинского: если они поддавались моде, диктуемой их знаменитым соотечественником, они рисковали стать эпигонами; если они оставались на прежних позициях, они рисковали стать неактуальными.

УДК 78.071.1
ББК 85.313(2)6-008.6

ISBN 979-8-887190-60-0
ISBN 978-5-907532-44-1

Майкл П. Рот и Сьюки Гарсетти спонсировали издание этой книги, чтобы почтить память своих родителей, Джулии и Гарри Рот, чью глубокую любовь к музыке они хотели бы разделить с другими.

Издательство и University of California Press Foundation (Издательский Фонд Калифорнийского университета) выражают искреннюю благодарность за щедрую поддержку фонду Roth Family Foundation Imprint in Music, созданному усилиями Сьюки и Гила Гарсетти и Майкла П. Рота.

*Посвящается памяти моей матери
и Нонны Барсковой*

Список иллюстраций

Слова благодарности

Множество людей вдохновляло меня и помогало в работе над этим проектом. Я выражаю искреннюю признательность архивистам и сотрудникам Библиотеки Конгресса, Нью-Йоркской публичной библиотеки, Библиотеки редких книг и рукописей Бейнеке Йельского университета. Особую помощь оказали Клод Лоренц из Национальной и Университетской библиотек Страсбурга, а также Флор Бугникур из Медиатеки Монако, Fonds Patrimonial; доктор Феликс Мейер и Изольда Деген из Фонда Пауля Захера в Базеле, Швейцария; Наталья Ермолаева из Архива Прокофьева в Библиотеке редких книг и рукописей Колумбийского университета. Неоценимую пользу принесли мне знания и отзывчивость Стэнли Рабиновица и Майкла Куничика из Центра русской культуры Амхерстского колледжа. Стивен Хейм из межбиблиотечного отдела Амхерстского колледжа выполнял самые сложные мои запросы, а библиотекарь отдела искусств и гуманитарных наук Сара Смит помогала в поиске иллюстраций в интернете. Мишель Фуркад, президент Cercle Maritain, предоставил мне доступ к фондам Национальной и Университетской библиотек Страсбурга, а Винсент Лалуа прислал копии писем его отца Луи Лалуа и Артура Лурье. Стефан Хюллигер снабдил меня ценной информацией из своей личной коллекции документов Лурье и всегда был готов ответить на мои вопросы. Олеся Бобрик тоже поделилась со мной транскрипцией переписки Лурье с Сергеем Кусевицким и Борисом де Шлецером, а также выдержками из дневников Лурье. Моя студентка Фейт Вен сделала качественные фотографии документов из Центра русской культуры Амхерстского колледжа.

На разных этапах работы мне помогали и другие люди, которым я хотела бы выразить благодарность за оказанную поддержку. Саймон Моррисон консультировал меня в начале моего проекта и любезно поделился со мной имеющимися у него копиями переписки между Верноном Дюком и Сергеем Прокофьевым. Кэрил Эмерсон всегда с готовностью давала комментарии к моим работам о Лурье и прислала стенограмму интервью, которое она взяла у Джозефа Линча, в прошлом адвоката Лурье в Принстоне. Стэнли Рабинович ознакомился с одной из глав моей книги и помог мне с переводом трудных фрагментов на русском языке. Майкл Куничика пригласил меня выступить с презентацией одной из глав моей книги в Амхерстском центре русской культуры. Эрик Сойер высказал замечания по введению и одобрил мою работу. Анна В. Нисневич любезно прочитала и подвергла критическому анализу две главы из моей книги. Ее мнение было особенно важным для написания главы, посвященной Прокофьеву. Сергей Глебов давал мне советы по архивным источникам и был всегда готов ответить на мои вопросы. Полина Барскова вдохновила меня в отношении многих интерпретационных моментов. Она прочитала несколько глав, сделала ценные замечания и всегда была готова к мозговому штурму и плодотворным дискуссиям. Мы время от времени встречались с ней за чашкой кофе, и эти встречи помогали мне сосредоточиться и служили интеллектуальным стимулом. Нонна Барскова привила мне любовь к русскому языку, поэзии и культуре. Она по нескольку раз перечитывала все главы моей книги, указывала на ошибки и критиковала меня без всякой жалости. Ее постоянная поддержка, одобрение и вера в мою работу были незаменимы для завершения этого проекта. Линн Гарафола пригласила меня выступить с двумя лекциями в Колумбийском университете, благодаря чему я получила ценные отзывы. Кроме того, она указала мне на источники, имеющие решающее значение для моего исследования, и великодушно поделилась со мной двумя главами из своей будущей книги о Брониславе Нижинской. Стивен Баллок и другой читатель рукописи не жалели усилий, чтобы сделать мою книгу лучше. Я воспользовалась многими их советами и очень признательна им. Свою самую большую благодарность я хотела бы выразить Ричарду Тарускину, который дважды внимательно прочитал рукопись, подвергнув книгу самому тщательному редактированию. Я глубоко признательна ему за неоценимую помощь и честную критику.

Мое исследование проводилось при поддержке гранта в рамках программы Amherst College Faculty Research Award Program, финансируемой фондом H. Axel Schupf '57 Fund for Intellectual Life. Я также получила финансовую поддержку от офиса проректора и декана факультета Амхерстского колледжа. Я выражаю благодарность Райне Поливке из UCPress за помощь в процессе публикации; Мэдисон Ветцелл за то, что она своевременно отвечала на все мои вопросы по подготовке рукописи; Сьюзен Хигман Ларсен за тщательную редактуру; Бену Айотт за подбор музыкальных примеров для моей книги.

Этот список был бы неполным без благодарностей моей семье, моей дочери Эмме Шнайдер, моим брату и сестре, которые всегда были готовы морально поддержать меня. Мой муж, Дэвид Э. Шнайдер, был тем человеком, который всегда первым выслушивал мои идеи. Без его постоянной поддержки, ободрения, терпения, квалифицированной редакторской помощи и честной критики я бы не смогла завершить свой труд. Я посвящаю эту книгу памяти моей матери Эммы Пайор и Нонны Барсковой — двух самых важных людей в моей судьбе, которые ушли из жизни в то время, когда я работала над этой книгой. Мне всегда будет их не хватать.

Также явыражаю благодарность European American Music Distributors Company (EAM) за предоставленное мне право опубликовать отрывки из произведения Стравинского «Симфония in C».

Кроме того, я хотела бы высказать слова признательности за финансовую поддержку, предоставленную через офис проректора и декана факультета Амхерстского колледжа для перевода этой книги на русский язык. Я благодарна своей переводчице Наталье Бугаец, которая, помимо того, что перевела текст точно и с фантазией, уловила и исправила ошибки в примечаниях.

Введение

За все, за все спасибо. За войну,
За революцию и за изгнанье.
За равнодушно-светлую страну,
Где мы теперь «влачим существованье».

Нет доли сладостней — все потерять.
Нет радостней судьбы — скитальцем стать,
И никогда ты к небу не был ближе,
Чем здесь, устав скучать,
Устав дышать,
Без сил, без денег,
Без любви,
В Париже...
1928

Георгий Адамович [Адамович 2005: 77]

Перед отъездом в Америку в 1918 году Сергей Прокофьев побывал у Анатолия Луначарского, первого советского наркома просвещения. Как следует из краткой автобиографии Прокофьева, написанной в 1941 году для читателей журнала «Советская музыка», Луначарский, который был энтузиастом современного искусства, пытался уговорить его остаться: «Вы революционер в музыке, а мы в жизни — нам надо работать вместе»[1]. Убеждение Луначарского в том, что русские деятели искусства с прогрессивными взглядами

---

[1] Цит. по: [Мартынов 1974: 155]. В своем дневнике Прокофьев описывает встречу несколько иначе: «Когда я пришел во дворец к Штернбергу, то оказалось, что меня желает видеть Луначарский. Его слова о Маяковском и чрезвычайно любезный прием. "Оставайтесь, зачем вам ехать в Америку". Я проработал год, а теперь хочу глотнуть свежего воздуха. "У нас в России и так много свежего воздуха". Это в моральном отношении, а я сейчас гонюсь чисто за физическим воздухом. Подумайте, пересечь великий океан по диагонали! "Хорошо, напишите на бумажке, мы дадим вам необходимые документы"» (7 (20) апреля 1918 года [Прокофьев 2002a: 696]).

должны служить самому прогрессивному в политическом отношении государству, не соотносилось с намерением Прокофьева заняться на Западе модернистским искусством, которое представлялось новому Советскому государству политически регрессивным. Для Советов новаторская составляющая западного модернизма была не более чем удовлетворением требований рынка, инновацией ради инновации[2]. В 1930-х годах, когда власть Сталина окрепла, государственная поддержка модернистского искусства трансформировалась в ужесточение цензуры и в конечном итоге в травлю его представителей; однако уже в 1920-е годы русских эмигрантов — приверженцев модернистского искусства — преследовало обвинение в том, что, решив покинуть Россию, они пошли «против истории, а значит, и против искусства, и будут наказаны творческим бесплодием и смертью» [Maguire 1968: 72]. Миф о бесплодности русского искусства за рубежом был важным инструментом пропаганды на страницах «Красной нови» (1921–1941), первого советского «толстого» литературного журнала, созданного в ответ на появление в Париже эмигрантского издания «Современные записки» (1920–1940). Настойчивое стремление советской власти разделить русскую культуру на «старое», «умирающее» эмигрантское искусство и «молодое», «бурно развивающееся» советское было еще более очевидно в силу того, что ничем не подкреплялось в действительности, где модернизм, вопреки ранним попыткам футуристов найти точки соприкосновения с революцией, никогда не процветал, а в ходе антимодернистских кампаний сталинского режима фактически был поставлен на грань исчезновения. Как показывает Леонид Ливак, концепция и культурная традиция модернизма оказались весьма проблематичны как в Советском Союзе, так и в контексте русской эмиграции [Livak 2018: 114, 119][3].

---

2   «От своего развлекателя [позолоченная толпа] требует постоянно новых ощущений и их комбинаций» [Луначарский 1971: 341] (впервые в: Вечерняя Москва. 1927. № 141. 25 июня).

3   Ливак также прослеживает этот разрыв в исследованиях советского модернизма, которые склонны рассматривать атмосферу в СССР 1920-х годов как «более восприимчивую к модернистской чувствительности, чем Россия за рубежом» [Livak: 111].

Понимая, что Прокофьев настроен решительно, Луначарский разрешил композитору покинуть страну «по делам искусства и для поправки здоровья». Либеральное отношение Луначарского к творческой интеллигенции, представители которой хотели уехать из Советского Союза, невольно способствовало становлению культурного феномена, получившего название «первая волна» эмиграции и приведшего к разделению русской культуры на две части: одна на родине, другая в изгнании. Вероятно, под влиянием литературоведа Глеба Струве, Марк Раев назвал эту эмигрантскую культуру «Россия за рубежом» [Раев 1994][4]. Выражение, используемое Струве, как и его вариации («Россия вне России» и «зарубежная Россия»), указывает на уверенность в том, что после революции культура дореволюционной России продолжала существовать за пределами Советского Союза. В отличие от слова «эмиграция», выражение Струве было призвано обозначить русских изгнанников как некую общность, лишенную возможности возвращения. На протяжении всей книги я использую понятия «Россия за рубежом» и «эмигрантская культура» как синонимы, чтобы показать, что для русских в Париже надежда на то, что советский эксперимент в конце концов провалится и они смогут вернуться домой, стала центральным элементом культурного самосознания[5].

Нельзя сказать, что культура русского зарубежья была однородной: она охватывала обширные с географической точки зрения территории, и в середине 1920-х годов, когда Берлин, в силу экономических причин, уступил ведущую роль, сосредоточилась в Париже. Уделяя особое внимание литературе эмиграции, Мария Рубинс осмысляет экстерриториальную русскую культуру как архипелаг — внешне независимую, обособленную, но культурно взаимосвязанную группу островов, находящихся в постоянном движении, центры которых перемещаются, а происхождение «обусловлено серией вулканических извержений». В большинстве

---

[4] См. также [Струве 1956; Taruskin 2016b: 159–161].

[5] Ливак поясняет, что русские беженцы во Франции настаивали на том, чтобы их называли «эмигрантами», еще и потому, что этот термин имел лестную отсылку к известным изгнанным французским интеллектуалам, таким как Жермена де Сталь или Франсуа-Рене де Шатобриан [Livak 2003: 5].

своем русские эмигранты первой волны в Париже продолжали придерживаться того, что Рубинс называет «традицией жертвы» в изгнании, что замедляло их интеграцию и взаимодействие со страной пребывания [Rubins 2019: 23–24].

Деятели искусства и представители интеллигенции спасались бегством от большевистской утопии, причем порой при ужасающих обстоятельствах. Один из героев этой книги, Борис де Шлёцер (1881–1969), музыкальный критик и шурин Александра Скрябина, в 1918 году вместе с сестрой и тремя ее детьми переехал из голодающего Петрограда в оккупированный немцами Киев, а затем в Ялту, где его призвали в Белую армию. На фронт его не отправили только потому, что он заболел брюшным тифом[6]. Молодой композитор Владимир Дукельский (1903–1969) бежал из Одессы на последнем переполненном грузовом судне, которое успело покинуть порт до того, как в город вошла Красная армия [Duke 1955: 65–66]. Даже Николаю Набокову (1903–1978), двоюродному брату писателя Владимира Набокова, эмиграции которого во многом способствовали влиятельные родственные связи, довелось пережить лишения после того, как он бежал вместе с семьей, пытаясь обосноваться сначала в Афинах, затем в Гааге, а потом в Штутгарте и Берлине, где продолжил свое музыкальное образование вплоть до переезда в Париж в 1923 году [Giroud 2015; особенно 24–52]. Игорь Стравинский и Сергей Дягилев, уже жившие за границей до революции, в 1921 году оказались в положении апатридов после того, как по решению Ленина экспатрианты были лишены гражданства. 28 сентября 1922 года Ленин выслал из страны более ста представителей русской интеллигенции, заподозренных в отсутствии симпатии к новому режиму, на немецком судне «Oberbürgermeister Hacken», вошедшем в историю под названием «философский пароход» [Chamberlain 2007]. Композитор Артур Лурье (1892–1966), доверенное лицо Стравинского в Париже в 1920-х годах, добровольно уехал на том же корабле месяцем ранее. К 1926 году, когда в Париж приехал со-

---

6 См.: Николай Слонимский, «Предисловие переводчика» к книге Бориса Шлёцера «Скрябин: Артист и мистик» [Schloezer 1987: vii].

ветский музыкальный критик Леонид Сабанеев (1881–1968), во Франции проживало около 80 000 русских, причем около 45 000 обосновалось в столице [Gousseff 2008: 125–126][7].

В 1929 году писатель Аминад Шполянский, известный как Дон-Аминадо, в шутку заметил, что в Париже только Эйфелева башня не захвачена русскими: «На Елисейских полях поют донские казаки… На Больших бульварах играют балалайки». Никому не удалось избежать русского вторжения. «В швейных мастерских — русские руки. В балете — русские ноги». На первых полосах газет появились статьи о бегстве советского дипломата Григория Беседовского; французский драматург Морис Ростан писал пьесу о последнем русском царе («Le dernier tsar», 1929) с участием французской актрисы русского происхождения Людмилы Питоефф; в кинотеатрах шли русские фильмы и фильмы о России, среди которых «Буря над Азией» Всеволода Пудовкина (1928), «Живой труп» Федора Оцепа (1929), «Восхитительная ложь Нины Петровны» Ханса Шварца (1929), «Патриот» Эрнста Любича о царе Павле I (1928), «Царь Иван Васильевич Грозный» Александра Иванова-Гая (1915). Огромной популярностью пользовался русский пианист Александр Браиловский, а «симфонические оркестры не переставали исполнять Стравинского» [Дон-Аминадо 1929].

Главные действующие лица этой книги — русские композиторы в Париже, в особенности те из них, кто находился в ближайшем кругу Стравинского. Кем они были? По мнению Сабанеева, который в 1927 году обобщил состояние русского музыкального искусства на родине и за рубежом, их нельзя было считать единой группой, потому что у них не было общей эстетики [Sabaneyeff 1927a][8]. Лурье придерживался противоположной точки зрения,

---

[7]   См. также [Рубинс 2017: 5].

[8]   Книгоиздательская компания International Publishers, основанная в 1924 году Абрахамом Аароном Хеллером и Александром Трахтенбергом, была рупором Рабочей партии Америки. Среди публикаций компании 1920-х годов были как книги Льва Троцкого «Куда, Россия?» (1926), «Экономическая теория праздного класса» (1927) и «Мировое хозяйство и империализм» (1929) Николая Бухарина, так и «Ленинизм» Иосифа Сталина (1928).

утверждая, что в России после коммунистического переворота русской музыки больше не существовало и что именно русские композиторы в Париже стали представителями своего отечества[9].

Доводы Лурье хорошо знакомы исследователям, изучающим вопрос двойственного существования послереволюционной русской культуры. Официальная линия советской политики, по их мнению, мало была связана с эмигрантской ветвью, ставшей призрачным отражением той русской культуры, которая могла бы быть, не случись трагического перелома 1917 года. Культура в изгнании дала временный приют представителям интеллигенции, многие из которых, как и Лурье, полагали, что продолжают традиции, на которых остановилась дореволюционная Россия. В своей недавней книге Леонид Ливак подробно рассказывает о том, чем было чревато подобное патрулирование политических и культурных границ [Livak 2018: 117–127]. Понятие «Россия за рубежом» прочно укоренилось в качестве культурологической категории; о литературной деятельности русских эмигрантов в первой половине XX века написано множество исследований. И все же, за исключением Стравинского и Прокофьева, наиболее известных русских композиторов того времени, в исследованиях, посвященных зарубежной России, удивительным образом отсутствуют музыканты. Лучшим введением в эту тему является эссе Ричарда Тарускина 2005 года «Is There a 'Russia Abroad' in Music» («Существует ли "Россия за рубежом" в музыке?»), которое и послужило источником вдохновения для моего исследования [Taruskin 2016b: 159][10]. Вслед за Сабанеевым и Лурье, Тарускин задается важнейшим вопросом: «Можно ли обоснован-

---

9   Французская версия [Lourié 1931: 160–165]; английская версия [Lourié 1932: 519–529]; русская версия [Лурье 1933: 218–229], перепеч. в [Вишневецкий 2005: 259–269]. Из трех версий французская — самая короткая и сильно отличается от двух других. Подробное обсуждение статьи Лурье и ее евразийского подтекста см. [Taruskin 2016a].

10 Другие исследования о русских композиторах за рубежом, см. [Вишневецкий 2005; Leveillé 2013: 165–178; Levidou 2013: 203–228]. В недавней книге Натальи Зеленской [Zelensky 2019] исследование русской диаспоры расширяется вплоть до любительских музыкальных кружков в Нью-Йорке.

но считать музыкантов русской диаспоры межвоенного периода единой группой?» Другими словами, «можно ли, говоря о музыке, использовать коллективное понятие "зарубежная Россия" или речь может идти только об отдельных русских за рубежом?» Я пытаюсь ответить на этот вопрос в несколько более узкой перспективе, ограничивая свое исследование русским Парижем, в частности, кругом Стравинского, и «выстраивая схему личных отношений», которые, по сути, определяли то, как композиторы реагировали на пережитый опыт изгнания [Ibid.: 149]. В то время как дореволюционная Россия, воображаемый центр культуры русской интеллигенции, превратилась в страну-призрак, настоящим центром для русских музыкантов стал Стравинский, звезда парижской музыкальной жизни, сопричастность русским музыкальным традициям которого была в лучшем случае неоднозначной.

Объединение русских композиторов-эмигрантов в группу, даже на ограниченной географической территории, таит в себе определенные опасности. Одна из них — опасность воспринимать их творчество с западноевропейской точки зрения как нечто экзотическое, то есть в рамках той ограниченной категории, которой пытались избежать и Стравинский, и Лурье. Есть и другая потенциальная опасность — стать жертвой эссенциализма, допускающего, что в этих композиторах присутствует некая загадочная русская «душа», которая позволяет им интуитивно говорить на стилистически едином музыкальном языке. Этот аргумент, к примеру, был выдвинут французским музыковедом Жизель Бреле в 1953 году в публикации к двухтомному сборнику статей Петра Сувчинского о русской музыке [Brelet 1953: 44–79]. Такая точка зрения может с легкостью приобрести политическое звучание: она ожидаемо стала частью националистического исторического нарратива, процветающего в России в нынешнее время, когда страна шаг за шагом возвращает свою прежде изгнанную интеллигенцию, стремясь преодолеть разрыв между двумя искусственно разделенными русскими культурами и задним числом сформировать единое культурное самосознание. Запоздавшее объединение может произойти при горячем согласии главного действующего лица, как это продемонстрировал Стравинский в 1962 году во время своего первого с 1914 года возвращения на родину, когда он совершенно определенно принял свою русскость: «Я всю жизнь по-русски говорю, по-русски думаю, у меня слог русский. Может быть, в моей музыке это не сразу видно, — добавил Стравинский, который к тому времени уже перешел в лагерь додекафонной техники, — но это заложено в ней, это в ее скрытой природе»[11]. Он, казалось, забыл, что к концу 1920-х годов провозгласил себя космополитом, у которого осталось только одно русское качество — он любил музыку «так, как любят музыку все русские»[12].

Настоящее исследование отвергает как эссенциалистские, так и политически ангажированные попытки объединения советской культуры и русской культуры в изгнании. Но также я против того, чтобы представлять пореволюционную русскую культуру существующей в двух несвязанных между собой формах: в искаженном виде в Советской России и в герметично сохраненной старой форме в культурном пространстве эмиграции — именно такой подход доминировал в исследованиях русской культуры во времена холодной войны[13]. Я показываю, что культурная граница между Москвой и Парижем в межвоенные годы была проницаема, что это позволяло осуществлять взаимодействие между двумя русскими культурами — во всяком случае, в течение некоторого времени. Как с ноткой ностальгии вспоминал в 1931 году критик-эмигрант Марк Слоним, русская культура в 1920-е годы все еще представляла собой «систему сообщающихся сосудов» с непрекращающимся потоком идей, людей и текстов между Советской Россией и русскими сообществами в европейских столицах [Слоним 1931: 617–618]. По существу, она была тем

---

[11] Комсомольская правда. 1962. 27 сент.

[12] Цит. по: [Levitz 2012: 310].

[13] Уже на конференции 1972 года в Женеве «Одна или две русских литературы?» утверждалось, что «раскол русской литературы XX века на два отдельных течения был искусственным, имеющим исключительно политическую подоплеку» [Рубинс 2017: 15].

культурным пространством, которое Андреас Гюйссен назвал «транснациональным», подчеркивая тем самым «динамические процессы смешения культур» [Huyssen 2005: 16].

В этой книге я не предлагаю вашему вниманию всеобъемлющую хронику русской музыки в Париже в период между двумя мировыми войнами. Скорее, я акцентирую внимание на культурных трансформациях, которые происходили по мере того, как дореволюционная русская культура мигрировала на Запад, вступая во взаимодействие, с одной стороны, с французской культурой, а с другой — с новыми советскими тенденциями, которые усиленно демонстрировались в Париже к великому удовольствию французской интеллектуальной элиты и к огорчению русских эмигрантов. В центре моего внимания композиторы, которых в 1932 году Лурье назвал как самых выдающихся в своей статье, посвященной «русской школе»: Стравинский, Прокофьев, Набоков и Дукельский. При этом я не упоминаю Игоря Маркевича (1912–1983), самого молодого из композиторов Дягилева в списке Лурье, чью блестящую композиторскую карьеру затруднила смерть импресарио в 1929 году [Lourié 1932: 527]. Вместо Маркевича я предпочитаю сосредоточиться на Лурье как на вдумчивом критике и композиторе. Изучение орбиты Стравинского не может быть полным без того, чтобы не уделить должного внимания столь значительному его спутнику.

В центре моего исследования — эмигрантское пространство, которое населяли и формировали мои герои. Через всю книгу проходит несколько взаимосвязанных тем, характерных для этого культурного пространства. В первую очередь это конфликт между нарративами модернизма, который предполагает постоянные новации, и изгнания, который считает своей миссией сохранение культуры прошлого. По замечанию Ливака, эта «инновационная парадигма» модернизма представляла трудности как для русской культуры в эмиграции, которая, по убеждению самих эмигрантов, выполняла двойную миссию — сохраняла и развивала лучшее из дореволюционной культуры, так и для Советской России, в которой политические и эстетические инновации никогда не шли рука об руку [Livak 2018: 96]. Совместив концептуальные подходы к модернизму и эмиграции, я отвечаю на призыв Ливака «объединить неоправданно разделенные научные области — исследования модернизма и исследования эмиграции — в единую область научного поиска» [Ibid.: 113]. Также в моем исследовании рассматривается вопрос о противоречии между представлениями большевиков и эмигрантов о России и ее прошлом, что объясняет приверженность последних к неоклассицизму — транснациональному художественному мировоззрению, которое давало возможность как воссоединиться с собственным прошлым, так и воспринять французскую идеализацию классицизма. В равной степени для этого исследования важны Санкт-Петербург и величайший из его поэтов Пушкин как символы и культурные ориентиры эмигрантской ностальгии. Ностальгия в свою очередь столкнулась с политическими и художественными соблазнами большевизма, которые привлекали даже русских эмигрантов в Париже, ведь художественные и политические достижения Советов являли собой тот раздражитель, с которым эмигрантам приходилось соизмерять свои культурные запросы. В русском Париже музыкальное пространство эмигрантов было задано центростремительной и центробежной силой огромного влияния Стравинского. Со своей стороны, философия музыкального времени Стравинского, сформулированная Петром Сувчинским, а затем Жизель Бреле, отражала свойственные эмигрантам особенности восприятия времени.

В более широком контексте, моя тема — это реакция эмигрантов на потрясение, вызванное революцией и последующим изгнанием. Я полагаю, что своеобразным ответом русских эмигрантов 1920–1930-х годов на пережитую травму стало переосмысление ими отношения к модернистскому делению времени на три части: прошлое, настоящее и будущее. В большинстве своем они были ностальгически зациклены на прошлом, с любовью воссоздавали и преображали его и, в итоге утратив связь с реальностью, отказывались принять современное представление о времени как о чем-то необратимом и поступательном. Ностальгия эмигрантов вполне соответствует определениям ностальгии, данным Светланой Бойм: реставрирующей ностальгии, которая подчеркивает *nostos* (возвращение домой) и стремится восстановить утраченный дом, воспринимаемый как истина и традиция; и рефлексирующей ностальгии, которая коренится в *álgos* (тоска) и хранит осколки воспоминаний, не помышляя о возвращении. И то и другое, как пишет Бойм, можно рассматривать негативно, как «отречение от личной ответственности, безвинное возвращение на родину, этическое и эстетическое поражение» [Бойм 2019: 17]. По словам Иосифа Бродского, упрямство эмигрантов, взгляд которых прикован к прошлому, «преобразуется в монотонную ностальгию, которая является, грубо говоря, простым неумением справляться с реальностью настоящего и неопределенностью будущего» [Бродский 2003: 33]. Испытывать чувство ностальгии означает также открыто носить на себе ярлык «эмигранта», не допуская (или, по крайней мере, существенно ограничивая) потенциального взаимодействия со страной пребывания.

Для того чтобы вырваться из ловушки ностальгии, можно было выбрать противоположное направление и, хотя бы в качестве эксперимента, начать идти в ногу с большевиками и их одержимостью революционным прогрессом. Однако для этого требовалось покончить с прошлым и устремиться в утопическое будущее — вполне предсказуемо, что немногие эмигранты выбрали этот путь. Те же, кто последовал ему (Прокофьев, например), стали удобной мишенью для советского правительства, пытавшегося заполучить обратно лучших представителей творческой интеллигенции.

Ни ностальгия, ни впадение в большевистские искушения не оказались продуктивными для эмигрантского существования. Неоклассицизм предложил альтернативное ощущение вневременности, очищенное от исторических ассоциаций иллюзорное прошлое — легкое, беспечное, эмоционально отстраненное, свободное от чувства исторической вины. Как и ностальгия, неоклассицизм обращен в минувшее, но при этом лишен эмоционального заряда; он с холодной расчетливостью создает тщательно продуманное, воображаемое прошлое. Как отмечают Скотт Мессинг и Ричард Тарускин, неоклассический импульс во французской музыке возник в качестве мощной ответной реакции на немецкое влияние после завершения Франко-прусской войны. Травма, нанесенная Первой мировой, по вполне понятным причинам обострила антинемецкие настроения, присущие неоклассицизму, и предоставила Стравинскому возможность стать «вагнеровским антихристом» [Craft 1984: 220][14]. Ирония судьбы заключалась в том, что неоклассицизм, художественное направление, глубоко уходящее корнями во французскую националистическую неприязнь, позволил русскому Стравинскому сделаться «образцом французского стиля» [Taruskin 2009: 387]. Эта сторона истории хорошо известна. Но неоклассицизм был не просто европейским паспортом Стравинского — это была и его попытка вернуть свое русское прошлое, как утверждает Шлёцер, первый критик, который использовал этот термин по отношению к композитору в 1923 году.

Объединив различные французские определения неоклассицизма в исследовании изгнанничества, я обращаюсь к теме русской эмиграции, чтобы пролить свет на малоизученный аспект этого бесконечно иллюзорного понятия. Далее во Введении я предлагаю краткий обзор музыкальной жизни русского Парижа, основываясь на подробной хронике жизни русской эмиграции в Париже, составленной Львом Мнухиным [Мнухин 1995], а также на остроумных и метких комментариях в дневниках Прокофьева о суете и шуме парижской жизни межвоенной поры и о соперничестве, царившем в русской музыкальной субкультуре. Париж 20-х годов с высоты положения Стравинского и Прокофьева был настоящей Меккой для музыкантов, ведь только в сезон 1927/1928 годов здесь состоялось 267 симфонических концертов и прошли премьеры 133 новых сочинений 105 композиторов [Юзефович 2013: 29]. Само собой разумеется, что возможности для менее известных русских сочинителей музыки были гораздо более ограничены. Оба анализа ситуации, сделанные Сабанеевым, — оптимистическое описание событий

---

[14] См. также [Messing 1988]. Краткий обзор исследований неоклассицизма см. [Levitz 2012: 17–20].

конца 1920-х годов и удручающий обзор 1937-го — отражают точку зрения композитора, потерпевшего неудачу [Сабанеев 2005: 203–218]. Сабанеев, будучи музыкальным критиком, не всегда заслуживающим доверия, тем не менее был тонким наблюдателем, чьи взгляды вызывали отклик у других, не нашедших признания русских композиторов, переживавших во французской столице трудные времена. В свою очередь, анализ русского Парижа, сделанный Лурье, отличается большей идеологической тенденциозностью. Так же как и Сабанеев, Лурье в конечном итоге оказался на задворках музыкальной жизни, но в течение почти десятилетия он оставался убежденным сторонником эстетики Стравинского и сыграл тем самым важную роль в формировании нарратива русской музыки в Париже. Анализы, проведенные Лурье и Сабанеевым, несмотря на противоположные выводы о существовании парижской русской композиторской школы, сосредоточены на Стравинском, музыка и эстетические убеждения которого с особой силой притягивали русских в Париже.

РУССКИЙ ГОЛОС ПАРИЖА

По воспоминаниям Н. Н. Берберовой, поэт Владислав Ходасевич когда-то отметил такую черту русских людей: когда

> настанет день, все пропадет и тогда соберутся несколько человек и устроят общество... все равно чего. Например: «Общество когда-то гулявших в Летнем саду», или «Общество предпочитающих "Анну Каренину" — "Войне и миру"», или просто: «Общество отличающих ямб от хорея» [Берберова 1996: 444].

Музыканты были чуть более практичны. Они создавали ансамбли, открывали консерватории, организовывали циклы концертов, оркестры (среди которых было несколько оркестров балалаек), хоры, музыкальные общества, оперные труппы и музыкальные издательства. В «Последних новостях», самой влиятельной ежедневной газете русской эмиграции в Париже в период с 1920 по 1940 год, и в «Возрождении», русской газете более консервативного направления, ежедневно публиковались анонсы концертов и музыкальных событий, представлявших интерес для русской аудитории. Обзор одного только 1927 года (этот год подробно рассматривается в главе 2) демонстрирует повсеместное русское присутствие в музыкальной жизни Парижа. В январе любители русской оперы могли побывать на «Князе Игоре» Александра Бородина и на «Царской невесте» Николая Римского-Корсакова в Театре Елисейских полей. В феврале они слушали концертное исполнение «Демона» Антона Рубинштейна, в апреле «Садко» Римского-Корсакова в Театре Трокадеро, в сентябре — концертное исполнение его же «Снегурочки» в зале Гаво, а в октябре в зале Плейель — концертное исполнение «Бориса Годунова» Модеста Мусоргского. По крайней мере один раз в месяц профессора и студенты Русской консерватории давали концерты. Русские музыканты нередко выступали с французскими оркестрами. Так, в январе с оркестром Колонна выступал оперный певец Александр Мозжухин, а в феврале — певцы Квартета Кедрова и Владимир Горовиц. В феврале и марте исполнители В. И. Браминов и Г. Ф. Леонов выступали с оркестром Падлу. Русские певцы, скрипачи и пианисты исполняли русскую музыку в дополнение к обычному репертуару. В апреле в зале Géographie пианист Р. Оцуп дополнил программу из произведений Рамо, Скарлатти и Шопена премьерой сочинения Николая Метнера. В мае Николай Орлов исполнял Шуберта, Шумана, Шопена, Скрябина и Прокофьева в зале Agriculteurs, причем Прокофьев лично присутствовал на концерте. Музыканты выступали не только на концертах, но и в русских клубах, на поэтических и музыкальных вечерах, на балах, банкетах и благотворительных мероприятиях.

Хроники «Русского зарубежья» Мнухина отражают подъем музыкальной жизни французской столицы, в центре внимания которой находились русские музыканты. До 1928 года, когда Сергей Кусевицкий перестал давать концерты в Париже, чтобы полностью посвятить себя Бостонскому симфоническому оркестру, и до 1929 года, когда смерть Дягилева положила конец его «Русскому балету», главными событиями парижского музыкального сезона были, вне всякого сомнения, концерты Кусевицкого и блистательные постановки Дягилева. В 1921–1928 годах Кусевицкий не только осуществил премьеры выдающихся произведений Стравинского и Прокофьева, но также познакомил парижскую публику с произведениями таких современных русских композиторов, как Максимилиан Штейнберг, Александр Кастальский, Александр Глазунов, Александр Гречанинов, Дукельский и Николай Лопатников. В 1926 году он даже решился исполнить отрывки из «Книги жизни» Николая Обухова — эта премьера многих слушателей оставила в недоумении [Юзефович 2013: 361–362]. Дягилев работал с более узким кругом современных русских композиторов: кроме Стравинского, их число входили только Николай Черепнин, Штейнберг, Прокофьев, Дукельский и Набоков. Для русских музыкантов, желавших достичь успеха, было крайне важно принадлежать к одному из кругов — либо к кругу Кусевицкого, либо к кругу Дягилева. Даже вполне успешные карьеры Стравинского и Прокофьева нуждалась в постоянной поддержке обоих.

Для музыкантов концертные залы были лишь одним из множества мест, где они могли общаться друг с другом. В своих дневниках Прокофьев живописует тот постоянный шум, который заряжал его энергией в годы жизни в Париже. Во время парижского сезона «Русского балета» Дягилева, который в 1920-х годах длился с конца мая до конца июня, и концертов Кусевицкого Прокофьев посещал по меньшей мере один, а то и два концерта в день. В сезоне 1927 года у него состоялись важные премьеры как с Кусевицким, так и с Дягилевым. 26 мая 1927 года — и это далеко не единственный пример в календаре Прокофьева — он работал с Леонидом Мясиным, хореографом его нового дягилевского балета «Стальной скок», ходил слушать репетицию своей Увертюры, ор. 74, у Кусевицкого, присутствовал на исполнении своей Третьей фортепианной сонаты. Собственные премьеры не заботили его настолько, чтобы он смог пропустить генеральную репетицию новой оперы Стравинского «Царь Эдип» 30 мая, репетицию и исполнение Фортепианного концерта его друга Дукельского или концерт с демонстрацией механических инструментов. Если вечером Прокофьев не шел на концерт, то общался с музыкантами — например, участвовал в вечеринке по случаю премьерного концерта Кусевицкого, был на званом вечере у княгини де Полиньяк с участием Горовица или на встрече в доме Генри Пруньера, редактора Revuemusicale («Музыкальный журнал»), с Морисом Равелем, Мануэлем де Фалья, Артюром Онеггером, Кусевицким и Артуром Рубинштейном. Там он узнавал, что думают его коллеги-музыканты о самых ярких событиях сезона — так, на вечере у Пруньера самым интересным было услышать яростную критику Кусевицкого и Рубинштейна в адрес «Эдипа и плохого дирижирования Стравинского»[15].

Еще музыканты ходили друг к другу в гости. Например, 25 января 1924 года Прокофьев развлекал семью Николая Черепнина, играя им оперу «Любовь к трем апельсинам» и Пятую фортепианную сонату. Месяц спустя он снова исполнил сонату у Пруньера. Ему очень хотелось показать свое новое сочинение Стравинскому, который любезно согласился его послушать. 18 июня 1927 года он играл свою Увертюру, ор. 42, и балет «Стальной скок» музыкальному критику Жану Марнольду. Последний был поклонником Прокофьева и, по словам композитора, хотел вести новый, «пропрокофьевский», журнал. Сувчинский привел к Прокофьеву Дукельского для того, чтобы молодой композитор сыграл ему свой фортепианный концерт. Прокофьев показал свой Второй концерт Кусевицкому в зале Плейель, где им случайно удалось подслушать заключительные такты фортепианного концерта Стравинского, который репетировали в том же зале[16].

Композиторы слушали друг друга, подслушивали и сплетничали. Удобным местом для встреч был музыкальный магазин издательства Кусевицкого, «Российское музыкальное издательство», или Édition russe de musique, на улице Анжу — единственный музыкальный магазин за границей, в котором продавались партитуры новой русской музыки, написанной как в России, так

---

[15] Дневник Прокофьева. Запись от 2 июня 1927 года [Прокофьев 2002б: 564].

[16] См. дневниковые записи Прокофьева с 26 мая по 18 июня 1924 года [Там же: 259–267] и от 18 июня 1927 года [Там же: 568].

и за ее пределами [Там же: 48]. У Прокофьева не было постоянного адреса, и его почта приходила на адрес Édition russe, где он также хранил свои рукописи. Он часто заходил туда, чтобы забрать корреспонденцию, рукописи, обсудить публикацию своих работ, просмотреть новые партитуры и встретиться с другими композиторами. В дневнике он описывал свои встречи со Стравинским, другим постоянным посетителем дома на улице Анжу, с которым он нередко обсуждал новые проекты. 11 ноября 1928 года, случайно встретив Стравинского в издательстве, Прокофьев отправился с ним на оркестровую репетицию «Поцелуя феи». Стравинский дирижировал. Их совместное появление неизменно вызывало интерес у русских композиторов. Увидев однажды на концерте, как Прокофьев здоровается со Стравинским, Набоков воскликнул: «С интересом смотрю на вас: здоровается между собою современная русская музыка!»[17]

Кроме того, Édition russe Кусевицкого было источником столь необходимой финансовой поддержки для композиторов, не имеющих работы. Стравинский рекомендовал своему другу Лурье подготовить для публикации фортепианные транскрипции его Октета и Симфонии духовых инструментов. Сабанеев, который не пользовался особой симпатией у Прокофьева и Стравинского из-за своей антимодернистской позиции[18], занимался там переписываньем нот — сидел «над гречаниновскими рукописями», как с некоторым злорадством отмечал Прокофьев в своем дневнике[19]. А Сабанеев действительно был в полном отчаянии: музыкальный критик и пианист с математическим образованием, он страдал от нереализованных композиторских амбиций. В 1933 году он переехал в Ниццу, где писал музыку для фильмов киносту-

---

[17] Дневник Прокофьева. Запись от 3 июня 1928 года [Прокофьев 2002б: 631].

[18] Запись от 3 ноября 1928 года [Там же: 644].

[19] Запись от 15 декабря 1926 года [Там же: 449]. Даже после того, как Сабанеев попытался добиться расположения Прокофьева, опубликовав положительные отзывы о концертном исполнении второго акта «Огненного ангела» в 1928 году, ему не простили его прежние грехи, состоявшие в том, что «он всю жизнь обдает всех грязью» (Дневник Прокофьева. Запись от 3 ноября 1928 года [Там же: 644]).

дии La Victorine, аккомпанировал балетным представлениям в гостиницах и казино, а после 1937 года вместе с женой выступал с концертами для двух фортепиано, время от времени исполняя собственные сочинения [Масловская 2005: 6–7].

ВНЕ ОРБИТЫ: САБАНЕЕВ

Как показывает неудачная композиторская карьера Сабанеева, музыкальная сцена Парижа была благосклонна не ко всем русским композиторам. На большинстве музыкальных мероприятий в русском Париже исполнялось несколько знакомых публике русских пьес, которые играли и переигрывали до бесконечности. В статье, написанной в 1937 году для «Современных записок», огорченный Сабанеев сетовал, что средний русский эмигрант не отличается особой музыкальностью: даже любители музыки охотнее слушали оркестры балалаек и цыганскую музыку, чем новую симфонию Прокофьева. Если они предпочитали классическую музыку, то выбирали «Патетическую» симфонию Чайковского и Девятую симфонию Бетховена, которые напоминали им об оставленной в прошлом русской музыкальной сцене. Русские композиторы-эмигранты лишились той небольшой аудитории любителей современной музыки, которая только начала формироваться в России за несколько лет до войны. Концерты, на которых исполнялись произведения эмигрантов, в частности концерты, проводимые Российским музыкальным обществом за рубежом (РМОЗ), собирали не более двухсот посетителей, «и то на две трети бесплатных», то есть слишком бедных, чтобы оплатить входной билет [Сабанеев 2005: 205]. Для Сабанеева и других композиторов его круга участие в концертах РМОЗ или в лекциях о русской музыке в качестве единственного места концертной деятельности фактически означало публичное признание своего поражения[20].

---

[20] См., например, программу-аннотацию концерта Русского музыкального общества за границей (РМОЗ) 23 января 1932 года, на котором прозвучали «опубликованные сочинения русских композиторов», или публичную лекцию Сабанеева о русских композиторах за границей 25 февраля 1932 года.

Сабанеев хорошо знал, что русские композиторы не хотели писать исключительно для эмигрантской аудитории. Покинув Россию, они мечтали о международном успехе и рассчитывали на более широкую публику [Там же: 205]. Париж стал их Меккой не столько потому, что в нем кипела музыкальная жизнь, сколько потому, что именно здесь Стравинский обрел мировую славу. Пример Стравинского привлекал их больше, чем сам город. Те, кто, как Сабанеев, не сумели вырваться из эмигрантских кругов, тихо угасали — шансы на успешную карьеру были только у тех, кто смог войти в круг Стравинского и завоевать более широкую аудиторию с помощью двух самых влиятельных русских музыкальных проектов: Русского балета Дягилева или концертов Кусевицкого.

Неудивительно, что две звезды русской музыкальной сцены, Прокофьев и Стравинский, держались на некотором расстоянии от эмигрантских кругов. Прокофьев, совершавший поездки по советскому паспорту, который ему приходилось периодически продлевать в советском посольстве в Париже, был особенно осторожен. 16 февраля 1924 года он посетил собрание русской колонии и слушал выступления писателей Ивана Бунина и Дмитрия Мережковского, историка и богослова Антона Карташова и других. Их слова ему не слишком понравились: «Все они ругали большевиков, жалели попранную Россию и во имя Христа призывали к ненависти». Композитор «с интересом слушал их, хотя душою был как-то в стороне»[21]. Вместе с тем Прокофьев был, очевидно, польщен, когда в 1925 году Б. А. Зак, секретарь Русской консерватории в Париже, обратился к нему, чтобы узнать, не хочет ли он стать директором этого учебного заведения. Но после того как он узнал от музыкального администратора Пьера Блуа о конфликтах между различными группировками в консерватории, он потерял интерес к этой теме[22]. Хотя это не всегда было ясно для самого Прокофьева, но его друзья прекрасно понимали, что талантливому композитору следует держаться подальше от русской эмигрантской общины. 8 июня 1926 года его пригласили сыграть

[21] Дневник Прокофьева. Запись от 16 февраля 1924 года [Прокофьев 2002б: 240].
[22] Запись от 17, 19 и 24 февраля 1925 года [Там же: 306, 307].

на торжественном собрании русских писателей, поэтов и композиторов, «на каком-то концерте Русской культуры», чтобы, как с сарказмом записал Прокофьев в своем дневнике, «показать Парижу, что советская революция не убила еще российской культуры». Сувчинский, евразиец, друг Прокофьева, был возмущен тем, что, по его мнению, композитор не понимает своей значимости. Заявив, что русскую культуру «целиком поддерживают» сочинения Стравинского и Прокофьева, он посоветовал Прокофьеву избегать сборищ, где собирается «эмигрантская накипь»[23].

Стравинский также не нуждался в поддержке эмигрантов. 8 февраля 1931 года Лурье, который в то время исполнял обязанности его неофициального секретаря, сообщил ему, что члены РМОЗ приходили к нему, чтобы «прощупать почву» относительно того, не захочет ли Стравинский стать членом этой организации. Вероятно, обидевшись на то, что его самого не пригласили, Лурье с сарказмом рассказал Стравинскому о возрождении музыкального общества, которое он еще в России считал устаревшим. Черепнин и «его прихлебатели» созвали общее собрание в зале Гаво, сообщил он Стравинскому, для того чтобы найти «доверчивых и глупых людей, готовых послужить "делу" Русского искусства»[24]. Стравинский, который спустя два дня заявил Гавриилу Пайчадзе, директору Édition russe, «Сохрани меня Бог от того, чтобы впутаться в эту бурную деятельность русской эмиграции!!!!!!», явно не проявил заинтересованности в этом предприятии[25].

В положении Сабанеева трудно было не испытывать чувства горечи. Вместо сплоченной группы русских композиторов он видел только тех, кто поддерживал отношения со Стравинским и Прокофьевым, а значит, имел успех и мог позволить себе игно-

---

[23] Запись от 8 июня 1926 года [Там же: 414].

[24] Письмо Лурье Стравинскому от 8 февраля 1931 года. Цит. по: [Стравинский 2003: 418].

[25] Письмо Стравинского Пайчадзе от 10 февраля 1931 года. Цит. по: [Walsh 1999: 518].

рировать тех, кто едва сводил концы с концами. Сабанеев, которого явно раздражал масштаб влияния Стравинского, посвятил свои первые сообщения из Парижа в Советский Союз демистификации прославленного современника. И хотя его социальный анализ успеха Стравинского в сравнении с неудачами большинства его соотечественников явно политически тенденциозен, он все же не лишен также глубины и проницательности. Талант Стравинского не ставился под сомнение, особенно учитывая его восторженное отношение к «Жар-птице» и «Петрушке», которые, по мнению Сабанеева, были единственными творениями композитора, способными пережить «его и нашу эпоху» [Сабанеев 2005: 211]. Но Стравинский, как утверждал Сабанеев, не имел бы такого невероятного успеха без Дягилева, магия которого превратила русские произведения в сенсацию на Западе. Никто не станет отрицать, писал Сабанеев, что слава Стравинского и Прокофьева, ра́вно как и известность на Западе Мусоргского и Римского-Корсакова,

> созданы были не столько непосредственным обаянием их творчества, сколько некогда имевшим место их гениальным преподнесением Европе, что было делом мага и волшебника этой области —покойного Дягилева, великого мастера создавания мировых шумов и успехов [Там же: 206].

Увы, к тому времени, когда большинство русских композиторов достигли Парижа, магическая сила знаменитого импресарио стала ослабевать. Не имея никого, кто мог бы заменить Дягилева, растерянные русские композиторы поняли, что парижская публика начинает увлекаться новым видом экзотики — искусством, неуклонно проникающим из Советской России. «Все "советское" попало так или иначе в сферу некоторого снобического интереса, эмигрантское же осталось в стороне», — сетует Сабанеев [Там же]. В 1927 году Дягилев сделал слабую попытку удовлетворить новый спрос и поставил большевистский балет Прокофьева «Стальной скок», но эта постановка не получила широкого признания. Чувствительный к изменениям моды, Дягилев еще до премьеры начал беспокоиться о том, что «большевики теперь уже не в моде», и предложил изменить сценарий балета[26].

Композиторам, искусство которых Сабанеев сравнивал с нежным тепличным растением, пришлось столкнуться, в особенности после смерти Дягилева, с жесткими условиями свободного рынка, где деньги, связи и реклама имели ничуть не меньшее значение, чем талант. У бедствующих эмигрантов не было финансовых средств, чтобы достойно представить себя парижской публике: в отличие от поэтов, которые могли читать стихи практически без затрат, композиторы нуждались в финансировании [Там же: 206–207]. Даже Нина Берберова, которая всеми силами пыталась выжить в Париже как писательница, считала, что художники, театральные артисты и музыканты жили «более "нормальной" жизнью», признавая, что картины продать было легче, чем музыку [Берберова 1996: 332].

Сабанеев не видел иного центра притяжения музыкальной жизни русского Парижа, кроме Стравинского. Перед ним представали только враждующие группировки, быстро меняющаяся мода и дестабилизирующее влияние модернизма. Композиторы, как пояснял Сабанеев своей советской аудитории, ведут себя как спортсмены: бьют рекорды, гоняются за новинками, изобретают себя заново, чтобы быть востребованными на рынке. Большинство русских композиторов не смогли освоиться в этой быстро меняющейся реальности. Рахманинов (не имевший постоянного места жительства в Париже), Метнер и Гречанинов, которые, по словам Сабанеева, «твердо и убежденно стояли на своих позициях старозаветной музыки», продолжали сочинять в стиле, который выработали в России. Рахманинов особенно твердо находился «в противоречии со всем течением современной европейской музыки», Стравинский и Прокофьев следовали «передовому направлению музыкальной мысли», разрушавшей прежние традиции и открывавшей новые пути развития. По мнению Сабанеева, начиная с «Весны священной» Стравинский «становится вождем самого левого максималистского течения

---

[26] Дневник Прокофьева. Запись от 26 ноября 1926 года [Прокофьев 2002б: 447].

музыки», действуя, — добавляет он с явным удовольствием, — так же, как Ленин и Троцкий в политике [Сабанеев 2005: 211]. Уже к 1926 году Сабанеев объявил Стравинского победителем в битве двух звезд русской музыки, а в 1937 году добавил, что Стравинский заставил Прокофьева «сбежать» с капиталистического поля боя, вернувшись в Советский Союз.

В чем заключался секрет Стравинского? Для Сабанеева ответ был прост: подобный Протею, гений Стравинского идеально соответствовал требованиям рыночной экономики Запада. Его холодная, сухая, расчетливая и бездушная музыка, как утверждал критик, отвечала духу в целом антимузыкальной эпохи. По мнению Сабанеева, головокружительная карьера Стравинского была построена, говоря современным языком, по принципу бизнес-модели: быстро меняя стили, он в одно и то же время удовлетворял жажду новизны и становился законодателем музыкальной моды. Сабанеев признавал наличие у Стравинского таланта публичного деятеля, намекая на то, что Стравинский владеет «таинственным аппаратом рекламы и умело дирижирует скрытым оркестром хвалителей и хулителей» в собственных интересах[27]. В царившей в Париже в 1920–1930-х годах атмосфере жесточайшей конкуренции только Стравинскому удалось обеспечить себе иммунитет от настоящей критики, но не потому, что критикам как-то особенно нравилась его музыка, а потому, что никто не осмелился воскликнуть: «Смотрите, а король-то голый!» И вот, точно в сказке, «голый король кокетливо шагает по аллеям мировой славы, наслаждаясь всеобщим замешательством»[28].

Именно эта деловитость, по мнению Сабанеева, отличала Стравинского от его коллег; Стравинский определенно не принадлежал к русской эмигрантской общине. Как можно было считать его эмигрантом, если с 1910 года он жил за границей, а с 1934 года был гражданином Франции? Стравинского можно было назвать русским композитором только методом исключения: в силу того, что он не был ни французским, ни советским.

---

[27] Рабис. 1927. № 2. 2 янв. С. 14. Цит. по: [Стравинский 2003: 786].
[28] Известия. 1927. 24 марта. Цит. по: [Там же: 776].

Но означает ли «быть русским» что-то большее, чем неопределенная национальная принадлежность Стравинского? Сабанеев не находил в нем ничего особенно русского. Хотя его слава создавалась сочинениями, которые достойно продолжали русские национальные музыкальные направления, новый Стравинский, казалось, был сделан из совершенно иного «психического материала», чем его русские предшественники. По мнению Сабанеева, «люди подобного склада, во всяком случае ранее, музыкой обычно не занимались» [Там же: 210]. Вывод, который Сабанеев так и не высказал прямо, сводился к тому, что слава Стравинского в итоге не принесла пользы русским композиторам за рубежом: если они пытались идти по его стопам, то переставали быть русскими; если же оставались русскими, то имели мало шансов добиться успеха на конкурентном западном рынке, на котором господствовал Стравинский.

Как бы то ни было, Стравинский был единственным центром парижской музыкальной сцены, который Сабанеев, играя словами, называл «эксцентричным» — то есть не имеющим центра. В книге «Современные русские композиторы» (1927) он рассказал о том, как русские музыканты оказались «под тяжелой и деспотичной рукой» Стравинского, влияние которого, однако, не придало цельности этой среде. В предпоследней главе своей книги Сабанеев отрицает существование того, что в названии главы он не совсем корректно называет «русско-парижской школой»: композиторы, которые оказались в Париже, «не обладали какой-либо "тенденцией" в качестве единой группы». Они не разделяли ни общих взглядов, ни определенных музыкальных убеждений, а их физическое нахождение вместе в одной географической точке было случайностью, поскольку все они бежали из России не потому, что придерживались общих политических убеждений, а «чтобы спастись от жизненных трудностей и из страха перед социальным взрывом» [Sabaneyeff 1927a: 235].

Не усматривая какой-либо связи между русскими композиторами, Сабанеев разделил свое исследование на вводную часть, в которой дал общую картину музыкальной сцены, после чего поместил короткие заметки об отдельных композиторах. В кратком обзоре он рассказал только о трех композиторах-эмигрантах — Александре Черепнине, Лурье и Обухове[29]. Примечательно, что в 1937 году он заменил их на композиторов более консервативного толка: Метнера, Гречанинова и Николая Черепнина, отца Александра Черепнина, — единственных, помимо Стравинского и Прокофьева, кого он считал хоть сколько-нибудь успешными в эмиграции[30]. Композиторы, о которых Сабанеев писал ранее, по-прежнему упоминались в его работе 1937 года, но он обделил их вниманием, поручив оценку творчества Обухова психиатру, а не музыкальному критику, и охарактеризовал сочинения Лурье, которого в 1927 году считал композитором, находившимся под сильнейшим влиянием Стравинского, как несамостоятельные, как умную сборку элементов окружающей культуры [Sabaneyeff 1927a: 239; Сабанеев 2005: 217].

САТЕЛЛИТЫ: ЛУРЬЕ

У Лурье, который на протяжении почти десятилетия выступал в качестве доверенного лица Стравинского и потому имел — или, по крайней мере, хотел верить, что имеет — прямой доступ к «святая святых» русской музыки за рубежом, было иное представление о состоянии русской культуры, нежели у Сабанеева. В 1931 году он в рамках широкого обзора, посвященного «поло-

---

[29] В статье того же года он представил Лурье, Обухова и Ивана Вышнеградского [Sabaneyeff 1927a: 882–884].

[30] В этой статье он также перечислил представителей старшего поколения, которые не добились успеха, таких как Александр Винклер (1865–1935), Николай Арцыбушев (1858–1937) и Федор Акименко (1876–1945) из Беляевского кружка, а также Сергей Юферов (1865–1927), Николай Шамье (1887–1956), Фома Гартман (Томас де Гартман) (1885–1956), Михаил Левин (Мишель Мишлé) (1894–1995), Александр Штример (1888–1961), Владимир Поль (1875–1962), Евгений Гунст (1877–1950) и Павел Ковалев (1889/90–1951). Среди новаторов он называет Обухова и Вышнеградского, эклектичных Александра Черепнина, Николая Набокова, Сергея Горчакова, Веру Виноградову. Он с восхищением пишет об Игоре Маркевиче и упоминает Лурье, Аркадия Требинского (1897–1982), Михаила Константинова, Лазаря Саминского и Иосифа Ахрона [Сабанеев 2005: 214–217].

жению музыки во всех странах», опубликовал небольшой очерк о русских композиторах в Париже в La revue musicale («Музыкальное обозрение»). Как и Сабанеев, он считал себя обязанным дать краткий урок истории русской музыки, которая, по его мнению, в основном представляла собой процесс освобождения от немецкого ига. Подобно Сабанееву, Лурье считал Стравинского центральной фигурой, сумевшей разорвать «традиционные узы русской и немецкой музыки». Однако, не соглашаясь с Сабанеевым, Лурье объяснял взлет Стравинского не тем, что композитор обладал блестящими маркетинговыми способностями, а закономерным результатом развития русской музыки. По словам Лурье, «Весна священная» ознаменовала собой коронацию музыки со скифским акцентом и вдохновила на разрыв со всеми идеологиями, которые стремились навязать русской музыке западный язык.

Лурье различал две послереволюционные сцены русской музыки, называя одну из них, оставшуюся в Советском Союзе, intramuros (в стенах), а другую, перебравшуюся в Западную Европу, extramuros (вне стен), причем последняя характеризовалась активной вовлеченностью в западную жизнь и ослаблением связей с родиной. Музыка в Советском Союзе, как писал Лурье на основании своего опыта работы в качестве комиссара музыкального отдела Наркомпроса под начальством Луначарского, медленно реагирует на политические изменения; оставшиеся на родине композиторы придерживались дореволюционных упаднических течений или уходили в академизм, не зная, как ответить на совершенно новую политическую реальность совершенно новым музыкальным языком. Лурье не отвергал того, что в будущем музыка в Советском Союзе сможет преодолеть свою провинциальность и догматизм, но также он отчетливо видел будущее русской музыки вне Советского Союза.

Кто были те композиторы, которые входили в русскую группу extra mures? Естественно, Стравинский представлял собой слишком грандиозную фигуру, чтобы причислить его к какой-либо группе, поэтому Лурье создал для него отдельную категорию — «европеец, каким может быть только русский» — и поместил, по крайней мере, во французском варианте статьи, «на обочину» русской школы, наделив благородным статусом вечного гения-аутсайдера. Пруньер, редактор, добавил к этому утверждению примечание: «То же самое можно сказать о тенденциях Артура Лурье». Пожалуй, это примечание изрядно подняло самооценку Лурье в тот момент и подвигло его на то, чтобы включить свое имя сразу после Стравинского и Прокофьева в расширенный вариант статьи на английском языке, вышедший год спустя. Поскольку все композиторы, которых Лурье считал мастерами первой величины (Стравинский, Прокофьев, Дукельский, Набоков и Маркевич), работали у Дягилева, он явно переоценивал свой статус, включив себя в этот список. Ведь даже в качестве сателлита Стравинского он никогда полноценно не входил в круг Дягилева.

Выбор композиторов второго плана у Лурье был более случайным. Так, во французском варианте статьи он относит к русским композиторам в Париже Николая Березовского и Николая Лопатникова, которые никогда не жили в этом городе; Юлиана Крейна, 18-летнего русского композитора, который семь лет прожил в Париже, а в 1934 году вернулся в Советскую Россию; Николая Обухова, который пережил свой звездный часв 1926 году, когда Кусевицкий устроил премьеру фрагментов из его «Книги жизни»; более известного Александра Черепнина и композитора Ивана Вышнеградского, одного из основоположников четвертитоновой музыки. Даже общее географическое положение не объединяло эту группу. Но так же, как и композиторы «Могучей кучки» (или французской «Шестерки»), семь «парижских композиторов» Лурье — Вышнеградский, Дукельский, Лурье, Набоков, Александр Черепнин и их путеводные звезды Стравинский и Прокофьев — выступили вместе на концерте 9 июня 1926 года в зале Плейель [Мнухин 1995: 260][31]. Лурье не позаботился о том, чтобы как-то аргументировать составленный им список, а в английском варианте статьи и вовсе исключил из него Крейна без каких-либо объяснений. Он упоминал лишь

---

[31] Прокофьева на концерте не было, потому что он играл в тот вечер на приеме у Ротшильдов. См. также: Дневник Прокофьева. Запись от 9 июня 1926 года [Прокофьев 2002б: 447].

одну точку соприкосновения в музыкальном плане: сентиментальные, ностальгические настроения некоторых членов русской
группы extramuros. Лурье закончил французский вариант
очерка на откровенно оптимистичной ноте, заявив, что «с европейским Стравинским и русским Прокофьевым во главе наша
молодая школа неуклонно следует своим курсом, пусть и с не-
которыми отклонениями» [Lourié 1931a: 165]. Оснований для
подобного оптимизма было немного.

В английском варианте очерка у Лурье появилась возможность
более подробно остановиться на этой теме. Но расширенный
вариант выявил еще больше логических пробелов в отношении
статуса Стравинского в русской музыке, которых не удалось избежать даже Лурье, искушенному в идеологически тенденциозной
полемике. Может ли «уход Стравинского к интернациональным
берегам расцениваться как измена русскому национальному делу?» На этот важнейший вопрос композитор ответил категориче-
ским «нет», но, как и большинство преданных идее доктринеров,
не смог обосновать это утверждение. Он защищал Стравинского,
утверждая, что композитор стремится к новациям как настоящий
модернист. Однако в конце концов «скифская проблема была
доведена до возможного предела. Идти дальше в этом направлении
было тогда невозможно», и новый Стравинский посвятил себя
«исключительно вопросу формы», отказавшись от «национальной
музыкальной проблемы», повернувшись в сторону «западных
формальных канонов» и тем самым установив «прочную для себя
связь с наследием западной музыкальной культуры». Столь фор-
малистское определение не оставляло ничего особенно «русского»
в западной ориентации Стравинского, если не считать того, что
Лурье проводил аналогию между универсализмом Стравинского
и универсальной миссией Советской России — с тем лишь отли-
чием, что в музыке Стравинского преобразующую «роль Карла
Маркса исполнял Бах» [Lourié 1932: 523].

Воспитанный в духе интернационализма, присущего марксистской доктрине в первые годы существования СССР, Лурье
по-прежнему считал националистические принципы противо-
речащими советской идеологии и вполне логично приходил

к выводу о том, что «Парижская группа… может считаться современным представителем русской национальной школы». Как и русская литература, русская музыка, оказавшись за границей, взяла на себя миссию исторического продолжения русской национальной музыкальной традиции, что в Советской России сделать было невозможно. В отличие от литературы, которая, по мнению Лурье, пострадала от «разрыва с национальной территорией», «музыка не была в обязательном порядке связана с какой-либо страной». Поэтому политическое и территориальное разделение с Россией имело для нее как положительные, так и отрицательные последствия. К положительным Лурье отнес преодоление русскими композиторами провинциализма: ими «достигнута формальная вооруженность в уровень с современной техникой на Западе». В качестве отрицательного момента он отметил «идеологию упадничества, некий род реакционного эстетизма», появившийся у некоторых молодых членов группы, которые «питают свое творчество памятью о старой русской культуре, уже свершившейся и к которой нет возврата»[32].

Но на самом ли деле композиторы, которых Лурье включил в «первый эшелон», представляли собой русскую школу? Критик считал, что должен поставить этот вопрос, потому что его «часто поднимали в кругах русских эмигрантов по отношению к русской литературе», и ответил на него утвердительно. Однако и здесь ему не удалось обосновать свою позицию и продвинуться дальше общих рассуждений о том, что основным признаком, по которому выделенную им группу композиторов можно по праву считать продолжением русской школы и ее современной эволюцией, является общий для всех русский музыкальный язык. Словно желая избежать дальнейших вопросов, Лурье заявил, что он не может «углубляться в природу и значение этого языка и должен ограничиться простой констатацией факта». Отсутствие доводов

---

[32] Лурье не привел примеров, но он, вероятно, имел в виду «Зефира и Флору» Дукельского 1925 года и «Оду» Набокова 1928 года, поставленные Дягилевым и ностальгически опирающиеся на то, что Лурье назвал «музыкальной эстетикой, основанной на стилизации 1830-х годов» и «бледным воспроизведением прошлого» [Lourié 1932: 527–528].

в защиту этого заявления говорит о том, что, на первый взгляд, твердое убеждение Лурье стало следствием того, что он выдавал желаемое за действительное. О трудностях, с которыми сталкиваются эмигранты в попытках дать определение своей культуры, говорит и то, что Лурье не смог отойти от общих рассуждений относительно целостности русской музыкальной школы за рубежом. Точнее, попытка Лурье встроить Стравинского в нарратив русской музыки за границей и в то же время сохранить для него отдельную категорию за пределами русской национальной школы свидетельствует о том, как трудно было критику найти общие черты разных русских композиторов, обосновавшихся в Париже. Похоже, что Лурье, как и другие эмигранты, разрывался между своими модернистскими принципами, которые требовали постоянных инноваций, и националистической установкой на сохранение неких «исконных» традиций. В постоянном подчеркивании им модернистских тенденций в творчестве разных композиторов и их связи с «современной музыкальной жизнью Запада» [Там же: 528] можно видеть попытку избавиться от провинциальности — болезненной темы для Лурье, который был евреем родом из провинции и приложил немало усилий, чтобы избавиться от напоминаний о своих корнях. Однако полная утрата национального характера сопряжена с риском утраты национальной самобытности, которая, как показала международная карьера Стравинского, выступала в роли незаменимого двигателя его космополитического успеха [Cohen 2017: 131].

В известном смысле то описание Сабанеевым жизненных невзгод, с которыми столкнулись русские композиторы в Париже, свидетельствует о наличии общей основы — опыта изгнанничества, который может послужить более благодатной почвой для изучения творчества этих композиторов, нежели стилистические детали их сочинений. Оставление родины повлияло на их жизнь совершенно по-разному, о чем свидетельствует сравнение успеха Стравинского с неудачами других. Так, Тарускин отмечает, что Стравинский, как и Владимир Набоков, «может стать препятствием для изучения русской музыкальной диаспоры», поскольку его грандиозная личность и потрясающая карьера неизбежно затмевают собой остальных [Taruskin 2016b: 149]. Но и эстетика Стравинского была поражена этим недугом. Предложенное им лекарство — неоклассицизм — пусть и оказалось более эффективным, чем ностальгия его коллег-эмигрантов, несло на себе несомненный отпечаток того, что композитор был поглощен мыслями о своем отношении к русскому прошлому, другими словами — об изгнании.

* * *

В первой главе, посвященной оратории Владимира Дукельского «Конец Санкт-Петербурга», я размышляю над главной темой этой книги: над непримиримым противоречием между тем ностальгическим ви́дением прошлого, которое было присуще эмигрантам, и радикальным переписыванием истории в Стране Советов. Благодаря тому, что источником вдохновения для создания оратории послужил одноименный фильм Всеволода Пудовкина 1928 года, она стала весьма своеобразным произведением, в котором ностальгия эмигрантов, очевидно, столкнулась с советским триумфализмом. Процесс создания оратории, задуманной в 1920-х и завершенной в 1930-х годах, проходит через всю книгу. Таким образом, можно проследить, как Париж, город, где русские эмигранты мечтали о потерянной родине в 1920-х годах, в конце 1930-х годов превращается в город, демонстрирующий мощь Советов, в новое культурное пространство, в котором почти не остается места для ностальгии русской эмиграции. Задуманная для Парижа, переписанная для неосуществленной постановки в Москве и, наконец, впервые исполненная в Нью-Йорке, оратория Дукельского также показывает, с какими трудностями сталкивались композиторы-эмигранты, пытаясь выйти на различные культурные рынки.

Во второй главе я обращаюсь к советскому ви́дению России. Но «Стальной скок» Прокофьева, центральное произведение, которое рассматривается в этой главе, все же трудно назвать по-настоящему советским. Скорее, это эмигрантская фантазия на тему Советской России, попытка обменять изгнническую ностальгию на советский художественный радикализм. Балет, который Прокофьеву и Дягилеву представлялся политически нейтральным, неизбежно оказался втянут в большую политику. Как показывает неоднозначная зрительная оценка балета, политический нейтралитет был невозможной позицией для русских в Париже межвоенного периода, и Дягилев быстро понял, что на Западе уступка большевистскому соблазну — это путь в никуда. Эмигранты хотя и делали вид, что их политическая позиция нейтральна, все же не могли убежденно говорить на языке большевизма. «Стальной скок» разделил судьбу оратории Дукельского в попытке угодить конфликтующим рынкам: Парижу, Лондону, Москве и Нью-Йорку. История балета показывает, что граница между Советской Россией и Западом была проницаема только в одном направлении: хотя советские новации просачивались через границу во французскую столицу, но западный продукт Прокофьева не мог вернуться в родную страну композитора, пережившую политические трансформации.

То, что и ретроспективная ностальгия, и большевистский прогрессивизм оказались «дорогой в никуда», поставило композиторов-эмигрантов в затруднительное положение. Возможное решение предложил неоклассицизм с его художественным ви́дением, которое идеально вписывалось в атмосферу послевоенного Парижа 1920-х годов. «Ода» Набокова, кантата, которую Дягилев исполнил в 1928 году и о которой пойдет речь в главе 3, использовала влечение русских эмигрантов к тому, что они воспринимали как свое «классическое» прошлое. Однако дерзания Набокова все еще были слишком загружены ностальгией по русскому аристократическому XVIII веку. Провал «Оды» наглядно показал: чтобы вырваться из эмоциональных оков эмиграции, недостаточно просто мысленно вернуться к русскому прошлому, свободному от мрачных предчувствий революции.

В балете «Аполлон Мусагет», поставленном в тот же сезон, что и «Ода» Набокова, Стравинский создал идеальное неоклассическое произведение. В главе 4 я рассматриваю этот балет и как ответ Дягилеву и Прокофьеву, поддавшимся большевистскому соблазну со «Стальным скоком», и с точки зрения огромного желания Стравинского путем создания «нейтрального прошлого» освободиться от большевистских ассоциаций, которые вызывала его радикальная «Весна священная». Я утверждаю, что неоклассицизм Стравинского в «Аполлоне Мусагете» был не только послевоенной и посттравматической художественной реакцией, созвучной французским художественным тенденциям, но и личным решением проблемы эмиграции. Модернизм укрощен, национальная идентичность нейтрализована, ностальгия отодвинута на задний план — похоже, что неоклассицизму Стравинского удалось избежать изнуряющего состояния изгнанничества.

«Аполлон» стал своего рода очищением Стравинского от его прошлого. Но вместе с тем в балете прослеживаются сильные отзвуки русской культуры, вызывающие в памяти дореволюционную Россию и ее имперскую столицу, Санкт-Петербург. Пылкое принятие эмигрантами этого прошлого стало темой 5-й главы моей книги. Двойственное прошлое России, одна сторона которого — темное, безудержное, дионисийское веселье, приводящее к революции, другая — светлое, рациональное, аполлоническое, выраженное в четких линиях Петербурга, было явлено в 1937 году, когда и эмигранты, и советские граждане торжественно отмечали столетие со дня смерти Пушкина. Вновь произошло столкновение двух представлений о прошлом России. Эмигранты считали Пушкина своим Аполлоном, богом Солнца, олицетворяющим рациональность и классические ценности и ассоциирующимся с образом России, которая в культурном отношении не уступает Западу, поэтому коммунистическая кампания по превращению Пушкина в революционера глубоко задевала их чувства. Как свидетельствует французский отклик на эти празднования, к концу 1930-х годов барабанный бой советской пропаганды смог заглушить голоса эмиграции.

Я описываю это грядущее безмолвие в главе 6, в которой рассматривается опера-балет Лурье, созданная на основе пьесы «Пир во время чумы» из цикла «Маленькие трагедии» Пушкина. Лурье, который всю свою жизнь оставался приверженцем символизма, вызвал в воображении образ Пушкина, соединившего в себе аполлонические и дионисийские начала и пытавшегося преодолеть и те и другие. В конечном итоге поэт приходит к мистическому, религиозному пониманию пути спасения. Так никогда и не поставленный на сцене, «Пир во время чумы» — это типичное эмигрантское произведение, непостижимое в силу своей специфики публикой Парижа конца 1930-х годов. Лурье, одна из наиболее забытых фигур среди русских композиторов-эмигрантов, сам служит примером того, как нелегко было выстраивать творческую карьеру в тени Стравинского в Париже межвоенных лет. Постепенное исчезновение Лурье с музыкальной сцены было уделом и многих других русских эмигрантов, сгинувших в водовороте бесконечно меняющейся эстетики Стравинского.

Судя по всему, культ Пушкина был недостаточно силен, чтобы объединить распадающуюся эмигрантскую общину в Париже. Как писал Сабанеев, вероятно, имея в виду Прокофьева, к 1937 году те композиторы, которые хотели вернуться в Советский Союз, уже вернулись, а те, кто хотел устроиться и приспособиться, уже устроились и приспособились. Это означало, что русская музыка как таковая вот-вот прекратит свое существование в эмиграции[33]. Но Сабанеев забыл еще об одной категории, к которой Тарускин отнес тех, кто, подобно Лурье, «не смог ни приспособиться, ни вернуться домой» и «в буквальном смысле исчез» в 1930-х годах или позднее, навсегда затерявшись между воспоминаниями о старой России и приемом неприветливого Запада [Там же: 156].

В Эпилоге я рассматриваю это необычное исчезновение, завершая исследование, которое началось с прибытия главных действующих лиц в Париж, их отъездом из французской столицы. К концу 1930-х годов Париж, как ранее Санкт-Петербург, опустел, покинутый русской интеллектуальной элитой. Как и бывшая столица Российской империи, он превратился в город, населенный призраками оставивших его выходцев из России, вновь погруженных в иллюзорный мир воспоминаний. В течение десятилетнего периода с 1928 по 1938 год «Конец Санкт-Петербур-

---

[33] См. неутешительные размышления Сабанеева [Сабанеев 2005: 204].

га» Дукельского постепенно превратился из ностальгического путешествия по воображаемому Петербургу в попытку отправиться во французскую столицу в надежде на то, что композитор сможет вновь пережить свой «Апрель в Париже», ведь именно так называлась популярная песня (1932) американизированного Дюка[34]. Но как и в Санкт-Петербург времен Российской империи, в Париж 1930-х годов нельзя было вернуться, и для многих русских вслед за парижской весной наступила, говоря словами другой песни Дюка, «Осень в Нью-Йорке» (1934)[35]. В свете этого второго перемещения Париж стал еще одной мишенью греческого *nostos* («возвращение домой») — источника слова «ностальгия». И в очередной раз Стравинский поменял свою траекторию и, подобно фениксу, возродился в Соединенных Штатах, предпочтя, по выражению Сувчинского и позже Бреле, воспевать настоящее или чувство реального времени вместо того, чтобы связывать себя ностальгическими узами с прошлым, как это сделало большинство его товарищей по эмиграции. Когда в Соединенных Штатах Стравинский обратился к двенадцатитоновой музыке, для эмигрантов это означало окончательный разрыв его связей с общиной. Никто не сумел повторить с двенадцатитоновым Стравинским достижение Шлёцера, когда тот вновь представил неоклассического Стравинского как все еще русского композитора. Это последнее отступничество привело к тому, что русская музыка за рубежом лишилась своего центра.

Моя книга посвящена ностальгическому пространству русского Парижа, который, в свою очередь, сам стал объектом ностальгии, и различным способам, которыми композиторы пытались распутать клубок внутренних противоречий между привязанностью к отживающей русской культуре и модернистским требованием нововведений. В конечном счете если не разгадать, то обойти эту головоломку удалось одному только Стравинскому.

---

[34] «Апрель в Париже» на слова Э. Ю. Харбурга — песня Вернона Дюка (Владимира Дукельского) для мюзикла «Walk A Little Faster».

[35] Вернон Дюк написал «Осень в Нью-Йорке» для мюзикла «Thumbs Up!» («Недурно!»). Пример 1.2. Окончание 9-й части (в переложении).

Глава 1

Двойные нарративы, или «Конец Санкт-Петербурга» Дукельского

Иные поэты и писатели воспевали город — его зловещую красоту, холодную и неприступную, но всегда притягивающую к себе как магнит; его камень и гранит, белые арктические ночи, похожие на камеи лица наших прабабушек, раскрасневшихся от волнения перед первым экосезом, серо-стальные воды величавой Невы, романтические прогулки по знаменитому Невскому проспекту, единственной в своем роде главной улице Петербурга.

Николай Гоголь написал удивительно поэтичную повесть о Невском проспекте; «Незнакомка» Александра Блока неожиданно появлялась в уличных кафе и ресторанах; щегольские силуэты Онегина, Чацкого (циника Грибоедова), «Героя нашего времени» Лермонтова, вернувшихся после долгих странствий героев Тургенева, и, наконец, изнеженные эстеты, созданные Сологубом и Кузминым, — все они витали над безупречными мостовыми.

Того и гляди дорогу перейдет призрак «Анны Карениной» Толстого, а следом за ним «Идиоты» Достоевского [так в тексте] или, быть может, жестикулирующие невротики Андрея Белого.

Из пояснительной записки Владимира Дукельского
к оратории «Конец Санкт-Петербурга»[1]

---

[1] Цит. по: [Gilman 1938]. Изначально Дукельский написал этот отрывок для своих воспоминаний «Парижский паспорт», но затем вычеркнул его из окончательной версии. Рукопись мемуаров, первоначально озаглавленных «Апрель в Париже», хранится в: Duke Coll. Box 106. F. 1–15; Box 107. F. 1–10.

12 января 1938 года в Нью-Йорке на сцене Карнеги-холла состоялась премьера оратории Владимира Дукельского «Конец Санкт-Петербурга» в исполнении камерного хора «Школа Канторум» (Schola Cantorum) и Нью-Йоркского филармонического оркестра под управлением Хью Росса. В грандиозном финале оратории голоса трех солистов и смешанный хор сливаются воедино, чтобы передать эйфорию русских революционных масс, с неистовой мощью возглашая восторженные строки Владимира Маяковского — глашатая новой советской власти, чей впечатляющий громоподобный голос помнился Дукельскому со времен его юности в Париже в 1920-х годах[2]. Оратория, по словам Дукельского, заканчивается «провозглашением победы рабочих, триумфальным гимном новому порядку, который поставил точку в поэтической истории города, покончил с его славным, освященным веками, именем, и лишил былого превосходства "столицы всея Руси"» [Duke 1955: 289]. Этот финальный хор, который критик New York Times Олин Даунс охарактеризовал словами «зловещая радость бунта» и который был восторженно встречен на премьере, воздал должное тому, что послужило источником вдохновения для создания оратории — советскому пропагандистскому фильму Всеволода Пудовкина 1928 года, название которого Дукельский позаимствовал для своего произведения. Дукельский, который ко времени премьеры его оратории уже был успешным бродвейским композитором и легко подстраивался под стремительно меняющиеся веяния в популярной культуре, проявил не меньшее мастерство и в сочинении музыки, созвучной дидактизму и просоветской риторике Пудовкина. Предельно диссонансное звучание финала оратории, похоже, не беспокоило критиков: какофония казалась подходящим способом передать атмосферу хаоса, созданную большевиками.

В этой кульминационной части Дукельский использовал все свои творческие ресурсы. Преобладающая динамика «Моего

---

[2] Письмо Дукельского Иваску от 5 апреля 1964 года (Amherst Center for Russian Culture). Также см.: [Дукельский 1968; Нестьев 1981: 230–260].

мая» — *фортиссимо*, возрастающее до тройного *форте* в заключительной части; хор, изображающий торжествующих рабочих, крестьян и солдат, поет в унисон, переходя к полифонии в кульминационных рефренах, что должно символизировать всенародный характер празднования 1 Мая. Оркестр принимает участие в этом радостном братском собрании, либо играя в насыщенных унисонных тесситурах, либо отбивая жестокие диссонансные кластеры, выстроенные в мощные остинато (пример 1.1). Часто меняющийся размер, в целом узкий диапазон и неустойчивая терция исходной мелодии напоминают, по мнению Даунса, русскую народную музыку [Downes 1938] или, что более знакомо слушателям, произведения Стравинского, созданные под влиянием народной музыки, особенно «Свадебку» (на лондонской премьере которой в 1926 году Дукельский исполнил одну из фортепианных партий вместе с Жоржем Ориком, Франсисом Пуленком и Витторио Риети [Duke 1955: 185]). Внезапные аккорды деревянных духовых инструментов в части, написанной на стихи Маяковского, подчеркивают ассоциации со Стравинским, а неупорядоченные гармонии в низком регистре (зловеще искаженные в звучании контрабаса, тромбонов и тубы) напоминают музыку Прокофьева к фильму Сергея Эйзенштейна «Александр Невский» 1938 года.

Структура этой части легко прослеживается: три строфы с постепенно нарастающим аккомпанементом завершаются подчеркнуто экспрессивными строками, знаменующими триумфальное шествие мая. Чтобы придать заключению еще бо́льшую дидактическую мощь, Дукельский повторяет фразу «Этот мой май!» в последней строфе, поднимая финальную ноту на слове «май» на целую ступень вверх. Хор из семи голосов выводит ноту си, и под ее грубым напором оркестр продолжает свое пронзительное остинато, пока оно не переходит в си-мажорное трезвучие. В трех последних тактах возвращается унисонная тема из оркестрового вступления, завершающаяся тройным си-бемоль *форте* (пример 1.2). Вопреки неоднократным заверениям Дукельского, что эта часть оратории не содержит какого-либо политического подтекста, уже первоначальное восприятие ее публикой показывает, насколько сложно было не истолковать этот финальный рывок — впрочем, как и весь финал — как стремление композитора представить новый советский порядок в качестве грандиозного скачка вперед.

Дукельский приложил максимум усилий, чтобы сгладить подобное политическое толкование своего финала: «Бесспорно, многие усмотрят в земном, зажигательном, искреннем гимне победивших масс» Маяковского «семя пропаганды» — признавал он в программе концерта, но «они будут неправы, так как победа Советов была историческим фактом, а я просто описываю здесь эту победу»[3]. Он уверял Оскара Томпсона, что последняя часть «абсолютно лишена каких-либо пропагандистских намерений»[4]. Но не всем это показалось убедительным. Так, Сэмюэл Хоцинов, самый недоброжелательный критик Дукельского, скептически заметил, что «г-н Дукельский счел необходимым извиниться за включение советских впечатлений в свою музыкальную историю, заявив о своей беспристрастности как художника и историка»[5].

В другой рецензии, авторства Уильяма Кинга, чувствуется, что Дукельский опасался того, что триумфальный финал оратории может поставить под сомнение его лояльность Соединенным Штатам. Композитор «весьма озабочен тем, чтобы было понятно, что произведение свободно от политической предвзятости», — пишет Кинг. «У меня нет никаких политических убеждений, —

---

[3] Программа-аннотация концерта «Конец Санкт-Петербурга» (Duke Coll. Box 80. F. 4).

[4] Oscar Thompson, «Schola Presents Novelties. Ross Conducts Delius's "Mass of Life" and Dukelsky's "End of St. Petersburg"». Вырезка из собрания Duke Coll. Источник не указан. В другом интервью Дукельский пояснил, что «политического смысла в произведение не вкладывалось, как можно было бы подумать из названия. С Санкт-Петербургом покончено — его имя и сила ушли, и это то падение, которое я хотел передать "фотографически", а не навязать систему воззрений» [Eaton 1938].

[5] Samuel Chotzinoff, «Schola Cantorum Heard In 2 New Choral Pieces. "End of St. Petersburg" and Delius' "Mass of Life" Directed by Hugh Ross». Источник не указан. Вырезка из собрания Duke Coll.

ПРИМЕР 1.1. Двухтактное диссонантное остинато в 9-й части (Маяковский) «Конца Санкт-Петербурга» Дукельского (клавир). Duke Coll. LC. Box 79. Folder 2

говорил ему Дукельский, — кроме одного только эгоистического: "Страна, в которой я могу работать с наибольшим успехом, — это та страна, в которой я хочу жить"»[6].

---

6   William G. King, «About Vladimir Dukelsky and Vernon Duke». Источник не указан (Duke Coll.).

ПРИМЕР 1.2. Окончание 9-й части (в переложении для фортепиано). Duke Coll. LC. Box 79. Folder 2

Несмотря на то что Дукельский, казалось бы, благосклонно принимал триумф Советов, он явно не собирался возвращаться на родину. Никакой симпатии к советской власти он не испытывал. Типичный белоэмигрант, Дукельский в жизни бы не сказал ничего хорошего о сталинской России.

В итоге оратория оставила у публики чувство недоумения. Как отмечал один из рецензентов, недостатком Дукельского было его нежелание показать гибель имперского города под политическим углом зрения. Мнимый нейтралитет композитора обнажил «слабость произведения, потому что ни гордость за прошлое, ни скорбь по минувшему, ни ликование по поводу нового не кажутся вполне искренними». В целом оратория «оставляет неоднозначное впечатление... совсем не обязательно считать, что речь идет о конце Санкт-Петербурга; стоит чуть изменить текст, и она с таким же успехом может представлять падение Трои или Карфагена»[7].

И все же творение Дукельского с его советским финалом и неоднозначным политическим посылом, ставшее данью уважения бывшей имперской столице, представляет собой типичный продукт эмигрантской культуры, которому приходится считаться со своим отвергнутым, подавляемым, но всегда присутствующим советским двойником. Опыт эмигрантов формировался и под влиянием других двойников. Географическое и культурное перемещения порождали размытые отражения, которые облегчали боль призрачного существования эмигрантов в чуждой физической реальности. В воображении поэта Георгия Раевского Сена в Париже превратилась в Неву в Санкт-Петербурге («Внезапно вижу наяву / Не замерзающую Сену, — / Лед, снежный ветер и Неву, / Единственную во вселенной» [Тименчик, Хазан 2006: 44]). Санкт-Петербург стал для эмигрантов естественной точкой сосредоточения их тоски по потерянному раю. Поскольку они уже никогда не смогли бы вернуться в это место в физическом мире, то стали одержимы его литературным двойником, текстами, которые крепко-накрепко срослись с городом, — настолько крепко, что Иван Бунин в стихотворении «День памяти Петра» (1925) говорил о Петербурге «Великий и священный Град, / Петром и Пушкиным созданный». Поэт Александр Топольский писал про Петербург «Ты не Петром, ты Достоевским создан» [Там же: 19]. Литературовед Владимир Топоров назвал эту тесно переплетенную сеть стихов и романов, которые отражают богатые физические и культурные слои города, «Петербургским текстом», основателями которого он считал Пушкина и Гоголя, а «гениальным оформителем» — Достоевского. Андрей Белый и Александр Блок называются им «ведущие фигуры... ренессанса

---

7 «Aus der Musikwelt: Schola Cantorum of N. Y.». Источник не указан (Duke Coll.).

петербургской темы», Анна Ахматова и Осип Мандельштам — «свидетели его конца и носители памяти о Петербурге», а поэт и прозаик Константин Вагинов — закрыватель темы Петербурга, «гробовых дел мастер» [Топоров 2003: 25]. Но, как отмечают последователи и критики Топорова, «Петербургский текст» может быть расширен и не обязательно должен завершиться с концом существования Санкт-Петербурга как столицы империи. В прочтении Ольги Матич «Петербургский текст» — это палимпсест, на котором новая надпись никогда не стирает полностью память о прошлом, даже после революции, когда политическая необходимость изменения истории, казалось, поставила под угрозу само существование памяти [Matich 2010: 84]. В том, что Джули Баклер описывает как «одновременные процессы запоминания и забывания, стирания, реконструкции и переписывания», предпринятая большевиками попытка стереть «Петербургский текст» стала лишь еще одним слоем неуклонно пополняющегося палимпсеста [Buckler 2005: 17]. Вслед за Романом Тименчиком и Владимиром Хазаном [Тименчик, Хазан 2006] я добавляю к палимпсесту «Петербургского текста» его ностальгическое воссоздание эмигрантами, показывая, как этот эмигрантский «текст» формировался под влиянием импульса к подавлению его советского двойника.

Итак, эта глава посвящена множеству двойников: Санкт-Петербургу и его культурному двойнику в «Петербургском тексте»; дореволюционному культурно-политическому контексту бывшей столицы и его радикальной перестройке в Советской России, в частности, в фильме Пудовкина «Конец Санкт-Петербурга»; имперскому культурному контексту и его ностальгическому отражению в русской эмиграции. Неслучайно, что главным в музыкальном плане героем этой главы является Владимир Дукельский, он же Вернон Дюк, который и сам вел двойную жизнь, будучи сочинителем как популярной, так и классической музыки. Двойственность прослеживается и в его оратории «Конец Санкт-Петербурга», где ностальгическое эмигрантское переложение «Петербургского текста» соседствует с оптимистическим и устремленным в будущее советским мировоззрением. Непонятая нью-йоркской публикой и в конечном итоге не имевшая успеха оратория Дукельского стала воплощением «Петербургского текста» эмиграции.

ДВОЙНАЯ ЖИЗНЬ: ДУКЕЛЬСКИЙ И ДЮК

Карьера Дукельского была необычной для русского эмигранта. Он родился в 1903 году, и ему было всего семнадцать лет, когда он со своей семьей бежал из охваченной Гражданской войной России вместе с полковником Алексеем Федоровичем Львовым (внуком Алексея Федоровича Львова — автора национального гимна России «Боже, царя храни»). Выехав из Константинополя, который был первой остановкой для большинства эмигрантов, покидавших страну вместе с отступающей Белой армией, он направился, однако, не в Западную Европу, а в Соединенные Штаты. Когда в 1924 году он, по совету Артура Рубинштейна, вернулся в Европу, чтобы попытать счастья в качестве композитора, то приобрел известность с головокружительной быстротой. Дукельский разыскал знакомого ему еще по Константинополю Павла Челищева, русского художника, который, заявив о себе в Берлине созданием декораций для русских опер, стал в Париже художником-сюрреалистом. Челищев направил жизнерадостного и привлекательного молодого человека к Вальтеру Нувелю, управляющему делами Сергея Дягилева, который организовал ему встречу с легендарным русским импресарио. Дягилев заинтересовался молодым композитором и его музыкой и, к всеобщему удивлению, немедленно заказал тому балет. Так Дукельский, новый протеже Дягилева, возникший «из ниоткуда», оказался в центре внимания. Вскоре Дукельский познакомился с Ориком и Пуленком, молодыми французскими композиторами из окружения Дягилева, которые привели его к «первому сыну» Дягилева, Стравинскому. Тот отозвался о фортепианном концерте Дукельского, его «паспорте в Париж», со снисходительной доброжелательностью: «...хорошая честная консерваторская музыка» [Duke 1955: 119]. Петр Сувчинский, еще один его константинопольский знакомый, представил Дукельского «второму сыну» Дягилева — Прокофьеву, который стал его близким другом. Мнение Прокофьева о музыке Дукельского было более доброжелательным, чем отзыв Стравинского. Когда Дукельский проиграл на фортепиано свой новый балет «Зефир и Флора», Прокофьев записал в своем дневнике: «...перед глазами встает настоящий большой композитор. Я думаю, я не ошибаюсь»[8].

Премьера «Зефира и Флоры» в хореографии Леонида Мясина состоялась 15 июня 1925 года. Двадцатидвухлетний Дукельский, ставший «третьим сыном» Дягилева, приобрел известность практически в одночасье. Критики сравнивали его со Стравинским: партитура Дукельского, писал Пуленк, «такая новая и такая живая, представляется мне, рядом с гигантской постановкой Стравинского, одним из самых значительных произведений современной музыки, и русской музыки в частности» [Там же: 152–153]. Одобрение Дягилева и рекомендация Прокофьева также открывали путь к Сергею Кусевицкому, чья поддержка в Париже была незаменима для молодых русских музыкантов. Дирижер точно подметил гораздо большее влияние Прокофьева, чем Стравинского, на музыку Дукельского. Когда Прокофьев попытался заручиться одобрением Кусевицкого, дирижер стал подтрунивать над ним, полагая, что он поддерживает Дукельского, потому что тот пишет музыку под него[9]. Тем не менее Кусевицкий купил партитуру Дукельского для своего «Российского музыкального издательства» (Édition russe) и заказал композитору симфонию, которой дирижировал в 1928 году, будучи к тому времени руководителем Бостонского симфонического оркестра.

Как позже признавался Дукельский, столь ранний успех предоставил ему почти неограниченные возможности для того, чтобы сделать карьеру композитора классической музыки. С поддержкой Дягилева и Кусевицкого, он имел «выход практически на любого дирижера». Вероятно, в силу своей молодости, а еще

---

[8] Дневник Прокофьева. Запись от 24 марта 1925 года [Прокофьев 2002б: 311].

[9] Дневник Прокофьева. Запись от 18 мая 1925 года [Там же: 320].

по причине отсутствия честолюбия, которого в достатке было у Стравинского и Прокофьева, Дукельский не воспользовался представленными возможностями и в течение последующих трех лет «мало что сделал значительного, разве что, — с сожалением признается он в своих воспоминаниях, — отлично проводил время» [Ibid.: 169]. Денди, наделенный молодостью и привлекательной внешностью, он с головой окунулся в светскую жизнь парижского общества, ничуть не заботясь о собственной карьере.

В действительности Дукельский не только купался в лучах своей внезапно нагрянувшей славы. В Лондоне, где «Зефир» имел даже больший успех, чем в Париже, его прерванная нью-йоркская карьера композитора непритязательных мюзиклов и песен получила новый импульс в виде контракта с Чарльзом Б.Кокраном, театральным менеджером самых успешных музыкальных ревю в 1920–1930-х годах. Кокран был конкурентом Дягилева в шоу-бизнесе и получал удовольствие от того, что переманивал от русского импресарио подающих надежды молодых людей, среди которых был, к примеру, Леонид Мясин. Из-за постоянных финансовых проблем, склонности к светской жизни и настоящего таланта к написанию мелодий, Дукельский с легкостью прельстился сочинением того, что Прокофьев называл «тра-ля-ля», а самого Дукельского «ругал... называя театральным подонком»[10]. Дягилев, что вполне предсказуемо, относился к этому с неодобрением и, по воспоминаниям Дукельского, пришел в ярость, узнав о столь несерьезных занятиях своего нового композитора. Дукельский красочно описывает стычку со своим покровителем:

Попав как-то ночью в лондонский Трокадеро, в программе которого стояли номера с моей музыкой в хореографии Мясина, Дягилев пришел в дикий раж и растоптал, к великому ужасу Сергея Лифаря, Бориса Кохно и самого преступника, то есть меня, мой новенький цилиндр, и с односложным криком «Б...ь!» исчез в темноте [Duke 1955: 175].

---

[10] Письмо Прокофьева Дукельскому от 29 сентября 1935 года [Прокофьев 2007а: 49]; Дневник Прокофьева. Запись от 9 декабря 1927 года [Прокофьев 2002б: 610–611].

Прокофьев разделял мнение Дягилева о «продажных» успехах Дукельского. Когда в 1932 году его друг прислал ему рукопись «Эпитафии», произведения, посвященного памяти покойного патрона, Прокофьев «увидя, что сочинение написано на джазовой бумаге... ощутил прилив брезгливости и отложил в сторону»[11]. Двумя годами ранее он строго отчитал своего друга, отмахнувшись от неоригинального аргумента Дукельского о том, что он должен писать популярную музыку, чтобы заработать себе на жизнь. Прокофьев не без основания чувствовал, что Дукельский гордится своими успехами: «Что бы Вы ни придумывали, Вам просто нравится Ваш полупочтенный хлеб и Вы не можете скрыть восторга, что Ваша паршивая пластинка стоит на первом месте по продаже». Продажность и пустая трата времени на такое никчемное занятие имеют свою цену, предупреждал он и замечал, что двойственность натуры Дукельского не лучшим образом влияла на качество его «настоящей» музыки:

> А если я Вас спрошу, что Вы сделали за год в области настоящей музыки, то кроме двух суховатых ф.<орте>-п.<ьянных> пьес Вы ничего предъявить не можете. То, что они суховаты, необычайно характерно для Вашего положения: когда после долгих перерывов Вы беретесь за «серьезную» музыку, Вы ужасно боитесь, чтобы не промелькнула опереточность, ставшая (Вы того не замечаете) Вашей плотью и кровью.
> Будем надеяться на 1931 год и на то, что Вам удастся реабилитировать свое полузабытое в Европе имя[12].

Благодаря созданию дихотомии Дюк-Дукельский композитор приобрел необычную репутацию человека с причудами: в различных статьях о нем писали либо благожелательно, как о «разноплановом» музыканте или «музыканте-амбидекстре», либо нейтрально — как о композиторе с двойственной личностью, у которого имеется некое «второе я», либо, что звучит куда более

---

[11] Письмо Прокофьева Дукельскому от 3 июня 1932 года [Прокофьев 2007a: 38].

[12] Письмо Прокофьева Дукельскому от 9 ноября 1930 года [Там же: 27–28].

недружелюбно, как о докторе Джекиле и мистере Хайде от музыки. Став жертвой расхожих стереотипов, Дукельский назвал себя «отличным примером эстетической шизофрении», страшно опасаясь, по его собственному признанию, что люди «считают [его] либо заумным интеллектуалом, шатающимся по Бродвею, либо мальчишкой с Tin-PanAlley[13], пытающимся выбиться в интеллектуалы»[14]. Вместе с тем серьезный Дукельский дерзко отстаивает свое желание оставить в живых легковесного Дюка, аргументируя это тем, что благородная профессия композитора серьезной музыки финансово невыгодна. Делая акцент на материальной выгоде, Дукельский прямо утверждает существование иерархии «высокой» и «низкой» музыки. «Мистер Дюк (или мистер Дукельский) хотел бы постоянно писать серьезную музыку, — замечает Альфред Харт, — но он, как назло, любит черную икру и ночные клубы, а сочинение музыки для Карнеги-холла, по его словам, не самое прибыльное занятие из тех, которые ему известны». Дукельскийне собирается «бросить писать для театра или кино: «Я, — поясняет композитор, — вовсе не склонен к тому, чтобы прожить свой век в хижине”» [Hart 1937]. Проще говоря, Дукельский «пишет для Карнеги-холла и славы», а Дюк — «для TinPanAlley и наличных»[15]. Финансовые расчеты, которые считаются, как правило, слишком вульгарными, чтобы включать их в интервью с композиторами классической музыки, часто фигурировали в беседах с Дюком:

---

[13] «Переулок жестяных кастрюль», район магазинов граммпластинок и музыкальных издательств в Нью-Йорке. В переносном смысле — место, где создается коммерческий успех популярной музыки. — *Примеч. пер.*

[14] См. вырезки из собрания Duke Coll.: William G .King, «About Vladimir Dukelsky and Vernon Duke» (без даты); Alfred Hart, «Garret to Seller Ambidextrous Vernon Duke Writes Jazz As Well As Concertos Because He Likes Caviar» [Hart 1937]; Samuel Chotzinoff, «Vernon Duke Finds Fault with Reception of Moderns. Composers' Pliant of Neglect Is Raised Again — Eight Reasons Given for Failure of American Audience» (от 6 марта 1937 года); «Music's Jekyll and Hyde As Vernon Duke, He Writes Hot Dance Tunes — As Vladimir Dukelsky, He's a Serious Composer of Symphonies» (без даты, автор неизвестен).

[15] Daniel I. McNamara, «Vernon Duke, A.S.C.P. A. Dual Personality in Music» (от 7 марта 1939 года) (Duke Coll. Box 139).

Владимиру Дукельскому на сочинение скрипичного концерта понадобится в 500 раз больше времени, чем Дюку на то, чтобы набросать популярную песенку для музыкальной комедии, а ведь популярная песенка может принести в 500 раз больше денег, чем концерт. Величайший хит Дюка «Taking a Chance on Love» («Вдруг повезет в любви») из фильма «Cabin in the Sky» («Хижина на небесах») был продан тиражом более 150 000 экземпляров. Это примерно в 1 000 раз превышает количество проданных экземпляров всех изданных музыкальных произведений Владимира Дукельского[16].

«Понимаете, — пояснял композитор другому журналисту, — я считаю, что все еще могу быть двумя личностями. Вполне возможно, что Вернон Дюк зарабатывает достаточно много денег для того, чтобы Владимир Дукельский мог продолжать писать серьезную музыку, чем я и занимаюсь в минуты отдыха»[17]. Именно это практическое решение позволило ему написать ораторию «Конец Санкт-Петербурга». Подчеркивая высокий стиль своего произведения, он говорил: «Я работал над ней четыре с половиной года. <...> Я сам оплачиваю производство. Полагаю, это обойдется мне в две-три тысячи долларов» [Там же].

Было совсем непросто сохранять баланс между двумя направлениями деятельности, и когда в 1939 году Дукельский стал гражданином США и официально сменил имя на Вернон Дюк, он, похоже, публично признал, какая сторона его двойственной личности в итоге победила. И все же какое-то время он верил, что обе эти стороны могут сосуществовать параллельно, не ущемляя друг друга. В 1930-х годах Дукельский пытался свести воедино «высоколобую» и «низколобую» музыку, устраивая в Нью-Йорке концерты, которые он называл High-Low Concerts («Высоко-низколобые концерты»), «чтобы заинтересовать свет-

---

[16] Nicolas Slonimsky, «Composer in Uniform». Вырезкаизгазеты «The Christian Science Monitor» из собрания Duke Coll.

[17] H. A. S., «"Writing Music That Has a Use" Seen As Legitimate Function of Composers. Vladimir Dukelsky, Known to Broadway As "Vernon Duke", Knows No Reason Why Jazz and Serious Music Should Not Share Best Work of a Creator». Вырезка из журнала Musical Courier (1938) из собрания Duke Coll.

скую публику более занимательными сторонами современной музыки, к которой на серьезных концертах относятся с пренебрежением». Один из концертов, по словам Эллиота Картера, включал музыку Аарона Копленда, Марка Блицштейна и Пола Боулза и завершился «выступлениями свинг-бэндов, Дюка и Каунта, Эллингтона и Бейси» [Carter 1938: 170–171]. В итоге Дукельский, похоже, принял позорный ярлык «продажности» его легкой музыки и сохранил в чистоте свой музыкально-классический вкус. Даже название — «Высоко-низколобые концерты» — говорит о том, что, несмотря на свой успех на Бродвее, композитор все же никогда всерьез не расходился с Прокофьевым во мнениях о том, что именно в музыке заслуживает уважения, а что — нет.

Прокофьев был прав, когда подозревал, что жесткий, резко модернистский стиль серьезной музыки Дукельского был своего рода попыткой нейтрализовать популярную сторону творчества композитора, вызывающую чувство неловкости. Тема проклятия или очарования двойной жизни привычно звучала в рецензиях музыкальных критиков так, словно похвала может быть дарована только в том случае, если Дукельскому сначала отпустят грехи сомнительного с моральной точки зрения Дюка. Самый большой комплимент ему сделал Картер, отстранив несерьезногоДюка в пользу серьезного Дукельского. Его «стандартизированные популярные песни… написанные под менее устрашающим именем Вернон Дюк, — писал Картер в своей благосклонной рецензии на «Конец Санкт-Петербурга»,— не имеют абсолютно никакой связи с оригинальной и демонстрирующей богатство воображения его же серьезной музыкой ни по стилю, ни по содержанию» [Ibid.: 170]. Несмотря на то что его эстрадная музыка была весьма изящна и пользовалась успехом, по словам другого критика, Дюк «сохранил самобытность Дукельского в "Конце Санкт-Петербурга", а в его искренности явно прослеживается отсутствие герцогского влияния»[18]. Несмотря на доброжелательный настрой,

---

[18] Статья неизвестного автора. Вырезка из собрания Duke Coll.
Игра слов: Duke — «герцог» (англ.). — Примеч. пер.

эти рецензии показывают, что для исполнения оратории Дукельского больше бы подошло место вдали от Нью-Йорка — города,
в котором господствовал популярный Дюк.

ПЕТЕРБУРГСКИЙ МИФ

С момента своего основания в 1703 году Санкт-Петербург стал
объектом мифотворчества. Этот удивительный город возник по
воле Петра I, по его замыслу и благодаря его безжалостной решимости осуществить задуманное, не жалея ни средств, ни человеческих жизней. «Здесь будет город заложён», — провозгласил
царь Петр, и, говоря словами известной поэмы Пушкина «Медный
всадник»: «Прошло сто лет и юный град, / Полнощных стран
краса и диво, / Из тьмы лесов, из топи блат/ Вознесся пышно,
горделиво...» [Пушкин 1977, 4: 274].

В отсутствие древних слоев Петербург возник как город иде-
ально-классического стиля. Его облик был рационален и носил
черты неоклассицизма с его великолепными, роскошными
дворцами на берегах Невы, широкими площадями, каналами
и мостами. Философ Георгий Петрович Федотов (1886–1951),
глядя на имперскую столицу из Парижа 1926 года, считал, что
Санкт-Петербург воплотил в себе неоклассические мечты архитектора эпохи Возрождения Андреа Палладио «у полярного
круга»[19]. Действительно, палладианская архитектура утвердилась
в Санкт-Петербурге в качестве основного принципа после того,
как Екатерина II пригласила в столицу империи итальянского
архитектора Джакомо Кваренги.

Чудесным образом возникнув, Петербург быстро превратился
в город мифический. Пушкин называл его Северной Пальмирой,
но сравнивали Петербург и с Венецией, и с Амстердамом, которые, как и он, были построены на воде; с вымышленным остро-
вом-государством Атлантидой, который из-за своей гордыни
бесследно исчез, погрузившись в воды Атлантического океана;

---

[19] Цит. по: [Топоров 2003: 54].

со священными городами Константинополем и Римом, чью центральную в религиозном плане позицию Петр I намеревался заменить светским великолепием Петербурга; наконец, с библейским Иерусалимом, в который страстно желали вернуться евреи, живущие в диаспоре.

Возведенный в устье Невы, Санкт-Петербург существовал наперекор природе. Юрий Лотман объясняет, что, в отличие от «вечных» городов, таких как Рим и Афины, которые были построены на горах и потому могли выступать посредниками между небом и землей, города, расположенные на краю культурного пространства — на берегу моря или в устье реки, — пребывают в постоянной борьбе со стихией, и их культурный образ определяется противоборством между творением человека и природой. Возникновение таких городов можно рассматривать одновременно и как победу над природой, и как искажение естественного божественного порядка. В отличие от вечных городов, вокруг которых концентрируются мифы генетического плана, вокруг городов, возникших в результате борьбы с природой, возникают эсхатологические мифы — предсказания гибели, идеи обреченности [Лотман 1992: 9–10].

Великолепие нового города всегда было омрачено зловещей историей его возникновения. Петербург, самый северный из городов в мире, был построен на болотах, и цена этого строительства, исчисляемая человеческими жизнями и человеческими страданиями, была столь высока, что на повеление Петра «Здесь будет город заложён» почти тотчас же последовало уничтожающее проклятие из уст сосланной в монастырь жены царя Евдокии: «Петербургу быть пусту!» В царствование Петра I за повторение этого проклятья «били кнутом, ссылали на галеры, рвали ноздри и резали языки» [Мережковский 1908]. Но тщетно: никак нельзя было стереть из народной памяти страшное пророчество Евдокии, и к XIX веку оно стало доминантой «Петербургского текста». Аполлонический образ города из золотого века, города, в котором царили рациональность, симметрия и четкие перспективы, был побежден дионисийским, хаотичным, беспорядочным и апокалиптическим антиподом. Иррациональное и дьявольское притаились за безупречными фасадами имперской столицы в ви́дении Николая Гоголя, в то время как экстатическим и лихора́дочным героям Федора Достоевского, постоянно находящимся на грани духовного прозрения или нервного срыва, классический город царей казался фантасмагорией, созданной вне какой бы то ни было материальной основы и постоянно балансирующий на грани небытия. Многие писатели пытались передать тот иррациональный страх, который пробуждал город. Достоевский в часто цитируемом отрывке из «Подростка» писал:

> Мне сто раз, среди этого тумана, задавалась странная, но навязчивая греза: «А что, как разлетится этот туман и уйдет кверху, не уйдет ли с ним вместе и весь этот гнилой, склизлый город, подымется с туманом и исчезнет как дым, и останется прежнее финское болото, а посреди его, пожалуй, для красы, бронзовый всадник на жарко дышащем, загнанном коне?» [Достоевский 1972–1990, 13: 113].

Личными нотками звучал этот страх у Мандельштама: «В Петрополе прозрачном мы умрем — / Здесь царствуешь не ты [Афина], а Прозерпина» [Мандельштам 2009–2011, 1: 92]. Знаком грядущей погибели стал он в «Поэме без героя» Ахматовой: «И царицей Авдотьей заклятый, / Достоевский и бесноватый, / Город в свой уходил туман» [Ахматова 1998: 185]. В романе Белого «Петербург» именно это иррациональное восприятие города движет героями (одного из которых зовут Аполлон Аполлонович), по мере того как дионисийская стихия экстаза и хаоса постепенно берет верх над аполлоническим принципом рациональности и порядка в тех обстоятельствах, которые приводят к революции 1905 года [Matich 2010: 5].

Именно тексты, которые, как отмечает Полина Барскова, описывали город «угасающим и болезненным», в то время как на самом деле он «рос и процветал», стали квинтэссенцией «Петербургского текста». Но, вопрошает Барскова, что происходит с этим негативным петербургским текстом, когда «пророчество конца становится реальностью, а предсказания сбываются?» [Barskova 2006: 2]. Вполне понятно, что в Советской России и в эмигрантском Париже ответы на этот вопрос отличались. Большевики превратили пророчество о роковой гибели в революционный экстаз, эмигранты же оплакивали апокалиптический конец города и были разбиты ностальгическим параличом, скорбя о идеализированном прошлом, которое никогда не вернется назад. При всей своей парадоксальности сосуществование двух виде́ний в «Конце Санкт-Петербурга» Дукельского было своего рода симптомом тех противоречий, которые преобладали в жизненном опыте эмигрантов.

ПЕТЕРБУРГСКИЙ СИНДРОМ

Петербург, который литературный критик Владимир Вейдле называл «ви́дением» и писал, что он «не штукатурка, не камни», оказался идеальным городом для ностальгических переживаний всех тех, кто бежал от русской революции [Вейдле 1968: 10]. Париж прекрасно подходил для того, чтобы грезить в нем о прозрачном Петербурге, культура которого с самого начала была направлена на приобщение к рациональным западным ценностям, пока новое большевистское правительство не ввергло город в культурную изоляцию, противостоять которой пытался Петр I, превративший город среди финских болот в «окно в Европу». Для большинства эмигрантов возвращение было невозможно, и тогда объектом ностальгии стал литературный двойник Петербурга, заменивший реальный город. В этом контексте приобщение к городскому тексту выполняло некую терапевтическую функцию, соединяя эмигрантов с утраченной традицией, без которой их разобщенная культура не могла обрести целостности. На многочисленных мероприятиях, подобных собранию, организованному обществом «Немедленная помощь» 7 января 1933 года, ностальгия смешивалась с чувством патриотической гордости. Жорж Бурдон, основатель Международной федерации журналистов, открыл вечер, сказав вступительное слово «Старый Петербург». Певица парижской Опера-Комик (Opera-Comique) в костюме времен Екатерины II исполнила арии

«Бержеретт» и «Пастурелль» петербургской оперы XVIII века. Мария Крижановская из Московского художественного театра прочла монолог Татьяны из «Евгения Онегина» Пушкина. Образ Петербурга 1780-х годов возник в арии Полины из «Пиковой дамы» Чайковского, 1830-х годов — в арии Ольги из «Онегина». Петербургская опера конца XIX века воочию предстала в арии из «Бориса Годунова» Мусоргского, исполненной на французском языке, а императорский балет — в выступлении Любови Руденко, которая часто участвовала в благотворительных мероприятиях Общества. Елена Бенуа, дочь Александра Бенуа, сотрудничавшего с Дягилевым в организации русских художественных постановок в Париже, создала декорации, используя для оформления эскизы своего отца. Программа завершилась «петербургским балом», на котором публике предлагалось танцевать вальсы и мазурки[20].

Странной пустотой звучал золотой век Санкт-Петербурга с его франкоязычным колоритом в культуре русской эмиграции в Париже. На таких мероприятиях Париж XVIII века глазами Петербурга XVIII века возрождался в ностальгической атмосфере русского Парижа 1920–1930-х годов. И казалось, никто не замечал иронии в том, что русские эмигранты, оказавшиеся в блистательных европейских столицах, мечтали о Санкт-Петербурге — о городе, который Петр основал по образу и подобию этих самых столиц.

Пронизанный тревогой, по-достоевски фантасмагорический пласт «Петербургского текста» завораживал эмигрантов в первые годы изгнания. Поэт Антонин Ладинский сравнивал судьбу города «с горькой славой Рима» [Ладинский 1937: 11]. С глубокой печалью смотрела Раиса Блох на мертвый город, в котором «с вершин соборов горят кресты» [Блох 1928: 12]. Как писал Иван Лукаш в 1929 году в эмигрантской газете «Возрождение»,

---

[20] Последние новости (Париж). 1933. 3 янв. № 4303. Цит. во Введении к [Тименчик, Хазан 2006: 34]. Эмигранты сохранили в названии журнала старую орфографию «Послѣдния». См. также [Мнухин 1995: 367]. Событие описывается как первое из серии ежемесячных вечеров на тему «Бывший Петербург».

> Два века изумительных побед… два века грандиозного творчества, создавшего Пушкина и Петербург, город-образ российского гения во всей его силе, красоте и напряженности, два патетических, творческих века российской нации сметены революцией. <…> Органическое творчество ее народов подменено убийственным, механическим тараном революции. И не светит в нашем отечестве живой день: только все померкло — и Петр, и его Санкт-Петербург [Лукаш 1929].

Воспоминания об уничтоженном городе вызывали у Лукаша чувство вины, он боялся, что брошенный на произвол судьбы Петербург погрузится в небытие, если эмигранты перестанут бережно пестовать его прежний образ.

Ностальгическая тоска по городу мало-помалу смывала связанные с ним поэтически непривлекательные ассоциации. Как говорила Ахматова Лидии Чуковской:

> Вы заметили, что с ними со всеми происходит в эмиграции? Пока Саша Черный жил в Петербурге, хуже города и на свете не было. Пошлость, мещанство, смрад. Он уехал. И оказалось, что Петербург — это рай. Нету ни Парижа, ни Средиземного моря — один Петербург прекрасен [Чуковская 1997: 392].

Для Георгия Адамовича Петербург был единственной на земле столицей: «На земле была одна столица. / Все другое — просто города» [Адамович 2005: 79]. Ленинград не мог заменить Санкт-Петербурга. Дукельский считал переименование города «немыслимым кощунством». Для него Ленинград был не более чем «всего-навсего гигантским музеем в воротах советского порта» [Duke 1955: 288]. Когда в июне 1967 года композитор Николай Набоков посетил восстановленный город, в нем вновь вспыхнули сентиментальные чувства, присущие петербургскому синдрому эмигрантов:

> Вот он, весь, в целости и сохранности или восстановленный его жителями с бесконечной любовью и заботой: «Царица Севера», гордо стоящая на берегах Невы и ее многочисленных притоков, и эти каналы, вырытые по приказу царя

Петра, чтобы сделать город похожим на Амстердам. Великолепный, просторный, воздушный, любопытно рассеянный, но самый необычный город, который когда-либо задумывали и строили люди! Можно провести параллель, но в гораздо большем масштабе, с такими жемчужинами, как Венеция до ее нынешнего упадка или Пекин, пожалуй, времен империи Мин [Набоков 2003: 351].

Но великолепный фасад показался композитору пустой оболочкой, городом без души, потому что его прежние жители пропали в изгнании. Въезжая в город, он чувствовал себя «как исследователь, обнаруживший... нетронутую гробницу фараонов, сохранившую всю свою красоту, но с безнадежно мертвым фараоном и зернами пшеницы, которые никогда больше не прорастут» [Там же].

Набоков не был родом из Петербурга, но это не уменьшило его острой ностальгии по этому городу: как и большинство эмигрантов, он считал его главной составляющей своей культурной идентичности. Его неприятие вновь отстроенной бывшей столицы также было типичным для представителей эмиграции. Журналист Аркадий Борман описал свою воображаемую встречу с обновленным городом в похожих выражениях — как экскурсию по восстановленной Помпее с великолепно отреставрированными зданиями, которые все еще дышат смертью [Борман 1969][21]. Существовал только один способ сохранить душу города — заменить физическую реальность Ленинграда культурной памятью, отделить «Петербургский текст» от его большевистского завершения.

НАЗАД — К НОСТАЛЬГИИ

Чтобы понять, что «Конец Санкт-Петербурга» Дукельского принадлежит к эмигрантскому «Петербургскому тексту», нужно представить себе это произведение без его советского финала.

---

[21]   Цит. по: [Khazan 2008: 124–125].

Не сохранилось ни одной рукописи или заметки Дукельского, в которой была бы описана первоначальная концовка оратории[22]. Мы знаем только, что финал на стихи Маяковского, хоть и сохранился во всех известных нам сегодня источниках, не был частью первоначального плана. Как Дукельский сообщал Кусевицкому в 1937 году, он добавил эту часть позднее[23].

Будучи талантливым поэтом, Дукельский расположил выбранные им стихотворения о Петербурге в условно хронологическом порядке, начиная с отрывка из «Оды на прибытие Ея Величества Великия Государыни Императрицы Елисаветы Петровны из Москвы в Санкт-Петербург 1742 года по коронации» Михаила Ломоносова (1751); затем следуют две строфы из «Шествия по Волхову российской Амфитриты» Гавриила Державина (1819); признание Пушкина в любви к Санкт-Петербургу из «Медного всадника» (1833); первые три строфы из «Петербурга» Иннокентия Анненского (1910); первая, вторая и четвертая строфы из стихотворения Федора Тютчева «Глядел я, стоя над Невой...» (1844); стихотворение из сборника стихов Михаила Кузмина «Осенние озера» (1912) «Как радостная весна в апреле...»; стихотворение «Тот август, как желтое пламя...» 1915 года из книги Ахматовой «Anno Domini MCMXXI» (1922); и в завершение, вероятно, второе стихотворение из цикла «Пляски смерти» Блока (1912–1914) «Ночь, улица, фонарь, аптека...»[24]. Яркие, сияющие краски первых трех стихотворений постепенно тускнеют, и завершает цикл ночная сцена Блока, в которой единственным источником света остается тусклый уличный фонарь. Три времени года предстают в цикле стихов: в первом предчувству-

---

[22] См. партитуру для фортепиано с русским, английским и французским текстами, партитуру с русским и английским текстами и сокращенную партитуру (Duke Coll. Box 79. F. 2; Box 103. F. 1–3; Box 80. F. 1–3). В конце партитур Дукельский поставил три разные даты: 1 мая 1933 года в первой версии; 12 марта 1937 года во второй версии; и 1 апреля 1960 года в последней — расширенной — версии.

[23] Письмо Дукельского Кусевицкому от 13 сентября 1937 года (Koussevitzky Coll. Box 17. F. 10–12).

[24] Оригиналы этих текстов см. [Вишневецкий 2005: 398–402].

ется весна, и стихотворение Кузмина воспевает ее; Пушкин, Анненский и Тютчев описывают Петербург во всей его суровости зимой; Ахматова же вызывает в памяти лето с его слепящим августовским солнцем и тревожным ожиданием войны[25].

Через все тексты проходят повторяющиеся образы: Нева с гранитными берегами и ледяными, мертвенно-спокойными водами; каналы, мосты и острова; облака и туман; северный ветер; серые краски природы, контрастирующие с золотыми куполами и искусственной красотой города, выросшего по велению царя-чудотворца. Чтобы удержать внимание на Петербурге, Дукельский опускает заключительную строфу стихотворения Тютчева, в которой тот выражает тоску по теплому климату юга[26].

Подобно стихам, которые связаны между собой общими образами, музыка хоровых партий взаимосвязана повторяющимися темами. Мелодия английского рожка и кларнета — с нее начинается оратория — появляется вновь в оригинальной последней части на стихи Блока (пример 1.3a-b). Плотно уложенные чистые квинты, расположенные на терции по голосам в начале части на стихи Державина (№ 2), переходят на большую терцию ниже к окончанию части на стихи Анненского (№ 4). Бессловесный хор, который в четвертой части вводит «Желтый пар петербургской зимы» Анненского, вводит также и четвертую строфу из стихотворения Ахматовой «Тот август...» (№ 7).

Две сольные части (ария для тенора соло из «Медного всадника» Пушкина, № 3; ария для баритона соло на стихи Тютчева, № 5) и дуэт сопрано и тенора на стихи Кузмина, № 6 менее органично вписываются в ораторию как в единое целое. Возможно, часть на стихи Кузмина восходит к «томным, благоухающим магнолией» композициям Дукельского на стихи того же поэта из цикла «Пу-

---

[25] Не хватает только «Осени», что объясняется симпатией Дукельского к Дягилеву, который, по воспоминаниям композитора, «ненавидел это время года» и планировал незадолго до своей смерти заказать Дукельскому балет «Три времени года» [Duke 1955: 179].

[26] Последняя строфа стихотворения Тютчева «Глядел я, стоя над Невой...»: «О, если б мимолетный дух, / Во мгле вечерней тихо вея, / Меня унес скорей, скорее / Туда, туда, на теплый Юг...» [Тютчев 1980, 1: 102].

тешествие по Италии», которые композитор сочинил в 1931 году для «приятного бесцельного времяпрепровождения» [Duke 1955: 261][27]. «Как радостна весна в апреле...» Кузмина все еще хранит аромат магнолий более раннего цикла: после оркестрового вступления в стиле Стравинского с переходом от счета на $4/4$ на счет на $3/8$, раздольными мелодиями вступают голоса, достигая кульминации в лирическом взрыве чувств, типичном для наивысших моментов в любовных дуэтах[28].

Хронологически упорядоченные Дукельским стихотворения постепенно приближают слушателя к трагическому концу города. За отрывком из «Медного всадника» Пушкина, хрестоматийного текста о приближающейся гибели Петербурга, следует «Желтый пар петербургской зимы...» Анненского, а в нем — иррациональность города, который, хоть и был основан на принципе рациональности, всегда оставался загадкой — по словам Достоевского, «фантастической, волшебной грезой» [Достоевский 1972–1990, 19: 69].Стихотворение Анненского (№ 4) заканчивается мрачной сценой казни перед рассветом, когда все покрывает туман («Да пустыни немых площадей, / Где казнили людей до рассвета»), воссозданной Дукельским с помощью хора поющего вполголоса и статичных гармоний высокого регистра у первых скрипок в сочетании с перкуссионными эффектами в звучании арф и фортепиано. То, что хоровой вокализ этой части, вызывающий необъяснимое чувство страха, повторяется в части на стихи Ахматовой (№ 1), актуализирует связь между общей колористикой двух стихотворений: «желтым паром» у Анненского и «желтым пламенем» у Ахматовой[29].

---

[27] Всего между 1930 и 1937 годами Дукельский положил на музыку девять стихотворений Михаила Кузмина. См. примечания к письму Дукельского Прокофьеву от 1 июня 1932 года [Прокофьев 2007a: 41].

[28] Этот фрагмент был опущен на нью-йоркской премьере «из-за трудностей интонации», как пояснялось в программе-аннотации концерта «Конец Санкт-Петербурга» (Duke Coll.).

[29] Обсуждая «Петербург» Андрея Белого, Пайман показывает, что «силы инерции... отождествляются с болезненно-желтым цветом, который скользит и растекается по городу, отражаясь в воде, на лицах, в хромированной отделке правительственных зданий и сырых обоях убогих интерьеров» [Pyman 1990: 212].

ПРИМЕР 1.3a. Мелодия английского рожка и кларнета в 1-й части (на стихи Ломоносова) (в переложении для фортепиано)

ПРИМЕР 1.3b. Мелодия английского рожка и кларнета в 8-й части (на стихи Блока) (в переложении для фортепиано)

Но музыкальная отсылка обращает внимание на более глубокое созвучие между этими поэтическими текстами: неявно выраженный образ насилия в стихотворении Анненского становится очевидным в заключительных строках Ахматовой, где город, разоренный войной, превращается в «дикий лагерь»[30].

Дукельский считал часть на стихи Ахматовой «самой выдающейся частью всей композиции, как по музыкальному содержанию, так и по продолжительности». «Тема ее — раскаты

---

[30] Ахматова цитирует Анненского в одном из эпиграфов к эпилогу «Поэмы без героя» [Ахматова 1998: 199].

ПРИМЕР 1.4. Остинато в 7-й части (на стихи Ахматовой)
(в переложении для фортепиано)

войны и надвигающаяся трагедия», — написал он в пояснительной записке к программе. Композитор создает чувство тревожного ожидания, построив эту часть на основе 6-нотной пассакалии, звучащей сначала на низких струнных, низких медных (туба и тромбон) и низких деревянных духовых (фагот и контрафагот), а на 12-м такте присоединяется мужской хор, который исполняет пассакалию в параллельных октавах. Через два такта рожок начинает играть остинато в каноне (пример 1.4). Только первую и последнюю строфы поэмы Дукельский дает в виде пассакалии: в пяти строфах между ними он отказывается от остинато и меняет тональность с трех бемолей на два диеза. В последней строфе пассакалия возвращается, что еще более усиливает эффект цикличности, создаваемый непрекращающимся остинато.

Самой мрачной из всех частей оратории является переложение Дукельским на музыку короткого стихотворения Блока, которое композитор описал как «бессмысленность существования в мертвом городе» [Duke 1955: 288].

Ночь, улица, фонарь, аптека,
Бессмысленный и тусклый свет.
Живи ещё хоть четверть века —
Всё будет так. Исхода нет.

> Умрёшь — начнёшь опять сначала,
> И повторится всё, как встарь:
> Ночь, ледяная рябь канала,
> Аптека, улица, фонарь [Блок 1997, 3: 23].

Дукельский поручает текст мужской части хора, который ритмично декламирует стихи без определенной высоты, в то время как женская часть и соло сопрано поют с «замкнутыми ртами» в контрапункте.

В отличие от динамичных, устремленных в будущее строк Маяковского, которые в конечном итоге станут заключительными, стихотворение Блока неподвижно и циклично. Две строфы, по четыре строки каждая, выстроены симметрично: неподвижный, тусклый городской пейзаж в начале отражается на ледяной поверхности канала в конце стихотворения. В этих формирующих каркас строках нет ни одного глагола, который указывал бы на движение. Четыре средних стиха, пусть и более активные, тоже являются отражением друг друга: глаголу *жить* противопоставляется глагол *умереть*, появляющийся во второй части, точно так же, как и четвертая строка, говорящая о будущей схожести всего происходящего, может быть сопоставлена с шестой строкой о том, что после смерти все повторится вновь. Таким образом, жизнь после смерти, которую символисты воображали как прорыв к трансцендентным мирам или как внезапное вознесение к небесам, у Блока становится бесконечным повторением уже прожитого. Интересно, что хотя вопросы жизни и смерти представляют собой эсхатологический центр стихотворения, тем не менее, замкнутые в своем круговом движении строки Блока словно отрицают саму возможность конца. Выбор Дукельским в качестве завершающей части первой редакции оратории стихотворения, в котором конец принципиально отсутствует, свидетельствует о том, что, по первоначальному замыслу композитора, конец города представлялся не как насильственное прекращение его существования, а как приостановка в неумолимом ходе времени.

Поскольку для многих кончина Блока в 1921 году стала своего рода «рубежом между смертью старого Петербурга и рождением нового советского Петрограда» [Smolkin-Rothrock 2010: 306], было бы вполне логично закончить ораторию музыкальным переложением его стихотворения. Дукельскому, который и сам был поэтом, наверняка было известно о существовании символической связи между Блоком и мифологизированной гибелью его города. Есть и внутренние свидетельства, которые позволяют предположить, что в качестве первоначальной концовки оратории могло быть выбрано именно стихотворение Блока. Повторное появление тематического материала из начала оратории иллюстрирует идею Блока о вечном возвращении, а повторение мелодии придает оратории цикличную структуру. Эта же мелодия, которую Дукельский в своих воспоминаниях характеризовал как «тему, впервые появляющуюся во вступлении и символизирующую печаль уличных сцен в России», снова возвращается в 31-м такте как мелодия вокализа сопрано, еще раз подчеркивая, что, по замыслу композитора, это «уличная песня» (пример 1.5) [Duke 1955: 289][31].

И это не единственная тема в «Ночь, улица, фонарь, аптека...», которая отсылает нас к предыдущей части оратории. В начале оркестрового вступления бас-кларнет повторяет синкопированную мелодию, которая звучала после пения хора с «замкнутыми ртами» в части на стихи Анненского. Обе эти отсылки могут быть истолкованы поэтически — как способ уточнить особенности петербургской местности, которая в стихотворении Блока обозначена только словом «канал». То, что Дукельский ссылается на свое собственное музыкальное переложение Анненского, говорит о том, что тусклые краски пейзажа у Блока, вполне возможно, берут свое начало в «желтом паре» имперского города старшего современника: об этом напоминает и стонущее пение хора с «замкнутыми ртами», вызывающее в памяти часть на стихи Анненского. Но возвращение к прежним темам в конце оратории — это

---

[31] В своих концертных программах Дукельский менее конкретен: «В этом контексте соло сопрано удерживает гласный "а" как тему впервые появляющуюся во вступлении ко всему произведению и символизирующую печаль уличных сцен в России» (программа-аннотация концерта, Duke Coll. Box 80. F. 4).

еще и прием обрамления, жест, подводящий итоги; он означает, что часть на стихи Блока может стать потенциальным заключением, как и завершение на ля-минорном аккорде, «печальном» параллельном миноре, домажора первой части.

Ритмичная декламация стихотворения Блока мужской частью хора скрыта под несколькими слоями. Женская часть хора исполняет фигуру из двух нот поверх монотонного скандирования. Дукельский описывает их пение как стон — и это слово позволяет уловить сходство между мелодической линией Дукельского и плачем юродивого, который звучит в конце переработанной версии «Бориса Годунова» Мусоргского. Как и в опере, фа и ми чередуются, причем в версии Дукельского ми ритмически растягивается, чтобы ритм стона стал менее регулярным (пример 1.6, ср. также пример 1.5)[32]. Обращение к тому, что по меньшей мере в одной из редакций выступило в качестве завершения оперы Мусоргского, лишний раз подчеркивает вероятность замысла Дукельского использовать эту часть как финальную.

В «Борисе Годунове» юродивый оплакивает Россию, стоящую на пороге политического хаоса; в «Конце Санкт-Петербурга» Дукельского женская часть хора скорбит о довоенной России, оказавшейся на грани кровопролитных перемен, порожденных революцией.

В оратории Дукельского в фактуру этой части вплетено еще больше смысловых слоев — вполне в стиле символистов. Остинато, которое впервые появляется у флейт, напоминает начало сцены в спальне графини из второго акта «Пиковой дамы» Чайковского (примеры 1.7a–b). По замыслу Дукельского, эта аллюзия должна была стать наиболее очевидной отсылкой к Петербургу, поскольку, как хорошо было известно композитору, оперная интерпретация повести Пушкина считается одним из редких случаев удачного перенесения петербургской магии в музыку. «Никто из тех, кому довелось слушать оперу, не в со-

---

[32] Пролог «Франчески да Римини» Рахманинова также начинается с повторяющихся диад F–E, к которым Рахманинов постепенно добавляет диады D–Cis, а затем диады B–A.

ПРИМЕР 1.5. Повторное появление «уличной песни» в оркестровой партии и в вокализе в 8-й части (в переложении для фортепиано). Ср. с примерами 1.3a-b

ЮРОДИВЫЙ: садится на камень, штопает лапоть и поет, покачиваясь

Бьют в колокола, а вдалеке разгорается большой пожар

ПРИМЕР 1.6. Плач юродивого в «Борисе Годунове» Мусоргского (в переложении для фортепиано)

ПРИМЕР 1.7a. Взволнованное остинато в сцене из «Пиковой дамы» (в переложении для фортепиано)

ПРИМЕР 1.7b. Взволнованное остинато во 2-й части «Конца Санкт-Петербурга» (в переложении для фортепиано) стоянии до конца стряхнуть с себя ужаса от музыки», — писал Дукельский в пояснительной записке к программе[33]. «Неотвязная магия и до конца неразрешимая загадка» повести Пушкина и оперы Чайковского, как пишет Роман Тименчик, в прямом смысле слова преследовали воображение поэтов-эмигрантов. Столь значительная роль оперы в какой-то степени объясняется тем, что в основе ее сюжета лежит повесть Пушкина, но притягательность ее как предмета поэзии в большей степени объясняется способностью Чайковского создать такое произведение, в котором «оживает память о Петербурге — зрелищном, сценическом, театральном» [Тименчик, Хазан 2006: 19, 20][34]. В «Конце Санкт-Петербурга» Дукельский превращает лихорадочно-возбужденные шестнадцатые ноты Чайковского, которые в опере подчеркивают нервное возбуждение Германа в ожидании роковой встречи с графиней, в средство создания тревоги. После своего первого нерешительного появления у флейт, мотив постепенно овладевает всей партией деревянных духовых, достигая кульминации за счет интервального расширения *фортиссимо*, которое сопровождает центральную часть стихотворения: «Умрешь — начнешь опять сначала, / И повторится все, как встарь» (пример 1.8). Взрыв струнных фигур *фортиссимо* придает композиции Дукельского эмоциональный подъем, которого явно не хватает сдержанному стихотворению Блока. Чтобы добиться хорошей слышимости текста, Дукельский убирает верхние партии хора, оставив в одном такте декламацию мужской части хора без сопровождения, а в двух следующих тактах добавляет только вокализ сопрано. В результате возникает ощущение внезапной ясности: туман рассеивается. Трудно не услышать в свободной партии сопрано освобожденный дух, который хоть на мгновение способен вырваться из бессмысленно повторяющегося цикла

---

[33] Цит. по: [Vishnevetsky 2004: 263–264].

[34] О символическом подтексте «Пиковой дамы» Чайковского см. статью Саймона Моррисона «Чайковский и декаданс» [Morrison 2002: 45–114]. Собственный поэтический вклад Дукельского в Петербургский текст и его «Послание к Сергею Львовичу Бертенсону» во многом опираются на образы из оперы Чайковского.

жизни и смерти, подобно тому, как символисты представляли себе духовный прорыв. Но это чувство освобождения оказывается временным. Цикл возобновляется, только с небольшими изменениями, а его завершение лишь угадывается: движение постепенно замирает — сначала декламация и вокализ сопрано, а затем и тихо убаюкивающие средние голоса затихают. Нет ни заключения, ни разрешения, только впечатление, что цикл может возобновиться в любой момент (пример 1.9).

Нагнетание напряжения за счет нагромождения остинатных фигур — прием, который был хорошо известен Дукельскому по «Весне священной» Стравинского, но его музыкальный язык в «Ночь, улица, фонарь, аптека...» ближе композитору, не входившему в его круг парижского периода, а именно Альбану Бергу — единственному композитору из числа ненавидимых атоналистов, который вызывал у Дягилева хоть какой-то интерес [Duke 1955: 143]. В этой части в музыке Дукельского заметно выделяется органный пункт на низком си, звуке, на котором в опере Берга «Воццек» строится сцена убийства Мари. Повышающиеся скалярные фигуры в конце этой части также заставляют вспомнить музыкальные фигуры, которые Берг использовал для создания образа воды, поднимающейся вокруг Воццека. В контексте «Петербургского текста» эти музыкальные фигуры не могут не вызывать ассоциации со знаменитыми петербургскими наводнениями, одно из которых описано в «Медном всаднике», другое же произошло в 1924 году, за несколько лет до того, как Дукельский начал работать над ораторией. Многие восприняли это последнее наводнение как возмездие за то, что город был переименован в Ленинград. Но музыкальный образ поднимающейся воды также вызывал в памяти один из основных элементов «Петербургского текста»: легендарное проклятие, из-за которого город, подобно мифологической Атлантиде и сказочному Китежу, должен уйти под воду и тем самым воссоединиться с природой.

Итак, в последней части Дукельский соединяет музыкальные отсылки к нарастающему напряжению, предшествующему страшной смерти («Пиковая дама» Чайковского), поднимающейся вокруг самоубийцы воды («Воццек» Берга), плачущему юроди-

ПРИМЕР 1.8. Остинато, преобладающее в фактуре 8-й части
(в переложении для фортепиано)

ПРИМЕР 1.9. Окончание 8-й части (в переложении для фортепиано)

вому, прозревающему трагическое будущее России («Борис Годунов» Мусоргского), с ритмом колыбельной и замкнутой симметричной формой, которая сводит на нет весь накал напряженного движения вперед, порождая бездействие и равнодушие слушателя к развязке. В первоначальном завершении оратории не обозначалась конечная точка во времени, а, скорее, состояние наваждения, в котором не было возможности выйти за грань потенциального будущего. Можно предположить, что финал, лишенный цели, отражал впечатления эмигрантов от государства, утратившего смысл, и от времени, двигавшего историю в том направлении, которое у многих из них вызывало неприятие. К концу 1920-х годов даже самым оптимистично настроенным представителям эмиграции стало ясно, что Советская Россия — это не временный кошмар, а признанная на международном уровне политическая сила, которая отныне никуда не денется. Без желания трансформировать «Петербургский текст» в новый, большевистский нарратив (как сделал это Пудовкин со всей убедительностью, а Дукельский — лишь отчасти), обращение к теме прежней имперской столицы становилось упражнением в бесплодной ностальгии.

БОЛЬШЕВИСТСКИЙ ДВОЙНИК ПЕТЕРБУРГСКОГО ТЕКСТА

То, что для эмигрантов означало конец Санкт-Петербурга, для Советов стало своеобразным ритуалом утверждения нового порядка, разыгранным с подобающим масштабом в первую годовщину революции и показанным в фильме Пудовкина «Конец Санкт-Петербурга» и в фильме Эйзенштейна «Октябрь». Один из выдающихся мастеров Советской России, Всеволод Пудовкин (1893–1953) больше всего запомнился как режиссер трех классических фильмов немого кинематографа: «Мать» (1926), «Конец Санкт-Петербурга» (1927) и «Потомок Чингисхана» (1928, в зарубежном прокате шел под названием «Буря над Азией»). Фильм «Конец Санкт-Петербурга» был снят в честь десятилетней годовщины со дня большевистского переворота и показан 7 ноября на торжественном вечере в Большом театре в Москве [Kepley 2003: 104]. Фильм Пудовкина снимался в одно время с «Октябрем» Эйзенштейна, еще одним важным для юбилейного года государственным заказом [Kenez 2001: 54]. Но торжественного показа

Илл. 1.1. Фасад Исаакиевского собора с обрезанным текстом 20-го Псалма («силою Твоею возвеселится царь», Пс. 20:2) в немом фильме Всеволода Пудовкина «Конец Санкт-Петербурга» («Межрабпом», 1927) [7:33]

удостоился только фильм Пудовкина. Масштабное производство Эйзенштейна затянулось из-за бесконечных доработок, которые были характерны для советских художественных проектов и требовались для того, чтобы подстроиться под меняющуюся политическую обстановку[35]. Эйзенштейн тяжело переживал свое поражение, но победа Пудовкина была недолгой [Bulgakova 1998: 41, fn. 15]. «Октябрь», воплотивший большинство мифов о революции и тем самым подтвердивший претензии большевиков на ее законность, после своей запоздалой премьеры 14 марта 1928 года стал одной из самых значимых советских кинокартин. Позднее

---

[35] Эйзенштейн оказался втянутым в борьбу между правящей верхушкой, возглавляемой Сталиным, и оппозицией, возглавляемой Троцким, которая завершилась исключением Троцкого из партии и последующим его изгнанием из СССР.

кадры из него использовались в качестве псевдодокументальных съемок таких событий, как штурм Зимнего дворца, в действительности никогда не запечатленных на пленке.

«Конец Санкт-Петербурга» Пудовкина представляет собой более личный взгляд на революцию, чем «Октябрь» Эйзенштейна. Пудовкин в эссе, посвященном процессу создания фильма (1927), считал, что задача фильма — «показать *преломление исторических событий* в психике персонажей так, чтобы эти события служили импульсом для их действия» (курсив Пудовкина. — *К. М.*) [Пудовкин 1975: 56].

Исторические события в «Конце Санкт-Петербурга» показаны на основе личного опыта семьи рабочего. По словам В. Б. Шкловского, даже в переработанном сценарии Натана Зархи, в котором семейная драма «положена на исторически-монтажный фон», история, показанная Пудовкиным, продолжает оставаться эмоционально достоверной [Шкловский 1927: 29].

Как можно заметить, в «Петербургском тексте» Пудовкина отсутствует то, что Баклер называет «недокументированным средним планом Петербурга» [Buckler 2005: 5]; вместо этого внимание сосредоточено на крайних полюсах жизни петербургского общества: трудящейся бедноте и получающих прибыль богачах. В политически ангажированном представлении режиссера о дореволюционном Петербурге аристократия как класс уже растворилась в буржуазной демократии Временного правительства. Он вызывает в памяти образ аристократического прошлого Петербурга через демонстрацию имперских памятников: конных статуй Петра Великого, Александра III и Николая I, Исаакиевского собора, Александровской колонны и Зимнего дворца. И хотя объектом социальной критики Пудовкина является капитализм — алчная система, которая с готовностью жертвует человеческими жизнями ради наживы, — он систематически разрушает три главных идеологических столпа царской власти: православие, самодержавие и народность. Отрывочные кадры Исаакиевского собора, необычно кадрированные изображения имперских статуй и грубо реалистичное изображение войны в картине дискредитируют ценности Российского имперского государства (илл. 1.1).

Илл. 1.2а. Исаакиевский собор в пелене тумана. Кадр из фильма «Конец Санкт-Петербурга» [7:38]

Кадры памятников в фильме дидактически противопоставлены кадрам трущоб, в которых живут голодающие рабочие, и фабрикам на окраинах города. Размытые изображения Исаакиевского собора в пелене тумана — образа, являющегося квинтэссенцией Петербурга, — сопоставлены с менее поэтически размытыми видами клубов дыма и пара на заводе Лебедева и в его окрестностях (илл. 1.2a-b). Густой туман окутывает памятники, погружая их во вневременное, неподвижное пространство: в противоположность этому, облака дыма и пара на фабрике Лебедева символизируют кипучую энергию, движение, ход времени, устремленного вперед.

Но наиболее дидактический контраст припасен для конца фильма, когда картины пышных интерьеров Зимнего дворца перебиваются крупными планами пустого ведра, которое несет жена рабочего-большевика (илл. 1.3a-b).

Эти картины предстают перед глазами двух главных героев. Первый — деревенский парень, который приезжает в город

Илл. 1.2b. Дым из трубы завода. Кадр из фильма «Конец Санкт-Петербурга» [8:17]

в поисках работы и превращается из политически наивного, изголодавшегося крестьянина в самоотверженного, политически сознательного участника революции; второй — стереотипный смелый рабочий, который становится инициатором всех событий и является для деревенского парня образцом для подражания. И рабочие кварталы, и живописный центр имперской столицы показаны глазами приезжего крестьянина, который перебирается в город с матерью и, оказавшись перед огромными монументами, под их натиском кажется себе маленьким и ничтожным (илл. 1.4).

То, что Пудовкин выбрал именно Исаакиевский собор для первого знакомства приезжего с Петербургом, можно считать ироничным комментарием к книге Николая Анциферова «Душа Петербурга», вышедшей в свет в 1922 году. В этой изысканной экскурсии по городу рекомендуется начать осмотр с панорамы, открывающейся с купола собора, «орлиный взгляд с высоты на Петербург усмотрит и единство воли, мощно вызвавшей его

Илл. 1.3а. Великолепный интерьер Зимнего дворца. Кадр из фильма «Конец Санкт-Петербурга» [1:26:32]

к бытию, почует строителя чудотворного, чья мысль бурно воплощалась в косной материи» [Анциферов 1991: 35].Такой панорамный вид на город мог позволить себе только праздный искатель приключений; на героев фильма, принадлежащих к рабочему классу, подобная перспектива действует подавляюще. Социальный посыл Пудовкина очевиден: бесчеловечно огромные имперские памятники Петербурга заслоняют собой жизнь его обитателей. Кадры монументов, снятые оператором Анатолием Головней с нижнего ракурса, вселяют страх — создается впечатление, что крошечный человечек смотрит вверх на огромный объект, что подчеркивает ничтожность смотрящего. Головня отсекает верхнюю часть изображений, добавляя к ошеломляющему ракурсу камеры тревожную неопределенность — зритель не может понять, кому именно посвящены эти памятники. Первое изображение конного монумента Александра III, царя-антиреформатора, противника всех либеральных сил в России,

Илл. 1.3b. Пустое ведро в руке жены рабочего. Кадр из фильма «Конец Санкт-Петербурга» [1:26:41]

показывает только спину лошади и ее визуально обезглавленного всадника, как бы подчеркивая описание памятника, данное его создателем Паоло Трубецким: «Я изобразил одно животное на другом» [Cavendish 2013: 164]. Стремясь представить Александра III «воплощением самодержавия», Головня выбрал «такой ракурс съемки, чтобы памятник в композиции смотрелся монолитным и поднятым на высоту» (илл. 1.5) [Leyda 1983: 233].

На протяжении фильма появляются все более и более полные изображения памятника, а кульминацией становится демонстрация лица царя крупным планом. Изображения проходят через сцены эйфории, патриотического задора начала Первой мировой войны.

В последнем кадре по лицу статуи текут слезы, что показывает нам, что даже жестокий царь больше сочувствует разоренной войной, страдающей России, чем ее действующее правительство (илл. 1.6). Рецензент газеты «Руль» посчитал такое сочетание

Илл. 1.4. Деревенский парень и его мать, похожие на муравьев, взгляд с высоты Исаакиевского собора. Кадр из фильма «Конец Санкт-Петербурга» [16:52]

чувствительности и пропаганды безвкусным [Руль 1928]. При всей своей пропагандистской дидактичности то, что Пудовкин наделяет статую живыми человеческими чувствами, является очевидной отсылкой к «Медному всаднику» Пушкина — другому памятнику, который оживает, чтобы вынести приговор жителям Петербурга.

Первое изображение статуи Николая I, царя, который безжалостно подавил восстание декабристов и вошел в историю как самый реакционный из российских монархов, также представляет собой кадр с усеченным изображением верхней части памятника: видны только передние ноги вздыбленного коня, снятые с нижнего ракурса. Выбранный ракурс преднамеренно вызывает чувство тревоги и является еще одной отсылкой к созданной Фальконе конной статуе Петра Великого, главного героя эпической поэмы Пушкина. Поза статуи Фальконе неоднозначна: Петр

Илл. 1.5. Первое изображение конной статуи Александра III. Кадр из фильма «Конец Санкт-Петербурга» [7:29]

Илл. 1.6. Плачущая статуя. Кадр из фильма «Конец Санкт-Петербурга» [50:28]

Илл. 1.7a. Обрезанное изображение статуи Николая I. Кадр из фильма «Конец Санкт-Петербурга» [7:42]

одновременно и сдерживает своего коня перед пропастью и безрассудно направляет его к ней (илл. 1.7a-b).

Пудовкин объединяет конные статуи трех царей в единый визуальный образ — это грозный монумент, заслоняющий собой живых людей. Грозовое небо, на фоне которого возвышаются статуи, и тени, которые они отбрасывают, заставляют вспомнить и пушкинского «Медного всадника», ставшего основным источником вдохновения для Головни, и серию акварелей Александра Бенуа 1905–1906 и 1916–1922 годов, которые создают еще один визуальный слой «Петербургского текста», лежащего в основе образов фильма (илл. 1.8a-b) [Бенуа 1902; Leyda 1983: 222; Swift 2009–2010: 3].

«Медный всадник» Пушкина выступает в качестве очевидного подтекста повествования Пудовкина, и, как и весь вообще «Петербургский текст», он основательно переиначен для того, чтобы вписаться в большевистскую концепцию фильма. Пудовкин со-

Илл. 1.7b. Так показан Медный всадник в фильме «Конец Санкт-Петербурга» [8:03]

храняет основную коллизию эпической поэмы Пушкина — самодержавная власть царя и его чуждый естеству город противостоят маленькому человеку Евгению, который, по словам Пушкина, «Живет в Коломне; где-то служит, / Дичится знатных и не тужит / Ни о почиющей родне, / Ни о забытой старине» [Пушкин 1977–1979, 4: 277] и которому приходится дорого заплатить за ошибочную идею Петра основать свой город на болотах.

Когда обезумевший от горя Евгений решается выступить против царя, он сходит с ума из-за страха перед грядущим возмездием. Статуя действительно оживает и карает непокорного Евгения, который бежит прочь от ожившего всадника, несущегося за ним во весь опор, пока не падает замертво на пороге разрушенного дома своей возлюбленной. Пушкин сострадает несчастному безумцу, но все же отдает победу демоническому всаднику, самодержавному царю, не желающему мириться с тем, что кто-то критикует его великое творение.

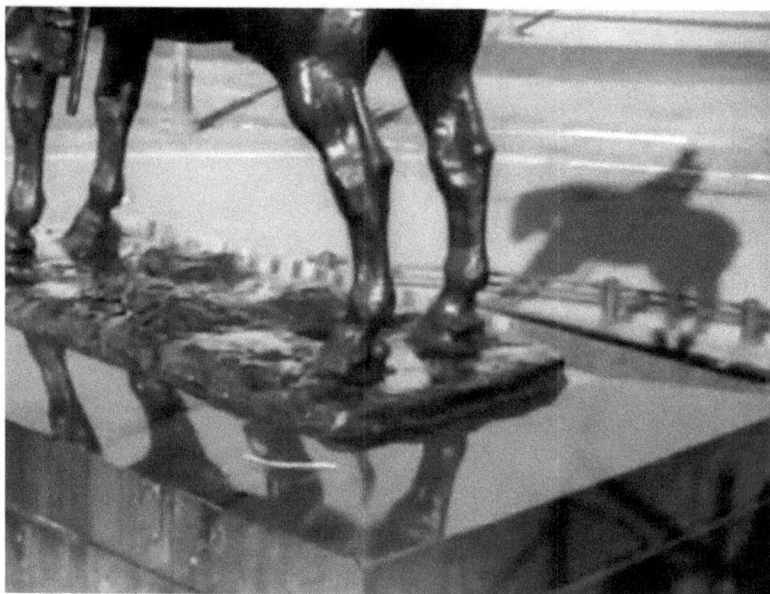

Илл. 1.8а. Тень статуи Александра III. Кадр из фильма «Конец Санкт-Петербурга» [16:17]

Пудовкин, следуя пушкинскому повествованию, переносит действие из центра имперского города на его рабочую окраину. Но у его главного героя, наивного деревенского парня, которого сначала пугает имперское великолепие Санкт-Петербурга, постепенно формируется политическое самосознание, что вызывает смену отношения к городу. В отличие от Евгения, он бросает вызов не застывшим статуям, а реальной политической власти и, присоединяясь к революционным массам, одерживает победу над тем, что символизируют городские памятники. В итоге сам становится той силой, которая сокрушает старую имперскую власть.

Традиционный «Петербургский текст» в концепции Пудовкина становится как бы Ветхим Заветом, который оттесняется Новым Заветом большевиков, переосмысляющим старый текст либо в духе пророчества о чем-то новом (в данном случае о конце имперского города), либо списывающим его со счетов за ненадобностью. С этой точки зрения «Конец Санкт-Петербурга» —

Илл. 1.8b. Иллюстрация Александра Бенуа к поэме «Медный всадник» А. С. Пушкина, 1905–1918 гг. (ГМИИ им. Пушкина, Москва, Россия/Bridgeman Images). © Общество прав художников (ARS), 2019, Нью-Йорк / ADAGP, Париж, используется с разрешения

это не только изображение гибели столицы имперской России, но и конец самого традиционного «Петербургского текста».

Как показывает фильм Пудовкина, старые исторические слои культурного текста города не были окончательно уничтожены под радикально изменившей все поверхностью революционного фасада. Старый город, его имперские памятники, его мифы, его величайший поэт и его «Медный всадник», как и визуальное переосмысление пушкинской классики в иллюстрациях Бенуа вызывали у русского зрителя-эмигранта сладостно-горькое чувство ностальгии, несмотря на революционный финал картины, который перекликался и с лихорадочными грезами Достоевского, и с апокалиптическими пророчествами символистов. Немой фильм Пудовкина заканчивается тем, что крестьянин, ставший революционером, провозглашает: «Нет Санкт-Петербурга! Да здравствует... город Ленина!» Но в памяти критика газеты «Руль» остались лишь картины «русских равнин, просторов земли и неба» — образы родной русской земли [Руль 1928]. Замысел и результат не всегда совпадают, поэтому фильм Пудовкина, в котором воспевалась гибель имперского Петербурга, вполне мог стать источником вдохновения для оратории Дукельского, воспевающей город во всем его былом великолепии.

ПРОТИВОСТОЯНИЕ РЕАЛЬНЫХ ГОРОДОВ

После завершения в 1937 году работы над второй редакцией оратории, Дукельский стал считать «Конец Санкт-Петербурга» своим самым значительным творением. Он уверял Кусевицкого, что оратория представляет собой «лучшее, на что [он был] способен»[36]. Он работал над музыкой почти пять лет, начиная с 1 января 1932 года[37]. Из его ранних сообщений Кусевицкому

---

[36] Письмо Дукельского Кусевицкому от 13 сентября 1937 года (Koussevitzky Coll. Box 17. F. 10–12).

[37] Дукельский сообщил Кусевицкому, что к концу месяца закончил первые две части и начал третью. Письма Дукельского Кусевицкому от 1 января 1932 года и от 29 января 1932 года (Koussevitzky Coll. Box 17. F. 10–12).

становится ясно, что он надеялся, что русский дирижер, на счету которого было уже несколько премьер Дукельского, возьмется и за новую работу. Но, к его разочарованию, Кусевицкий, у которого только что состоялась премьера «Эпитафии» Дукельского, от постановки отказался[38]. Похоже, что Кусевицкий был обижен тем, что Дукельский, который обычно сам решал финансовые вопросы, связанные с исполнением его музыки, предложил свое участие в оплате расходов на постановку[39].

Премьера с Кусевицким была лишь одним из вариантов, которые рассматривал Дукельский. 3 сентября 1937 года он с радостью сообщил матери, что получил обнадеживающую записку от Леопольда Стоковского, в которой говорилось, что дирижер заинтересован в премьере оратории[40]. Он рассчитывал и на Прокофьева, который, желая поддержать «серьезную сторону» творчества своего друга, пытался продать ораторию, как в Европе, так и в Советском Союзе. Уже в 1933 году Прокофьев начал переговоры с парижским издательством Кусевицкого и обратился к музыкальному агенту Марселю де Вальмалет, который, казалось, готов был за 1000 франков организовать исполнение во французской столице Второй симфонии Дукельского и первой редакции его оратории[41]. Однако переговоры затягивались, и к 1937 году личный секретарь Прокофьева Михаил Астров,

---

[38] Кусевицкий объяснил композитору, что не может поставить в свои программы два новых произведения одного и того же композитора в одном сезоне. См. письмо Кусевицкого Дукельскому от 27 сентября 1937 года (Koussevitzky Coll. Box 17. F. 10–12).

[39] Дирижер гордо отклонил предложение. Дукельский пошел на попятную, объяснив, что упомянул о деньгах только потому, что помнил, как Кусевицкий говорил о недостатке средств, а наем хора означал дополнительные расходы. Письмо Дукельского Кусевицкому от 13 сентября 1937 года и письмо Дукельского Кусевицкому без даты, после 17 сентября 1937 года (Koussevitzky Coll. Box 17. F. 10–12).

[40] Письмо Дукельского матери от 3 сентября 1937 года (Duke Coll. Box 112; [Duke 1955: 321]).

[41] Письмо Прокофьева Дукельскому от 28 августа 1933 года (Duke Coll. Box 118). Выражаю особую благодарность Саймону Моррисону, который поделился со мной этими письмами.

работавший в издательстве Кусевицкого, уже обсуждал возможность исполнения оратории с Чарльзом Мунком[42]. Поскольку Мунк не отвечал, Астров обратился и к другим дирижерам: одним из вариантов был Филипп Гобер, который дирижировал оркестром консерватории, другим — Роже Дезормьер, сотрудничавший с Дягилевым в 1925–1929 годах и дирижировавший балетом Прокофьева «Стальной скок» в 1927 году. К 1937 году в планах была не только премьера оратории, но и проведение целого фестиваля Дукельского в Париже. Гобер выступил с двумя предложениями: провести фестиваль летом в рамках Всемирной выставки под управлением Дезормьера или запланировать его проведение на октябрь во время регулярного сезона в зале «Бернард» Консерватории под управлением Гобера. Планирование настолько продвинулось вперед, что сообщение об этом событии появилось в нью-йоркской прессе[43]. Дукельский заверил Кусевицкого, что Париж уже ждет это произведение: предыдущим летом, писал он дирижеру, «Надя Буланже... Полиньяки, Пуленк и многие другие» были под большим впечатлением от партитуры. «С теми деньгами, которые я теперь зарабатываю, — не без хвастовства заявлял он Кусевицкому, — мне будет совсем несложно добиться выступления в Париже... Я даже могу провести фестиваль, на котором продемонстрирую парижанам все, что я сделал за годы своего отсутствия в Европе»[44]. Но добиться триумфального возвращения в Европу оказалось гораздо сложнее, чем представлял себе Дукельский, все еще лелеявший воспоминания о своем легком успехе 1920-х годов.

В культурном плане Париж 1930-х годов уже не был Парижем «бурных двадцатых». В 1934 году терпенье Прокофьева закончилось. «Большинство парижских оркестров прекращают свою деятельность в апреле», — писал он Дукельскому 22 марта 1934 года:

---

[42] Письмо Михаила Астрова Дукельскому от 11 марта 1937 года (Duke Coll. Box 109).

[43] «Этим летом его оратория "Конец Санкт-Петербурга" исполняется в Париже» [Hart 1937].

[44] Письмо Дукельского Кусевицкому от 13 сентября 1937 года (Koussevitzky Coll. Box 17. F. 10–12).

> В мае же функционирует один Orchestre Symphonique de Paris, находящийся в состоянии перманентного банкротства, а потому никогда неизвестно, закроется ли он завтра, или протянет еще. Во главе этого учреждения стоит некто Мари, один из контрабасистов оркестра, довольно грубое животное. С которым трудно говорить на музыкальном наречии[45].

Но даже если не брать в расчет практические вопросы, вкусы Парижа, а в особенности Парижа русского, было трудно предсказать, и по мере развития своих планов Дукельский должен был осознать, что его ностальгическая оратория, задуманная в конце 1920-х годов и написанная в основном в начале 1930-х, уже не отвечает духу времени.

Если допустить, что и на самом деле первым источником вдохновения для Дукельского при создании оратории послужил пропагандистский фильм Пудовкина, который композитор мог посмотреть 28 февраля 1928 года, когда его демонстрировали в берлинском кинотеатре «Марморхау» (Marmorhaus), то можно предположить, что по первоначальному замыслу оратория действительно была посвящена памяти имперской столицы и старой России, сгинувших в пламени большевистской революции. Иными словами, оратория задумывалась как белоэмигрантское сочинение, все еще проникнутое духом ностальгии и самосожаления. Письмо, в котором Дукельский описывает Прокофьеву первоначальный замысел оратории, составленное до 3 июня 1932 года, утрачено, но по реакции на него Прокофьева можно реконструировать его содержание. Прокофьев, который после своего триумфального концертного турне по Советской России в 1927 году поддерживал тесные связи с родиной, не одобрил новое сочинение своего друга.

> Что за упадочническая идея писать монументальную вещь на умирающий Петербург! Тут все-таки печать, которую накладывает на Вас общение с усыхающей эмиграцией, этой веткой, оторванной от ствола, которая в своем увядании мечтает о прошлых пышных веснах [Прокофьев 2007a: 38].

---

[45] Письмо Прокофьева Дукельскому от 22 марта 1934 года (Duke Coll. Box 118).

«Это первое полупризнание Прокофьева в неожиданном (для меня) про-советизме», — написал Дукельский карандашом на письме Прокофьева в то время, когда возвращение его друга в Советскую Россию в 1936 году стало уже свершившимся фактом[46].

Первый замысел оратории вполне мог быть созвучен тому, что представлял себе Серж Лифарь (танцевавший партию Зефира в балете Дукельского в 1925 году), когда при случайной встрече в Париже он предложил Дукельскому привезти свое новое сочинение в столицу Франции и представить его на Пушкинском юбилее 1937 года — в серии торжественных мероприятий, посвященных 100-летию со дня смерти поэта. «Мы познакомились через Дягилева, — сказал Лифарь Дукельскому после нескольких рюмок водки, — и мы встретимся снова под пушкинской Северной звездой» [Duke 1955: 333]. Лифарь мечтал о Пушкинском гала-концерте, на котором прозвучала бы оратория Дукельского о Петербурге и опера «Барышня-крестьянка» по повести Пушкина; позднее он хвастался, причем беспочвенно, что Дукельский написал оперу по его просьбе [Лифарь 1966: 36][47]. Дукельский сыграл балетмейстеру оба сочинения в музыкальном салоне Édition russe Кусевицкого, чем привел Лифаря в полный восторг. Вдохновленный его энтузиазмом, Дукельский переписал оперу и переслал ее балетмейстеру, но не получил от него даже слова благодарности в ответ, потому что тот был слишком занят организацией выставки, посвященной Пушкину[48]. Участие Дукельского в Пушкинском празднике быстро перешло в разряд фантазий, и композитор смиренно заключил: «Пушкинисты и без

---

[46] Карандашная запись Дукельского на обороте письма Прокофьева от 23 июня 1932 года (Duke Coll. Box 118).

[47] Поскольку Дукельский написал оперу в 1928 году, маловероятно, что ее мог заказать Лифарь.

[48] Астров послал Петра Любинского, радетеля по делам Дукельского к Лифарю, который, явно отстраняясь от проекта, «случайно» отсутствовал дома все шестнадцать раз, когда Любинский пытался с ним встретиться. Письмо Астрова Дукельскому от 11 мая 1937 года (Duke Coll. Box 109). Подробнее о Пушкинской выставке Лифаря см. в главе 5.

моей помощи сумели собраться под Северной звездой своего кумира» [Duke 1955: 333].

Однако существовали и практические препятствия к постановке оратории в Париже. Помня о Пушкинской годовщине, Дукельский хотел, чтобы оратория исполнялась на русском языке. Но, как и предупреждал Астров, в Париже трудно было найти профессиональный хор, который мог бы исполнить ораторию на русском или даже на английском языке (английский — второй язык оратории)[49]. Дукельский подготовил перевод текста на французский и отправил его Астрову, но перевод оказался настолько неудачным, что Астров был вынужден просить его переделать[50].

Продвижение явно устаревшей темы оратории оказалось еще более сложной задачей. С 24 мая по 27 октября 1937 года в Париже проходила Всемирная выставка под девизом «Искусство и техника в современной жизни», в которой приняло участие 46 стран, в том числе и Советский Союз. Премьера «Конца Санкт-Петербурга» в рамках Всемирной выставки была одним из предложений Гобера, но ностальгический тон оратории плохо вписывался в общее настроение мероприятия. В трех сотнях павильонов, расположенных на площади около 103 гектаров от Трокадеро до Марсова поля, более 31 миллиона посетителей познакомились с экспозициями, посвященными электричеству и свету, прессе и кино, авиации и железной дороге, не говоря о многом другом [Шлёгель 2011: 252–266; Labbé 1939: 207–212].

Советский павильон, в частности, демонстрировал прогресс, достигнутый после Октябрьской революции. Здание было спроектировано архитектором Борисом Иофаном, автором так и не осуществленного утопического проекта Дворца Советов в Москве. По практическим соображениям парижское сооружение

---

[49] Письмо Астрова Дукельскому от 13 марта 1937 года (Duke Coll. Box 109). В переложении партитуры для фортепиано хорошо видны различные языковые слои: под нотоносцем вокальной партии — сначала русский текст, затем английский. Французский добавлен поверх нотного стана.

[50] Письмо Астрова Дукельскому от 28 июня 1937 года (Duke Coll. Box 109).

Илл. 1.9. Советский и германский павильоны, расположенные напротив друг друга. 1937 год, фотограф неизвестен

было не столь амбициозным по масштабам, но высота его, тем не менее, превышала 34 метра, а на вершине возвышалась 24,5-метровая скульптурная композиция работы Веры Мухиной «Рабочий и колхозница». Это динамичное, современное здание было подчеркнуто отстранено от прошлого: в нем намеренно избегалось любое сходство с прежними постройками в Советском Союзе. Это была новая Россия — с Москвой, новой столицей, забывшая, казалось, о своем санкт-петербургском имперском прошлом.

Внутри павильона Советский Союз с гордостью демонстрировал статистические данные, свидетельствующие о достижениях в области науки, образования, архитектуры, искусства и здравоохранения, подчеркивая тем самым положительное влияние пятилетних планов на население. На выставке были представлены макеты Дворца Советов, Кузнецкого металлургического комбината, здания Народного комиссариата тяжелой промышленности, Театра Красной Армии, Парка культуры и отдыха имени Горького. Среди произведений искусства можно было увидеть панно «Советская физкультура» Александра Самохвалова, картину «Заседание Политбюро ЦК партии большевиков на восьмом чрезвычайном съезде Советов» Павла Малькова и 3,5-метровую статую Сталина работы Сергея Меркурова.

На выставке русская эмигрантская община Парижа смогла увидеть показной, «экспортный», Советский Союз. И хотя большинство из них понимало, что увиденное — монументальная ложь (показательные судебные процессы все еще продолжались, а Народный комиссариат внутренних дел (НКВД) организовывал похищения и убийства людей из русских эмигрантских общин, о чем писали эмигрантские газеты), некоторые не могли не почувствовать гордости при виде достижений своей родины. Проникнуться симпатией к Советам было легко еще и потому, что их экспозиция располагалась прямо напротив павильона нацистской Германии, который, по замыслу Альберта Шпеера, архитектора немецкого здания, возвышался над советским аналогом тоталитарной системы (илл. 1.9)[51].

Французы, желавшие представить выставку в духе международного сотрудничества и соорудившие Монумент мира в центре площади Трокадеро, с неодобрением относились к соперничеству между Германией и Советским Союзом, сочтя его проявлением монументальной безвкусицы[52]. Но два конкурирующие павильона не только оскорбляли вкус, но и лишали Европу надежды на мир. Слова Сталина «Политику мира мы будем вести и впредь всеми силами, всеми средствами. Ни одной пяди чужой земли не хотим. Но и своей земли, ни одного вершка своей земли не отдадим никому», красовавшиеся на стене прямо за макетом Дворца Советов, звучали как объявление войны под видом предложения мира [Сталин, 12: 260; Labbé 1939: 213]. Возможно, посетители были встревожены тем подтекстом, который таили в себе «разма-

---

[51] Шпеер, получивший за архитектурное сооружение золотую медаль, вспоминал, что «с фронтона моей башни сверху вниз взирал на русскую пару орел, державший в когтях свастику» [Шпеер 1998: 112].

[52] Альбер Фламан находил статую Мухиной совершенно несоразмерной, олицетворяющей «плохие манеры, избыток гордыни и напрасные притязания», которые «вызывают неприязнь у французов» [Flament 1937: 948] (цит. по: [Herbert 1998: 36]).

хивающие руками колоссы Советов», бросающие вызов «подстерегающему их орлу Германии» (илл. 1.10) [d'Espezel 1937: 936].

В этой культурной среде не было места для элегии Дукельского, оплакивающей старый Петербург. Дукельский прекрасно понимал, что для Советов и их французских друзей одно только упоминание имперской столицы носило «опасно реакционный оттенок» [Duke 1955: 288].

Прокофьев, принимая во внимание перспективность оратории с точки зрения рыночного успеха, посоветовал Дукельскому изменить первоначальное название «Петербург» на более прогрессивное, подчеркивающее, возможно, новые советские достижения[53]. «Уж если писать, то "Ленинград" или "Днепрострой"», — советовал он своему другу в письме от 3 июня 1932 года [Прокофьев 2007a: 38][54]. В ответ на пожелание Прокофьева сделать финал более оптимистичным, Дукельский добавил «триумфальное завершение»[55]. Возможно, по той же причине композитор решил использовать в своей оратории и название фильма Пудовкина «Конец Санкт-Петербурга»: и окончательное название оратории, и ее финал на стихи Маяковского отражают надежду Дукельского на то, что его сочинение прозвучит в Стране Советов.

После возвращения в Советский Союз в 1936 году Прокофьев всячески старался добиться исполнения оратории своего друга, показывая знакомым композиторам ее партитуру. Дукельский, хотя и не собирался восстанавливать связи с бывшей родиной, был польщен, узнав от Прокофьева, что его сочинение произвело впечатление на такого выдающегося композитора, как Нико-

---

[53] Письмо Дукельского Кусевицкому от 3 июня 1932 года (Koussevitzky Coll. Box 17. F. 10–12).

[54] Дукельский действительно изменил название эпической оратории в 1934 году, все еще надеясь совместить ее премьеру с исполнением своей Второй симфонии в Париже. См. письмо Дукельского Кусевицкому, написанное до 24 марта 1934 года (Koussevitzky Coll. Box 17. F. 10–12).

[55] В письме Кусевицкому Дукельский описывал ораторию как «совершенно переработанную», «значительно упрощенную» и имеющую новый триумфальный финал, который он добавил по предложению Прокофьева. Письмо Дукельского Кусевицкому от 13 сентября 1937 года (Koussevitzky Coll. Box 17. F. 10–12).

— *C'est encore eux qui se disputent !...*

Илл. 1.10. Соперничество советского и немецкого павильонов. Карикатура в журнале «Кандид». 15 июля 1937 г.

лай Мясковский[56]. Как и следовало ожидать, попытки Прокофьева убедить Комитет по делам искусств одобрить исполнение оратории не принесли желаемых результатов. К 1938 году он принял разумное решение отказаться от этой затеи и с сожалением сообщил Дукельскому: «Твой "Ленинград" пока, к сожалению, сыграть в СССР не удалось: не время: играют классику, а из современных только советских» [Там же: 60]. Прокофьев, которому было отказано в исполнении его Кантаты к двадцатилетию Октября, прекрасно понимал, что в сталинской России существовали серьезные политические причины, по которым исполнение «Конца Санкт-Петербурга» Дукельского было невозможно[57].

Дукельскому оставалось надеяться, что отсылка к фильму Пудовкина сгладит реакционные ассоциации, вызываемые названием оратории. Но для публики Парижа упоминание Пудовкина было настолько непонятным, что это никак не могло изменить судьбу произведения. В 1937 году Астров, работавший по поручению Дукельского, попросил композитора еще раз переназвать ораторию, чтобы избежать антисоветских ассоциаций. Он сообщил Дукельскому о предложении Петра Люблинского: «Заменить название "Конец Санкт-Петербурга" чем-либо более актуальным: надо думать, "Начало Ленинграда" подошло бы лучше»[58].

Однако не помогли ни название «под Пудовкина», ни концовка «под Маяковского». После того как все переговоры зашли в тупик, удрученный композитор обратился к Россу, дирижеру консерватории «Школа Канторум» (Schola Cantorum), который с большим энтузиазмом отнесся к произведению. Чтобы покрыть расходы на привлечение Нью-Йоркского филармонического оркестра, Дукельский решил финансировать постановку из своих голливудских доходов; как он писал в своих мемуарах, он позволил «достаточно состоятельному Дюку заплатить за нище-

---

[56] Письмо Прокофьева Дукельскому от 14 января 1938 года [Прокофьев 2007a: 60]. Цит. также в [Duke 1955: 361].

[57] О судьбе кантаты Прокофьева см. [Morrison 2009: 54–66].

[58] Письмо Астрова Дукельскому от 9 апреля 1937 года (Duke Coll. Box 109).

го Дукельского» [Duke 1955: 359]. Также композитор предложил Россу включить в программу еще одно произведение для хора с оркестровым сопровождением, и дирижер выбрал монументальную «Мессу жизни» Фредерика Дилиуса на стихи Фридриха Ницше из цикла «Так говорил Заратустра» для солиста, двойного хора и оркестра. Дирижер заверил переживающего Дукельского, который боялся, что это произведение затмит его ораторию, что «никакого "столкновения" быть не может, поскольку Дилиус уже умер, его произведение в Англии считается классическим и написано в стиле, который, несомненно, подчеркнет современность творческой манеры [Дукельского]» [Там же: 361].

Однако премьера доказала, что опасения Дукельского по поводу потенциальной опасности такого соседства были вполне обоснованными. Кроме Картера, который в своей непоколебимой преданности новой музыке обошел вниманием неинтересного ему Дилиуса и посвятил свой краткий отчет о концерте оратории Дукельского, утверждая, что это «одно из лучших музыкальных произведений [Дукельского] с тех пор, как он написал свой изысканный балет "Зефир и Флора" для Дягилева» [Carter 1938: 170], рецензенты жаловались на то, что «недостойное творение Дукельского оказалось рядом с "шедевром" самого Дилиуса». «Они не знали, — кисло добавляет Дукельский в своих мемуарах, — что у них не было бы возможности услышать этот шедевр, если бы не обиженный сочинитель» [Duke 1955: 361].

Из далекого Нью-Йорка Петербург выглядел не так уж и великолепно. Стихи о городе, которые Дукельский выбрал для оратории, исполнялись в неуклюжем переводе на английский, сделанном женой дирижера, Элейн де Синкей Росс — достаточно опытным, но не слишком поэтичным переводчиком произведений русской вокальной музыки[59]. Нью-Йорк 1938 года сильно отличался от

---

[59] Дукельский в письме поэту и филологу Юрию Иваску (1907–1986) от 25 июня 1964 года (Amherst Center for Russian Culture) называет перевод Синкей «суконным, хотя достаточно "певучим"». Дукельский упоминает Синкей Росс в связи со вторым переводом «Эпитафии», но оценка ее возможностей применима и к столь же топорному переводу текста «Конца Санкт-Петербурга».

Парижа 1937 года, который пренебрег своими русскими эмигрантами и отверг ностальгическое чествование старого Петербурга, отдав предпочтение монументальным демонстрациям достижений советской власти. Нью-Йорк предложил Дукельскому практическое решение — место для выступлений, свободное от тревожащих исторических ассоциаций. Как видно из нескольких неуклюжих попыток композитора договориться с различными рынками Парижа, Москвы и Нью-Йорка, между эмигрантской ностальгией, звучащей в первой части оратории, и большевистской эйфорией в ее финале не существовало плавного перехода, а было лишь неловкое сосуществование или грубое противопоставление.

* * *

Произведение, выдержанное в духе 1920-х годов, не могло с легкостью перенестись в начало 1930-х. К концу десятилетия завершилась первая фаза существования русского Парижа и его потрясающих художественных трансформаций. 19 августа 1929 года умер Дягилев. Сувчинский сообщил об этом Прокофьеву, у которого после некоторых разногласий по поводу постановки его последнего балета «Блудный сын» произошел разрыв с импресарио. Прокофьев не возражал против завершения своей композиторской карьеры в балете, но ему было жаль когорту молодых русских композиторов, в том числе и Дукельского, будущее которых сильно зависело от Дягилева[60]. Для Дукельского эта новость действительно стала тяжелым ударом. Он получил ее в Нью-Йорке, когда гостил у матери. «Мое сердце почти перестало биться, — пишет он в своих мемуарах. — Я помню, что вскрикнул, словно от боли, затем опустил голову в остолбенелой тишине и перекрестился... Я лежал в постели в течение двух дней, не прикасаясь к еде» [Там же: 226]. Он уже расстался с надеждами на успех в Англии и начал терять веру в Париж, поскольку Кусевицкий, теперь уже в Бостоне, отказался от цикла его парижских концертов. До получения известия о смерти Дягилева он все еще

---

[60] Дневник Прокофьева. Запись от августа 1929 года [Прокофьев 2002б: 719–723].

питал надежды вернуться в столицу Франции и рассчитывал на его помощь в постановке оперы «Барышня-крестьянка». После смерти Дягилева ему больше незачем было возвращаться в Европу. И, как показала неудача с его ораторией в Париже, Европе 1930-х годов он тоже был не нужен. Американский Дюк одержал победу над ностальгирующим по России Дукельским.

Прокофьев выбрал другой путь и пошел в противоположном направлении. После ухода Дягилева и Кусевицкого он больше не мог противиться искушениям Советской России — единственного места, где, как ему казалось, его музыку понимали и ценили. Но не большевистский соблазн влек его к сталинской утопии, а холодный расчет. Прежде всего композитор, сочинитель, он устал зарабатывать на жизнь изнурительными концертными турне. Возвращение в Россию было тем путем, который выбирали многие эмигранты. Какое-то время этот путь привлекал даже Дягилева, но, поскольку он был практичным предпринимателем, то имел более реалистичный взгляд, как на Советский Союз, так и на то, с чем он готов был там примириться. Решение о возвращении Прокофьев принял после долгого периода заигрывания с Советами, начиная с того момента, когда в 1925 году он подписал с Дягилевым контракт на создание «большевистского балета». Надо сказать, что балет этот он написал не для того, чтобы облегчить себе путь в Советский Союз, а чтобы упростить свое возвращение к совместной работе с Дягилевым. Тем не менее работа над балетом позволила ему установить связь с артистами из Советского Союза, которые находились в те годы в Париже. История создания того, что впоследствии стало «Стальным скоком» Прокофьева, показывает, насколько проницаемыми были границы между Советской Россией и русским Парижем. Эта проницаемость создала у Прокофьева иллюзию, что Советская Россия является приемлемым вариантом для продолжения его карьеры. Санкт-Петербурга больше не существовало, но новая, динамичная в социальном плане молодая страна раскрывала объятия, чтобы заключить в них своих бывших врагов. Но как же повезло тем, кого, подобно Дукельскому, никогда не просили вернуться!..

Глава 2

Советская «механика», или Соблазны большевизма

Неисправимый франт, Владимир Дукельский тратил значительную часть своих средств на модную одежду. В тот вечер 7 июня 1927 года, когда состоялась премьера «Стального скока» Сергея Прокофьева, он был одет в свой лучший фрак и вступил в перепалку с другим денди, Жаном Кокто, явившимся в Театр Сары Бернар «в светло-коричневом габардиновом костюме с ярко-розовой подкладкой, которую демонстрировали художественно расстегнутые рукава». По рассказу Дукельского, во время антракта Кокто услышал, как Дукельский хвалил «буйный размах музыки» Прокофьева, которая, как он надеялся, «нанесет сокрушительный удар по декадентской парижской музычке». Кокто, который в разговоре на русском языке мог понять только слова «парижская музычка» (musiquette Parisisenne), обиделся, дал пощечину удивленному Дукельскому и исчез так же внезапно, как и появился. Рассказы Дукельского и Кокто о том, что произошло дальше, разнятся. Дукельский утверждал, что он, согласно русской традиции, вызвал поэта на дуэль. Кокто же писал, что вместо вызова на дуэль Дукельский извинился, а Кокто любезно «забрал пощечину (в той мере, в какой можно забрать пощечину)» [Там же: 196–197][1]. Для Прокофьева, который не был

---

[1] См. недатированное письмо Кокто Борису Кохно, написанное, очевидно, между 7 июня, премьерой «Стального скока», и 13 июня, датой его второго письма Кохно [Kochno 1970: 265].

свидетелем инцидента, важно было то, что Кокто поставил под сомнение оригинальность его балета, заявив, что французы «все это уже видели в мюзик-холле»[2].

В изменчивой художественной атмосфере Парижа 1920-х годов создание новинок имело решающее значение. После относительного провала «Шута» (балет «Сказка про шута, семерых шутов перешутившего», 1921) Прокофьев хотел, чтобы его новый балет произвел настоящий фурор. Да и для Дягилева, который прекрасно понимал, что успех его компании зависит от способности снабжать жаждущую развлечений парижскую публику все новыми и новыми впечатлениями, не было ничего более желанного, чем громкий скандал. Если он и предостерегал Дукельского от драки с Кокто в театре, то делал это только потому, что мелкая перепалка двух денди не была достаточно громким скандалом, который он жаждал спровоцировать на представлении «большевистского балета». И в самом деле, трудно было вообразить, что «триумфальный советский сюжет» балета, который, по признанию Дукельского, несмотря на его восторг от музыки, вызывал в нем «личную антипатию», не взбудоражил бы Париж, в котором было полно белоэмигрантов[3].

Однако оставалось неясным, какие именно чувства пробудит большевизм в Париже 1920-х годов — ненависть или энтузиазм. Как подчеркивал Кокто, его критика относилась не к музыке или сценографии «Стального скока», а к хореографии Леонида Мясина, который превратил «что-то столь великое, как русская революция, в котильонообразное зрелище на интеллектуальном уровне дам, платящих по шести тысяч франков за ложу» [Kochno 1970: 265]. Подобно многим французским интеллектуалам, Кокто восторгался советским экспериментом и его увлекали идеи коммунизма. Однако, несмотря на различные политические симпатии, потасовка между Кокто и Дукельским в большей степени была связана с соперничеством между французской и русской группами в космополитичном окружении Дягилева.

---

[2] Дневник Прокофьева. Запись от 7 июня 1927 года [Прокофьев 2002б: 566].

[3] Дневник Прокофьева. Запись от 24 октября 1925 года [Там же: 352].

Новый балет Прокофьева, по мнению Дукельского, свидетельствовал о возвращении к русским ценностям и временном отказе от французского стиля, который, с легкой руки Кокто, стал ведущим в последних постановках Дягилева. Но это новое русское направление оказалось нежизнеспособным. В оставшиеся три сезона, предшествовавшие безвременной кончине Дягилева, советский эксперимент был заброшен, и Дягилев обратился к более приятным сюжетам, поставив балет-ораторию «Ода» Николая Набокова (1928), неоклассический балет «Аполлон Мусагет» Стравинского (1928) и балет Прокофьева «Блудный сын» на библейскую тему (1929).

Опыт работы над «Стальным скоком» научил Дягилева тому, насколько рискованными могут оказаться постановки его труппы в условиях нестабильной политической обстановки. Многочисленные переделки балета несут на себе отпечаток непримиримых идейных противоречий, недоразумений и путаницы. В этой главе мы проследим за любопытными трансформациями, которые произошли со «Стальным скоком» Прокофьева от его создания и премьеры в Париже, постановки в Лондоне, неудачных попыток создателей привезти его в Советский Союз до его кардинально переработанной версии, представленной в Нью-Йорке, и покажем, как менялась реакция на большевистский эксперимент Прокофьева в различных обстоятельствах. Замысел и судьба балета Прокофьева свидетельствуют о том, что никто, даже русские эмигранты в Париже, не могли не поддаться соблазнам большевизма.

СОБЛАЗНЫ БОЛЬШЕВИЗМА

Идея создания большевистского балета исходила не от Прокофьева, а от Дягилева. В дневниковой записи от 22 июня 1925 года Прокофьев описал свою первую встречу с импресарио для обсуждения нового балета и свое удивление по поводу предложения Дягилева. «...писать русский балет на сказки Афанасьева или из жизни Иоанна Грозного, это никому не интересно; надо,

Сережа, чтобы вы написали современный русский балет», — объяснил Дягилев композитору. «Большевицкий?» — спросил изумленный Прокофьев. «Да», — подтвердил Дягилев. Это было совсем не то, чего ожидал композитор, но вскоре он свыкся с этой мыслью [Прокофьев 2002б: 331].

Белоэмигранты вроде Дукельского не могли понять, почему «барин и космополит» Дягилев заказал балет на советскую тему [Дукельский 1968: 263][4]. Серж Лифарь считал, что интерес Дягилева к Советской России подогрели три человека: советский писатель Илья Эренбург, живший в то время в Париже; Борис Красин, директор Росфилармонии; нарком просвещения СССР Анатолий Луначарский [Lifar 1970: 55]. Влияние на Дягилева Эренбурга или Красина не подтверждено документально. Однако мы знаем, что Луначарский, который приехал в Париж специально, чтобы убедить русских художников-эмигрантов возобновить связи с родиной[5], произвел на Дягилева положительное впечатление. Он познакомился с советским комиссаром через художника и сценографа армянского происхождения Георгия Якулова, который впоследствии подготовил декорации для нового балета Прокофьева. Луначарский и Дягилев завтракали с Якуловым и Михаилом Ларионовым, который делал декорации для предыдущего балета Прокофьева «Шут», поставленного Дягилевым. Дягилев рассказывал Прокофьеву, что Луначарский нападал на гнилой Запад, на что импресарио ответил, что Запад по-прежнему порождает множество талантов. Пытаясь произвести на Дягилева впечатление, Луначарский похвастался, что выставка старинных икон, которую он недавно возил в Вену, произвела фурор и стала огромным успехом русского искусства. Дягилев был поражен, услышав это сообщение «из уст советского министра и официального безбожника»[6].

---

[4] Текст воспоминаний Дукельского «Об одной прерванной дружбе» был перепечатан Израилем Нестьевым [Нестьев 1981: 239–260] и Игорем Вишневецким в [Дукельский 2007].

[5] См. письмо Луначарского Сталину от апреля 1925 года [Луначарский 1925].

[6] Дневник Прокофьева. Запись от 21 мая 1927 года [Прокофьев 2002б: 561].

Больше, чем разговоры о современном русском искусстве, Дягилева интересовало увиденное в Париже. В 1923 году Камерный театр Александра Таирова гастролировал в столице Франции с оперой-буфф Шарля Лекока «Жирофле-Жирофля» в трех действиях. В экспериментальном театре Таирова работали самые прогрессивные художники России: Александра Экстер и Якулов, а также, до того, как они уехали на Запад, Ларионов, Наталья Гончарова и Сергей Судейкин. Декорации Экстер и Якулова, состоящие из геометрических фигур, конусов, пирамид и ступеней, придавали динамизм театральному пространству. Гастроли группы на Западе в 1923 году прошли с большим успехом, несмотря на параноидальную озабоченность критиков, таких, к примеру, как Андре Антуан, которые усматривали в методах Таирова систематические нападки на французские драматические традиции [Fülöp-Miller, Gregor 1930: 58]. Дягилев, всегда идущий в авангарде новых художественных тенденций, наверняка был заинтригован успехами советского искусства. По словам его секретаря Вальтера Нувеля, он ходил на все спектакли Таирова в Театре Елисейских полей, «внимательно и ревностно следя за каждой деталью» [Haskell, Nouvel 1955: 127].

Он имел возможность еще раз оценить работы Якулова в 1925 году, когда художник приехал в Париж на Международную выставку декоративного искусства и художественной промышленности. Выставка позволила Советской России заявить о себе как о равноправном торговом партнере Запада, а также продемонстрировать произведения модернистского искусства. Советский комитет направил Александра Родченко для организации выставки и возведения рабочего клуба в стиле конструктивизма в интерьере советского павильона. Дизайн павильона Константина Мельникова, выполненный в стиле модернизма из дерева и стекла, был сравним только с павильоном по проекту Ле Корбюзье. И павильон, и экспозиция Родченко стремились представить Советский Союз как страну рационализма, в которую революция вдохнула новую жизнь. В воспоминаниях Илья Эренбург назвал советский павильон «гвоздем выставки» [Эренбург 1990: 449].

Среди экспонируемых Советами объектов был конструктивистский макет Памятника III Коммунистическому интернационалу работы Владимира Татлина, который должен был на треть превышать Эйфелеву башню, а также выполненный Якуловым масштабный макет театральной декорации для оперы «Жирофле-Жирофля» в постановке Таирова. Большинство участников выставки были «левыми» художниками — например, Любовь Попова, которая представила свои рисунки для текстиля, или Эль Лисицкий, плакаты которого украшали стены экспозиции. В дополнение к выставке Советский Союз привез в Париж фильм Сергея Эйзенштейна «Броненосец Потемкин», спектакли «Федра» в постановке Таирова и «Принцесса Турандот» в постановке Евгения Вахтангова. Вполне вероятно, что Эренбург был прав, утверждая, что «парижане считали советское искусство наиболее передовым» [Там же].

Советы с особой тщательностью выбирали художников, которым разрешалось выезжать за границу. Заслуживающий доверия Эренбург часто бывал на Западе, поддерживая контакты с интеллигенцией левого толка и отправляя своим советским соотечественникам сообщения о «загнивающем» Западе. Поэт-футурист Владимир Маяковский в 1920-х годах тоже часто ездил в Берлин и Париж. Он также принимал участие в разработке плана советского павильона в 1925 году и присутствовал на церемонии открытия 4 июня в качестве официального представителя. Его яркие выступления привлекали русскую интеллигенцию и вдохновили поэтессу Марину Цветаеву выступить с приветственным словом в первом номере газеты Петра Сувчинского «Евразия». Цветаева вспоминала о своей последней встрече с Маяковским перед своим отъездом в эмиграцию в 1922 году и его слова о Советской России, обращенные к Западу: «Правда — здесь!» Эти слова с запозданием подтвердились в 1928 году, когда, услышав, как Маяковский читает свои стихи в Париже, Цветаева пришла к пониманию, что настоящая художественная сила действительно находится «там», в Советском Союзе:

> 7-го ноября 1928 г., поздним вечером, выходя из Café Voltaire,
> я на вопрос:
> — Что же скажете о России после чтения Маяковского?
> не задумываясь ответила:
> — Что сила — там [Цветаева 1928: 8].

После открытия советского посольства на улице Гренель
в Париже в 1924 году прежние большевики, которых, по словам
Эренбурга, еще недавно изображали «как людей, держащих нож
в зубах», начали устраивать приемы для «различных депутатов,
крупных журналистов, дельцов, светских дам» [Эренбург 1990:
452][7]. Маяковский бродил по улицам, часто в компании Прокофьева, и, как вспоминал Дукельский, «свои оглушительные
стихи... читал охотно и с огромным театральным пафосом...»
[Дукельский 1968: 260]. Дукельский готов был мириться с нестерпимой заносчивостью поэта, когда видел, что музыка Прокофьева приводила его в состояние транса.

Прокофьев познакомился с Маяковским в 1922 году в Берлине,
тогдашнем центре русского зарубежья, и написал о нем «ужасный
апаш». Поэт, писал Прокофьев в своем дневнике,

> очень благоволил к Дягилеву, и они каждый вечер прово-
> дили вместе, яростно споря, главным образом о современ-
> ных художниках. Маяковский, который, конечно, ничего не
> признаёт, кроме своей группы художников-футуристов,
> только что приехал из России и имел в виду заявить миру,
> что мир отстал, а что центр и будущее в руках московских
> художников. Их выставка как раз была открыта в Берлине.
> Но тут в Дягилеве он нашел опасного оппонента, ибо Дяги-
> лев всю жизнь возился с новым искусством и знал, что за
> последнее время сделано заграницей... <...> Зато чем Мая-
> ковский одержал истинную победу, так это своими стихами,
> которые он прочел по-маяковски, грубо, выразительно,
> с папироской в зубах. Они привели в восторг и Стравин-
> ского, и Сувчинского, и Дягилева; мне они тоже очень по-
> нравились [Прокофьев 2002б: 205–206].

---

[7] О дипломатических отношениях с Россией см. [Jabara 2006: 295–346].

Хотя взгляды Маяковского на современное искусство могли показаться провинциальными, но сила его личности и поэзии покорила даже тех, кто в остальном не испытывал симпатии к советской утопии[8].

Но кто был провинциалом, а кто шел в ногу со временем, до конца решено не было, и Дягилев все время боялся, что может случайно оказаться в первой категории. Французская столица отставала от Берлина, Брюсселя, Милана, а по мнению советских художников, еще и от Москвы. Потому и возникало заманчивое желание омолодить парижскую художественную сцену, привнеся на нее новое советское искусство. Советы внимательно наблюдали за Парижем, который считался «Западом»; кроме того, французская столица была западным городом, наиболее позитивно настроенным по отношению к советскому эксперименту. Французская интеллигенция была ориентирована в большинстве своем просоветски, многих страстно увлекали идеи коммунизмом. В то же время представители русской эмиграции предпринимали тщетные попытки развеять миф о коммунистической утопии. Как вспоминала Нина Берберова, 10 июня 1927 года, через три дня после премьеры большевистского балета Прокофьева, одна эмигрантская газета напечатала анонимное письмо из Советского Союза о том, что Сталин жестоко подавляет свободу слова. В то время как интеллигенция на Западе громко протестовала против казни Сакко и Ванцетти, утверждалось в статье, она молчала о «преследованиях вплоть до казни лучших русских людей, даже не пропагандирующих своих идей, за полной невозможностью пропаганды» [Берберова 1996: 274][9]. Советский официальный орган «Правда» немедленно выступил с опровержением, заявив, что письмо было фальшивкой, сфабрикованной эмигрантами. По словам Берберовой, никакого ответа от французских писателей не последовало, даже после того, как писатели-эмигранты Кон-

---

[8] Однажды Маяковский подписал свое письмо к Кохно так: «Ваш бедный провинциал, Маяковский» [Kochno 1970: 262].

[9] Берберова, должно быть, неправильно запомнила свой источник, поскольку в газете «Последние новости», которую она цитирует, в указанную дату такая статья не выходила.

стантин Бальмонт и Иван Бунин написали письма-обращения к «совести» французских писателей к французской интеллигенции и опубликовали его в маленьком периодическом издании «Л'Авенир». Их никто не заметил, за одним исключением: это был Ромен Роллан. Но его письмо от 20 января 1928 года, напечатанное в февральском номере ежемесячника L'Europe, только подтвердило его просоветские взгляды [Там же: 276].

Но бывали и исключения [Livak 2003: 35]. Так, например, Жак Маритен и его окружение решительно сопротивлялись советскому соблазну. Но и сами эмигранты не были едины в своей неприязни к новому советскому государству. Многие колебались между чувством гнева, отвращения, страха, любопытства и откровенного влечения к советскому эксперименту. Муж Цветаевой, Сергей Эфрон, бывший русский офицер Белой армии, сражавшийся с большевиками, стал советским агентом, охотно участвуя в террористических акциях. Сувчинский, о чем свидетельствуют его передовицы в «Евразии», тоже заигрывал с просоветской идеологией.

Советы воспользовались возникшим смятением в стане эмигрантов. В августе 1925 года Надежда Брюсова, музыковед и заведующая отделом художественного образования Главного управления профессионального образования, направила в Париж письма Прокофьеву, Стравинскому и пианисту Александру Боровскому, в которых по просьбе Луначарского сообщала им, что они могут приехать в Советский Союз. Стравинский и Боровский отказались от этого предложения [Morrison 2009: 7]. Но Прокофьев был весьма заинтересован, и борьба за его душу началась. В 1932 году Левон Атовмян, композитор и советский музыкально-общественный деятель, послал очередные приглашения Прокофьеву, Кусевицкому и Николаю Малько, уговаривая их переехать. Кусевицкий предложение проигнорировал, Малько вежливо отказался. И только Прокофьев, чувствуя незащищенность своего положения на Западе, попался в расставленные сети [Ibid.: 17–19].

Даже Дягилеву хотелось поехать в Советский Союз и самому увидеть новые художественные тенденции, но он ужасно боялся, что попадет в западню. Прокофьев, который после своего триумфального визита в Союз в 1927 году был чрезвычайно уверен в себе, советовал ему непременно ехать, но перед поездкой заверить советских чиновников, что он не будет переманивать танцоров и танцовщиц, а едет «просто посмотреть; тогда ему будут очень рады»[10]. С помощью Маяковского Дягилев получил визу в Советский Союз, но в итоге отказался от своего намерения, поскольку власти не давали гарантий, что его помощник Борис Кохно сможет вернуться во Францию[11]. Играть в большевистские игры было куда безопаснее на Западе: ведь самое худшее, что могло здесь произойти с большевистским балетом, — это скандал, чему Дягилев был бы только рад к концу спокойного до скуки второго десятилетия существования его балетной труппы.

СНОВА В СТРОЮ

Вначале отношения между Прокофьевым и Дягилевым складывались вполне благополучно. Когда в 1915 году Дягилев поручил Прокофьеву написать балет, то сказал двадцатичетырехлетнему композитору, что, кроме него и Стравинского, в России не осталось ни одного сколько-нибудь значительного русского композитора[12]. Стравинский, с которым Прокофьев вскоре после этого познакомился в Милане, поддержал мнение Дягилева. Услышав 2-й Концерт Прокофьева, «Токкату» и 2-ю Сонату, Стравинский заявил, что Прокофьев — «настоящий русский композитор и что кроме него русских композиторов в России нет». Прокофьев сыграл со Стравинским в четыре руки его «Весну священную» и признал, что это « замечательное произведение: по удивительной красоте, ясности и мастерству»[13].

Дягилев возлагал большие надежды на новый балет Прокофьева «Шут», в немалой степени еще и потому, что, как он говорил

---

[10] Дневник Прокофьева. Запись от 9 апреля 1927 года [Прокофьев 2002б: 557].

[11] Беседы с Кохно. Цит. по: [Buckle 1984: 444]. См. также [Garafola 1989: 248].

[12] Дневник Прокофьева. Запись от 18 февраля 1915 года [Прокофьев 2002a: 551].

[13] Запись от 20–22 марта 1915 года [Там же: 555].

Прокофьеву, «французы теперь злые и говорят, что я, кроме Стравинского, никого не могу открыть»[14]. Прокофьев подозревал, что Дягилев намеренно запланировал постановку «Жар-птицы» Стравинского, его первого произведения для Русского балета, и постановку «Шута», первого балета Прокофьева, на один и тот же вечер. Судя по более поздним сообщениям, «Шут» не имел большого успеха. Однако после первых представлений Прокофьев ликовал, тем более что он слышал от друзей о том, что по сравнению с «несколько поблекшей "Жар-птицей"» его «Шут» произвел благоприятное впечатление и Стравинский «с досады щелкает зубами»[15].

Но в конечном итоге «Шут» не имел успеха. Все сошлись на том, что спектакль получился слишком длинным и сложным. Для его постановки нужен был опытный хореограф, а не Ларионов, который хотя и разбирался в теоретических основах танца, но был в первую очередь художником и сценографом[16]. Лондон тоже не принял балет, тем самым разрушив планы Дягилева сыграть на своем новом открытии. Прокофьев, который прежде считал себя частью дягилевского круга, теперь ощущал себя изгоем. Его «громоносная схватка с ужасными криками» со Стравинским, случившаяся, если верить дневнику, в октябре 1922 года из-за «Любви к трем апельсинам», отнюдь не способствовала улучшению ситуации: «Дягилев снова произвел на меня атаку, что я пишу оперы. Стравинский поддерживал его, говоря, что я на ложном пути». В разгар ссоры Прокофьев крикнул, что Стравинский «указывать пути... не может, так как сам способен ошибиться» и что поскольку он моложе Стравинского, то «впереди его». «Мой путь настоящий, а ваш — путь прошлого поколения!» — кричал он своему сопернику. Расстались они друзьями, но отношения между ними после этой ссоры явно охладели

---

[14] Запись от 13 июня — 30 июля 1920 года [Там же: 112].

[15] Запись от 1–31 мая 1921 года [Там же: 161].

[16] Дягилев доверил Ларионову хореографию «Шута» только после того, как другие варианты были отклонены [Haskel, Nouvel 1955: 313–314].

[Прокофьев 2002б: 205]. Когда в июне 1924 года Прокофьев пришел на премьеру «Les Facheux» («Докучливые») Жоржа Орика с труппой «Русского балета», Дягилев не обратил на него никакого внимания («Дягилев ко мне (и к Сувчинскому) никак. Первый раз такая странная полоса», — записал Прокофьев в своем дневнике 4 июня 1924 года [Там же: 263]).

Прокофьев подозревал, что Стравинский вел свою игру за сценой. По словам Сувчинского, Стравинский, который в то время стремился вернуться к православию, критиковал Прокофьева за то, что он «все еще продолжает быть модернистом»[17]. Дягилев, с подачи Стравинского, задавал новый тон, который вызывал у Прокофьева чувство недоумения. Оба они стали пропагандировать французскую музыку, особенно Орика и Франсиса Пуленка, и внезапно отдалились от Прокофьева; он же, не одобряя слышанное, поставил себя в откровенно враждебную позицию по отношению к новому французскому окружению Дягилева, решительно не принимая музыку Пуленка и Дариюса Мийо и не щадя в своей резкой и остроумной критике даже Орика, музыка которого ему все же нравилась[18].

В том, что Дягилев изменил свои музыкальные предпочтения, Прокофьев обвинял Стравинского: пренебрегая Прокофьевым, Дягилев стал продвигать французскую группу. По мнению обиженного композитора, это говорило о непонятных и нежелательных изменениях в эстетических воззрениях Стравинского. Заметно, как в дневниках Прокофьева комментарии относительно музыки Стравинского постепенно становятся все более критичными. Хотя «Весна священная» оставалась для него неприкосновенной, неоклассические произведения Стравинского вызывали неприятное удивление. Так, Прокофьев считал, что Концерт — это скрещение двух влияний, Баха и американских регтаймов. Он одобрял второе, но первое ему не нравилось; «музыку под Баха» в финале Октета он уже оценил как явную подделку. Об оркестровке Стравинского, лишенной струнных, Прокофьев пишет:

---

[17] Дневник Прокофьева. Запись от 8 июня 1924 года [Прокофьев 2002б: 263].

[18] Записи от 22 июля 1924 года и 17 июня 1925 года [Там же: 274, 328].

«Такая оркестровка мне отчасти нравится — своею аскетичностью; отчасти нет — отсутствием полутонов и мягкости, которые исчезают вместе со струнными» [Там же: 258][19].

Чувствуя себя отвергнутым Дягилевым, Прокофьев не испытывал особого восторга, когда в 1924 году на сцене появился Дукельский. Воодушевленный заказом на новый балет, Дукельский вскоре после приезда из Нью-Йорка стал щеголять статусом «третьего сына» Дягилева. Прокофьев быстро подружился с Дукельским, который, пользуясь тем, что был вхож в дягилевский ближний круг, передавал ему самые свежие сплетни об импресарио и его свите. По словам Дукельского, Дягилев считал Прокофьева талантливым и ценил его мелодический дар, но Стравинский казался ему более интеллектуальным. От Прокофьева «всегда можно ожидать, что он сделает что-то не то», — якобы жаловался он [Duke 1955: 120]. Прокофьев с удовлетворением отмечал, что Дукельский согласился с ним в том, что «"Серенада" Стравинского, которая как раз выходит из печати, содержит мелодические обороты под Рахманинова и звучности типа Метнера»[20]. «Мавра» понравилась им больше, но и там они заметили «какую-то стилизацию под [Александра] Даргомыжского»[21]. С некоторой радостью Дукельский сообщил своему другу, что Стравинскому совершенно не понравился Третий фортепианный концерт Прокофьева, слушая его, он «вылетел в соседнюю комнату и говорил: "Это невыносимо! Это какой-то русский ложноклассический стиль! Это прямо Васнецов какой-то!"»[22]

Дукельский гордился тем, что сыграл свою роль в примирении Дягилева и Прокофьева. Как-то он случайно обронил, что Прокофьев собирается принять заказ на балет из Берлина, и этим вызвал ревность Дягилева. Вскоре последовал новый заказ, который Дукельский объяснял тем, что Дягилеву успело надоесть «намеренное

---

[19] См. также: «Я ничего не имею против Баха, но против самого факта подделки». Дневник Прокофьева. Запись от 21 мая 1924 года [Прокофьев 2002б: 258].

[20] Запись от 23 марта 1926 года [Там же: 384].

[21] Запись от 11 августа 1926 года [Там же: 429].

[22] Запись от 29 сентября 1926 года [Там же: 439]. Виктор Михайлович Васнецов (1848–1926) — русский художник, основоположник «неорусского стиля».

музыкальное ребячество» «Козочек» Пуленка, «Кошек» Анри Согэ и «Голубого поезда» Мийо, то есть развлекательная музыка, французский musiquette [Дукельский 1968: 262]. По словам Дукельского, Нувелю тоже не нравилось новое французское направление дягилевской труппы, и он стал настойчиво добиваться заказа для Прокофьева. В конце концов Дягилев уступил, сделав вид, что он и сам думал заказать Прокофьеву новый балет [Там же].

Прокофьев, как и Дукельский, считал, что французская группа — Пуленк, Аурик и Мийо — хотя и продвигалась Стравинским, но в конце концов разочаровала Дягилева. Дукельский, «белый рыцарь», который должен был спасти сезон, не справился с задачей: хотя он и был талантлив, но оказался слишком молод и неопытен. Его относительная неудача поставила Прокофьева в выгодное положение по отношению к Дягилеву, который вскоре стал добиваться расположения своего подзабытого «второго сына». Однако наиболее важным элементом изменившейся ситуации стало то, что Стравинский постепенно отходил от театра и от дягилевской группы. Когда в лице Стравинского исчез «главный хулитель Прокофьева», Дягилев вновь оказался заинтересован в последнем[23].

Учитывая, что именно Стравинский сыграл решающую роль в том, что Прокофьев осознал перспективы развития своей карьеры в Париже, неудивительно, что он с удовлетворением воспринял предложение Якулова назвать его новый балет «Урсиньоль». Якулов использовал в названии французскую аббревиатуру Советского Союза (URSS — L'UniondesRepubliquesSocia listesSovietiques). Прокофьев сразу же обратил внимание на то, что в названии также присутствует французское слово «медведь» ('ours' по-французски), традиционно ассоциирующееся с Россией. Больше всего Прокофьеву понравилось то, что это название, «полушутливо, безобидно, не то медвежонок, не то карикатура на "Rossignol" Стравинского»[24]. «Полушутя, безобидно» намекало не только на медвежонка, но и на «карикатуру на «Rossignol»

---

[23] Дневник Прокофьева. Запись от 19 июня 1925 года [Прокофьев 2002б: 330].

[24] Запись от 29 июля 1925 года [Там же: 347].

(«Соловей») Стравинского — балетный вариант его оперы, написанной в 1914 году и возобновленной Дягилевым в 1925 году, о которой Прокофьев написал «медлительно и скучно»[25]. Как в свое время Бетховен отбрасывал тень на Вагнера, а Вагнер на всех после него, так и Стравинский отбрасывал тень на Прокофьева. «Урсиньоль» по первоначальному замыслу должен был стать шуточной местью: примитивизм русского белоэмигранта Стравинского трансформировался в ярко-красный большевизм.

ПУСТЬ БУДЕТ РОЗОВЫМ

Воодушевленный сообщением Дукельского о возможном заказе от Дягилева, Прокофьев придумал для своего будущего балета сюжет о скрипичном ключе, который руководит группой шестнадцатых и паузами, и ключе от сардинок[26]. Дягилев быстро отклонил этот замысел, объяснив Прокофьеву, что он не хотел бы, чтобы «символические фигуры или конструктивные костюмы» отвлекали в балете внимание от человеческого тела[27].

За помощью в создании большевистского балета Прокофьев обратился к Сувчинскому: на тот момент именно он производил впечатление человека, который был в курсе происходящего в Советской России. Как и некоторые другие евразийцы, Сувчинский считал, что русская революция была не катастрофой, а неизбежным шагом в превращении России в незападную страну. Он полагал, что евразийцы могут стать посредниками между Советской Россией и иностранными государствами, и поэтому с воодушевлением воспринял приглашение Петра Арапова, сторонника евразийцев, приехать в Москву[28]. Сувчинский не подозревал, что

---

[25] Запись от 17 июня 1925 года [Там же: 328].

[26] Подробное описание см. в записи от 26 мая 1925 года [Там же: 322].

[27] Дневник Прокофьева. Запись от 21 июня 1925 года [Там же: 331].

[28] Запись от августа 1929 года [Там же: 721]. Арапов попал в ловушку и стал двойным агентом, помогая Советам в их усилиях по разобщению политических движений среди русских эмигрантов, в том числе и евразийцев.

его «знания» о Советской России на самом деле ему, как и многим другим эмигрантам, «скормили с ложечки» советские спецслужбы в рамках контрразведывательной операции «Трест» и что его советские доверенные лица на самом деле были агентами советской разведки[29]. Прокофьев также надеялся, что участие Сувчинского в планируемом предприятии помешает Дягилеву поручить эту работу Кохно, который писал либретто для Стравинского, Орика и Дукельского и которого Прокофьев недолюбливал[30].

Сувчинский разыскал Эренбурга и художника и сценографа Исаака Рабиновича, который в это время находился в Париже для участия в выставке, и обсудил с ними возможность создания политически нейтрального балета о советской жизни. Вполне понятно, что им этот проект показался бесперспективным. «Положение так остро, что нельзя написать балет нейтральный, — объясняли они Сувчинскому. — …современная Россия именно характеризуется борьбой красного против белого. <…> "Кто не с нами, тот против нас", поэтому нейтральная точка вызовет отпор и оттуда, и отсюда»[31]; следовательно, Прокофьеву «надо делать его [балет] либо белым, либо красным»[32]. При этом они сомневались, что Прокофьев сможет осуществить какой-либо из этих замыслов. О настоящем красном балете, во всяком случае по мнению Эренбурга и Рабиновича, не могло быть и речи, так как он просто не пройдет перед парижской буржуазной публикой. Как может русский композитор, живущий на Западе, понять, что происходит в Советском Союзе? И зачем Прокофьеву писать белый балет и тем самым отрезать себя от России теперь, когда там как раз возник большой интерес к его музыке?

Вероятно, не желая поставить под угрозу свое и без того политически уязвимое положение в кругах русской эмиграции в Париже, Сувчинский уклонился от участия в проекте[33]. Как ни

---

[29] Об операции «Трест» и Евразийском движении см. [Глебов 2009: 134–140].

[30] Дневник Прокофьева. Запись от 22 июня 1925 года [Прокофьев 2002б: 331].

[31] Запись от 12 июля 1925 года [Там же: 338–339].

[32] Письмо Прокофьева Дягилеву от 18 июня 1925 года [Варунц 2000: 193].

[33] Дневник Прокофьева. Запись от 12 июля 1925 года [Прокофьев 2002б: 339].

удивительно, но, вопреки своему первоначальному мнению, Эренбург, который произвел неприятное впечатление на Прокофьева и Сувчинского, напротив, захотел принять участие в реализации этого замысла. Он хотел обсудить эту тему с Дягилевым — очевидно, забыв, что вначале советовал Сувчинскому отказаться от проекта. Остается неясным, какой именно сценарий вынашивал Эренбург — красного или белого балета, потому что Дягилев так и не пригласил его на эту работу. Писатель настаивал на том, что не желает участвовать в проекте в качестве консультанта, но если ему закажут либретто, то он может взяться за него, запросив при этом 5 000 франков[34]. Прокофьеву пришлось приложить совсем немного усилий, чтобы убедить Дягилева, всегда испытывавшего нехватку в деньгах, позволить ему самому сочинять и разрабатывать либретто совместно с Якуловым.

Работы Якулова произвели сильное впечатление и на Дягилева, и на Прокофьева. Он обладал всеми необходимыми качествами: был передовым художником в Советском Союзе, имел большой опыт в сценографии, который приобрел, работая в экспериментальном Камерном театре Таирова. Он рассказывал Прокофьеву, что ему удалось пережить самые бурные времена в Москве, спокойно занимаясь живописью, потому что его защищали его военные заслуги. Создавалось впечатление, что Якулов удобно устроился в советской жизни. Прокофьев восхищался им как художником, хотя и находил, что тот «немного нелеп, и кроме того, многое у него кажется чуждым, как у всякого человека, пережившего большевизм в России и хотя бы частично принявшего его»[35]. Но главное заключалось в том, что Якулов настолько сильно хотел получить заказ Дягилева, что готов был создать политически нейтральный, или «розовый», балет, который мог бы понравиться парижской буржуазной публике и не вызвать раздражения у большевиков.

Темы жизни парижского высшего света давно были исчерпаны, Дягилев хотел применить эту формулу к советской повседневной

---

[34] Запись от 27 июля 1925 года [Там же: 345–346].

[35] Запись от 21 июля 1925 года [Там же: 342].

жизни в качестве сценария нового балета. Он объяснял своим собеседникам: «В России сейчас двадцать миллионов молодежи. <...> Они и живут, и смеются, и танцуют. И делают это иначе, чем здесь. И это характерно для современной России. Политика нам не нужна!»[36] Прокофьев был не менее категоричен в своем политическом нейтралитете. Когда в 1925 году Красин начал с ним переговоры о концертном туре по Советскому Союзу и о предложении ВЦИК написать «киносимфонию» к двадцатилетним торжествам в память революции 1905 года, Прокофьев колебался, опасаясь, что «принять — значит подписаться под большевизмом», что, вполне вероятно, поставит под угрозу его карьеру на Западе. Но и отказываться он не хотел, поэтому использовал новый заказ Дягилева как предлог, чтобы отклонить предложение Красина, оставляя возможность для дальнейших переговоров[37].

Первоначально Якулов планировал показать три точки средоточения большевистской жизни: бурлящий жизнью рынок на Сухаревской площади в Москве (большевистская и московская версия петербургской ярмарки XIX века в «Петрушке» Стравинского) с мешочниками, комиссарами и матросами; период новой экономической политики, или НЭПа, задуманный как комический номер с разбогатевшими пронырами; сцену на фабрике или на сельскохозяйственной выставке. Дягилеву не нравилась вторая сцена: он считал, что высмеивание нуворишей может показаться обидным для парижан, многие из которых разбогатели во время войны. Сцена НЭПа не нравилась и Прокофьеву, который не видел способа изобразить ее музыкально[38].

Итоговое либретто «Стального скока» Прокофьева и Якулова сохранило близость к первоначальному плану. По настоянию Прокофьева они последовали совету Эренбурга и заменили

---

[36] Дневник Прокофьева. Запись от 18 июля 1925 года [Прокофьев 2002б: 340–341]. Прокофьев не раскрыл «нецензурное выражение о прославлении полового желания», высказанное Дягилевым применительно к российской молодежи.

[37] Запись от 24 июля 1925 года [Там же: 344].

[38] Запись от 21 июля 1925 года [Там же: 342].

сцену на рынке сценой на вокзале (как Эренбург объяснил Дягилеву, «вокзал в первом периоде большевизма сделался чрезвычайно характерным местом для толкучки и меновой торговли»)[39]. Не исключено, что Прокофьева вдохновил попробовать свои силы в «паровозной» музыке успех популярного произведения Артюра Онеггера «Пасифик 231» («Pacific 231»), премьера которого состоялась в тот же вечер, когда русский композитор исполнял свой Второй фортепианный концерт с оркестром под управлением Кусевицкого 8 мая 1924 года[40].

Комический аспект отвергнутой сцены НЭПа перешел в первую сцену на вокзале, где обнищавшие горожане выменивают старые вещи на еду. Появляется среди них и нувориш с поросенком. Главной мишенью высмеивания становится оратор, который пытается вернуть симпатичную работницу к старым ценностям. Для комического эффекта оратор держит в руках книгу, привязанную к нему на резинке, — когда он бросает книгу в толпу, она возвращается к нему. Из первоначального либретто Якулова постановщики сохранили мешочников — пореволюционных предпринимателей, которые привозили из деревень продукты и продавали их за большие деньги голодающим в городах; комиссаров, функционеров нового режима; и матросов, которые предстают как военные «с ружьями наизготовку» в прологе, и как нарядные, свободные и развязные персонажи, покупающие товары, «широко бросаясь деньгами», в первом действии, и наконец, как фабричные рабочие во втором действии[41]. Они добавили ирисниц и папиросников (женщин и мужчин, торгующих ирисками и сигаретами) и мелких воришек, которые, обокрав комиссара, затевают комическую сцену погони, взбираясь по лестнице, повисая на канатах и скользя вниз по доске.

---

[39] Запись от 27 июля 1925 года [Там же: 345–346].

[40] «...очень здорово оркестрованная вещь, — пример того, как без музыки можно делать интересные вещи», — так Прокофьев описал произведение Онеггера в своем дневнике. См. запись от 8 мая 1924 года [Там же: 255].

[41] Сценарий Прокофьева, направленный Дягилеву 8 августа 1925 года (Prokofiev Arch. Box II, 1, F. 1925, August).

Во втором акте Прокофьев хотел показать фабрику, работающую на полном ходу, с вертящимися машинами и стучащими молотками. Чтобы внести элемент драматизма в эту индустриальную сцену, композитор предложил ввести эпизод с оратором, который проклинает режим, а рабочие встречают его речь насмешками. Вдруг появляется директор фабрики и заявляет, что, ввиду недостатка денег и материала, фабрика закрывается. В это время «с шумом, гамбадами и барабанным боем [проходит] детская процессия» (Якулов рассказал Прокофьеву, что детские процессии в Москве проходят каждый день). После процессии матросы уговаривают рабочих сделать «бодрые» гимнастические упражнения» — ими и заканчивается балет[42]. Гимнастические упражнения, как мог бы подтвердить Якулов, также были характерны если не для повседневной жизни, то, по крайней мере, для сцены 1920-х годов[43].

Прокофьев был весьма доволен тем, что ему казалось политически нейтральным либретто. У Якулова же были некоторые сомнения: он понимал, что юмор — довольно рискованный прием, и опасался, что большевикам балет может показаться обидным, и это может поставить под угрозу его положение в Москве, куда он должен был вернуться. Дягилев одобрил сценарий, но потребовал более глубокого развития отдельных персонажей и большего количества дополнительных сюжетных линий. Он также отверг предложенные гимнастические номера, считая, что завершение балета «полным ходом фабрики со стучащими на сцене молотками» было бы более эффектным. Прокофьев согласился и переработал либретто, углубив любовную

---

[42] Об окончании работы над балетом см. запись в дневнике Прокофьева от 29 июля 1926 года [Там же: 425].

[43] Рене Фюлёп-Миллер описывает спектакли в «Проекционном театре» в Москве, в которых «все используемые приспособления представляют собой исключительно гимнастические снаряды, и "представление" есть не что иное, как трехчасовая демонстрация гимнастики, прыжков и бега взад и вперед, а так как оно связано с самыми необычайными физическими искажениями, то производит впечатление полного безумия» [Fülöp-Miller 1928: 189–190].

линию между матросом и работницей и вложив все силы в последнюю сцену, где, по замыслу Якулова, удар по педали приводит в движение систему колес, что становится

> отправным пунктом движения всей фабрики: снова начинается работа на первой машине у левой кулисы, а также на верхней дальней площадке (прокатная работа) и продолжается работа на машине у правой кулисы. Со средней площадки, на которой была беззвучная работа молотками, спускаются двое рабочих с огромными молотами — деревянными, пустыми внутри — и начинают громко ударять ими... другие рабочие с меньшими молотками остаются на средней площадке и тоже ударяют ими ритмически. Сверху спускается сложный блок, приходящий в движение. На протяжении всего финала, который длится от трех до четырех минут, на декорациях в разных местах играют световые рекламы[44].

Как следует из этого описания, акцент был сделан на визуальные эффекты, машины заняли всю сцену, а мужчины и женщины действовали в полной гармонии с ними. Исчезли колоритные комические персонажи — мошенники, торговцы, горожане, мешочники, комиссары и матросы. Так же как сцена превращается в фабрику между двумя актами, так и отдельные персонажи, в том числе главный матрос, превращаются в рабочих и работниц в рабочей одежде.

КРАСНЫЙ БАЛЕТ НА БЕЛЫХ КЛАВИШАХ

В письме Дягилеву от 16 августа 1925 года Прокофьев описал музыку, которую он сочинял для «Стального скока», как «русскую, часто залихватскую, почти все время диатоническую, на белых клавишах. Словом, белая музыка к красному балету»[45]. Прокофь-

---

[44] Первоначальный сценарий Прокофьева и Якулова, присланный Дягилеву. См. также Дневник Прокофьева. Запись от 30 июля 1926 года [Прокофьев 20026: 425–426].

[45] Письмо Прокофьева Дягилеву от 16 августа 1925 года [Варунц 2000: 196].

ев следовал указанию Дягилева писать современную русскую музыку. В своей автобиографии он частично объяснил стилистические изменения, произошедшие в «Стальном скоке», тем, что это был «поворот к русской музыкальной идиоме» [Prokofiev1991: 278], — тенденциозное заявление, которое, как можно предположить, больше связано с 1941 годом, то есть с датой написания автобиографии, чем с предпочтениями Прокофьева 1925 года. Но в итоге композитор выбрал то, что Израиль Нестьев назвал «напев старой фабричной песни», и сделал его своеобразным символом балета, начиная с исполнения в унисон и заканчивая возвращением мелодии в ритмически усиленном шумном апофеозе, изрыгаемом трубами (цифра 176) [Нестьев 1973: 278]. Кроме первых трех тактов, Прокофьев изменил почти все. Некоторые из его нововведений сделали мелодию еще более узнаваемо русской: он добавил мелизмы, напоминающие «вокальную икоту» в «Свадебке» Стравинского, и превратил миминор оригинальной мелодии в лад, который балансирует между ляминором (с акцентом на ми и его квинту, си) и домажором — модально неопределенное пространство, часто встречающееся в русской народной музыке (пример 2.1). Техника варьирования простых мелодий, используемая Прокофьевым, также напоминает русскую народную музыку. Примитивная мелодия из трех нот, которую композитор представляет на контрафаготе, тромбонах и тубе во 2-й цифре пролога, построена на четырех нотных линейках — все они немного варьируются, вторая сокращена до трех тактов (пример 2.2).

Центральная мелодия пролога — это также песня на четырех нотных линейках, навевающая мысли о примитивных частушках (пример 2.3а). Прокофьев подумывал о том, чтобы использовать в балете настоящую частушку, сочинив «тему по ритму и рисунку родственную "яблочку", которая, развиваясь симфонически, урывками переходила бы в "яблочко", а затем немедленно возвращалась бы обратно»[46]. Популярное «Яблочко» (пример 2.3b),

---

[46] Дневник Прокофьева. Запись от 5 августа 1925 года [Прокофьев 2002б: 349]. Рейнгольд Глиэр использовал «Яблочко» в своем известном балете «Красный мак» (1927). Вряд ли Прокофьев знал музыку Глиэра до того, как начал сочинять свой балет.

ПРИМЕР 2.1. Фабричная песня и тема балета «Стальной скок»

которое пели на разные тексты обе стороны Гражданской войны в России, было бы как нельзя более уместно в балете Прокофьева, но в конце концов он отказался от мысли его использовать. Не стал он использовать и частушки, которые напел для него Кохно, чтобы дать композитору возможность «составить себе картину того, что пелось в России в первые годы большевизма». Некоторые из них, особенно деревенские, понравились Прокофьеву, но городские песни он назвал «дрянью» и «сентиментальщиной». «Новый режим прибавил слова, но не музыку», — записал он в своем дневнике[47].

В наиболее важной в драматическом смысле теме балета, связанной с зарождением романтических чувств между матросом и работницей, Прокофьев возвращается к более лиричному настрою. Тема уже при первом появлении в шестой части (в 88-й цифре) приобретает лирическое звучание, которое резко отличается от остальной музыки балета. Сначала она звучит в высоком регистре в исполнении флейты соло, подчеркнутая мягкими перекатами аккомпанемента струнных. Замолкает резкое звучание медных духовых, из деревянных духовых остаются только гобой и фагот, мягко поддерживающие партию виолончели. По мере накала эмоций тема предсказуемо переходит к первой скрипке, *dolce*, затем *espressivo* (в цифрах 89, 94). Но романтическую атмосферу ей придает не только инструментальное сопровождение: понижающиеся кварты и нисходящий мелодический контур нежно уравновешиваются восходящим тетрахордом

---

[47] Запись от 26 июня 1925 года [Прокофьев 2002б: 333].

ПРИМЕР 2.2. «Примитивная» мелодия в прологе балета
«Стальной скок»

в басовой партии и статичными средними голосами. Примечательно, что, кроме темы матроса, построенной на нисходящих
и восходящих цепочках терций, любовная тема в балете — одна
из немногих, в которой отсутствуют гротескные тритоны, про-
низывающие всю партитуру и придающие ей ту беспечность,
о которой Прокофьев с гордостью говорил Дягилеву.

То, что в любовной теме отсутствует ирония, говорит об искренности Прокофьева, о его романтическом настрое, который,
пожалуй, не слишком подходил для балета на индустриальную
тему. Неуместность лиризма становится еще более очевидной,
когда лирическая тема вновь возникает на фоне производственного шума фабрики.

Согласно либретто, матрос, ставший рабочим, «видит свою
возлюбленную, устремляется к ней», но не может до нее добрать-
ся[48]. Но тема все же преодолевает шум и плывет над ним *dolce*

---

[48] Первоначальный сценарий Прокофьева и Якулова, присланный Дягилеву.

ПРИМЕР 2.3a.
Мелодия
на четырех нотных
линейках
в прологе балета
«Стальной скок»

ПРИМЕР 2.3b. «Яблочко»

e cantando (цифра 127), тем самым выводя влюбленных и их чувства на первый план. Прокофьев не только следовал своему лирическому побуждению, но и выполнял просьбу Дягилева «побольше... развить частную интригу»[49]. Вместо гимнастических

---

[49] Дневник Прокофьева. Запись от 30 июля 1925 года [Прокофьев 2002б: 347].

упражнений, которые они с Якуловым придумали для финала, балет завершился, как и хотел Дягилев, индустриальным апофеозом, который служил «аккомпанементом к танцу двух главных лиц»[50]. Тема любви преодолевает даже грубый стук молотов (цифра 152), вторгающийся в мимическую сцену влюбленных с разных площадок, после чего оба сбегают вниз на первый план и танцуют на авансцене во время финала. Настойчивое желание Дягилева развить «частную интригу», совпадающее с лирической настроенностью Прокофьева, вступило в противоречие с новым советским идеалом борьбы с индивидуализмом. По крайней мере, в этом смысле «Стальной скок» не стал подтверждением большевистских ценностей.

Тем не менее главным впечатлением от последней сцены стала индустриальная вакханалия, достигнутая за счет предельной полифонической плотности. По описанию Мясковского, Прокофьев преподнес «циклопические глыбы, страшные полифонические и гармонические наслоения... сваи совершенно небывалых, жутких в своей грандиозности и мощи построек»[51]. Здесь музыка пульсирует на всех уровнях: остинато четвертных нот разделяются хроматическими триольными остинато, ритмизированными органным пунктом на половинной ноте, целой ноте и двойной целой ноте. Поверх этого пульсирующего, диссонирующего звукового полотна гобои исполняют диатоническую мелодию, простой ритм которой послушно движется вместе с остинато. Плотность фактуры возрастает в следующей части, «Молотки», в которой Прокофьев и Якулов создают визуальный эффект беззвучной работы на сцене больших и маленьких молотков.

В финале, с цифры 73, Прокофьев добавляет к плотной фактуре звук молотков. На отдельном листе он записал партию больших и маленьких молотков: половинные ноты для больших молотков, четвертные и восьмые — для маленьких. Предполагалось, что

50 Письмо Прокофьева Дягилеву от 16 августа 1925 года [Варунц 2000: 196].

51 Письмо Мясковского Прокофьеву от 30 мая 1928 года [Прокофьев, Мясковский 1977: 279].

стук будет за кулисами, причем характер звука будет выработан в ходе репетиций. Но время было ограничено, и Дягилев вспомнил о том, что с молотками нужно что-то делать, только на последних репетициях, и «приказал лупить танцорам прямо на сцене — грубо и топорно». Прокофьева это огорчало, в особенности после того, как он услышал язвительное замечание Стравинского по поводу молотков на сцене. 25 июня 1927 года он записал в дневнике: «Стравинский в Лондоне, настроен нервно, будучи огорченным неуспехом "Эдипа" в Париже. Его кто-то спросил, что он будет теперь сочинять. Стравинский ответил: "Во всяком случае, не музыку с молотками". Камешек в огород "Стального скока"» [Прокофьев 2002б: 568].

Наиболее важным нововведением Прокофьева стало то, что позже он назвал «новой простотой» музыки. Простота, характерная для его французских коллег, мало привлекала Прокофьева, но, услышав репетицию Второй симфонии с Кусевицким, он решил, что «не скоро примется за такую громоздкую вещь», как симфония. «Дукельский прав, — замечает он, — надо писать проще и диатоничней»[52]. После неудачной премьеры симфонии 6 июня 1925 года Прокофьев был решительно настроен еще более упростить стиль своей музыки. В письме Мясковскому от 4 августа 1925 года он так высказался о своем сверхсложном произведении: «Да и у всех других ничего, кроме недоумения, симфония не вызвала». Ему и самому-то трудно было разобрать «что за штуковина вышла». Вывод был однозначным: «В общем — *Schluss* [конец (*нем.*)] — теперь не скоро от меня дождутся сложной вещи» [Прокофьев, Мясковский 1977: 216].

Прокофьев хотел, чтобы новый балет для Дягилева был «проще "Шута", менее сюжетный и более симфоничный» [Там же: 217]. Он решил «писать диатонично и мелодично» и начал начерно сочинять темы для балета[53]. Ни в одной части «Стального скока» нет ключевых знаков, и большинство мелодий — танец торговцев

---

[52] Дневник Прокофьева. Запись от 2 июня 1925 года [Прокофьев 2002б: 324].

[53] Дневник Прокофьева. Запись от августа — сентября 1925 года [Там же].

во второй и третьей частях, темы, связанные с оратором, комиссарами, матросом, и даже первая часть любовной темы — написаны без знаков альтерации. Хроматизм начинает проникать в партитуру только в сцене на фабрике, где он служит для создания шумового эффекта. Впрочем, тема фабрики тоже диатоническая. В партитуре Прокофьева мелодичность и диатоника играли главную роль, и когда позднее Дягилев похвалил новый балет Стравинского «Аполлон Мусагет» за его мелодии и тональную чистоту, Прокофьев снова почувствовал, что его как изобретателя нового стиля незаслуженно игнорируют[54].

Когда Прокофьев вернулся в Советский Союз, многие восприняли его новый, более простой стиль как начало отхода от высокого модернизма к эстетике, более приемлемой в сталинской России[55]. В «Автобиографии», написанной в 1941 году, композитор, описывая свою реакцию на заказ Дягилевым большевистского балета, намекает на то, что источником вдохновения для него послужила страна Советов: «Как будто свежий ветер дунул в мое окно, тот свежий ветер, о котором говорил Луначарский» [Prokofiev 1991: 277]. Впрочем, для его парижской аудитории ни русское вдохновение, ни более простой стиль на первых порах были незаметны. Прием в Советском Союзе тоже не был таким уж радушным. В духе советской догматики Нестьев в конце концов назвал балет очередным «экстравагантным зрелищем», изображающим для парижских снобов их собственное представление о «большевистской экзотике» [Нестьев 1973: 275];

> Однако национальный характер русских тем обезличивался искусственно огрубленной гармонизацией... что, конечно, не соответствовало архаически-упрощенному мелодическо-

---

[54] Запись от 24 октября 1925 года [Там же: 351–352].

[55] Тарускин, например, обсуждает «Стальной скок» как один из «первых толчков в направлении возможного возвращения [Прокофьева] в Россию» [Taruskin 2010, 4: 776]. Саймон Моррисон приписывает изменение стиля Прокофьева появлению у него особого внимания к религиозным чувствам [Morrison 2009: 14].

му рисунку. Вплетающиеся в эту изобразительно-шумовую музыку русские мелодии оставались просто незамеченными [Nestyev 1960: 224].

Как бы ни был пристрастен Нестьев, он был прав как в отношении надуманности большевистской фантасмагории Дягилева, так и в отношении незаметности новой простоты Прокофьева, скрывающейся за экстремальными диссонансами. Диатонические мелодии тонули в невероятной плотности звука, диссонирующего даже при игре только на белых клавишах. Очевидно, что «новая простота» Прокофьева не означала, что он был готов отказаться от западных ценностей модернизма.

БРАКОНЬЕРСТВО ЗАБАВЫ РАДИ

Разумеется, сочетание крайнего диссонанса и простых мелодий едва ли было новым, и многим оно напомнило неонационалистические «Петрушку», «Весну священную» и «Свадебку» Стравинского — произведения, вызывавшие у Прокофьева наибольшее восхищение. «Стальной скок», писал Рауль Брюнель в L'Oeuvre, «напоминает "Весну священную" (танцы первобытной и варварской России), перенесенные в современную российскую среду и такие же варварские» [Brunel 1927] (здесь и далее цит. по: [Sayers 1999, 2: 96]).

Даже в наши дни неопримитивная «Весна священная» Стравинского бросает тень на варварский «Стальной скок» Прокофьева. Ричард Тарускин в своей монографии сопоставляет эти два произведения, высказывая предположение, что Прокофьев «кое-что перехватил» из балета Стравинского [Taruskin 2010, 4: 767].

И в самом деле, некоторые такты в «Стальном скоке» напоминают мотивные жесты «Весны священной». Тяжелые четвертные ноты *tenuto* в партии фаготов в сопровождении мягкого звучания тромбонов в третьей части балета Прокофьева вызывают в памяти повторяющиеся четвертные ноты tenuto во «Вешних хороводах» (примеры 2.4a-b).

(a)

ПРИМЕР 2.4а.
Мотивные жесты
в балете «Весна
священная»
Стравинского
(«Вешние
хороводы»)

(b)

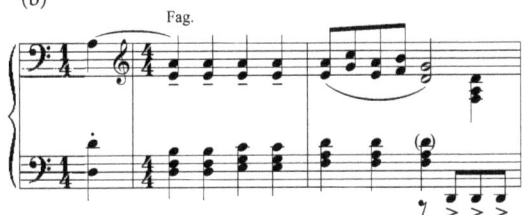

ПРИМЕР 2.4b.
Мотивные жесты
в балете
«Стальной скок»
(6 после
цифры 40)

Балет начинается с унисонной, как бы «аутентичной» мелодии — и это тоже жест, характерный для Стравинского. И у Стравинского, и у Прокофьева мелодии играют только на белых клавишах и изобилуют мелизмами. Наблюдаются и похожие мелодические обороты, правда, разбросанные Прокофьевым таким образом, чтобы скрыть потенциально возможные мелодические параллели (примеры 2.5a-b). Но если народная мелодия Стравинского спокойна, ритмически свободна и пронизана мистической атмосферой прошлого, то фабричная мелодия Прокофьева — шумная, ритмически плотная, энергичная, взрывная, летящая к слушателям с агрессивной прямотой. Его мелизмы ничуть не изящны: они скорее неуклюжи и не вписываются в общий тон вступительной мелодии. Создается пародийный эффект: старая, аутентичная мелодия превращается в шумный символ современности.

Звучание простой трехнотной мелодии в неподобающем регистре контрафагота и тромбона в цифре 2 тоже может восприниматься как жест глумливого примитивизма. Еще более красно-

ПРИМЕР 2.5а. Начало балета «Весна священная»

ПРИМЕР 2.5b. Начало балета «Стальной скок»

речивым является то, что эта примитивная мелодия сопоставлена Прокофьевым со следующим фрагментом, начинающимся со стаккато фаготов и контрабасов, которые производят нечто вроде альбертиевых басов. Прокофьев как будто намекает на то направление неоклассицизма, которое он называл «обцарапанным Бахом»[56] и которое появляется здесь, как и в суждениях

---

[56] Письмо Прокофьева Мясковскому от 1 июня 1924 года [Прокофьев, Мясковский 1977: 195].

ПРИМЕР 2.6. Альбертиевы басы в прологе балета «Стальной скок»

ПРИМЕР 2.7. Дактили в начале 2-й части в балете «Стальной скок»

Прокофьева о Стравинском, без какого-либо логического перехода от предыдущего неопримитивного стиля (пример 2.6).

Как и неопримитивные мелодии, неоклассические приемы в «Стальном скоке» — а их довольно много — носят пародийный характер, что вполне понятно в балете, оригинальное название которого, «Урсиньоль», было задумано как безобидное высмеивание Стравинского. Так же, как Прокофьев заменил народную мелодию Стравинского на задорную фабричную песню, он заменил и неоклассические дактили Стравинского на дактили, имитирующие движение поезда в начале второй части. Ритмы моторов а-ля Бах трансформируются здесь в реальный ритм моторов (пример 2.7).

В седьмой части гамма домажор в шагающем басу финала Октета Стравинского превращается в стремительные шестнадца-

ПРИМЕР 2.8а. Шагающий бас Стравинского в частях его Октета (транскрипция Артура Лурье)

тые, сопровождаемые механически восходящими и нисходящими линиями топающих остинато (примеры 2.8а-b). Прокофьев одновременно и принимает, и высмеивает музыку белых клавиш и центральное место, которое занимает в ней до. Конец второй части представляет собой пародию на каданс на до. В 39-й цифре появляется взрывной до-мажорный аккорд, но сначала его нарушает тихо звучащий вводный тон, а затем настойчивые ре в басу. Кажется, что фрагмент заканчивается на до не потому, что до является его логическим завершением, а потому, что до более агрессивно, чем другие ноты (пример 2.9).

Не исключено, что за образом «оратора» из 5-й части также скрывается Стравинский. Прокофьев настаивал на том, что это единственная пародийная часть балета, выполненная в духе большевистской моды насмешки над представителями старого режима. Стравинский в этой ситуации, безусловно, воплощал старую Россию, а Прокофьев часто выражал досаду, слушая его проповеди о том, как нужно сочинять — а именно, как нужно перестать быть модернистом и «перейти к чистому классицизму»[57]. Прокофьев обратился к тому, что он считал более приемлемым элементом нового стиля Стравинского, а именно к американскому регтайму или джазу, и охарактеризовал своего ора-

---

[57] Дневник Прокофьева. Записи от 8 июня 1924 года и 18 июня 1925 года [Прокофьев 2002б: 263–264, 328].

ПРИМЕР 2.8b. Топающий бас Прокофьева в балете «Стальной скок» (цифра 99)

ПРИМЕР 2.9. Окончание 2-й части балета «Стальной скок»

ПРИМЕР 2.10. Первые две нотные линейки из эпизода «Оратор» (4 такта после цифры 73) с замедленным ритмом регтайма в балете «Стальной скок» тора с помощью хроматических скольжений и регтаймового синкопирования — прием весьма рискованный, учитывая, как сильно Дягилев ненавидел все, что имело отношение к Америке[58]. Но для достижения комического эффекта композитор до такой степени замедляет синкопирование, что оно теряет связь с динамичным движением и становится выражением неуверенности, потери ориентации, головокружения — едва ли не опьянения (пример 2.10).

В конце концов все неуклюжие попытки оратора казаться модным терпят крах из-за появления привлекательного молодого матроса, который покоряет сердце девушки и лишний раз подчеркивает нелепость этого представителя старого режима. Но матросу недостаточно быть просто привлекательным, чтобы стать героем большевистского балета. Он должен превратиться в рабочего, чтобы обрести свою любовь. Когда в 1925 году Прокофьев задумал балет, на музыкальной сцене Парижа все еще доминировал многогранный Стравинский, олицетворявший старую Россию. Единственным противоядием, каким бы горьким и неприятным оно ни было, похоже, был большевизм — территория, полностью свободная от влияния Стравинского. Для Прокофьева притягательная сила большевистского соблазна, помимо экзотики большевизма, состояла еще и в возможности закрепиться в стране, отринувшей авторитет Стравинского.

ПРОВЕРКА НА ПРАКТИКЕ

По словам Кохно, Дягилев давно хотел пригласить на работу советского балетмейстера-экспериментатора Касьяна Голейзовского (1892–1970), основателя Московского Камерного балета, чьи хореографические постановки находились под сильным

---

[58] В интервью перед лондонской премьерой Дягилев прямо заявил: «Отличительная особенность его [Прокофьева] музыки в том, что ее монотонный ритм абсолютно противоположен современному джазу» [Diaghilev 1927] (цит. по: [Sayers 1999, 2: 129]).

влиянием конструктивизма[59]. В письме к Якулову Нувель объяснил задержку постановки балета отъездом Брониславы Нижинской, которую Дягилев, по-видимому, хотел видеть хореографом балета[60]. Кохно вспомнил, что Якулов рекомендовал в качестве режиссера Ларионова, балетмейстера, который поставил предыдущий дягилевский балет Прокофьева, но Дягилев настаивал на Всеволоде Мейерхольде[61]. Но, как и Голейзовский, Мейерхольд отклонил предложение, сославшись на то, что он слишком занят до июня. Якулов расценил отказ Мейерхольда как его нежелание быть только режиссером в постановке, на концепцию которой он не сможет повлиять[62]. Мейерхольд рекомендовал Таирова, но Дягилев отказался и от его кандидатуры, посчитав, что его «Жирофле-Жирофля» не вызвал интереса у парижской публики в 1923 году[63]. Результатом всех этих безуспешных переговоров стало то, что Дягилев, у которого на тот момент не было денег, отложил премьеру балета до 1927 года, в утешение пообещав Прокофьеву участие в «исключительно русском сезоне» Русского балета, посвященном празднованию двадцатилетия труппы и «славной деятельности» Дягилева[64].

К 1927 году Дягилев оставил попытки привлечь Мейерхольда, понимая, по всей видимости, что его большевистский проект необходимо было подстроить под вкусы буржуазной публики, и поручил эту работу своему проверенному хореографу Мясину.

---

[59] Об экспериментальном балете в Советском Союзе в 1920-е годы см. [Суриц 1983: 112–137; Goleizovsky 1988: 9–22]. Единственным источником информации о интересе Дягилева к Голейзовскому является [Kohno 1970: 264]. В письме Дягилеву Якулов поясняет, что в России нет никого, кого он мог бы порекомендовать («Есть восходящая звезда, Miserer [скряга (франц.)], но он не подходит внешне», — писал он импресарио. См. письмо Якулова Дягилеву, апрель 1926 года [Варунц 2000: 200]). Якулов, должно быть, имел в виду Асафа Мессерера, который танцевал в Большом театре с 1921 по 1954 год.

[60] Письмо Нувеля Якулову от 14 апреля 1926 года [Варунц 2000: 200].

[61] Письмо Якулова Дягилеву от 12 августа 1925 года [Там же: 195].

[62] Письмо Якулова Дягилеву, апрель 1926 года [Там же: 200].

[63] Письмо Нувеля Якулову от 14 апреля 1926 года [Там же].

[64] Дневник Прокофьева. Запись от 23 марта 1926 года [Прокофьев 2002б: 384].

Прокофьев был доволен, поскольку считал Джорджа Баланчина, новое открытие Дягилева и еще одного кандидата в хореографы, «слишком эротичным и потому дряблым»[65]. Однако вскоре от чувства удовлетворения не осталось и следа: композитор понял, что Мясин не намерен следовать первоначальному сценарию. Первой жертвой Мясина стало остроумное название «Урсиньоль», придуманное Якуловым, которое Дягилев всегда считал пошлым[66]. Мясин предложил название «Pas d'acier», которое Прокофьев сразу же перевел как «Стальной скок». Поначалу Дягилев не одобрил и это название, поскольку оно напоминало ему о повести Николая Лескова про стальную блоху («Puce d'acier» по-французски)[67]. Но поскольку никто не предложил лучшего, осталось название, придуманное Мясиным.

Возможно, потому, что Прокофьев и Якулов писали сценарий самостоятельно, Мясин посчитал их сюжет недостаточно интересным с хореографической точки зрения. К удивлению Прокофьева, он полностью отказался от предложенного сценария и взялся за разработку нового, взяв за основу коллекцию старинных русских гравюр XIX века Дмитрия Ровинского [Ровинский 1900–1901]. Многие из них, как отмечает Прокофьев в своих дневниках, были довольно неприличными, но композитор не особо протестовал, хотя и хотел быть уверенным в том, что хореография Мясина не будет противоречить его музыке[68]. Тем не менее в конце месяца он отправил Якулову телеграмму с просьбой приехать, «иначе будет поздно»[69]. Замысел Мясина представить в двух сценах «Стального скока» сельскую и городскую стороны

---

[65] Запись от 27 марта — 3 апреля 1927 года [Там же: 554]. О первоначальном плане Дягилева см. запись от 24 октября 1925 года [Там же: 351–352].

[66] Запись от 26 ноября 1926 года [Там же: 447].

[67] Запись от 10 апреля 1927 года [Там же: 558]. На следующий день Прокофьев отмечает в своем дневнике, что новое название «Pas d'acier» («Стальной скок») напоминает ему «Pas d'argent» («Серебряный скок», argent — деньги, серебро (*франц.*)). См. запись от 11 апреля 1927 года [Там же: 558].

[68] Запись от 9 апреля 1927 года [Прокофьев 2002б: 557].

[69] Текст телеграммы Прокофьева Якулову от 29 апреля 1927 года (Prokofiev Arch. Box II, 1, F. 1927, April).

русской жизни наверняка был интересен Прокофьеву, который в процессе подготовки к балету прочитал советский роман Леонида Леонова «Барсуки» (1924), повествующий о том, как революция повлияла на жизнь деревни на примере двух братьев, оказавшихся по разные стороны баррикад в Гражданской войне[70].

В хореографии Мясина все эпизоды первой сцены подверглись значительным изменениям. Во время пролога силуэты персонажей движутся за сетчатым экраном, изображая, по замыслу Прокофьева, стихийную народную волну; в хореографии Мясина эта сцена превратилась в сказ о борьбе Бабы-яги с крокодилом, в основе которого лежала гравюра из книги Ровинского (илл. 2.1)[71]. Он заверил встревоженного композитора, что на сцене не будет настоящей Бабы-яги и крокодила — он просто «берет это за основу для получения стихийности»[72]. Более точно Мясин придерживался плана второго номера Прокофьева. По замыслу Якулова, эта сцена включала прибытие поезда, при этом танцоры движениями рук и ног исполняли танец колес паровоза и рычагов. В то время, пока люди бегут встречать поезд, мешочники должны были переместиться на авансцену[73].

---

[70] «Читаю "Барсуков" Леонова, новый роман, только что вышедший в России. Очень любопытно: вязко, насыщенно. Любопытная Советская быль, особенно когда надо начинать балет и когда последние дни всё время сталкивался с людьми оттуда» (Запись от 3 августа 1925 года [Прокофьев 2002б: 348]).

[71] Мясин узнал из книги Ровинского, что борьба Бабы-яги с крокодилом была старообрядческой сатирой на петровские религиозные реформы (старообрядцы прозвали Петра Великого Крокодилом). См. Дневник Прокофьева. Запись от 10 апреля 1927 года [Там же: 558]. Как объясняет Дайан Э. Фаррелл, гравюра на дереве, скорее всего, изображает битву между мужчиной-колдуном и женщиной-колдуньей [Farrell 1993: 725–744].

[72] Дневник Прокофьева. Запись от 10 апреля 1927 года [Там же: 558]. Постановка сбила с толку Анри Малерба, критика газеты LeTemps. Вместо анонсированных в программе крокодила и ведьмы он увидел только «дерзкую юную пролетарку» (танцевала Вера Петрова), «преследуемую десятком негодяев, которые бросились за ней» [Malherbe 1927] (цит. по: [Sayers 1999, 2: 102]).

[73] Рисунок с комментариями Якулова, хранящийся в FondsKochno, Bibliothèque-Muséedel'Opéra, воспроизводится в [Там же: 22] (приложение 3).

Илл. 2.1. Борьба Бабы-яги с крокодилом. Из книги Д. Ровинского «Русские народные картинки» [Ровинский 1900–1901, 1]

В эпизоде Мясина, который он назвал «Уличный торговец и графини»

> группа русских аристократок, одетых с ног до головы в раз-
> ноцветные лохмотья, в абажурах на головах вместо шляп,
> окружают уличного торговца, который несет мешок с мукой.
> Все они теснятся возле мешочника. Он поглаживает их не
> без некоторой грубости. Дергает их за разноцветные лохмо-
> тья. Они забирают у него мешок с мукой [Malherbe 1927][74].

---

[74] Здесь и далее цит. по: [Там же: 102]. Другой рецензент описал эту сцену более
юмористически: «...уличный торговец устроил бешеную скачку перед разря-
женными женщинами, которые, как и он, дико прыгали и раскачивались»
[Dézarnaux 1927] (цит. по: [Sayers 1999, 2: 91]). Мясин сохранил идею Якулова надеть на головы графинь вместо шляп абажуры, но, как показывают
рецензии, то, что Якулов задумывал как комический эффект, в версии Мясина превратилось в примету бедности.

Как ни странно, ни в одной рецензии не упоминается поезд, прибытие которого четко обозначено в дактилической музыке Прокофьева. В оригинальном сценарии это была отправная точка и неотъемлемая часть модели Якулова[75]. Механическое движение поезда также служило связующим звеном между первой сценой и движением машин во второй сцене.

Мясин заменил прокофьевских комиссаров, которые, согласно первоначальному сценарию, «появляются с особой грациозностью и начинают оттеснять толпу», на сказ о «матросе и трех бесах». Бесы в касках пожарников мучают матроса, однако возникшие на сцене рабочие спасают его. Столь же кардинально Мясин изменил сцену погони. Так, в первоначальном сценарии Якулова «появляются два жулика, обворовывают комиссаров, начинается погоня, и толпа снова заполняет сцену»[76]. В русском списке сцен, составленном Прокофьевым после парижского и лондонского представлений (29 июня 1927 года), в эпизоде речь идет о «папиросниках и ирисницах». В сценарии Мясина эта сцена называется «Кот, кошка и мыши» и включает, как написал один рецензент, «танец пары влюбленных кошек, вокруг которых резвятся полдюжины ироничных мышей» [Dézarnaux 1927][77]. Никто из рецензентов не описал сцену в деталях, но все они выразили недоумение по поводу того, что они увидели. Следующая сцена, которую Якулов планировал как танец оратора, выступающего с речью, полной негодования, обращенной в основном к хорошенькой работнице, была преобразована в «Сказ о пьянчугах», в которых, по словам Анри Малерба, «молодого пьянчужку забирают двое приятелей, одетых в серую клеенку» [Malherbe 1927][78]. По крайней мере, здесь Мясин сохранил изначальную комическую атмосферу эпизода.

---

[75] Сэйерс утверждает, что для спектакля 1927 года они убрали поезд [Sayers 1999, 1: 264].

[76] Рукописные записи Якулова, присланные Дягилеву в приложении к письму Прокофьева от 11 августа 1925 года (Prokofiev Arch. Box II, 1, F. 1925, August).

[77] Цит. по: [Sayers 1999, 2: 91].

[78] Цит. по: [Там же: 102].

Любовная сцена между матросом и работницей осталась на своем месте, но Мясин в очередной раз существенно поменял интонацию. В оригинальной версии двое танцуют вместе, «но не касаются друг друга». В версии Мясина их встреча становится более эротичной: девушка сначала сопротивляется попытке матроса соблазнить ее, но затем уступает. «Наконец матрос поднимает ее на плечи» и «уходит, как рабочий, несущий тяжелую и драгоценную ношу» [Ibid.]. Андре Левинсон был обеспокоен тем, что он расценил как «грубые эротические намеки» в танце Мясина с Александрой Даниловой, и сетовал, что благородное воспитание Даниловой было напрасно растрачено на столь унизительную тему и что танцовщица «опустилась до подобного, унижающего ее достоинство, опыта» [Levinson 1923a][79]. Критик также ошибочно принял сцену за стилизованное изображение того, как несколько рабочих насилуют девушку. И в этом он был не одинок: критик из La Revue musicale также отметил сцену, в которой «рабочие насилуют девушку» [Sayers 1999, 2: 98][80].

Первоначально Прокофьев планировал два коротких номера после любовного дуэта: в первом комиссары возвращаются с пожарными и очищают рынок, а во втором комиссары уходят, а пожарные переставляют декорации. В окончательной партитуре эти два номера стали «Перестановкой декораций» и «Превращением матроса в рабочего». Дягилев попросил сделать более длинный номер для смены сцен и убедил Прокофьева добавить к «Стальному скоку» увертюру, написанную им для «Трапеции», балета в постановке Бориса Романова в Берлине. Вместо того чтобы менять сцену на глазах у зрителей, как это представлял себе Якулов, опустили занавес и поменяли сцену, пока оркестр исполнял четырехминутную увертюру из «Трапеции».

---

[79] Цит. по: [Там же: 85].

[80] Обзор без подписи в журнале La Revue Musicale от 1 июля 1927 года. Неясно, какую сцену критики сочли изнасилованием, — единственным, что могло свидетельствовать о нем, была «Битва Бабы-яги с крокодилом», в которой несколько танцоров набросились на Веру Петрову, танцевавшую Бабу-ягу.

Вторая часть началась с любовного дуэта, который Мясин назвал «LeBéguin» («Страстное увлечение») и который танцевали Лифарь и Любовь Чернышева под музыку Прокофьева, написанную для эпизода превращения матроса в рабочего. По мнению критиков, эротический дуэт Мясина не имел смысла в контексте индустриального балета: Лифарь, одетый в серые брюки, «приближается к молодой легкомысленной девушке, которая, судя по ее элегантному платью, не менее успешна. Пара пускается в грубые извивы, которым не хватает чувственности» [Malherbe 1927].

Наконец, когда фабрика оживает, «утомительная бессвязность» первой части уступает место чему-то цельному и связному. В сценарии, который Прокофьев послал Дягилеву, разрозненные эпизоды опущены и, кроме матроса и девушки, появляющихся среди рабочих, никакого продолжения прежних сюжетных линий не наблюдается. Мясин даже не потрудился дать трем последним эпизодам самостоятельные названия, объединив их под одним общим названием «Фабрика». Все рецензенты сошлись во мнении, что танец машин, созданный Мясиным, был чрезвычайно эффектным. Механические движения танцовщиков, которые не были поняты зрителями в первой части, наконец обретали смысл. Сначала танцовщики исполняли рабочие жесты — поднимали, тянули, переносили и забивали. По замыслу Якулова, их движения встраивались в декорацию, которая постепенно наполнялась жизнью. Движение вращающихся колес и механизмов нарастает, доводя работу фабрики до максимальной интенсивности: «Колеса и диски вращаются все быстрее и быстрее; ремни и шестерни делают свое дело; вспыхивают и разгораются огни световой сигнализации» [Parker 1927]. Энергия механизированного труда несется стремительным потоком; колеса вращаются все быстрее, все ярче вспыхивают огни, молоты и булавы обрушиваются с новой силой, ревет и грохочет неистовая мощь.

По мере того как работа на фабрике ускоряется, мужчины и женщины, занятые механическим трудом, «не только изображают рабочих, вооруженных огромными молотами, но и сами обрабатываемые куски металла части машин, над которыми, выволакивая их (за ноги) трудятся другие хореиты-рабочие»

[Бундиков 1927]. Сами танцовщики превращаются в механизмы: они «качаются, вибрируют, попеременно вращаются, как если бы они были механическими устройствами» [Malherbe 1927], зубчатыми колесами, рычагами, валами и блоками. Эти женщины, которые выворачивают локти, крутят кистями рук и приседают, уже не люди, а обезумевший коленчатый вал. Эти полуголые мужчины в кожаных фартуках, которые обхватили друг друга руками и плавно кружатся, — бегущая шестеренка» [Coeuroy 1927][81]. «Они неустанно вращаются, как приводные ремни, искривляются, как стальные блоки под ударами молотов»[82].

Такая визуализация индустриального труда совсем не означала провозглашение большевизма. Пораженный видом огромных молотов, один из зрителей воскликнул: «Это же Нью-Йорк!» [Benoist-Méchin 1927][83]. По словам одного из рецензентов, в своей энергетически заряженной хореографии Мясин «позаимствовал идеи у бесшабашных комиков мюзик-холлов» [Prompter 1927][84]. Не так уж сильно ошибался Кокто, когда обвинял Мясина в том, что тот слишком полагается на дешевые эффекты. Александр Бундиков, критически настроенный рецензент консервативной эмигрантской газеты «Возрождение», пошел еще дальше и сравнил акробатических танцовщиков Мясина с модными в то время цирковыми клоунами [Бундиков 1927][85]. Так, гимнастический финал, отвергнутый Дягилевым в первоначальном сценарии Прокофьева и Якулова, появился в спектакле вновь, но обходным путем. Чтобы как-то уравновесить возможный комический эффект, потребовалась вся мощь движущихся, сверкающих, вращающихся декораций Якулова и могучая энергия музыки Прокофьева. В конце концов даже самый недоброжелательный рецензент вынужден был признать, что финал удался

---

[81] Здесь и далее цит. по: [Sayers 1999, 2: 100].

[82] Цит. по: [Там же: 98].

[83] Цит. по: [Там же: 88].

[84] Цит. по: [Там же: 119].

[85] О моде на клоунов и акробатов в парижских мюзик-холлах см. [Garafola 1989: 98–143].

и привел зрителей в восторг. Как заметил один лондонский критик, «вторая сцена в "Стальном скоке" превосходит все, что [Мясин] когда-либо делал с большим кордебалетом» [H.1927][86].

ПОЛИТИКА НЕЙТРАЛИТЕТА

За политический нейтралитет, на котором настаивали Дягилев, Прокофьев, Якулов и Мясин, приходилось платить. Искушенный в политических вопросах Эренбург, которому удавалось свободно перемещаться между буржуазным Западом и большевистским Востоком, был прав, предостерегая, что невозможно в одно и то же время сохранять нейтралитет по отношению к Красной России и сочинять о ней «розовый» балет. Все те новые художественные течения, которыми восхищался Дягилев в большевистской России, преследовали четкую политическую цель. Чем больше создатели «Стального скока» замалчивали острые моменты, тем сильнее было искушение критиков и зрителей найти в балете политическую подоплеку. Некоторые оставляли этот вопрос без ответа: как отмечал один лондонский критик, балет не «взывает к чувству прекрасного или склонности к благородным сторонам жизни». Почему же тогда вторая часть приводит зрителей в восторг? К какому инстинкту она взывает? «Пусть в этом разбираются психиатры и психоаналитики» [Crescendo 1927][87].

Понимая, что в сюжете первой части балета царит путаница, Дягилев показал его в Лондоне практически без комментариев. «Два акта этого балета представляют собой ряд событий, в которых обобщены два аспекта русской жизни — деревенские истории и сказания и механизмы фабрик» — вот и все, что зрители смогли прочитать в лондонской программе «Русского балета». Там не было ни Бабы-яги, ни крокодила, ни графинь. Исчез подзаголовок «1920», который на парижской премьере обозначал послереволюционную дату сюжета. Без предварительной рекламы и в серых

---

[86] Цит. по: [Sayers 1999, 2: 122].

[87] Цит. по: [Там же: 124].

конструктивистских декорациях только красный экран, скрывавший платформы, «был советского цвета» [Parker 1927][88].

Старания Дягилева запрятать политику в постановке как можно глубже могли быть вызваны его опасениями, что большевистский балет спровоцирует беспорядки в британской столице. В отличие от Парижа, Лондон был крайне враждебен к большевикам, в особенности через год после всеобщей забастовки в мае 1927 года, которая вызвала у властей опасения, что большевики уже действуют в стране, и разгрома британской полицией помещения Англо-советского торгового общества в мае 1927 года, что явилось нарушением соглашения с Россией и поставило страны на грань войны. Критик газеты Boston Evening Transcript отмечал, что в день премьеры балета недалеко от театра проходила акция протеста женщин против «доктрины и интриг советской Москвы» [Ibid.].

В интервью, данном накануне лондонской премьеры, Дягилев ни словом ни обмолвился о большевизме и сосредоточился исключительно на живописных сторонах жизни современной России. С «Голубым экспрессом» Мийо и декорациями Довиля за спиной он готов был заменить экзотические «шапки Бориса Годунова и бороды бояр из "Жар-птицы" или ранние викторианские снега и сани Санкт-Петербурга» на «декоративную сторону нынешней России». Дягилев подчеркивал, что Мясин ничего не знал о современной России и полагался исключительно на собственное воображение, не имея «никаких особых предпочтений» [Diaghilev 1927][89].

Импресарио вполне обоснованно опасался, что его новое политически провокационное предприятие может оттолкнуть от него консервативных покровителей. Газетный магнат лорд Ротермир, который в то время финансировал Дягилева, заявил, что не хочет давать деньги на какие-то «эксцентрические» балеты. После того как Дягилев поставил «Стальной скок», он перестал оказы-

---

[88] См. также письмо Якулова Дягилеву от 1 сентября 1925 года [Варунц 2000: 197].

[89] Цит. по: [Sayers 1999, 2: 129].

вать ему финансовую поддержку [Press 2006: 73]. У Прокофьева также были дурные предчувствия по поводу лондонской премьеры, и он пытался отговорить Дягилева от постановки балета по ту сторону Ла-Манша. Британская столица не вызывала у него приятных воспоминаний со времен постановки «Шута», и он был убежден, что там его новый балет непременно провалится.

Несмотря на старания Дягилева отодвинуть политические моменты на задний план, в Лондоне они звучали более отчетливо, чем в Париже. Так, критик The Boston Evening Transcript писал, что страх перед большевиками не смог удержать высокопоставленную публику Prince's Theater от посещения нового спектакля Дягилева. «Видимо, в театре большевизм вполне допустим и им даже можно наслаждаться», — отмечал он [Parker 1927]. Только один рецензент посчитал Прокофьева «апостолом большевизма», не имеющим себе равных: «Писатели и ораторы годами твердили нам об этом, но новый балет Сержа выразил душу современной России сильнее, чем все они, вместе взятые» [Prompter 1927][90]. На самом деле, большинство воспринимало эту постановку как критику в адрес большевистской власти. «Может быть, это сочинение направлено против русской революции. Если это так, то это очень сильно», — завершил свою рецензию один из критиков [A. K. 1927][91]. Другой предлагал назвать балет «Большевистский кошмар», чтобы лучше понять смысл сценария [H. A. S. 1927][92]. Кому-то интерпретация балета с такой точки зрения казалась даже разумной: первая сцена — это не просто «предания Древней Руси», а «искаженное представление о них, насаждаемое большевизмом» [Crescendo 1927][93].

Лондонцы, казалось, готовы были принять «Стальной скок», потому что считали его, как сказал один рецензент, «средством для критического разбора и орудием сатиры» [Parker 1927]. Другой критик писал:

[90] Цит. по: [Sayers 1999, 2: 119].
[91] Цит. по: [Там же: 117].
[92] Цит. по: [Там же: 127].
[93] Цит. по: [Там же: 124].

Балет, и в особенности великолепная финальная сцена согласованных действий, может вызывать восторг исключительно благодаря своей художественной выразительности, но его можно воспринимать и как грозный обвинительный акт современной стандартизации человеческой жизни [E. B. 1927][94].

Ясно было и то, что рассказ Прокофьева о «громадном беспросветном тяжком труде» «не обратит зрителей в большевизм. Скорее наоборот» [Crescendo 1927][95]. «Прокофьев и Якулов могут любить свою родину, но, похоже, они не любят ту жизнь, которой живут русские в едином союзе советских республик. Якулов с помощью Мясина, порицает ее в своих действиях; Прокофьев бичует ее в своей музыке» [Parker 1927]. Именно таких впечатлений от балета Прокофьев стремился избежать, особенно в то время, когда он уже начал заигрывать с Советами. Поэтому неудивительно, что когда он выбирал для рекламы отрывки из лондонских рецензий, то ограничился короткими фразами, свидетельствующими об успехе балета[96].

НЕОТРАЗИМОЕ ОЧАРОВАНИЕ БОЛЬШЕВИЗМА

Возможно, «Стальной скок» и не обратил никого в «большевицкую веру», но, как заметил критик газеты Boston Evening Telegraph, наблюдать за большевизмом на сцене было весьма увлекательно. Дягилев надеялся, размышлял рецензент «Возро-

[94] Цит. по: [Sayers 1999, 2: 120].

[95] Цит. по: [Там же: 124].

[96] «Судя по бурному приему, оказанному вчера вечером, он станет постоянным элементом программ Русского балета» (Daily Express); «Балет был встречен бурно и восторженно» (Westminster Gazette); «Публика бурно аплодировала» (Daily News); «В конце балета были только восторженные аплодисменты» (Daily Telegraph); «После первого представления "Стального скока" занавес поднимали около дюжины раз» (Daily Mirror); «Балету аплодировали с энтузиазмом» (Times); «Аплодисменты были восторженные» (Star) (выдержки из рецензий, перепечатанные Прокофьевым; Prokofiev Arch.).

ждения», что «может быть, пресыщенному сладостями мюзик-холльных действий современному зрителю как раз по вкусу придется та крепкая и тяжелая встряска, на которую ясно рассчитан был весь этот Pasd'acier» [Бундиков 1927].

Более того, своей шутовской гимнастикой «Стальной скок» перекликался с мюзик-холлом, с каким бы негодованием ни отрицали эту связь Прокофьев и Дукельский. Несмотря на намерение Дягилева отказаться от русских сказок Афанасьева, в балет через старые гравюры Ровинского вновь пробилась Древняя Русь. В новом балете герои старых сказок облачились в лохмотья послереволюционной, нищей России, но эти потрепанные наряды придавали балету некоторую долю причудливости, так что зрители могли сами выбирать, воспринимать ли их как одежды злодеев или бедняков. И все же разница существовала. Русская экзотичность предыдущих постановок Дягилева на самом деле была политически нейтральной. Никто, по крайней мере в Париже, не беспокоился о политическом значении шапки Бориса Годунова или боярской бороды. Грубый примитивизм Стравинского в «Весне священной» вызывал некоторое беспокойство, но до тех пор, пока он был надежно спрятан в недрах доисторической Руси, никто не утруждал себя разговорами о политике. Советская «обыденность», напротив, не могла быть представлена на сцене, не вызвав у зрителей злободневных ассоциации. То, что рецензенты называли «новым музыкальным ориентализмом», «советским ориентализмом» или «экзотикой механизмов» Прокофьева и Якулова, было в то же время «социальным новшеством», которое, как отмечал Малерб, «Советы подарили миру» [Malherbe 1927]. Нельзя сказать, что тема преклонения перед машинам была исключительно советской. Зрители наверняка были знакомы с новым фильмом Фрица Ланга «Метрополис», который вышел на экраны 10 января 1927 года и показывал антиутопическое общество, поддерживаемое подземными рабочими, низведенными до положения придатков гигантских машин. Труд в мегаполисе также является темой балета Джона Олдена Карпентера «Небоскребы», созданного по инициативе Дягилева, который так и не был исполнен Русским балетом. Вместо этого «Небоскребы» были поставлены в Нью-Йорке в Метрополитен-опера в феврале 1926 года, опередив «Стальной скок» более чем на год. Карпентер изобразил жителей Нью-Йорка на работе и отдыхе (по аналогии со сценарием Мясина о деревне и городе)[97]. Критик газеты Boston Evening Transcript сравнивал пролетариат в «Стальном скоке» с рабочими в «Небоскребах» и находил, что единственным различием между ними было то, что у Прокофьева рабочие начинают с забав, а заканчивают работой и показаны с «более сатирической стороны» [Parker 1927]. Фабрика же, писал другой критик, «точно такая же, как и фабрики во всем мире» [W. M. 1927][98].

Тем не менее «Стальной скок» произвел на публику гораздо более сильное впечатление, чем «Небоскребы»[99]. Дукельский, которого Дягилев попросил проиграть партитуру Карпентера и оценить ее качество, забраковал ее как слишком слабую. Прокофьев, несмотря на дружеские отношения с Карпентером, позже признавал, что Дукельский был прав[100]. Но было еще кое-что, чего не хватало балету Карпентера, а в балете Прокофьева было предостаточно: скрытый, но выразительный политический подтекст, который одновременно и привлекал, и отталкивал. Большевизм обладал неотразимым очарованием, вызывающим одновременно и ужас, и восторг.

Многие рецензии на «Стальной скок» написаны так, как будто критики позаимствовали свой словарный запас из недавно опубликованной книги Рене Фюлеп-Миллера «The Mind and Face of Bolshevism» («Разум и лик большевизма») [Fülöp-Miller 1928], рецензия на которую появилась в том же номере Saturday Review, что и рецензия на новый балет Прокофьева. Книга Фюлеп-Миллера не столько рассказывает о политических событиях в Совет-

---

97 Подробнее о неудавшихся переговорах между Карпентером и Дягилевым см. [Press 2006: 222–223].

98 Цит. по: [Sayers 1999, 2: 115].

99 «В сравнении с Большевистской бурей американские "Небоскребы" пронеслись лишь легким бризом» [Parker 1927].

100 Дневник Прокофьева. Запись от 18 февраля 1926 года [Прокофьев 2002б: 380]. См. также [Press 2006: 223].

ской России, сколько пытается осмыслить философию советского эксперимента и описать его последствия и социальные проявления «на улицах, в театре, в школе, в церкви и в семье». Хотя Эдвард Шэнкс, рецензент книги, считал большевизм опухолью на теле европейской культуры, он все же допускал, что некоторые памятники, описанные Фюлеп-Миллером, обладают «неким впечатляющим величием» [Shanks 1927: 95].

Отвращение, смешанное с восхищением, пронизывает рассказ Фюлеп-Миллера о жизни и искусстве в большевистской России. Большевики, как утверждает автор, страстно желают «чего-то грандиозного, превосходящего все, что только бывало в этом мире» [Fülöp-Miller 1928: 127]. Революционное искусство по природе своей монументально. Аудитория нового искусства — это «тысячеголовая толпа», которая требует самой большой монументальности и гигантских проектов. Такое монументальное искусство обращено к новому типу человека, которого Фюлеп-Миллер назвал «человеком коллективным», призванным искоренить прежний, индивидуальный тип человека и возникающим в результате «догматического отрицания любого индивидуального обособленного существования» [Ibid.: 9]. Миллионы людей объединяет то, что они «маршируют в ногу, дружно кричат "ура", поют хором на праздниках и сообща атакуют врага» [Ibid.: 2]. По мнению автора, культ машины в России был не просто «самым подходящим средством для удовлетворения общих потребностей», но и «лучшим выражением механистическо-коллективного принципа» [Ibid.: 34].

Оформление и хореографические замыслы Якулова, как и танец машин Мясина в последней сцене, прекрасно вписываются в это описание советского идеала. Как отмечал один из критиков, в хореографии Мясина были «только шестеренки, механические или человеческие»[101]. Мужчины и женщины, изображающие машины, очень близки к тому, что Фюлеп-Миллер описал как человеческое общество, организованное в соответствии с техническими принципами, которое трудится, «чтобы уподобиться

---

[101] Цит. по: [Sayers 1999, 2: 94].

машине и, наконец, погрузиться в высшее блаженство, став частью механизма из приводных ремней, поршней, клапанов и маховиков» [Fülöp-Miller 1928: 34–35].

Механизированный индивид и организованная масса все еще находятся в России на примитивном уровне, писал Фюлеп-Миллер. «Безымянная тварь», новый коллективный человек, который бродит вокруг, — это лишь примитивное воплощение идеала:

Где бы ни появился «коллективный человек» — на улицах, на демонстрациях, на празднествах — проявляющий бурную жизненную энергию, он сразу же производит впечатление существа из первобытного мира; его гигантское тело выглядит неуклюжим, неповоротливым и громоздким; тяжело ступая, он шумно передвигается по улицам; он вздымается, как огромная волна, и ревет и рычит, как огромное доисторическое чудовище. И, как доисторический зверь, он ликует от своих грозных стихийных воплей; он наслаждается радостью, которую испытывают всякое живое существо при выполнении своих жизненных функций. <...> Коллективный человек живет сейчас в своем первобытном состоянии, проявляя себя в самых примитивных движениях в действии и речи, которые также были первыми шагами в развитии человека индивидуального [Там же: 3–4].

Точно так же парижская публика была потрясена и очарована в 1913 году на премьере «Весны священной» Стравинского, когда по сцене двигались первобытные, доиндивидуалистические русские племена, ведомые не разумом, а первобытным инстинктом. Балет Стравинского, по выражению Жака Ривьера, был «биологическим балетом», то есть движением до того, как движение было эстетизировано в танце. Это был «не просто танец первобытного человека», это был «танец до появления самого человека». Ривьер видел в хореографии Вацлава Нижинского «некую глубинную слепоту», а танцоры были похожи на «животных, которые ворочаются в своих клетках, без устали тычась лбами в прутья». Для Ривьера «Весна священная» была в высшей степени антииндивидуалистическим произведением, в котором мужчины и женщины «все еще объединены в массы; они передвигаются в группах, в колониях, в слоях; общество держит их в пугающем безразличии» [Riviere 1913][102].

Первобытные люди Стравинского, как и советские люди Прокофьева, были прединдивидами на заре человеческой истории и одновременно постиндивидами, результатами советского эксперимента. Эта параллель не осталась незамеченной критиками «Стального скока». По замечанию одного из рецензентов, Прокофьев перенес варварство Стравинского в современную Россию [Brunel 1927]. Кому-то из критиков представлялось, что эта аналогия касается только самого зрелища, варварского и жестокого, и не имеет ничего общего с музыкой [Coeuroy 1927]. По мнению другого критика, именно музыка вызвала в памяти «Весну священную», но при этом он считал, что музыка Прокофьева страдает от такого сравнения[103].

Параллели, существующие между трактовкой «Весны священной» Стравинского у Ривьера и трактовкой «духа и облика» большевизма у Фюлеп-Миллера отражают существенно значимые представления авторов об исторической предрасположенности России. Контраст между преклонением перед индивидуализмом на Западе и его неприятием в России с давних пор воспринимался, в том числе евразийцами, как элемент предполагаемой инаковости России. Но нельзя исключать и возможность того, что некоторые параллели между примитивизмом «Весны священной» и футуризмом «Стального скока» были проведены намеренно и что Прокофьев просто воспользовался возможностью превратить политически неопределенных дикарей Стравинского в убежденных большевиков. То, что Тарускин назвал «браконьерством» по отношению к «Весне священной», на самом деле могло быть прокофьевской пародией на опасного соперника.

---

[102] Цит. по: [Taruskin 1996, 2: 994].

[103] «Что касается музыки чистой и простой, то постоянно вспоминается "Весна священная" Стравинского, рядом с которой существует сочинение Прокофьева, хотя близкого сравнения оно не выдерживает» (статья без подписи «Le Pas d'Acier: Music by Serge Prokofiev» в газете The Observer от 10 июля 1927 года, цит. по: [Sayers 1999, 2: 121]).

ШУТКА НЕ УДАЛАСЬ

Прокофьев и Якулов рассчитывали, что Советская Россия примет их балет с благосклонностью. В феврале 1927 года Прокофьев уже подумывал о том, чтобы попросить у Дягилева разрешения показать его в Ленинграде вместе с «Шутом» и «Скифской сюитой» («Ала и Лоллий»)[104]. Уже в апреле он обсуждал с Иваном Экскузовичем, директором академических театров, возможность проведения вечера его балетов если не в бывшем Мариинском, то в московском Большом театре[105]. Дягилев, который, по всей видимости, ожидал этой просьбы, в апреле 1927 года предложил Прокофьеву сделку: в обмен на увертюру к «Трапеции» он согласился уступить композитору права на балет с января 1928 года, «если его Луначарский об этом попросит»[106]. Луначарский и в самом деле был заинтересован. В репортаже из Парижа для «Вечерней Москвы» (1927. № 143. 28 июня) он сообщал, что с нетерпением ожидает премьеры балета — зрелища, в котором «будет даже какая-то тень отражения нашей революции» [Луначарский 1971: 346]. Правда, в конечном итоге он не был заинтересован настолько, чтобы отложить поездку в фешенебельный Биарриц прямо накануне премьеры «Стального скока»[107], но все же побывал на спектакле в 1928 году и с восторгом рассказывал, что «Якулов, самый советский из всех исполнителей, несомненно, придавший этой постановке наиболее оригинальный, по-нашему пахнущий характер, был вызван публикой 8 раз» [Луначарский 1927][108].

Судя по отзывам, Прокофьев должен был понимать, что не все воспринимают балет как пробольшевистский, но он также никогда не сомневался в том, что его можно поставить в Советском

---

[104] Дневник Прокофьева. Запись от 13 февраля 1927 года [Прокофьев 2002б: 509].

[105] Письмо Прокофьева Борису Асафьеву от 15 апреля 1927 года [Prokofiev 1998: 112].

[106] Дневник Прокофьева. Запись от 11 апреля 1927 года [Прокофьев 2002б: 558].

[107] Запись от 25 августа 1927 года [Там же: 583].

[108] Цит. по: [Суриц 1983: 28].

Союзе. Он полагался на поддержку своих сторонников, Мейерхольда и Бориса Гусмана, в то время возглавлявшего репертуарный отдел Большого театра в Москве. Мейерхольд, который должен был ставить оперу Прокофьева «Игрок» в 1917 году, был его старым знакомым, хотя его новое высокое положение в советской властной структуре вызывало у Прокофьева чувство неловкости. Он снова встретился с режиссером в Париже и пригласил на репетицию Дягилева 29 мая 1926 года[109]. Мейерхольд оказал ответную услугу: когда Прокофьев гастролировал в Советском Союзе в январе и феврале 1927 года, Мейерхольд предложил поставить его «Игрока»[110].

Осенью 1929 года Мейерхольд предложил поставить «Стальной скок» в Большом театре[111]. Прокофьев воспользовался этим предложением, чтобы договориться с советским дипломатом Иваном Аренсом о продлении своего советского паспорта 22 июня 1929 года. Он показал Аренсу тщательно отобранные отзывы о балете, «выборку всего того, что говорилось о рабочей и большевистской стороне "Стального скока"» и, чтобы произвести еще большее впечатление, подарил ему партитуру с автографом[112].

Но если на Западе сохранение политического нейтралитета балета было трудной задачей, то в Советском Союзе, как и предсказывал Эренбург, оказалось совершенно невыполнимо. В Москве история балета началась с дурного предзнаменования: 22 апреля 1928 года Прокофьев дал разрешение Владимиру Держановскому, в то время возглавлявшему Ассоциацию современной музыки, включить «Стальной скок» в программу концерта Ассоциации 27 мая. Это само по себе уже было компромиссом, потому что Прокофьев надеялся, что премьера его нового балета состоится в исполнении знаменитого московского оркестра без

---

[109] Дневник Прокофьева. Запись от 29 мая 1926 года [Прокофьев 2002б: 408].

[110] Запись от 16 февраля 1927 года [Там же: 513].

[111] Официальное приглашение поступило от Гусмана 26 мая 1929 года. См. дневник Прокофьева. Запись от 26 мая 1929 года [Там же: 707] и письмо Прокофьева Мейерхольду от 23 марта 1929 года [Prokofiev 1998: 77–78].

[112] Запись от 22 июня 1929 года [Там же: 714].

дирижера «Персимфанс». Он попросил Держановского «в программе полезно подчеркнуть, что это балет из советской жизни 1920 года, что он был исполнен в Париже и Лондоне прошлой весной и что, несмотря на совпадение с разрывом англо-советских отношений, он имел огромный успех» и содействовать постановке балета в СССР[113]. Когда Ассоциация попросила его прислать больше литературных материалов, касающихся «Стального скока», он категорически отказался, объяснив это тем, что не любит подробных программ и не согласен с тем, как балет был поставлен Дягилевым. По мнению композитора, достаточно было подзаголовков, чтобы «направить воображение слушателей в нужном направлении»[114].

Спектакль, состоявшийся 27 мая, провалился. Прокофьев винил в этом дирижера, Владимира Савича, своего старинного знакомого по Нью-Йорку, которого он считал «провинциальным дирижером с весьма скромным горизонтом». Мясковский, друг Прокофьева, объяснил провал балета тем, что московские зрители «ждали знакомого, а от незнакомого отмахнулись». Композитор был расстроен и считал, что в свой следующий приезд в Советскую Россию ему нужно будет реабилитировать балет[115]. Частичная реабилитация произошла при исполнении сюиты из «Стального скока» 7 и 14 января 1929 года оркестром «Персимфанс». Качество исполнения было намного лучше, и, как писал Мясковский, даже тем музыкантам, которые недолюбливали Прокофьева, музыка чрезвычайно понравилась «своей силой, и своеобразием, тематической выпуклостью и яркой образностью оркестровки»[116]. Однако следующий визит Прокофьева в Москву,

---

[113] Письмо Прокофьева Держановскому от 22 апреля 1928 года. Цит. по: [Sayers 1999, 2: 56].

[114] Письмо Прокофьева Держановскому от 12 мая 1928 года. Цит. по: [Там же: 60].

[115] Письмо Прокофьева Мясковскому от 9 июля 1928 года [Прокофьев, Мясковский 1977: 281].

[116] Письмо Мясковского Прокофьеву от 21 января 1929 года [Там же: 289]. Мясковский также считал, что вместо избранных отрывков балет нужно было исполнять целиком.

состоявшийся осенью 1929 года, окончательно перечеркнул возможности советской постановки.

31 октября 1929 года Прокофьев исполнил балет для Мейерхольда и Гусмана и остался вполне доволен тем эффектом, который произвела его музыка. 11 ноября он выступил с докладом в Большом театре, где в основном он говорил о недавно скончавшемся Дягилеве, но также рассказал и о своих впечатлениях от жизни в Америке, Бельгии и Англии. После выступления он около полутора часов отвечал на вопросы. Представители Российской ассоциации пролетарских музыкантов (РАПМ) спрашивали Прокофьева и о «Стальном скоке». Композитор нашел их вопросы раздражающими и неуместными; его ответы показались представителям РАПМ оскорбительными, и они, по всей видимости, подготовили более жесткую атаку на Прокофьева три дня спустя, когда он представил «Стальной скок» на встрече в Большом театре.

Дмитрий Гачев, член РАПМ, назвал поведение Прокофьева неуважительным, а то, что руководство Большого театра выступает в защиту балета, подхалимством. Свое возмущение он выразил в длинной обличительной речи, опубликованной в официальном журнале РАПМ «Пролетарский музыкант» [Гачев 1929: 19–23]. В том же номере журнала Юрий Келдыш, на тот момент двадцатидвухлетний студент Московской консерватории и член РАПМ, представил развернутый анализ музыки к «Стальному скоку», утверждая, что политические проблемы, обнаруженные РАПМ в этом произведении, не ограничиваются сценарием и постановкой Дягилева, а заложены в самой музыке [Келдыш 1929: 12–19].

На встрече в Большом театре Прокофьева снова попросили рассказать содержание балета: он, как обычно, уклонился от ответа и пояснил, что пластику балета сначала искали «от спорта», а затем «от машин», и что «костюмы и лица» должны были быть в новинку для западных зрителей[117]. Он попытался разгра-

---

[117] Дневник Прокофьева. Запись от 14 ноября 1929 года [Прокофьев 2002б: 732–733].

ничить те роли, которые Мясин, Якулов и он сам сыграли в создании балета: «хореограф был заинтересован в воплощении
новых балетных форм, основанных на ритмах и движениях машин», Якулов «был заинтересован в разработке нового советского костюма», а сам автор «хотел найти музыкальное выражение
для нового "духа" Советской России» [Там же: 247]. Прокофьев
признавал, что парижская постановка отличалась от его замысла
и что «при постановке в СССР многое должно быть истолковано
совсем иначе, чем в западной постановке»[118].

Как утверждает Гачев, Гусман поспешил на помощь Прокофьеву и описал возможный советский вариант «Стального скока».
Так, он предложил, чтобы в сцене с мешочниками были красные
сани; комиссаров заменили бы бандитами или кем-то в этом
роде; а в сцене на фабрике появились бы кадры из пятилетнего
плана [Гачев 1929: 21]. Члены РАПМ, по словам Гачева, сразу же
обратили внимание на «неправильное, нигилистическое отношение» Гусмана к тому, что Гачев и его товарищи рассматривали как
лучшие стороны прошлого. Настоящие проблемы начались в тот
момент, когда присутствующие стали задавать Прокофьеву
провокационные вопросы. Наученный опытом предыдущей
встречи, Прокофьев гордился своей находчивостью, но при этом
оставался самим собой и не скрывал презрения, если вопрос
казался ему глупым.

Вопреки собственному опыту жизни в Советской России,
Прокофьев верил, что сможет сохранить политический нейтралитет. По словам Гачева, он либо оставлял без ответа вопросы,
касающиеся содержания балета, либо отвечал раздраженным или
насмешливым тоном. «Почему вся вторая часть балета наполне-
на машинами и механическими ритмами?» — спросил кто-то.
«Потому что машина прекраснее человека», — ответил Прокофьев. Наиболее остро стоял вопрос об отсутствии у Прокофьева
опыта жизни в СССР. Его спросили, хотел ли он показать «капиталистическую фабрику, где рабочий — раб, или советскую
фабрику, где рабочий — хозяин», и если последнее, то как он

---

[118] Дневник Прокофьева. Запись от 14 ноября 1929 года [Там же: 732].

может знать, что представляет собой советская фабрика, ведь с 1918 года он жил за границей. Это был щекотливый вопрос, и у Прокофьева не нашлось остроумного ответа. «Это касается политики, а не музыки, и поэтому я отвечать не буду», — резко сказал он, упрямо игнорируя тот факт, что целью встречи было выяснение политической целесообразности исполнения «Стального скока» в Советском Союзе [Там же: 22].

Как и Прокофьев, Мейерхольд и Гусман смотрели на членов РАПМ свысока и терпели их только в силу политической необходимости. Гусман в защиту балета то объяснял, что Прокофьев практически не контролирует постановку Дягилева в Париже, то намекал на то, что премьера балета в Большом театре была якобы одобрена Агитпропом ЦК. Кроме того, Гусман цитировал рецензии из белоэмигрантских и буржуазных газет, в которых «Стальной скок» объявлялся большевистским балетом, ссылаясь при этом на высказывание Ленина о том, что иногда полезно прислушиваться к «правде врага» [Там же: 21]. Мейерхольду удалось завершить встречу на позитивной ноте, отклонив возражения против балета: «Какое дело, как шел балет на Западе? Нас должно интересовать, как мы его сделаем здесь... На этом мы закончили наше заседание» и обвинив в невежестве задавшего провокационный вопрос[119].

Так Прокофьев и его «Стальной скок» были невольно втянуты в борьбу между руководством Большого театра и РАПМом. Обвинения, выдвинутые против балета, были серьезными. Гачев объявил его контрреволюционным и враждебным советским идеалам, утверждая, что музыка Прокофьева высмеивает героев революции. Свои обвинения Гачев основывал на статье Келдыша, в которой начинающий музыковед сделал умный ход, усмотрев контрреволюционную идеологию не в сценарии, а в самой музыке. Характеристика, которой Прокофьев наделил комиссаров, показалась ему гротескной, а «ритмическая эксцентричность и резкие мелодические подъемы» — «дергаными движениями ярмарочного шута». Этот «дух шутовских насмешек» был оскор-

---

[119] Дневник Прокофьева. Запись от 14 ноября 1929 года [Прокофьев 2002б: 733].

бителен, утверждал он, потому что унижал лучших людей героической эпохи. Прокофьев, по его мнению, представил этих героев «через пошлое, враждебное, обывательское преломление» [Келдыш 1929: 248]. Келдыш проявил особый талант в интерпретации стилистических особенностей в виде идеологических заявлений. Он сравнил «крайний *примитивизм музыкальной лексики*» (курсив мой. — *К. М.*) в балете с приемом, который Прокофьев использовал в «Шуте», чтобы «подчеркнуть полное скудоумие и бессмысленность», и пришел к выводу, что «вольно или невольно» Прокофьев следовал «враждебным предрассудкам», изображая Советскую Россию как «какую-то отсталую, полудикую, чуть ли не идиотическую страну», а большевиков — как «грубых варваров с примитивными, доисторическими нравами, понятиями и обычаями». Прокофьев, считал Келдыш, вторя критике Кокто, низвел революцию до уровня «увлекательного, неслыханного и экзотического» события, «экзотического ярмарочного балагана». «"Стальной скок", — заключает Келдыш, — это не более чем жалкая насмешка буржуазного обывателя». В анализе Келдыша музыка машин Прокофьева, имевшая большой успех в Париже и Лондоне, была ничуть не лучше: механический аспект музыки был призван, по мнению Келдыша, лишить аудиторию контроля. Музыка гипнотизировала их своим «непрерывным, автоматизированным темпом» и «лишала силы воли». По большому счету эти ритмы действовали как наркотик, убивая сознание и бодрость воли.

В конечном итоге Келдыш провел убийственную параллель между «тенденцией Прокофьева к крайнему схематизму, к примитивизму... голому безэмоциональному конструктивизму» и фашизмом. Цитируя Альфредо Казеллу, он сравнивал «объективную» музыкальную форму и ее ограниченность в выражении личных чувств с фашистской идеологией, по которой «индивидуум должен отказаться от своих прав во имя общих интересов». Цель фашистов может быть достигнута с помощью «такой музыки, которая умерщвляет человеческий разум и чувства своей механистической бездушностью и бессмысленностью. В подобном искусстве присутствует элемент фатализма, парализующий активный элемент воли», — писал Келдыш, причисляя большевистский балет Прокофьева «к наиболее реакционному направлению буржуазного искусства», которое в наибольшей степени враждебно Советской России [Там же: 249–252].

То, что Прокофьев не хотел давать политическую интерпретацию своему балету, предоставило его противникам полную свободу в интерпретациях балета. В конечном итоге, не имея возможности игнорировать нападки, явно имеющие политическую окраску, Мейерхольд и Гусман без лишнего шума отказались от своего плана постановки «Стального скока». Прокофьев узнал об отмене постановки от Мясковского, Гусман же хранил молчание[120]. Композитор, задетый за живое, хвалился Гусману, что балет идет в Соединенных Штатах: «...произведение путешествует по всему миру, [в то время как] наши старые добрые шовинисты все еще спорят о том, посещал Мясин капиталистическую фабрику или пролетарскую»[121]. Но ничего уже нельзя было исправить. Гусман после очередной чистки в Большом театре перешел на работу в Белгоскино (Белорусский государственный кинематограф). Прокофьев не догадывался, что поддержка Мейерхольда объяснялась не тем, что знаменитому режиссеру искренне нравился его балет, а тем, что он хотел преподнести «Стальной скок» как некий достойный противовес таким композиторам, как Александр Давиденко, создатель Производственного коллектива студентов-композиторов Московской консерватории — объединения композиторов, ищущих методы и формы, которые отвечали бы требованиям революционной эпохи. Мейерхольда огорчало, что Дмитрий Шостакович «солидаризировался со статьей Келдыша о "Стальном скоке"», но в конце концов он признал, что балет — «неважное произведение»[122]. Осенью 1933 года Мейерхольд сообщил Прокофьеву, что «"про-

---

[120] Письмо Прокофьева Мясковскому от 28 декабря 1929 года [Прокофьев, Мясковский 1977: 325].

[121] Письмо Прокофьева Гусману от 10 января 1930 года. Цит. по: [Frolova-Walker 2013: 243].

[122] Письмо Шостаковича Соллертинскому от 10 февраля 1930 года [Шостакович 2006: 53].

летарские музыканты" не только сражались против "Стального скока" в Большом театре», но и устроили против Прокофьева «формальную травлю в стенах Московской консерватории»[123]. Большевистский балеттак и не был допущен на советскую сцену даже после ликвидации РАПМ 23 апреля 1932 года.

АМЕРИКА НЕДОУМЕВАЕТ

Тернистый путь «Стального скока» не закончился с отменой его московской премьеры. Как и «Конец Санкт-Петербурга» Дукельского, балет был поставлен в Нью-Йорке и пережил еще один виток политических интерпретаций. Еще в 1929 году Прокофьев начал переговоры с Лигой композиторов о возможной премьере в США. Клэр Рейс, председатель Лиги, встретилась с Прокофьевым 17 января 1930 года в Нью-Йорке и рассказала ему о масштабных выступлениях Лиги с Леопольдом Стоковским и Филадельфийским оркестром, «снимая для этого не более не менее, как Metropolitan», как отметил в своем дневнике явно впечатленный Прокофьев[124].

Основанная в 1923 году, Лига композиторов внесла большой вклад в музыкальную жизнь Нью-Йорка, регулярно представляя консервативной нью-йоркской публике новые музыкальные произведения [Downes 1931a]. Лига гордилась тем, что предлагала Соединенным Штатам самую современную европейскую музыку, но, как объяснила Рейс Прокофьеву, они не собирались «повторять то, что уже было сделано в прошлом»[125]. В 1930 году они организовали премьеру «Весны священной» Стравинского на американской сцене и теперь горели желанием создать новый сценарий для «Стального скока» Прокофьева. Рейс предложила переименовать новый балет в «Стальной век», используя «Сталь-

[123] Дневник Прокофьева. Запись от 1 сентября 1930 года [Прокофьев 2002б: 780].
[124] Запись от 17 января 1930 года [Там же: 747].
[125] Письмо Рейс Прокофьеву от 19 марта 1931 года (Prokofiev Arch. Box II, 1, F. 1931, March).

ной скок» в качестве подзаголовка, но Прокофьев настаивал на сохранении оригинального французского названия, поскольку балет был известен под этим названием и в Европе, и в США[126].

Лига поручила театральному художнику Ли Саймонсону придумать новый сценарий для балета. В анонсе говорилось, что сценарий Саймонсона должен стать «сатирическим и скептическим рассуждением о ритме машинной индустрии и ее масштабной "производительности"» [Martin 1931a]. Джон Мартин, танцевальный критик газеты New York Times, взял интервью у Саймонсона и опубликовал его сценарий 19 апреля 1931 года, за два дня до нью-йоркской премьеры «Стального скока». Саймонсон придумал три уровня сцены, верхний — для группы рабочих, которые «сначала под ударами надсмотрщика, а затем под хлыстом бригадира, двигаются в изнуряющих ритмах архаичного рабского труда»[127]. На среднем уровне располагались символические фигуры современной промышленности: Железо, Уголь и Сталь, двигавшиеся медленно и тяжеловесно, как символы необузданных природных сил. Три крестьянина олицетворяли свободу и счастье деревенского труда, а за их танцем наблюдали представители буржуазии: знатные пожилые дамы, священнослужитель, финансист, рабочий лидер, молоденькие девушки-модницы, бойскауты и солдаты, на которых были надеты прозрачные костюмы. Сатирическая музыка Прокофьева, созданная для того, чтобы представить колоритные фигуры России 1920 года, теперь сопровождала «напыщенные и несуразные движения» представителей буржуазии, которые пытаются изобразить деревенский труд и при этом «рукоплещут сами себе, довершая пасторальные образы жеманным танцем с поклонами». Символичные фигуры Железа, Угля и Стали не в состоянии присоединиться к танцу пасторальных рабочих.

---

[126] Письмо Рейс Прокофьеву от 15 января 1931 года; письмо Прокофьева Рейс от 27 января 1931 года (Prokofiev Arch. Box II, 1, F. 1931, January).

[127] Сценарий в кратком изложении, отправленный Прокофьеву 25 февраля 1931 года (Prokofiev Arch. Box II, 1, F. 1931, February), опубл. в: The Dance Magazine. 1931. May. P. 32–33. Интервью с Саймонсоном см. [Martin 1931a: 32–33].

Посыл ясен: чтобы усмирить эти стихии, необходима новая форма труда. Ее развитие происходит под руководством двух главных героев балета — «экспертов по эффективности», роли которых исполняют хореограф балета Эрик Стробридж и японский танцовщик Еичи Нимура. После того как им не удается придать ускорение буколическим рабочим, они душат их, сумев таким образом оживить Сталь, Уголь и Электричество. Они погребают труд под ораторию и убыстряют работу человека, делая ее «все более и более быстрой, все более и более эффективной, пока не доводят до состояния нестерпимой исступленности» [Там же].

События, последовавшие за этой сценой, вероятно, наиболее близки к тому, что можно назвать революцией. Рабочие, доведенные до изнеможения лихорадочным трудом, восстают и пытаются задушить буржуазию:

> буржуазия связана и с кляпом во рту. Ее топчет человеческий конвейер, который присоединяется к символическим фигурам на сцене. На заднем плане на стальных роликах спускаются кипы красной ткани. Символические фигуры символизируют революцию, в то время как человеческий конвейер ее осуществляет.

Однако эта вакханалия продолжается недолго: «...у солдат наготове бомбы и противогазы. Труд снова загнан в конвейер. Забитый и покорный, он возвращается к своему монотонному ритму — обслуживать машины еще быстрее, чем раньше». Торжествуя, «буржуазия рукоплещет и размахивает красной, белой и синей [тканью]», которая «теперь сходит с роликов». Финал у Саймонсона антиутопичен: «Машина одерживает победу за счет человеческого достоинства, человеческого здоровья и человеческого счастья». Все к лучшему в лучшем из всех возможных машинных миров. «Эксперты по эффективности» крутят торжествующие пируэты [Ibid.].

Прокофьев получил сценарий от Рейс 25 февраля 1931 года, то есть менее чем за два месяца до премьеры в Филадельфии, состоявшейся 10 апреля 1931 года[128]. Он был возмущен и в тот же день

---

[128] Два других выступления состоялись в Филадельфии 11 и 13 апреля, перед двумя выступлениями в Нью-Йорке 21 и 22 апреля.

отправил Рейс гневное письмо, крайне удивленный тем, что после того, как он описал сюжет «Стального скока» Джону Хейсу Хаммонду, который был изобретателем и другом Стоковского и побывал у композитора 10 ноября 1930 года, Саймонсон оставил без внимания его пожелания[129]. Он понимал, что Лига хотела поставить что-то менее специфическое с национальной точки зрения, и не возражал против постановки «машинного балета». Но, в особенности после недавнего опыта работы в Советском Союзе, он решительно выступал против любой политизации балета и требовал «немедленного исключения всех политических элементов, таких как революция, контрреволюция, солдаты, трехцветные флаги и т.д.»[130].

Однако менять что-либо было уже поздно. Рейс заверила раздосадованного композитора, что замысел балета «носит сугубо социальный, а не политический характер. Восстание рабочих против системы "ускорения" не является революционным». Она была уверена, что если бы Прокофьев увидел постановку, то «остался бы ею доволен, поскольку в ней представлена важная и новая идея, которая во всех отношениях согласуется с [его] прекрасной музыкой»[131]. Убеждения Рейс в политической нейтральности балета трудно было принять всерьез, учитывая, что в конце балета появляются «силуэты серпа и молота», которые, по сообщению Мартина после премьеры, в конечном итоге перекрещиваются «как в эмблеме коммунистического движения» [Martin 1931b]. В сценарии и в самом деле говорится о появлении «двух огромных рук, одна из которых держит молот, а другая — косу»[132]. Прокофьев жаловался Мясковскому на то, что «на сцене

---

[129] «Дома: Hammond, приятель Стоковского. Он завтра уезжает в Америку, явился с клавиром "Стального скока", просил объяснить всё, что надо в сюжете, дабы это послужило базой для американской постановки» (Дневник Прокофьева. Запись от 10 ноября 1930 года [Прокофьев 2002б: 787]).

[130] Письмо Прокофьева Рейс от 25 февраля 1931 года (Prokofiev Arch. Box II, 1, F. 1931, February).

[131] Письмо Рейс Прокофьеву от 19 марта 1931 года (Prokofiev Arch. BoxII, 1, F. 1931, March).

[132] The Dance Magazine. 1931. May. P. 32.

мелькали серп и молот, куски красной материи и другие эмблемы советского быта», что, по его мнению, вносило свой вклад в искажение сюжетной линии и хореографии балета[133]. Ни один критик не обошел вниманием эту тему. Олин Даунс, к примеру, назвал постановку Саймонсона «ничем не оправданной и марксистской интерпретацией музыки» [Downes 1931b].

Вполне вероятно, что Прокофьева раздражало не только политическое переосмысление его балета, но также и то, что его музыка снова должна была соперничать с музыкой Стравинского. Хотя Рейс поначалу сказала ему, что они могут поставить «Стальной скок» вместе с «Блудным сыном», однако вместо этого Лига решила остановиться только на «Царе Эдипе» Стравинского, как бы намеренно повторяя сочетание двух русских композиторов, имевшее место в дягилевском сезоне 1927 года[134]. Если в Париже «Эдип» откровенно провалился, то в Филадельфии и Нью-Йорке он в буквальном смысле возвышался над балетом Прокофьева. «"Царь Эдип". Премьера в Америке. Произведение Стравинского прогремело в Филадельфии, 15-футовые фигуры раскрывают зловещую трагедию: музыку называют мрачной» — таким был заголовок анонсирующей статьи в газете New York Times. И лишь скромная надпись мелким шрифтом указывала на другое произведение: «В той же программе Стоковский и Лига композиторов представляют сатирический балет Прокофьева»[135]. Рейс тщательно просмотрела рецензии, выбрала две и послала их Прокофьеву, пояснив, что работа Лиги всегда возбуждает «различные мнения», и добавив, что в то время как на некоторых критиков «более сильное впечатление произвел "Царь Эдип", другие сочли, что наша постановка "Стального скока" была более важной»[136].

---

[133] Письмо Прокофьева Мясковскому от 7 июля 1931 года [Прокофьев, Мясковский 1977: 359].

[134] Дневник Прокофьева. Запись от 17 января 1930 года [Прокофьев 2002б: 747–748].

[135] New York Times. 1931. 11 April.

[136] Письмо Рейс Прокофьеву от 22 мая 1931 года (Prokofiev Arch. Box II, 1, F. 1931, May).

Однако многие не разделяли такого мнения. Даунс посвятил «Эдипу» четыре длинных абзаца и только один короткий и уничтожающе пренебрежительный — «Стальному скоку»: «Что касается балета Прокофьева, то он не стоит того, чтобы долго о нем говорить... Музыка очень слабая, надуманная, подражательная и искусственная — это одно из самых слабых произведений Прокофьева позднего периода». Сценарий Саймонсона он назвал «исключительно скучным и неумелым» [Там же]. Также пренебрежительно о балете отозвался и Мартин, раскритиковав «ужасающе тривиальный и прямолинейный» символизм декораций. В то время как нескладный сценарий Мясина раздражал критиков своей непонятностью, сюжет Саймонсона разочаровал «абсолютной буквальностью» [Martin 1931b].

Но даже с более оригинальными декорациями контраст между обычным и механизированным трудом был слишком заезженной темой. В конце марта 1932 года в Филадельфии был показан балет Карлоса Чавеса, который назывался «H. P.»[137] с декорациями и костюмами Диего Риверы и хореографией Кэтрин Литтлфилд. У балета не было какого-то определенного сюжета: он был посвящен контрасту между «плодородностью тропиков и механистическим поглощением севера». Мартин писал: «Хотя тропическая тематика нам непривычна, но сама постановка — это не более чем "Стальной скок" под другим углом зрения. То, что должно было стать новинкой, — танец машин, — к 1932 году совершенно себя изжило и стало "до смерти скучным"» [Martin 1932]. Версия «Стального скока» Прокофьева, предложенная Саймонсоном, всего лишь умножила образцы уже порядком износившегося жанра.

ПРОНИЦАЕМЫЕ ГРАНИЦЫ

По прошествии времени легко совершить ошибку и решить, что «Стальной скок» — это произведение, в котором Прокофьев выражает свою симпатию советскому режиму. Но, как показано

---

[137] Аббревиатура от англ. «horsepower» — «лошадиная сила».

в этой главе, это далеко не так. И Прокофьев, и Дягилев считали, что могут усидеть на двух стульях: оба утверждали, что балет не имеет ничего общего с политикой, но при этом продвигали его в Советском Союзе как истинно большевистскую вещь. Прокофьев зашел настолько далеко, что предложил его вместо нового произведения, которое его попросили написать к юбилею Октябрьской революции во время первой триумфальной поездки по Советскому Союзу в 1927 году[138]. Но, как отмечали советские критики, у «Стального скока» было гораздо больше общего с повседневной жизнью русского композитора-эмигранта в Париже, чем с повседневной жизнью в Советской России. Как писал Луначарский в «Вечерней Москве» в 1927 году, даже успешный Дягилев был прикован «к лишенной корней, праздной, шатающейся по миру в поисках за острыми развлечениями толпе. Это та позолоченная чернь, которую всегда глубоко ненавидели все великие художники». Луначарский сравнивал Дягилева с легендарным Агасфером, с «Вечным жидом»: «Ведь в ушах Дягилева раздается, как у Агасфера, постоянный приказ: "Иди!" И он идет, покидая часто красивую и плодородную местность и пускаясь в пустыни, в погоню за мреющими миражами» [Луначарский 1971: 341, 344]. В итоге «Стальной скок» также показал, что Прокофьев поддался влиянию большевистского постулата о том, что самая передовая в политическом отношении страна должна создавать самое передовое искусство.

В политической двойственности «Стального скока» отразились не только противоречивые политические убеждения Прокофьева, но и неоднозначные настроения Парижа по отношению к коммунизму. В 1920-е годы, когда Париж стал главным местом проведения большевистских выставок и «показательных выступлений», границы между буржуазным Западом и коммунистической Россией были как никогда проницаемы. Французская столица взрастила советофильскую интеллигенцию, ставшую даже еще более просоветской в 1930-е годы, когда фашизм и нацизм превратились в серьезную политическую угрозу. Но если в посещении посоль-

---

[138] Дневник Прокофьева. Запись от 16 февраля 1927 года [Прокофьев 2002б: 514].

ства для парижских интеллектуалов был свой шик, то для русских эмигрантов это было нечто совершенно иное, что Прокофьев и осознал в марте 1929 года, когда после долгих сомнений не смог отказаться от приглашения сыграть на приеме в советском полпредстве. Как он и опасался, реакция эмигрантской прессы была весьма резкой: в реакционном журнале «Возрождение» композитора назвали «резиновой куклой»[139]. Прокофьев успокаивал себя чтением книг по Христианской науке: приверженцем этого неохристианского культа, который обещал ему достижение физического и психологического самоконтроля, он стал в начале 1920-х годов. Гавриил Пайчадзе пытался заступиться за Прокофьева и защитить его от гнева русской колонии, объясняя всем, что «Прокофьева уже пять раз просили, и он больше не мог отказываться, поскольку он собирается в Россию»[140].

В личном плане «Стальной скок» поистине стал для Прокофьева «первой ласточкой», ведь именно в этом балете он впервые пытался использовать большевизм как верное средство против деспотического влияния Стравинского. Сочинение большевистского балета определенно было антинеоклассическим шагом, призванным доказать, что Прокофьев опередил Стравинского в непрекращающейся погоне за инновациями, которую Луначарский считал одним из определяющих аспектов буржуазной художественной сцены в Париже. В каком-то смысле Стравинский был прав, когда говорил, что Прокофьев все еще слишком заботится о том, чтобы быть модернистом в том смысле, что ему хочется быть впереди всех[141]. В 1920-е и 1930-е годы это «впереди всех» могло означать как добровольный отход от общественных проблем, политически безмятежное время отдыха в воображаемом прошлом неоклассицизма, так и добровольное подчинение большевистскому соблазну, политически опасную вылазку в утопическое будущее. Именно она в конечном итоге привела Прокофьева в ловушку жестокой реальности Советской России.

---

[139] Дневник Прокофьева. Запись от 8 марта 1929 года [Прокофьев 2002б: 681].

[140] Запись от 9 марта 1929 года [Там же: 682].

[141] Запись от 8 июня 1924 года [Там же: 263].

Глава 3

Неоклассицизм *а-ля рус* 1, или Возвращение восемнадцатого века в «Оде» Набокова

Увидев заглавие 1-й Симфонии Прокофьева — «Классическая», Стравинский якобы сказал: «Вот дурак! Это только Прокофьев мог дать такое заглавие»[1]. Для молодого композитора, которому не удалось написать успешную симфонию в качестве выпускного сочинения в 1908 году и потому было крайне важно наверстать упущенное, имелись свои соображения для того, чтобы дать своей первой зрелой симфонии столь высокопарное название[2]. Впоследствии Прокофьев утверждал, что такое заглавие было данью уважения его любимым классикам, Гайдну и Моцарту, симфонии которых вызвали его восхищение в дирижерском классе Николая Черепнина в консерватории [Прокофьев 1982: 409–410]. Кроме того, он надеялся, что эпитет «классический»

---

[1]   Дневник Прокофьева. Запись от 18 июня 1925 года [Прокофьев 2002б: 328].

[2]   Прокофьев написал две симфонии до «Классической». Одну он сочинил, когда ему было одиннадцать лет, другую — за год до окончания Петербургской консерватории. Его вторая симфония была исполнена на закрытой репетиции 8 марта 1909 года, но оставила Прокофьева недовольным и полным решимости написать новое сочинение. Юрий Холопов утверждал, что «Классическая» симфония была поздним исполнением Прокофьевым этого обещания [Kholopov 2007: 11].

в конечном счете окажется верным в первом значении слова «классический»[3].

То, что свою первую симфонию композитор назвал «классической», также означало его желание «подразнить гусей» — консервативных представителей русской музыки, которые решительно не принимали новаторский, модернистский стиль Прокофьева. Работая над симфонией в мае 1917 года, композитор представлял, как возмутятся «классически настроенные музыканты и профессора», «как они завопят о новой прокофьевской дерзости, о том, что он и Моцарта в гробу не оставил, и к нему полез со своими грязными руками, пересыпая чистые классические перлы грязными прокофьевскими диссонансами»[4].

К моменту исполнения «Классической» симфонии 7 апреля 1918 года старое музыкальное учреждение, каким являлся Придворный оркестр, было разрушено революцией. Однако названый ныне «Государственным», оркестр играл симфонию «с чрезвычайным удовольствием»[5]. Этим концертом Прокофьев попрощался с Россией. Через 12 дней после премьеры он покинул Петроград, получив официальное благословение Анатолия Луначарского, которое тот дал ему все же без особой охоты, и выехал из Москвы на транссибирском экспрессе. И его отъезд, и его прощальное сочинение говорили о его безразличии к истории, сметающей старые государственные институты его родины. Для Прокофьева классицизм подразумевал вневременность, или, если говорить об этом в не столь мягких выражениях, полное равнодушие к настоящему.

Возможно, композитор преследовал и другую цель. Стилизация под Гайдна и Моцарта, которую он описал в авторизованном пояснении к первому исполнению симфонии как попытку воскресить "старые добрые времена" традиций, времена фижм,

---

[3]   «В конце концов, я мог бы обратить это в свою пользу, если бы симфония действительно оказалась классической» («Краткая автобиография» [Прокофьев 1956: 40]).

[4]   Дневник Прокофьева. Запись от мая 1917 года [Прокофьев 2002a: 651].

[5]   Запись от (5)18 апреля 1918 года [Там же: 695].

пудреных париков и косичек» [Нестьев 1973: 161], могла быть адресована и дягилевской группе «Мир искусства», которая, как известно, с восторгом относилась к XVIII веку. Позже сам Прокофьев отказался от пастиша прошлого. В 1925 году он писал Борису Асафьеву: «Вообще, я не очень высокого мнения о таких вещах, как "Пульчинелла" [Стравинского] или даже моя собственная "Классическая" симфония (простите, я не думал об этом, когда посвящал ее вам), которые написаны "под влиянием" чего-то еще...»[6].

В эмиграции отношение Прокофьева к «Классической» симфонии изменилось. «Классик есть смельчак, открывший новые законы, принятые затем его последователями», — писал он Николаю Мясковскому в 1924 году, пытаясь убедить своего друга, что Александр Глазунов, чье «нескладное, мертвящее влияние» он уловил в Пятой симфонии Мясковского, не может быть причислен к классикам[7]. Прокофьевский «смельчак» во многом был подобен Стравинскому 1920-х годов, который к тому времени уже перестал отвергать классицизм и более того — начал выступать в защиту старого стиля, который, по его мнению, должен был стать новым и безоговорочным направлением. Такие перемены стали для Прокофьева полной неожиданностью. Когда Стравинский попросил его прокорректировать увертюру его нового балета «Пульчинелла», Прокофьев заметил «преинтересное совпадение» между своим собственным экскурсом в «античный стиль» и новым увлечением Стравинского[8]. Раздосадованный настойчивым требованием Стравинского придерживаться неоклассического стиля, он жаловался, что тот не чувствует, что неоклассицизм в этом случае «есть обезьянство и теперь ф [орте] п [ианную] сонату написал в том же стиле. Он даже считает, что это создает новую эпоху»[9].

---

6   Письмо Прокофьева Борису Асафьеву от 8 февраля 1925 года [Prokofiev 1998: 95].

7   Письмо Прокофьева Мясковскому от 3 января 1924 года [Прокофьев, Мясковский 1977: 181].

8   Дневник Прокофьева. Запись от 10 мая 1920 года [Прокофьев 2002б: 99–100].

9   Письмо Прокофьева Борису Асафьеву от 8 февраля 1925 года [Prokofiev 1998: 95].

Как это часто случалось, пророчество Стравинского в итоге сбылось. В 1920-х годах русский Париж превратился в культурное пространство, в котором Франция и Россия могли вместе прославлять свои столь различные *anciensrégimes* («старые режимы») — при этом одна страна пыталась оправиться после Первой мировой войны, а другая намеревалась возродить русское прошлое, уничтоженное Октябрьской революцией. Для русских, как уже показала дореволюционная увлеченность Дягилева ушедшей эпохой, XVIII век и имперское прошлое России имели особое значение как время просвещения, прогресса и европеизации. Восемнадцатый век в России также символизировал политическую стабильность, которую обеспечивали самодержавие и крепостное право, — ту самую стабильность, которую с ностальгической грустью вспоминали эмигранты, потрясенные разрушительными последствиями революции. Как и парижский неоклассицизм Стравинского, восемнадцатый век в России, по словам Любы Гольбурт, был наделен двойным статусом: он был «как современным/значимым, так и архаичным/отвергнутым». Ода как важнейший литературный жанр века отражала архаический слой, поскольку в ней было представлено единое историческое ви́дение, в котором, как пишет Гольбурт, «исторический нарратив — это не прогресс, а повторяемость и синтез» [Golburt 2014: 4, 41].

«Ода» Николая Набокова, о которой пойдет речь в этой главе, отдала дань этому ви́дению России позапрошлого века. Первый и единственный дягилевский балет Набокова, который был очевидным проявлением ностальгии, вызывал в памяти слушателя не только аристократический XVIII век, но и попытку его воссоздания, предпринятую «Миром искусства» на рубеже XIX–XX веков. Музыка Набокова, испытывавшая сильное влияние Стравинского, разделяла с неоклассицизмом Стравинского в «Аполлоне» один общий элемент: использование русской музыки XIX века. Но в отличие от пастишей Стравинского и Прокофьева, «Ода» была обременена ностальгией по *anciensrégimes* в России, воспетой в «Оде» Михаила Ломоносова, которую композитор переложил на музыку в своей кантате. Таким образом, классицизм «Оды» был полноценным детищем русской эмиграции — помпезным, обособленным и слишком специфичным, чтобы иметь успех в Париже.

ЧАС ИТОГОВ

Дягилев точно знал, чего хочет, когда согласился принять к постановке на сцене Русского балета кантату Набокова на оду Ломоносова «Вечернее размышление о Божием величестве при случае великого северного сияния» (1743). У него не было особого желания продолжать эксперименты с большевистской тематикой и очень хотелось сделать резкий поворот: возвратиться во времена «до большевизма», в прошлое, не омраченное тревожными последствиями настоящего. Переосмысливая символику оды Ломоносова, на основе которой написана кантата, Дягилев представлял себе придворный дивертисмент XVIII века, напоминающий его «Свадьбу Авроры» 1922 года — сокращенную версию третьего акта «Спящей красавицы» Чайковского, постановку которой Дягилев возобновил в 1921 году под названием «Спящая принцесса». Как вспоминал позднее Набоков, Дягилев решил превратить кантату «в "балет-спектакль", в аллегорическое представление восемнадцатого века» [Nabokov: 43]. Его привлекал как неоклассический придворный контекст оды, так и личный интерес к созданию произведения, косвенно посвященного дочери Петра Великого, императрице Елизавете Петровне (1709–1762), в родстве с которой, как считал Дягилев, он состоял по материнской линии. В конечном итоге спектакль, премьера которого состоялась 6 июня 1928 года, не оправдал неоклассических ожиданий Дягилева.

Ретроспективный классицизм, который, по определению историка танца Линн Гарафола, в контексте Русского балета отражает «увлечение французской элиты аристократической культурой *grand siècle*», конечно, начался не в тот момент, когда Дягилев воссоздал хореографию Мариуса Петипа для постановки «Спящей красавицы» в 1921 году. Несмотря на явное французское влияние, ретроспективный классицизм Дягилева не обязательно или по меньшей мере не исключительно французский по своему происхождению, и едва ли Дягилеву пришлось «переоткрывать» для себя «величие французского классического прошлого», черпая вдохновение, как считает Гарафола, в том, как Пикассо открыл для себя творчество Ж. О. Д. Энгра [Garafola 1988: 12–14; Garafola 1989: 98, 116]. Русские аристократы, в особенности дворянского происхождения, оказавшиеся в эмиграции после большевистского переворота, должны были заново создавать для себя свой собственный *grand siècle*.

На самом деле, желание сохранить или возродить быстро угасающую славу России возникло еще до революции 1917 года. Ретроспективный классицизм был столпом дягилевского движения «Мир искусства», которое Ричард Тарускин характеризует как «самоочевидное утверждение аристократического вкуса в духе классицизма в противовес материалистической и утилитарной эстетике». Благодаря этому аристократическому вкусу Дягилев и Александр Бенуа «открыли для себя балет, классическое искусство, которое при русском самодержавии «застыло во времени» [Taruskin 2009: 389]. В стремлении сберечь это прошлое Бенуа в 1900 году создал целую серию живописных полотен с изображением петербургских дворцов XVIII века, переключив внимание со столь любимого им Версаля времен Людовика XIV (тема его предыдущей серии картин) на родной город и русское прошлое. Обращение Бенуа к России XVIII века служит примером того, как «Мир искусства» пытался обновить современные живопись и театр, обращаясь к прошлому, более далекому, чем XIX век. Санкт-Петербург и его архитектура стали своеобразным лейтмотивом этого нового художественного ви́дения: в 1903 году Бенуа отметил двухсотлетие города циклом статей в журнале «Мир искусства», посвященных живописи и архитектуре Санкт-Петербурга [Scholl 1994: 85].

Имевшая огромный успех выставка русских исторических портретов, которую Дягилев организовал с 6 марта по 26 сентября 1905 года в неоклассическом Таврическом дворце в Санкт-Петербурге, также продемонстрировала его стремление к сохранению прошлого. Для выставки Дягилев собрал около четырех тысяч портретов из полуразрушенных усадеб XVIII века, чтобы познакомить зрителей с русским искусством и дворянской культурой. Портреты изображали представителей русской аристократии со времен Петра Великого и до конца XIX века, причем особое внимание уделялось периоду правления Александра I (1801–1825). Дягилев проделал путь в тысячи километров, чтобы отыскать эти утраченные сокровища. Он был поражен, когда увидел запустение, в которое пришли провинциальные усадьбы. Позже он любил рассказывать о своих приключениях во время этих путешествий: «Вы не можете себе представить, сколько в то время разрушалось дворцовых усадеб, этих шедевров архитектуры восемнадцатого века», — рассказывал он Набокову в 1927 году. «Неухоженные сады превращались в заросли, на полах пустующих салонов и бальных залов лежали куски отвалившейся штукатурки. Голуби и ласточки вили гнезда в галереях». Русская аристократия, эти «пигмеи-наследники великой эпохи», не могла ни «сохранить прошлое», ни «освоить идеи настоящего, новые тенденции, стремления и потребности нашего времени» [Nabokov 1951: 119–120]. Проект Дягилева по сохранению и широкой демонстрации этих портретов был последней попыткой воздать должное памяти отживающего свой век русского дворянства и русской государственности, которая уже находилась на грани уничтожения [Golburt 2014: 12].

Речь Дягилева «В час итогов» привлекла внимание к неопределенному настоящему, витающему между угасающим прошлым и грозным будущим.

> Не чувствуете ли Вы, что длинная галерея портретов великих и малых людей, которой я постарался заселить великолепные залы Таврического дворца, — есть лишь грандиозный и убедительный итог, подводимый блестящему, но, увы, и омертвевшему периоду нашей истории? <...> Мы — свидетели величайшего исторического момента итогов и концов во имя новой, неведомой культуры, которая нами возникнет, но и нас же отметет [Зильберштейн, Замков 1982, 1: 193–194].

В своей речи Дягилев использовал ретроспективный посыл не для того, чтобы пробудить у публики ностальгические чувства, а как стимул для новых начинаний, что вполне соответствует XVIII веку, который также был временем смелых идеалов, свободных от тревожности и упадничества, которые к 1905 году подталкивали Россию к апокалиптическим чаяниям. Дягилев делал особый акцент на энергетике позапрошлого века и критиковал Леона Бакста, которому поручил построить для выставки трельяжный сад в духе описываемого времени, за то, что тот устроил там какое-то «кладбище». Дягилевский «Мир искусств», по мнению Гольбурт, возродил XVIII век, «переосмыслив его в своих собственных целях художественного обновления и исторического предвидения» [Golburt 2014: 14, 19].

Однако за частым обращением к имперскому прошлому скрывалась ностальгия «Мира искусства» по эпохе просвещенного абсолютизма. Анна Нисневич прослеживает наследие русского *anciensrégimes* в художественной традиции Серебряного века, которая, по ее мнению, позже превратилась в удобное орудие в руках советского тоталитарного режима и по-прежнему находила отклик в эмигрантской русской культуре. Неоклассицизм уходит своими корнями в Россию, и в особенности в аристократическую культуру Санкт-Петербурга, которая вынуждена была бороться за свое существование еще до революции. Как показывает Нисневич, то, что она называет «ассертивной ретроспекцией», существовало наряду с еще более бурными тенденциями мистических, экспрессивных, декадентских художественных проектов и социальных потрясений Серебряного века [Nisnevich 2007: 7]. Возвращение к доромантическим стилям и жанрам и возрождение придворных церемоний и торжеств на рубеже веков отражало сопротивление, которое аристократия оказывала современности, показывало ее нежелание отойти в прошлое.

Культ русского *anciensrégimes* привел к тому, что кантата, возникшая в XVIII веке и исчезнувшая в XIX, начала постепенно возрождаться. На основании документальных источников Нисневич отмечает бурный расцвет искусства сочинения кантаты на рубеже веков. Среди новых кантат, созданных по случаю праздничных торжеств, — «Коронационная кантата» и «Праздничная кантата» Глазунова, а также его незавершенная кантата к 200-летию со дня рождения М. В. Ломоносова; кантата Михаила Ипполитова-Иванова памяти Николая Гоголя; кантата Николая Черепнина к столетию Санкт-Петербургского Елисаветинского института; кантата Антона Аренского «Под мирной сенью искусств», посвященная десятилетию коронования Александра III; и кантата Цезаря Кюи «В память 300-летия царствования дома Романовых», op. 89 [Ibid.: 82–84]. Как и ранняя опера и балет, кантаты впервые появились в России для обучения русской аристократии придворным церемониям. Теперь же, на рубеже веков, они стали своего рода знаком непреклонного намерения аристократии и дальше занимать лидирующие позиции в обществе.

Неоклассические пристрастия Дягилева несли на себе отпечаток как России XVIII века, так и ее отражения в русской аристократической культуре рубежа веков. Дягилев управлял своей труппой как настоящий русский барин — он заботился о своих танцовщиках и артистах, но при этом безраздельно властвовал над ними. Молодой Серж Лифарь был шокирован тем, что в 1920-х годах в Русском балете царили «обычаи времен крепостного права». Ближний круг Дягилева был похож на двор при государе, недоступном божестве, которое могло быть то добрым, то раздраженным [Lifar 1970: 28]. Стравинский зло, но проницательно описал Набокову Дягилева как «смесь вельможи восемнадцатого века и капризного русского провинциального барина» [Nabokov: 14].

Выходец из богатой аристократической семьи, Николай Набоков идеально соответствовал духу предприятия Дягилева. Двоюродный брат писателя Владимира Набокова, он с легкостью освоился и в высшем обществе, и в среде артистической элиты. Проявляя способности к композиции, он брал уроки у Владимира Ребикова (1866–1920) в Крыму, а после эмиграции продолжил музыкальное образование в Штутгарте и Берлине. Набоков обладал настоящим организаторским талантом, благодаря чему много лет спустя после смерти Дягилева в 1929 году стал его преемником в роли европейского законодателя вкусов.

Переход из социальной элиты в художественную не представлял особого труда для Набокова, который описывает свое детство как «сказочную и изобильную жизнь»: «...все бесчисленные домочадцы целыми днями пестовали нас, одевали и купали, водили на прогулки, учили читать, писать и говорить на нескольких языках, словом, холили нас и лелеяли, и порой изрядно нам надоедали». Дети Набоковых путешествовали по Европе, жили в усадьбах, в огромных родовых поместьях и ели такие блюда, разнообразие и размер которых трудно вообразить. Мать учила их хорошим манерам и просила держать за столом руки так, «как держит руки государь-император»: чтобы оба указательных пальца слегка касались краев тарелки. С помощью многочисленных гувернанток и воспитателей дети устраивали представления, занимались музыкой, играли в теннис, участвовали в соревнованиях по стрельбе и охотились. В то время, когда Набоков писал свои мемуары, он уже испытывал некоторую неловкость по поводу своего безоблачного детства, проведенного в «роскошном замке с его вылазками на природу, спортивными занятиями, удовольствиями и развлечениями» и вступавшего в резкий контраст «с убожеством и нищетой, в которых жили наши соседи — белорусские крестьяне из Любчи», которые

> столпившись у церковного входа... просили милостыню гнусавыми, жалобными голосами, и церковному старосте приходилось расталкивать, чтобы расчистить путь для нас, обитателей замка, и уберечь нашу одежду от соприкосновения с их многочисленными болячками [Набоков 2003: 18, 26, 60, 61].

Бабушка Набокова, Софья Богдановна Фальц-Фейн, урожденная Кнауф, расстрелянная в 1918 году красноармейцами, жила в имении на Преображенке, в «белом, просторном, похожем на Мирамар дворце», вокруг которого располагались огромные, прекрасно ухоженные парки, фруктовые сады, виноградники, оранжереи, плантации молодых деревьев, огороды и цветники. Софья Богдановна настаивала на соблюдении в своем имении церемониального, придворного жизненного уклада. Ее внук вспоминал: «Там, среди тропических растений, сидели музыканты бабушкиного оркестра, напоминавшие в своих морских мундирах стаю дрессированных тюленей, и старательно выдували из своих инструментов марши, вальсы и польки» [Там же: 78].

У Набокова остались самые теплые воспоминания о тех годах в России, когда все было проникнуто патриотизмом: 1912 — празднование столетнего юбилея победы России над Наполеоном и 1913 — торжества по случаю трехсотлетия династии Романовых. Рожденный в аристократической семье, будущий композитор был очевидцем всенародных празднеств, военных парадов, балов и прочих торжеств. Самым ярким впечатлением его детства было посещение торжественной постановки оперы Глинки «Жизнь за царя», на которой присутствовали их императорские величества царь Николай с супругой Александрой Федоровной, великая княгиня Мария Александровна и другие члены царствующей семьи [Nabokov 1951: 44–57]. В 1913 году десятилетнего Набокова регулярно водили на концерты Императорского придворного оркестра, чтобы послушать серию концертов под общим названием «Исторические концерты русской музыки». В рамках празднования юбилея династии Романовых этот оркестр исполнял помимо обычного симфонического репертуара еще и оратории, кантаты и отрывки из опер, то есть произведения с ярко выраженным национально-патриотическим содержанием [Nabokov: 18]. То, что молодому Набокову представлялось «длинными и довольно тоскливыми» концертами, в которых в эти юбилейные годы участвовало множество посредственных музыкантов, для начинающего композитора, искавшего признания в Париже 1920-х годов, превратилось в незабываемое музыкальное сопровождение минувших дней былой России.

АРИСТОКРАТИЧЕСКИЙ СОБЛАЗН
ВОСЕМНАДЦАТОГО ВЕКА В РОССИИ

Мать Набокова горела желанием познакомить своего сына с великим импресарио, используя в качестве предлога их семейные связи (двоюродная сестра отчима Набокова вышла замуж за сводного брата Дягилева). Встреча состоялась в русском ресторане в Париже летом 1924 года, через год после того, как Набоков переехал в Париж из Берлина. Назвавшись родственницей Дягилева, мать Набокова представила своего младшего сына: «А это мой младший сын. Тот, что пишет музыку». Дягилев не проявил особого энтузиазма к ее просьбе послушать сочинения сына, и Набоков решил, что ничего из этой затеи не вышло [Набоков 2003: 180–181]. В конце концов он все-таки попал к Дягилеву с помощью доброжелательно настроенных знакомых, которые добились исполнения его музыки на три стихотворения Омара Хайяма, персидского ученого и поэта эпохи Средневековья. Прокофьев, который знал Набокова, притащил Дягилева на этот концерт. Выступление провалилось, но Дягилев был настолько заинтригован, что попросил Набокова показать ему другие сочиненные им музыкальные произведения.

Прослушивание состоялось в 1927 году в парижском «Гранд-отеле» в присутствии Прокофьева, Вальтера Нувеля, Бориса Кохно и Сержа Лифаря. Набоков сыграл фрагмент из своей фортепианной сонаты и отрывки из кантаты, над которой он работал в течение целого года. На Дягилева музыка не произвела впечатления, и он поспешно удалился, попросив сгорающего от нетерпения композитора вернуться тогда, когда он сможет показать еще какие-нибудь свои произведения. Несмотря на такое малообещающее начало, Дягилев в конце концов заинтересовался «Одой» — как обычно, отдав ее сперва на суд Стравинского. Ритуал представления нового дягилевского композитора всегда был одним и тем же: сначала обед, затем представление «Мастеру» (Стравинскому) — то есть исполнение сочинения на разбитом рояле в репетиционной студии балетной труппы Дягилева, и наконец кульминация — ожидаемое одобрение и благословение

«Мастера» [Nabokov: 43]. Несмотря на совет Дягилева сыграть «только несколько фрагментов», Набоков сыграл сочинение до конца, причем Стравинский и Джордж Баланчин помогали ему на фортепиано [Ibid.: 42][10]. Все были в восторге. «Конечно, вам нужно это ставить», — сказал Дягилеву Стравинский.

Сладкая ностальгия Набокова по ушедшей аристократической России не нашла бы отклика у парижских ценителей музыки, если бы русское прошлое столько тесно не пересекалось бы с французским восхищением неоклассицизмом, о чем подробно пишет Скотт Мессинг [Messing 1988; особенно 1–59]. Вначале Стравинский не был уверен в целесообразности выбора текста Ломоносова. «Почему вы выбрали такое напыщенное, старое стихотворение?» — спрашивал он, называя отца русской поэзии и науки «Буало для бедных» [Nabokov: 48]. Сочинение французского поэта Никола Буало «L'art poétique» («Поэтическое искусство») 1674 года, написанное в защиту принципов классицизма, как позже утверждал Стравинский, вдохновило его на создание «Аполлона Мусагета». Набоков же восхищался «красотой и первозданной верой» оды [Giroud 2015: 69]. Как позднее он отмечал в интервью газете «Возрождение», ему казалось, что «научное, почти лабораторное восприятие природы сочеталось у [Ломоносова] с чисто русским настроением». «Чуть ли не в каждой его строчке, — говорил Набоков, — чуешь величавое спокойствие духа, мудрость олимпийскую» [Любимов 1928].

Помимо своей олимпийской мудрости, Ломоносов является узнаваемо русским писателем благодаря тому, что в нем свободное от предрассудков научное любопытство сочетается с безоговорочным принятием религиозных догм и политических авторитетов. Наука в имперской России не должна была ставить под сомнение авторитет царской власти — как и искусство, она беззаветно служила царскому самодержавию. В поэзии Ломоносова величие природы и величие самодержавной власти были созвуч-

---

[10] Здесь Набоков, кажется, вспоминает, что впервые он сыграл «Оду» Дягилеву у Миси Серт, а не в апартаментах Дягилева в «Гранд-отеле», как он пишет в «Багаже».

ны: например, чудо северного сияния можно представить как предмет научного изыскания, но, как показывает ода Ломоносова, его можно трактовать и как аллегорию божественных тайн и прославления императрицы [Golburt 2014: 36]. В риторике Ломоносова гармонично сочетаются научное познание, религиозная вера, патриотизм и преклонение перед политической властью. Его неутомимые научные исследования также отмечены типичным для России осознанием отставания от Европы и необходимости ее догнать[11]. Дягилев, чье постоянное стремление к новшествам заставило критика Андре Левинсона описать импресарио как человека, который «и на седьмой день... не отдыхает» [Levinson 1929: 10][12], однозначно был человеком схожего типажа.

Может быть, Ломоносов и был «бедным родственником» французских классиков, однако в Париже его имя вызывало все необходимые ассоциации. Его размышления, писал Левинсон в журнале «Candide» после премьеры балета, «сочетают в себе праздничную возвышенность Жана Батиста Руссо и сострадательную преданность Ле Франа де Помпиньяна», упоминая двух литераторов XVIII века, хорошо известных французской публике [Levinson 1928]. Анри Малерб, написавший рецензию на «Оду» для газеты Le Temps [Malherbe 1928a], и Морис Бриллан, давший рецензию в журнале Le Correspondant [Brillant 1928: 620], разделяли это мнение. Ода как жанр была хорошо знакома Парижу, который в 1928 году отмечал трехсотлетие со дня смерти великого французского поэта и сочинителя од Франсуа де Малерба (1555–1628), что стало прекрасным поводом для возрождения практики пышных торжеств восемнадцатого века [Смолярова 1999: 4]. Начиная с первого появления в России при дворе императрицы Анны Иоанновны, ода сопровождала коронации, юбилеи, дни рождения, свадьбы и военные победы. Таким образом, церемониальные аспекты церковных обрядов были перенесены в светскую сферу двора с присущими ему аллегорическими зрелищами [Geldern 1991: 931].

---

[11] О Ломоносове и преодолении русской отсталости см.: [Marker 2009: 1–12].

[12] Цит. по: [Acocella, Garafola 1991: 23–24].

МУЗЫКА СЛАДКОЙ НОСТАЛЬГИИ, ИЛИ
DE LA BONNE MUSIQUE TARTARE

И все же в музыке Набокова, которую Дягилев шутливо называл *de la bonne musique Tartare* [Nabokov: 43], не было ничего такого, что указывало бы на XVIII век. В своих воспоминаниях Набоков подчеркивал, что «Ода» продемонстрировала все то, чему он научился у Эрика Сати после приезда во Францию: как быть «простым, искренним, простодушным и даже наивным до ребячества». На Прокофьева же «Ода» произвела «неровное впечатление»: кое-что он считал «дурным влиянием» на Набокова, которое более всего, по его мнению, проявилось в трех инструментальных номерах, которые композитор добавил к кантате по просьбе Дягилева («дурное парижское влияние последних годов»)[13]. У «Оды», с ее новообретенной простотой, было «мало общего с имперским русским пышным зрелищем», которое он рисовал в своем воображении, представляя балет [Nabokov 1951: 98].

И тем не менее эта музыка была совершенно русской. Когда композитор сыграл кантату, Стравинский заметил «с ликующими нотками в голосе», что музыка «словно написана предшественником Глинки, Алябьевым или Гурилевым», сочинителями русской салонной музыки 1830-х годов [Nabokov n.d.: 49][14]. Набоков признавался, что за основу «Оды» он взял музыку Глинки, Даргомыжского, Алябьева и Чайковского в итальянском стиле, особенно их песни, которые он воспринимал как смесь немецких лирических песен и франко-итальянских *romance sentimentale* с добавлением в качестве национальной приправы особых рус-

---

[13] Дневник Прокофьева. Запись от 23 февраля 1928 года [Прокофьев 2002б: 622–623]. Эти инструментальные номера отсутствуют во всех рукописях и опубликованных партитурах (короткая партитура и полная партитура (Yale University. Beinecke Rare Book and Manuscript Library. Nicholas Nabokov Papers), а также в опубликованных вокальных партитурах (Paris: Maurice Sert, 1928)).

[14] Александр Гурилев (1803–1858) — пианист, композитор русской салонной музыки; Александр Алябьев (1787–1851) известен как сочинитель русских песен.

ских элементов, таких, к примеру, как «те крохотные мелизмы, по которым можно узнать любое произведение русской музыки девятнадцатого века». Малоизвестные за рубежом, эти песни позволили Набокову установить связь с его навсегда ушедшим волшебным детством, когда они были «повседневными спутниками» его жизни. «Мы напевали их в лесу и на улице, мы пели их в одиночку и хором, мы играли их на инструментах и слушали на концертах», — вспоминал Набоков. Он знал их множество, и после того, как покинул Россию в 1920 году, думал о них «с той ностальгической преданностью, с какой лелеют нежные воспоминания и утраченные надежды». Для него эти песни стали «неизбежными символами изгнания» [Nabokov 1951: 96, 97]. Сразу же почувствовав итальянский лиризм, присущий музыке Набокова, Стравинский рекомендовал Витторио Риети помочь Набокову с оркестровкой, которая, по его настоянию, «должна быть сделана *в итальянском стиле*, но ни в коем случае не в *немецком*» (курсив автора. — *К. М.*) [Nabokov: 48–49].

По первоначальному замыслу Набокова, небольшие лирические вокальные фрагменты должны были быть собраны в масштабную ораторию (близкую по замыслу к столь же ностальгической оратории Дукельского «Конец Санкт-Петербурга», задуманной им примерно в то время, когда состоялась премьера «Оды»). Дягилев воспринимал ее именно в таком духе; балет представлялся ему «нежным, таинственным, неуловимым», «романтичным, лиричным», он считал, что «хореография должна быть проникнута духом романтизма, а движения плавны, изысканны и грациозны, в "фокинском" духе ("Fokinesque")», и только «моментами настроение должно быть праздничным, искрящимся, сверкающим» [Nabokov 1951: 112]. Стравинский, в свою очередь, посоветовал Набокову «не поддаваться влиянию» Прокофьева [Nabokov: 50]. В конечном счете некоторые произведения Прокофьева — особенно те, что были написаны после его возвращения в Советский Союз, — действительно были поразительно похожи на незрелый, но интересный эксперимент Набокова с «русской ностальгией», хотя, по замечанию Стравинского, Прокофьеву всегда удавалось избегать слащавости.

Самая длинная часть «Оды» длится чуть менее четырех минут, самая короткая (часть 9) — менее полуминуты. Ломоносовские строфы с первой по пятую, седьмую и восьмую Набоков поручил попеременно сменяющим друг друга ансамблям, состоящим из хора, к которому добавлены соло сопрано и баса. Для седьмого номера он объединил повторяющуюся пятую строфу с новой шестой. Эта объединенная строфа появляется в трех различных формах: сначала как соло баса в середине хоровой части (№ 7), затем как текст, который исполняет двойной хор в части «Праздник» (№ 9) и который затем возвращается с измененной второй частью как № 11 после вставки в виде интермеццо (№ 10). Различным образом составленные повторения, приводящие к торжественной кульминации в тех частях, в которых участвует двойной хор, укрепили желание Дягилева поставить ораторию Набокова.

Особую атмосферу русского торжества подчеркивает и третья повторяющаяся хоровая часть, в которой несколько первых унисонных нот невольно вызывают в памяти хоры «Слава» из русских опер XIX века (пример 3.1).

Среди других «русских» черт — отголоски «Картинок с выставки» Мусоргского (примеры 3.2a-b), лирические и торжественные хоровые унисоны, модальные изгибы мажорных и минорных тональностей, малые сексты, пробуждающие в памяти воспоминания о сентиментальных русских романсах, пренебрежительное отношение к женоподобному теноровому диапазону и всецелое задействование басов, которые время от времени обретают интонации героев из исторических опер Глинки и Мусоргского.

Несмотря на некоторую напыщенность, даже эти торжественные части «Оды» выдерживают лирическую интонацию. Кульминационные, торжествующие двойные хоры в 9-й и 11-й частях мягко раскачиваются в размере на $\frac{9}{8}$ 9/8. Хотя басы порой звучат с настойчивостью остинато, а замыкающие линейку восходящие кварты в конце части становятся навязчиво крикливыми, праздничное настроение у Набокова никогда не бывает резким (пример 3.3). В его музыке нет ни суровости, ни острых углов, как нет и стремления избежать диатонического, откровенно тонального

ПРИМЕР 3.1. «Уста премудрых», часть 3 «Оды» Набокова
(вокальная партитура)

изложения. Набоков без всякого смущения вписывает «девятнадцатый век» во всю партитуру своего сочинения.

Помимо влияния русской музыки XIX века, в музыке Набокова особенно четко прослеживаются аллюзии на произведения
Стравинского. Трубные звуки фанфар, открывающие спектакль,
с их чистыми квинтами, перекрещиванием голосов и чередова-
нием размеров напоминают «Царя Эдипа» — юбилейную постановку Русского балета, которая состоялась за год до премьеры

ПРИМЕР 3.2a. «Богатырские ворота. В стольном городе во Киеве» из сюиты Мусоргского «Картинки с выставки»

ПРИМЕР 3.2b. До-мажорная вставка в ми-мажорном оркестровом вступлении к 1-й части «Оды» Набокова (вокальная партитура)

«Оды» (пример 3.4). Короткие контрапунктические разделы, оркестрованные деревянными духовыми (такие, например, как переход перед средним разделом в 4-й части), и некоторая характерная орнаментика также наводят на мысль о неоклассическом стиле Стравинского (пример 3.5)[15]. Диатонические скалярные пассажи непредсказуемой длины, контрапунктически сопоставленные, появляются в оркестровом вступлении к «Празднику» (№ 9). Благодаря прерывистым ритмам и меняющемуся размеру пассаж напоминает неоклассическую музыку Стравинского, но словно упрощенную для детей (пример 3.6).

---

[15] Аудиозапись «Оды» Набокова (Марина Шагуч, сопрано; Александр Киселев, бас; Российская государственная симфоническая капелла; Residentie Orkest The Hague; Валерий Полянский, дирижер; Colchester, Essex, England: Chandos, 2002) и рукопись партитуры здесь расходятся. В партитуре верхняя мелодия написана для флейты, последняя фраза — для английского рожка, в то время как в записи верхняя линия исполняется гобоем, а в конце — кларнетом.

ПРИМЕР 3.3. Мягкое покачивание двойного хора в 9-й части
(вокальная партитура)

ПРИМЕР 3.4. Интродукция к «Оде» Набокова (вокальная партитура)

ПРИМЕР 3.5. Неоклассическая орнаментика в 7-й части «Оды» (вокальная партитура)

ПРИМЕР 3.6. Оркестровое вступление к 9-й части «Оды»
(вокальная партитура)

Немногочисленные диссонансные гармонии также отражают влияние Стравинского. Напоминают о нем и прерывистые ритмы, вызывающие ассоциации с «усмиренной» версией «Весны священной», которые иногда нарушают равномерное течение музыки, как, например, в 6-й части («О вы, которых...») — вероятно, наиболее оригинального фрагмента «Оды», который представляет собой унисонный речитатив хора и менее интересные патетичные кульминации.

Как сразу почувствовал Стравинский, лучше всего Набокову удаются лирические сольные партии и сентиментальные дуэты. Во 2-й части он сопровождает мелодию сопрано остинато и изящным контрапунктом — остинато, сплетающиеся мелодии и широкие интервалы вокальной партии, разделяющиеся иногда на двухголосные мелодии в стиле Баха, также вызывают в памяти неоклассицизм в стиле Стравинского (пример 3.7).

Сотни русских романсов, звучавших в его сказочном детстве, приучили Набокова к лирической сладости. За исключением сентиментального хроматического скольжения в конце нотной строки, мелодия для сопрано в 7-й части («О вы, которых...»), казалось, могла бы исполнить Анна в гораздо более позднем произведении Стравинского «Похождения повесы» (пример 3.8).

Самым оригинальным аспектом музыки Набокова является смелое принятие отсутствия в ней оригинальности. Стравинский не мог не придать всему, к чему он прикасался, свой собственный неповторимый оттенок, даже когда копировал манеры других композиторов, как это было в «Пульчинелле» или «Поцелуе феи». Набоков в синтезировании своей музыки занимал более пассивную позицию. Влияние Сати позволило ему создавать незамысловатые формы и простую фактуру. Но простота Сати в то же время таила в себе благословение Стравинского, и, как и во многих других произведениях русского Парижа, в стиле Набокова трудно было разграничить французские и русские черты.

В отличие от Стравинского, Прокофьев находил производный характер музыки довольно скучным и обратил внимание Набокова на то, что одно место в «Оде» слишком уж очевидно заимствовано из оперы Римского-Корсакова «Кащей Бессмертный».

ПРИМЕР 3.7. Первая страница 2-й части «Оды» Набокова (вокальная партитура)

ПРИМЕР 3.8. Неоклассическая мелодия из 7-й части «Оды» (вокальная партитура)

Набоков, обидевшись, ответил, что это место как раз больше всего понравилось Стравинскому; однако Прокофьев считал, что тот похвалил это место с иронией («Стравинский хвалил, потому что он злой человек»[16], — предостерег он Набокова). Однако Прокофьев ошибался: к концу 1920-х годов Стравинского перестал волновать вопрос о том, из каких источников рождается его музыка. В частности, он стал меньше беспокоиться относительно заимствований из своего собственного музыкального прошлого — русской «классической музыки» XIX века. То, что Стравинский одобрил партитуру Набокова, как раз свидетельствовало об этих переменах.

---

[16] Дневник Прокофьева. Запись от 23 февраля 1928 года [Прокофьев 2002б: 622–623].

СЛАДКАЯ НОСТАЛЬГИЯ ОБОРАЧИВАЕТСЯ СЮРРЕАЛИЗМОМ

Дягилев выбрал русского художника Павла Челищева (1898–1957) для оформления мизансцен для «Оды» и поручил создание сценария Борису Кохно. Хореографией занимался Леонид Мясин, который в прошлом сезоне работал над «Стальным скоком» Прокофьева. Набоков интерпретировал стихотворение Ломоносова абстрактно, в общих терминах «Просвещения», как «один из тех редких цветов восемнадцатого века, где человек все еще рассматривается как неделимое целое — интеллектуальное, духовное, нравственное — а наука, поэзия и вера образуют единую картину мира» [Giroud 2015: 69]. У Дягилева, как утверждает Кохно, была более конкретная концепция эпохи, и он поручил Челищеву разработать оформление «на основе аллегорических рисунков восемнадцатого века — гравюр с придворных балов и торжеств по случаю коронации императрицы Елизаветы» [Kochno 1970: 260]. 3 июня 1928 года, за три дня до премьеры, Дягилев в интервью газете «Возрождение» все еще описывал балет как аллегорию коронации императрицы:

«Ода» — балет аллегорический — аллегория, типичная для XVIII века: природа-натура и ее ученик. Натура показывает ученику чудеса Вселенной: воду, планеты, все световые отражения и, как последнее чудо, коронационное празднование времен Елизаветы Петровны. Ученику завязывают руки, чтобы он не двигался, не пытался прикоснуться к чудесам. Но под самый конец, когда он видит перед собой северное сияние, символизирующее императрицу, ученик не выдерживает, разрывает веревки и бросается вперед. Но в это мгновение огни гаснут и очарование исчезает. Натура, представленная в начале сцены в виде монумента, снова превращается в камень и уж не уступит больше мольбам ученика... [Зильберштейн, Замков 1982, 1: 249][17].

---

[17] См. также описание балета Набоковым в интервью Льву Любимову [Любимов 1928].

Сценарий Кохно, помещенный в программке, был не столь исторически точным. Он описывал балет в трех сценах. В первой из них Природа спускается со своего пьедестала, чтобы показать своему ученику Созвездия (Кохно указал, что сцену исполняют девять мужчин-танцовщиков), Реку (ее представляют восемь женщин и шесть мужчин), Цветы и Человечество (оба представлены изображениями, проецируемыми на экран). Во второй сцене Ученик просит Природу показать ему свой праздник. В третьей сцене Ученик, пытаясь достичь чудес природы, уничтожает северное сияние. Как и в сценарии Дягилева, Природа в последней сцене вновь обращается в камень[18]. В отличие от Набокова или Кохно, Челищев был в меньшей степени готов следовать указаниям Дягилева. В Киеве он обучался у Александры Экстер и поэтому тяготел к абстракции; он отказался свести свое искусство к изображению старинных декораций. Челищеву хотелось создать «что-то новое, оригинальное», избавиться от «станковых картин с раздутыми задними планами» и вместо этого «поместить на сцену текстуры и вещи, чтобы сделать... фантастический театр» [Tyler 1967: 299]. К тому времени, когда Дягилев и Кохно уговорили его выполнить декорации для «Оды», Челищев был уже серьезно увлечен экспериментами с новым подходом к оформлению сцены. По словам Набокова, его

> занимали такие проблемы, как связь между прагматическим опытом (с его грубой и неуклюжей логикой, воспринимаемой и передаваемой разуму органами чувств) и опытом нереального (или сверхреального) со всеми его скрытыми, алогичными законами и его «путешествием на край ночи» [Nabokov 1951: 95][19].

После экспериментов с неоромантизмом Челищев был уже на пути к тому, чтобы стать художником-сюрреалистом. «Ода» дала ему такую тему, которая действительно могла увести его «на край

---

[18] Цит. по: [Schouvaloff 1997: 323].

[19] Последняя строка отсылает к первому роману Луи-Фердинанда Селина «Путешествие на край ночи» (1932).

ночи». Отвергнув идею Дягилева о панегирическом зрелище или идею Кохно о дидактической аллегории, он предложил для музыки Набокова «сюрреалистическое ви́дение загадочного явления природы, северного сияния» [Ibid.: 95–96]. Художник работал тайком, не показывая свой замысел Дягилеву, который, как он сказал Набокову, был не в состоянии понять «его выкрутасы», но тем не менее утверждал, что «все они не имеют к вашей музыке никакого отношения» [Набоков 2003: 188].

И только за десять дней до спектакля Набокову наконец позволили взглянуть на планы, и Кохно показал ему макет сценического оформления первой картины балета. «Сцена, — вспоминал Набоков, — была затянута голубым тюлем. Освещенный крошечными фонариками, тюль оживал, обретая причудливую эфемерную красоту» [Там же: 193]. Итак, «текстуры» и «вещи», которые Челищев хотел поставить на сцене, чтобы показать северное сияние, были сделаны из света: свет рампы, электрические лампы, неоновые лампы, фосфоресцирующие лампы и кинопроекции — для этого Челищев обратился за помощью к Пьеру Шарбонье, пионеру неонового освещения, с которым у Челищева была совместная выставка в 1926 году. Как позже писал А. В. Котон, самым сильным впечатлением от балета была

> неземная красота, созданная в большинстве сцен благодаря революционному решению в использовании света, никогда ранее не применявшемуся ни в одном из видов драматического искусства, — потоки света, световые пятна, панорамные эффекты, проекции на экран и мощные вспышки света, наводящие на мысль о внезапном оживлении пиротехнических декораций, в то время как группы танцовщиков и неподвижные фигуры утопали в лучах сияющего света, который то стремительно угасал, то вновь вспыхивал, едва уловимо меняя цвета [Coton 1938: 86].

Сюжетная линия — если дидактическую аллегорию Кохно вообще можно считать сюжетом — перестала играть роль «после того, как первые гигантские вспышки света четко показали, что внимание может быть полностью поглощено восприятием и усвоением визуальных образов, созданных без привязки к какому-либо другому компоненту этой ошеломляющей картины» [Ibid.: 87]. Сосед Челищева по комнате Аллан Таннер рассказывал, что, когда художник сказал Дягилеву, что ему понадобится пять проекционных аппаратов «чтобы установить их на "мостике" под потолком театра», Дягилев выглядел так, будто его вот-вот хватит удар [Tyler 1967: 331].

Некоторые из идей Челищева так и остались нереализованными: в окончательном варианте сценария не было вращающихся кругов неонового света, изображающих далекие туманности, и спиралей неонового света, изображающих кометы [Ibid.]. В сцене, изображающей Реку, Студент не плывет в лодке. Вместо этого он исполняет «плавающий» танец, находясь при этом на плечах группы танцовщиков, одетых в белые трико. Брийян так описывал сцену в журнале Correspondant: танцовщики «входят, опутанные большой сетью, представляя образ несущихся волн» [Brillant 1928: 623]. Также не вошли в постановку и большие прозрачные шары, которые, по замыслу Челищева, должны были опуститься на ярко освещенную сцену в четвертой картине; светящийся, пульсирующий шар, из которого сперва вырывались пузырьки воздуха, а потом вырастали ноги и он убегал в пятой картине; огромная белая лошадь, которая сначала появлялась, а затем уменьшалась до маленькой светящейся точки. Эти фантастические, сюрреалистические образы так и не вошли в балет. Сотворение человека, которое Челищев представлял себе в виде Природы, ведущей за собой некие таинственные фигуры, танцующие медленный танец, различные освещенные части тел которых постепенно складываются в полноценные человеческие очертания, в конечном итоге будет представлено в виде кинематографических проекций акробатов. Должно быть, Дягилев запретил Челищеву воплотить его кульминационный замысел — «языческий праздник, своего рода вакханалию с участием обнаженных мужчина и женщин», которые возникают «как будто посреди огненного пламени» [Tyler 1967: 333].

В сценарии Челищева только в одной сцене появляются элементы первоначального придворного торжества, задуманного

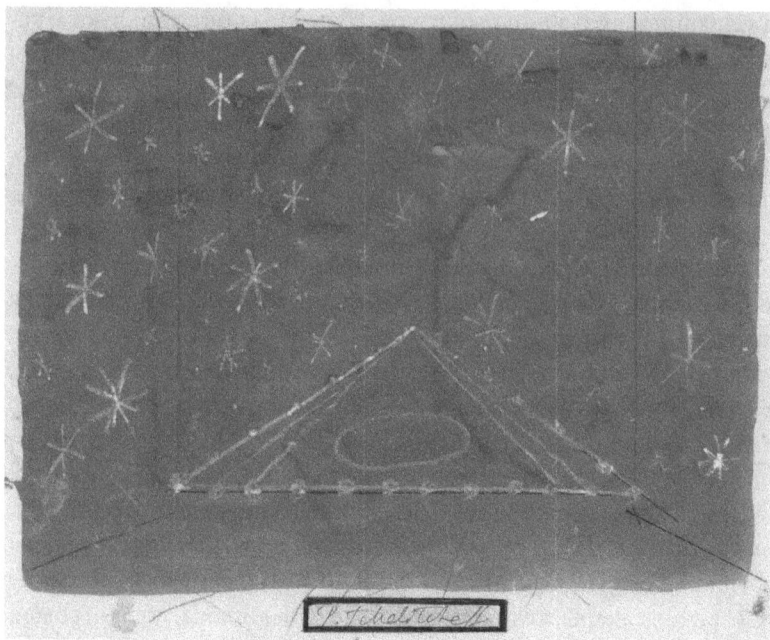

Илл. 3.1. Светящийся треугольник в эскизе декорации Павла Челищева для сцены праздника в «Оде». Коллекция русского балета Сергея Дягилева Говарда Д. Ротшильда, Гарвардский университет

Дягилевым. Торжество Природы заканчивается появлением северного сияния, которое Челищев хотел изобразить в виде пляшущих и дрожащих огней, множащихся и превращающихся в неподвижные небесные созвездия, фейерверки, звезды, огненные шары, молнии, возникающие и переливающиеся спирали; в виде общего света, быстро сменяющегося на зеленый, синий, желтый, оранжевый и красный, а затем переходящего в трепещущий белый, который чередуется с огненно-красным, становящимся все более ярким[20]. Для зрителей на сцене Челищев спроектировал круглый подиум, к которому с каждой стороны ведут лестницы. Задний план представляет собой большой све-

20 Сценарий Челищева, записанный рукой Пьера Шарбонье, см. в [Tyler 1967: 327–336].

Илл. 3.2. Эскиз декорации Павла Челищева к 3-й сцене из «Оды». Художественный музей Уодсворт Атенеум, Хартфорд, штат Коннектикут, Фонд коллекции Эллы Гэллап Самнер и Мэри Кэтлин Самнер, используется с разрешения

тящийся треугольник, подчеркивающий удаляющуюся перспективу, которую дополняют линии марионеток, подвешенных на проволоке и уменьшающихся в размерах по мере удаления от сцены. На переднем плане Челищев разместил танцовщиц, одетых, как и марионетки, в пышные платья из голубоватого и жемчужного серого атласа, украшенные большими фосфоресцирующими звездами (илл. 3.1–3.3).

Несмотря на кринолины восемнадцатого века, и марионетки, и танцовщицы казались странно абстрактными. Челищев закрыл их лица сетчатыми масками и обернул головы, область декольте и руки черным материалом так, что не было видно кожи (см. илл. 3.3). И вот уже не марионетки представляют людей, а люди превращаются в обезличенных марионеток, словно говоря, что в грандиозном замысле Природы человек как личность не играет особой роли.

Илл. 3.3. Павел Челищев, костюм звезды, ок. 1928 года. Национальная галерея Австралии, Канберра, используется с разрешения

Челищев не шутил, когда сказал Дягилеву, что вместо того, чтобы расписывать декорации, он хотел бы рисовать их прямо на трико танцовщиков [Tyler 1967: 334]. Кроме Ирины Белянкиной (или Иры Беллин), племянницы Стравинского, которая олицетворяла Натуру в белом одеянии, напоминавшем греческую колонну, и Лифаря, танцевавшего партию Студента, все остальные танцовщики выполняли роль движущихся частей декорации: например, во второй картине светящиеся точки на их бледно-голубых трико соединялись ломаными линиями подобно тому, как в книгах по астрономии изображаются созвездия[21]. Танцовщики превращались в движущиеся волны или в стену из воды, или же выполняли различные акробатические движения в соста-

---

[21] В своем обзоре в журнале Le Correspondant Брийян [Brillant 1928] описывает точки как черные, но на некоторых фотографиях точки явно более светлого цвета (см. две фотографии «Оды») (цит. по: [Kochno, Luz 1954: 270–271]).

ве подвижной декорации, которая в своем совершенном единстве цвета, света и движения уже никак не могла считаться «декорацией» или задником сцены. Еще одной отсылкой к эпохе стал костюм Студента, напоминающий о временах Людовика XV. Лифарь был одет как французский аббат: черный сюртук, белый парик, треуголка и адвокатская лента на шее. Как можно видеть на фотографиях Лифаря, Студент связан веревками, которые символизируют ограниченность его разума и способности действовать [Brillant 1928: 623]. В сцене праздника Лифарь также связан (в оригинальном сценарии у него даже завязаны глаза). Когда ему наконец высвобождают руки, одна его нога стоит на веревке, с помощью которой он рисует в воздухе различные геометрические фигуры.

Геометрия — важная тема второй картины, в которой, по замыслу Челищева, светящиеся точки на синих трико девяти танцовщиц образуют «геометрические фигуры». В сцене праздника танцовщицы, одетые в синие трико, с лицами, закрытыми сетчатыми масками, танцуют с веревками на фоне марионеток. Веревки, свисающие с потолка, создают иллюзию, что танцовщицы — это тоже марионетки, которыми управляют с помощью веревок. Формируя геометрические фигуры, танцовщицы становятся частями геометрических образований в стиле кубизма.

Кинопроекции Шарбонье усиливали фантастические образы Челищева. Набоков вспоминал, как Челищев показывал ему некоторые из кинокадров в то время, когда он все еще держал свою концепцию в секрете от композитора: «Моему удивленному взору предстали эскизы, изображающие молодых людей в фехтовальных масках и трико, медленно погружающихся в нечто, судя по всему, в воду. <...> Кохно сказал мне... что эти изображения символизируют "стихию Воды"» [Nabokov 1951: 122]. В окончательном варианте это стало сценой под названием «Человек», которая была представлена в виде замедленных акробатических движений [Malherbe 1928a]. Чудеса природы — произрастание растений, цветов и плодов — также были представлены в кинопроекции: из большого белого овала, который изображает семя и проецируется на черный экран, сначала вырастает стебель, затем он постепенно превращается в светящееся дерево, букеты цветов и плоды на ветвях. В финале изображение распадается в изображение вазы с фруктами и образует натюрморт.

ОТ ФАНТАЗИИ К РЕАЛИЗАЦИИ

Не стоит и говорить, что проект Челищева был сущим кошмаром с точки зрения логистики. Дягилев, поручивший хореографию Мясину (потому что хотел оставить Джорджа Баланчина, своего нового хореографа, для «Аполлона Мусагета» Стравинского), потерял интерес к постановке после того, как один раз побывал на репетиции. Хореография Мясина казалась ему «современной, холодной, угловатой», не имеющей ничего общего с лирическим, романтическим характером музыки [Nabokov 1951: 112]. Он позволил Кохно взять балет в свои руки, понимая, что между композитором, хореографом и сценографом не было настоящего взаимопонимания. Самоустранившись от постановки балета, он дал Набокову последний совет: «Если вы принялись наконец за дело, то не тащите телегу в три разные стороны. А то намертво застрянете в грязи. Запомните, *я* вас вытаскивать из *вашей* грязи не собираюсь!»(курсив Набокова. — *К. М.*) [Ibid.: 106–107].

По мере приближения премьеры, когда стало ясно, что «Ода» находится на грани провала, Дягилев наконец вмешался. В своих воспоминаниях Набоков с умилением рассказывает о том, как Дягилев пришел на помощь. За четыре дня до премьеры «Оды» он полностью взял бразды правления в свои руки:

С этого момента *он* (т.е. Дягилев, курсив Набокова. — *К. М.*) все взял в свои руки: *он* отдавал приказы, принимал решения. <...> Он самолично наблюдал, как кроят и шьют костюмы. Он присутствовал на всех оркестровых и хоровых репетициях и заставлял дирижера Дезормьера, солистов и хор вновь и вновь повторять одни и те же фрагменты, добиваясь, чтобы они идеально сочетались с движениями артистов и игрой света постановки Челищева. <...> Кроме того, две ночи подряд он руководил сложной отладкой света, кричал на Челищева и на осветителей, когда те не справлялись со сложными установками; кричал на меня, когда мое усталое фортепиано замедляло темп; кричал на Лифаря, когда его па не соответствовали ритму музыки и игре света [Ibid.: 125].

Благодаря Дягилеву премьера, состоявшаяся 6 июня, прошла без сбоев. Но не все постановочные проблемы удалось решить. Андре Шеффнер, писавший для журнала Le Ménestrel расценил вечер премьеры в Русском балете как «очевидный и позорный хаос». Зачем называть «премьерой» то, что должно быть репетицией за закрытыми дверями? [Schaeffner 1928]. Кроме того, власти не разрешили использовать в театре неоновые лампы, что еще больше усложняло ситуацию. Впервые неоновые лампы были продемонстрированы в 1910 году их изобретателем Жоржем Клодом, однако они все еще считались небезопасными, и полиция запретила их использование, чтобы избежать взрыва. Без неонового освещения сцена казалась слишком темной[22]. Зрители, которые пришли посмотреть балет, были недовольны решением Мясина расположить ведущих танцовщиков за муслиновым занавесом [Brillant 1928][23].

Даже Роберт Кэби, композитор и писатель, тесно связанный с Сати и сюрреалистами, счел постановку Челищева недостаточно продуманной [Caby 1928a]. Некоторые критики, которые, по всей видимости, не знали о том, как сам Дягилев относится к проекту Челищева, видели в постановке результат безумной погони импресарио за новшествами. Малерб зашел настолько далеко, что обвинил Дягилева в попытке завоевать нового зрителя «по ту сторону Атлантики»: «В наши дни ему особенно необходимо завоевать доверие публики по ту сторону Атлантики, собравшейся на премьеру "Оды" прошлым вечером» [Malherbe 1928a]. Чтобы удовлетворить эту публику, которая казалась

---

[22] Андре Левинсон жаловался, что «из-за этих бесцельных экспериментов платформа постоянно погружается во тьму, и кордебалет волнообразно колеблется» [Levinson 1928].

[23] Левинсон также жаловался на то, что Мясин и Данилова оказались за занавесом [Ibid.].

Малербу инфантильной, нужно было даже самые серьезные проблемы преподносить с такой сенсационной шумихой. Декорации Челищева и Шарбонье показались Малербу настолько упрощенными и банальными, что он даже не пытался разгадать их предполагаемый аллегорический смысл. Критик не мог понять, почему они выбрали такое «кичливое и вызывающее оформление» для такого «структурно посредственного, скупого дивертисмента» [Ibid.]. Левинсон просто назвал представление «безвкусным и заумным» [Levinson 1928].

Более всего «Ода» пострадала из-за несоответствия между аллегорическим текстом XVIII века, лирической музыкой Набокова, модернистской, угловатой, акробатической хореографией Мясина и сюрреалистическим оформлением Челищева[24]. В незрелом сценарии Кохно не удалось соединить эти различные художественные тенденции в целостный проект. Брийян оправдывал невнятность либретто тем, что оно ничем не хуже некоторых знаменитых французских балетов XVIII века, и в качестве примера напомнил своим читателям об очень популярной опере-балете Андре Кардинала Детуша и Мишеля Ришара Делаланда «Les élements» («Элементы») 1721 года с невероятно сложным либретто Пьера-Шарля Руа. Другие критики также ссылались на французских предшественников. И Брийян, и Луи Лалуа отождествляли сцену праздника с «большим балетом» или «большим дивертисментом» *ballet de court's* [Brillant 1928; Laloy 1928].

Левинсону величественный аллегорический балет с серыми марионетками напомнил «траурную церемонию в опере Рамо». Шеффнер признавал, что серо-голубые цвета костюмов и декораций создают определенную гармонию, но выражал недовольство контрастом между костюмами эпохи *ancien régime* и теми, которые он называл костюмами «гостиничных воров» или «личинок ледникового периода» [Schaeffner 1928].

К удивлению тех, кто никогда не слышал о Николае Набокове, музыка «Оды» в парижских рецензиях получила гораздо более

---

[24] В хореографии Мясина «классические серии шагов усложняются акробатическими элементами, что приводит к сомнительной смеси, слишком часто используемой в наши дни» [Ibid.].

благоприятную оценку, чем хореография Мясина или оформление Челищева. По словам Левинсона, «безвкусное и бестолковое зрелище, которое наложили на эту музыку, испортило впечатление, которое она могла бы произвести» [Levinson 1928]. Большинство критиков сошлись во мнении, что визуальное действие испортило музыку, которая, как они справедливо полагали, никогда и не задумывалась как музыка для балета. Они выражали надежду на удовольствие когда-нибудь услышать эту музыку в концертном исполнении[25]. Критики все же обратили внимание на слабость оркестровки, но простили ее Набокову, зная, что «Ода» была его первым оркестровым произведением [Brillant 1928]. Шеффнер упрекал Дягилева в том, что тот поставил под угрозу репутацию Набокова, выпустив его дебютное произведение всего после двух оркестровых репетиций и со значительно сокращенным составом хора [Schaeffner 1928]. Но, как заметил Жорж Орик, работавший с Дягилевым, даже если постановка на сцене Русского балета была сопряжена с риском искажения произведения, Дягилев предлагал композитору такую широкую известность, о которой тот мог только мечтать [Auric 1928].

В Париже в сезоне 1928 года, который проходил с 6 по 22 июня, «Ода» исполнялась так же часто, как и другая новинка труппы — «Аполлон Мусагет» Стравинского. «Ода» открывала сезон в русской программе вместе со «Стальным скоком» Прокофьева и «Свадебкой» Стравинского, что позволило Набокову, как писал Андре Джордж в рецензии на «Оду», «присоединиться к фаланге эмигрантов, таких как Стравинский, Прокофьев и Дукельский» [George 1928]. «Ода» прозвучала на шести из двенадцати вечеров; «Аполлон» Стравинского, премьера которого состоялась 12 июня, также исполнялся в Париже шесть раз[26]. В одной программе эти

---

[25] См., например, [Brillant 1928] и рецензию Мориса Бекса в журнале Le Revue Hebdomadaire за июль 1928 года.

[26] К тому времени, как «Ода» добралась до Лондона, Дягилев изменил стратегию. В центре лондонского сезона, несомненно, был «Аполлон». Из тридцати шести спектаклей с 25 июня по 29 июля в одиннадцати показывали «Аполлона». «Оду» представляли всего шесть раз и только во второй половине сезона.

два произведения появились лишь однажды, 13 июня. Во всех крупных газетах вышли рецензии на произведение Набокова — его хвалили без особого рвения, но постоянно[27]. Малерб считал, что музыка «Праздника» показала композитора как музыканта, заслуживающего внимания, а Орик подчеркивал изящество и непосредственность музыки, в которой отсутствовали импрессионистические фантазии и чрезмерная утонченность. Никто не упомянул Сати. Светлый настрой музыки приписывали не Сати, а Мендельсону и итальянскому влиянию; Брийян процитировал Ролана Мануэля, назвавшего Набокова «гондольером Невы». Простой и доступный стиль Набокова напоминал Шеффнеру «Stabat Mater» Перголези и «Реквием» Моцарта. В качестве иллюстрации плодотворного сочетания серьезной темы с прекрасной музыкой он упомянул недавнее исполнение «Реквиема» Моцарта, «Царя Эдипа» Стравинского и «Оды» Набокова. Шеффнер сравнил обращение Набокова к старой русской музыке с тем, как Орик и Пуленк пытались восстановить связь с французскими музыкальными жанрами начала XIX века. В список последователей Набокова Малерб добавил имя Антона Рубинштейна. «Вот молодой музыкант, который пишет старую добрую музыку», — писал он с одобрением. Левинсон уловил влияние Глинки и Чайковского в мелодическом течении «Оды» Набокова, а «мужественную энергию» и богатство тембра приписал влиянию Стравинского.

Сравнение со Стравинским было неизбежным, и не только потому, что композитор уже занял прочное место в культурном дискурсе Парижа 1920-х годов, но и потому, что его «Аполлон Мусагет» был другой новинкой предпоследнего сезона Дягилева. В «Оде» уже прослеживались характерные ассоциации со Стра-

---

[27] В Лондоне было иначе. Критик, подписавшийся в «Субботнем обозрении» как Н., отверг музыку «Оды» как «вряд ли достойную композитора даже такой ничтожной репутации, как мистер Набоков» [Н. 1927] (цит. по: [Sayers 1999, 2: 122]). Франсис Той в газете The Morning Post назвал музыку Набокова «вульгарной, но не забавной. Временами, в хоровых частях, он определенно ярок и энергичен, но бóльшая часть партитуры отдает цирком, плоским или неблагозвучным» [Toye 1928].

винским, чей «Царь Эдип», премьера которого состоялась годом ранее, превратил кантату, скучный жанр консерваторских конкурсов, в важный элемент современного стиля. В контексте Стравинского обсуждалась и религиозная тематика, затронутая Набоковым. Один только Орик утверждал, что вдохновение Набокова «ничем не обязано Стравинскому».

Что еще более важно, Набоков доказал, что русская культура продолжает процветать, как уверял своих читателей Лалуа:

> Те, кто любят Россию, уже могут не отчаиваться. Политическая и социальная злоба или безумие могут разрушить дома, упразднить институты, отвергнуть традиции, даже изменить название страны, но дух народа не сдается: род, давший нам Пушкина, Толстого и Достоевского, Глинку, Мусоргского и Стравинского, не может умереть. Набоков — достойный наследник этого славного рода [Laloy 1928].

Именно эти слова хотели услышать русские эмигранты.

Брийян пошел еще дальше, утверждая (и опередив в этом Артура Лурье), что специфический русский стиль, который представлял Набоков, и был «настоящей» русской традицией. Это не был тот живописный азиатский стиль с его «ритмическим и колористическим разгулом, дикой чувственностью и изысканными тембрами», который со времен «Могучей кучки» (или блистательных предвоенных сезонов Дягилева в Париже) стал ассоциироваться с русской музыкой. Вместо дикости Набоков вернул мудрую и нежную итальянскую мелодичность, которая «была дорога сердцу каждого жителя Санкт-Петербурга». Упоминание Брийяном Петербурга, предпочитающего нежные, итальянские тона, заставляло вспомнить о былом соперничестве между российскими столицами. Хотя «Танцы» из «Князя Игоря» и «Жар-птица» Стравинского все еще были в программе Дягилева, он постепенно отходил от темы Древней Руси и всё больше обращался к более знакомому и менее экзотическому прошлому — неоклассическому, имперскому Петербургу. Брийян писал: «Некоторые выдающиеся русские специалисты в области эстетики говорят нам, что это их оригинальная традиция, которая восходит к XVIII веку, тогда как восточные переливы Римского и его друзей и последователей являются лишь великолепной интерлюдией» [Brillant 1928].

Русский стиль Стравинского в «Весне священной» уже давно стал историей. Брийян осуждал Набокова за то, что он все еще полагается на навязчивые порой ритмы а-ля Sacre или бездумно и чрезмерно использует духовые, как это делал Стравинский до «Аполлона». Небольшие напоминания о модернизме в партитуре Набокова, которые Брийян находил порой в более жестких гармониях или более резких ритмах, теперь уже вызывали неодобрение, потому что, как писал критик, это был модернизм, который «полностью отрицал чистоту "Аполлона Мусагета"». То, что Брийян подразумевал под «чистотой» «Аполлона», было, без всякого сомнения, еще одним мифом, созданным Стравинским. Сила неоклассицизма Стравинского состояла в его способности обращаться не к существующему, а к воображаемому прошлому, не имеющему отношения ни к конкретному периоду времени, ни к конкретной стране, а потому свободному от малоприятного запаха эмигрантской ностальгии.

Глава 4

Неоклассицизм *а-ля рус* 2, или *Similia similibus curentur* по Стравинскому

Хотя Дягилеву и удалось вызволить «Оду» из беды, времени на спасение творения Николая Набокова у него было немного. Во время репетиций в Монте-Карло импресарио был полностью поглощен работой над постановкой« Аполлона Мусагета» Стравинского, премьера которой состоялась в том же сезоне 1928 года. Дягилев видел в сотрудничестве Стравинского и Баланчина своего рода лабораторию для создания того, что он считал идеальной версией классицизма. «То, что делает [Баланчин], восхитительно. Это чистейший классицизм, какого мы не видали со времен Петипа», — услышал Набоков восторженные слова Дягилева [Nabokov 1951: 104]. У Дягилева были причины для радости по поводу возвращения его блудного сына в балет. Всего за год до этого он с горечью сообщил прессе, что Стравинский отказался писать балет к двадцатилетию труппы, потому что теперь он считает, что балет «навлек на него анафему Христа» [Georges-Michel 1927].

Для Стравинского «Аполлон» был не только возвращением к Дягилеву, но и ритуальным очищением. Лекарство было в равной степени гомеопатическим и аллопатическим: оно исцеляло и по принципу «лечения, которое может вызвать недуг, подобный тому, который оно должно исцелить (*similia similibus curentur — лечить подобное подобным*)», и по принципу укрепления естественной защиты организма с помощью средства, вызывающего симптомы, отличные от симптомов болезни, с которой оно борется [Haehl 1922: 67]. Иначе говоря, классицизм Стравинского в «Аполлоне» может восприниматься и как возвращение в Россию, и как демонстрация приверженности Европе. Многим неоклассицизм композитора представлялся нейтральным противоядием от его прежних националистических балетов, предлагавшим русским эмигрантам лекарство не только против ностальгии, но и против потенциального большевистского соблазна. Но для других, к примеру, для Бориса де Шлёцера, неоклассицизм Стравинского все еще сохранял прочные корни в русской культуре[1]. Та настойчивость, с которой Шлёцер старался вернуть Стравинского в лоно русской культуры, была симптомом тревоги диаспоры, ее страха потерять центр своего мировоззрения. Толкование неоклассицизма Стравинского, предложенное Шлёцером, создает специфически изгнанническое эстетическое пространство, в равной степени свободное и от бремени прошлого, и от страха перед будущим. Такой взгляд на неоклассицизм особенно подходил для эмигрантского культурного пространства, существующего по принципу «ни то ни се». Так что, несмотря на претензию на «повсюдность», «Аполлона» Стравинского можно с полным основанием обсуждать в контексте изгнания.

ВЫБРАТЬ ПРАВИЛЬНЫЙ КУРС

Новый балет Стравинского попал к Дягилеву неожиданно. Это был заказ для нового концертного зала музыкального отдела Библиотеки Конгресса в Вашингтоне, который открылся в 1924 году при финансовой поддержке Элизабет Спрэг Кулидж. Зал, акустику которого критик газеты New York Times Олин Даунс

---

[1] Морин А. Карр подводит итоги того, что она считает источниками неоклассицизма Стравинского, особенно его определению в «Музыкальной поэтике», уделяя основное внимание французскому интеллектуальному влиянию на понимание композитором этого термина. Говоря о влиянии представителей русской эмиграции, Карр упоминает только Артура Лурье, чьи взгляды она с любопытством сравнивает со взглядами Адорно [Carr 2002: esp. 1–15].

описывал как не имеющую себе равных в Соединенных Штатах, был рассчитан в первую очередь на исполнение камерной музыки, но в 1927 году ежегодный фестиваль камерной музыки был дополнен вечером балета, куда вошел и новый балет Стравинского [Downes 1928: 13].

Независимо от того, что вновь загоревшийся религиозным пылом Стравинский говорил о моральных проблемах балета, он был не в том положении, чтобы отказаться от столь престижного заказа. «Вообразите себе на минуту, что вас по телеграфу просят из Америки сочинить музыкальное произведение (балет или пантомиму) для ограниченной и весьма избранной аудитории — например, для узкого круга Белого дома», — похвастался он Гюставу Рею в интервью для газеты L'Intransigeant [Rey 1927: 1–2][2]. Единственными требованиями, которые выдвинули американцы, были право на премьеру и передача рукописи на хранение в фонд Библиотеки Конгресса. Не было никаких причин отказываться, говорил Стравинский в беседе с корреспондентом, тем самым опровергая слухи, распространяемые в основном Дягилевым, о том, что Стравинский был композитором, который работал «на того, кто больше заплатит»[3]. Речь между тем шла о больших деньгах: ему заплатили 1 000 долларов, о чем Стравинский ничего не сказал своему собеседнику.

Заказ Кулидж означал, что Дягилев получал балет Стравинского бесплатно, хотя и не мог претендовать на премьеру. По счастью, Вашингтон был далеко, и к моменту парижского представления «Аполлона» никто, похоже, уже и не помнил, что новое произведение Стравинского в этом сезоне вообще-то написано на заказ. «Ни в программе, ни в рецензиях нет ни малейшего намека на то, что балет был написан по заказу Фонда Кулидж при Библиотеке Конгресса и впервые был поставлен в Вашингтоне

---

[2] Отметим, что в этом интервью Стравинский интерпретировал греческое слово «Мусагет» с использованием политизированного итальянского слова «дуче» ('duce' des muses — «вождь» муз).

[3] Когда Дягилев проворчал о Кулидж «Эта американка совершенно глухая», Стравинский заметил: «Она глухая, но она платит» [Стравинский 1971: 186].

в апреле прошлого года», — с обидой негодовал американский критик Г. П. Тейлор в газете Boston Evening Transcript. «То, что "они" там (là bas) творят, едва ли имеет значение, если только "они" при этом не платят солидное жалование и не оказывают неподобающего уважения какой-нибудь парижской посредственности», — недовольно ворчал критик, намекая на то, что парижане обращают внимание на Соединенные Штаты только в том случае, если они платят и восхищаются их знаменитым композитором [Taylor 1928].

Стравинский не проявил интереса к вашингтонской премьере, которая состоялась 27 апреля 1928 года и на которой он не присутствовал. Он уверял Дягилева, что именно он должен «хорошенько» поставить балет, «чтобы Лифарь делал разные фиоритуры» — чтобы заинтересовать импресарио, композитор обещал главную роль в балете его новому фавориту, Сержу Лифарю[4]. В интервью Льву Любимову для парижской газеты «Возрождение» Стравинский еще раз подчеркнул характер вашингтонской премьеры: «...это было закрытое представление по приглашениям. Настоящая премьера была здесь, в Париже» [Любимов 1928]. Стравинский не спешил с отсылкой партитуры Адольфу Бому, который был балетмейстером вашингтонского спектакля, при этом он неоднократно играл эту музыку в процессе ее создания Дягилеву и Баланчину и объяснял им свои замыслы [Joseph 2011: 118].

То, что он себе представлял, было совсем не просто. В своей автобиографии «Хроника моей жизни» (Chroniques de ma vie, 1935) Стравинский пишет, что вашингтонский заказ дал ему возможность сочинить то, что он давно уже задумывал, — «балет на какой-нибудь мотив или сюжет из греческой мифологии, образы которого в несколько измененном виде были бы переданы так называемым классическим танцем» [Стравинский 2005: 296][5].

---

[4] Письмо Дягилева Лифарю от 30 сентября 1927 года [Лифарь 2005: 514], также см. [Carr 2002: 98].

[5] Карр предполагает, что сценарий, вероятно, написанный Лурье, также был вдохновлен «Творениями Прометея» Бетховена (ор. 43) — балетом, который позже поставил Лифарь в Гранд-опера [Carr 2002: 99–100].

Греческая тема вовсе не была новинкой — более того, в то время она была на пике популярности. Пикассо рисовал женщин *à la grecque*, а композиторам не надоедали греческие темы. В своей рецензии на «Аполлона» Роберт Кейби в качестве наиболее ярких примеров перечислил такие произведения последнего времени, как «Сократ» (1919) и «Меркурий» (1924) Эрика Сати, «Орестея» по Эсхилу (1912–1923) Дариуса Мийо, «Антигона» (1924–1927) Артюра Онеггера и «Царь Эдип» (1927) самого Стравинского. Более того, Мийо незадолго до этого написал для Висбадена три короткие оперы на греческие темы: «Пробуждение Европы», «Покинутая Ариадна» и «Освобождение Тесея» (1927–1928) [Caby 1928b].

Зная привычки критиков и зрителей постоянно додумывать сюжеты балетов, Стравинский настаивал на том, что в его «Аполлоне Мусагете» и вовсе нет никакого сюжета. Именно таким и должен быть балет: чистым музыкально-танцевальным действием, «для исполнения в традиционном стиле классического балета (па д'аксьон, па-де-де, вариации, кода)» [Стравинский 2005: 297]; композитор «старался придерживаться как можно ближе классической формы, создать нечто вроде старинных сюит» [Любимов 1928]. Но тема балета была чем-то большим, чем просто поводом для танца. Сюжет на самом деле был: эпизод рождения Аполлона от титаниды Лето на острове Делос, взятый из гомеровского гимна «К Аполлону Делосскому», который составлял первую картину, и апофеоз Аполлона, его восхождение на Парнас, в конце. Чтобы подчеркнуть статус Аполлона как предводителя девяти муз, Стравинский назвал балет «Аполлон Мусагет».

Примечательно, что когда композитору пришлось сократить число муз до трех из-за ограничений вашингтонской сцены, он исключил Евтерпу — покровительницу музыки, вероятно потому, что ее символом была двойная флейта, или авлос, инструмент, к которому Аполлон, часто изображаемый с лирой, относился с презрением. Из девяти муз Стравинский выбрал Каллиопу, музу эпической поэзии, Полигимнию, музу священных гимнов и пантомимы, и Терпсихору, музу танца, символом которой являются лира и плектр. В греческой мифологии музы, мудрые дочери Зевса и Мнемозины, богини памяти, судят состязание между сатиром Марсием, играющим на авлосе, и Аполлоном, играющим на лире. В балете Стравинского Аполлон, «водитель муз», вдохновляет «каждую из них в ее искусстве». Посмотрев на то, как музы состязаются в танце, бог отдает свое предпочтение Терпсихоре, соединившей в своем искусстве «ритм поэзии и красноречие жеста», избрав ее своей главной спутницей [Стравинский 2005: 296]. Так, танец, «анафема Христа», одерживает победу над другими искусствами.

БЕЛОЕ НА БЕЛОМ

Для того чтобы возродить танец как триумфальный вид искусства, Стравинскому нужно было очистить его от прежних грехов. А что может помочь в этом лучше, чем обращение к Аполлону, богу-врачевателю? Поскольку в Древней Греции Аполлон мог быть вестником болезней, он становился участником обрядов очищения, проводимых для остановки болезни и отведения зла. «Аполлон», имевший в высшей степени ритуальный смысл, стал тем обрядом инициации, который позволил Стравинскому вернуться к художественной форме, создавшей его репутацию как композитора. Чтобы выразить свою приверженность классическому танцу, Стравинский решил сочинить так называемый «белый балет», в котором «выявлялась самая сущность танцевального искусства» [Там же: 298]. По крайней мере, так он утверждал в своей автобиографии. На самом деле «белый балет» не имел никакого отношения ни к чистоте, ни к классицизму. Как раз наоборот: *ballet blanc* был романтическим жанром, в котором балерины в белых балетных пачках до колен или до щиколотки танцевали в бледном свете подобно призракам, духам или другим неземным созданиям, пришедшим искушать простых земных мужчин — как в «Сильфиде», «Жизели» или, что ближе к Стравинскому, в «Лебедином озере» Чайковского. В «Сильфиде» Михаила Фокина 1909 года на музыку Шопена, в оркестровке которой принимал участие Стравинский, полностью отказались от сюжета, но сохранили романтическую атмосферу и состав действующих лиц. Это был, по выражению Сирила У. Бомонта, «романтический балет *in excelsis*», в котором в приглушенном свете «двадцать две танцовщицы в белых балетных платьях и один танцовщик в белых туфлях, трико и рубашках» двигались по сцене, и выглядели при этом не как танцовщики, а как «одушевленные облачка или дымка тумана» [Beaumont 1940: 13–14].

В *ballet blanc* Стравинского акцент был сделан на *blanc*, то есть на отсутствие «многоцветных украшений и нагромождений» [Стравинский 2005: 298]. Именно отказ от ориентализма, экзотики и, прежде всего, от русского *couleur locale* сделал композитора «Жар-птицы» и «Петрушки» знаменитостью на Западе. Чистота слова «белый» — вот что имело самое важное значение для Стравинского, которому балетный термин романтического «белого балета» напоминал об одержимости неоклассицизма мнимой белизной античных скульптур. Белизна балета Стравинского представляла собой звуковую версию «Аполлона Бельведерского» — фигуры, которую в середине XVIII столетия Иоганн Иоахим Винкельман провозгласил олицетворением совершенства в античной скульптуре. Сентенция Винкельмана о том, что путь к величию лежит через следование идеалу древних — «благородной простоте и спокойному величию», — как нельзя лучше отвечала неоклассической установке композитора. «В "Аполлоне" Стравинский стремится к величавому спокойствию», — сказал Дягилев в интервью газете «Возрождение» [Зильберштейн, Замков 1982, 1: 250] за два дня до премьеры, которая состоялась 12 июня 1928 года. Дягилев, который как никто другой знал, что на самом деле представляет собой «белый балет», наверняка понял замысел Стравинского, когда тот назвал «Аполлона» не просто ballet blanc, а балет *blanc sur blanc* ('белый на белом' — *фр.*). Набоков, со своей стороны (и, скорее, даже ретроспективно), описал дягилевскую концепцию нового творения Стравинского как «изображение "Белого на белом" Мондрианом» и «"Черного квадрата на белом" Малевича», то есть как образец совершенно абстрактного искусства [Набоков 2003: 201–202].

Илл. 4.1. Андре Бошан. Apollon Apparaissant aux Bergers («Явление Аполлона пастухам»), 1925. Художественный музей Уодсворт Атенеум, Хартфорд, Коннектикут, Фонд коллекции Эллы Гэллап Самнер и Мэри Кэтлин Самнер. © 2019 Artists Rights Society (ARS), Нью-Йорк / ADAGP, Париж, используется с разрешения

Но подобно тому, как идеально белые античные скульптуры Винкельмана изначально были раскрашены в яркие цвета, «белый балет» Стравинского изобиловал красками, о которых никто не догадывался. Начать с того, что создание декораций, вопреки желанию Стравинского, Дягилев поручил Андре Бошану (1873–1958), французскому провинциальному художнику, который в те годы завоевывал репутацию нового Анри Руссо. Дягилев приметил Бошана в 1927 году, когда тот представил шесть больших полотен, в том числе три картины на древнегреческие темы. Стравинскому же балет представлялся «в строгом и условном театральном пейзаже», где «всякое произвольное украшательство неизбежно искажало бы мой первоначальный замысел» [Стра-

Илл. 4.2. Серж Лифарь в роли Аполлона, Александра Данилова, Фелия Дубровская и Любовь Чернышева в роли Муз в «Аполлоне Мусагете». Финальная поза, показывающая восхождение на Парнас. Неизвестный фотограф. Изображение предоставлено Нью-Йоркской публичной библиотекой, Отдел танца Джерома Роббинса

винский 2005: 312]. Декорации Бошана, выполненные в стиле неопримитивизма, или, говоря точнее, фоновые вставки на основе его картин, были какими угодно, но только не классическими. Дягилев задействовал в оформлении балета две картины, написанные Бошаном в Монте-Карло, обе созданные по мотивам более ранней его работы Apollon Apparaissant aux Bergers (1925) (илл. 4.1). Используя картины Бошана в качестве образца, Александр Шервашидзе изготовил декорации, которые представляли собой небесного цвета задник с изображенной на нем колесницей и четверкой лошадей, гряды скал на заднем плане и массивную центральную скалу, фигурирующую в основном в финальной картине (илл. 4.2). Дягилев попросил Шервашидзе убрать херувимов и Муз, но и без них в картине было мало благородной простоты и «спокойного величия».

Не был более белым и натюрморт Бошана 1927 года, изображающий огромную вазу с цветами на фоне мирного сельского пейзажа с извилистыми реками, Адамом и Евой и двумя парижскими меценатами на переднем плане — Дягилев использовал для занавеса только пейзаж [Hansen 1985: 114].

РАЗНОЦВЕТНАЯ БЕЛАЯ МУЗЫКА

Когда в октябре 1927 года Дягилев впервые рассказал Прокофьеву про новый балет, «который ему пишет Стравинский», он сообщил, что балет «мелодичный и весь в до-мажоре»[6]. До мажор был своего рода символом чистоты, которая, в свою очередь, символизировала классицизм. Само собой разумеется, музыка Стравинского не была «вся в до-мажоре». В ней присутствовали ключевые знаки до четырех диезов и четырех бемолей, а также множество альтераций. Гармонический язык, несомненно, был диатонический и трезвучный, но, как и в других неоклассических произведениях Стравинского, такие жесты не гарантировали соблюдения правил тональной гармонии. Доминантные аккорды часто располагаются на тонических педалях (как в первой удерживаемой гармонии в 1-м такте или соль-мажорном аккорде, который впервые звучит над до в конце «Пролога» в первой картине). Гармонии, указывающие на ключи, появляются неожиданно: например, аккорд ре мажор возникает сразу после краткого ля-бемоль-мажорного момента в 7-м и 8-м тактах. Басовые прогрессии часто выступают не как основа тонально последовательной гармонической темы, а как ноты, которые, как будто не подозревая о своем предназначении, попадают в тонику раньше, чем другие части успевают их подхватить. Импульсы, такие как нисходящее движение, могут легко стать неуправляемыми и независимыми, как, например, во 2-м такте перед цифрой 13, где

---

[6] Дневник Прокофьева. Запись от 24 октября 1927 года [Прокофьев 20026: 599].

арпеджированное трезвучие фа-диез минор приходится на семь долей, за которым следуют пятидольные нисходящие фигуры у виолончелей, что вызывает метрическое смещение, которое еще больше подчеркивается сильными синкопическими акцентами у скрипок и альтов. Все это и есть излюбленные неоклассические приемы Стравинского, ра́вно как и его неожиданное обращение к американскому джазу в «Коде» (цифра 71), когда благородные пунктирные ритмы первой картины превращаются в беззаботный синкопированный свинговый ритм, напоминающий финал Октета (1923), в котором ритмы, заимствованные из афро-кубинской ру́мбы или бразильского матчиша (машише), сочетаются с появлением музыки белых клавиш, свободной от альтерации.

Стравинский демонстрировал показное послушание установленным формам. «Пролог» выдержан в форме медленного вступления с ярко выраженными пунктирными ритмами французских увертюр, восходящих от до мажора через ре мажор к ми мажору до того, как поднимется занавес. О рождении бога возвещает повторение той же ми-мажорной темы, но уже в до мажоре: это лейтмотив Аполлона, и он вернется в последней части, в «Апофеозе» (цифра 96). Первая вариация «Аполлона» в начале второй картины начинается с традиционного скрипичного соло без сопровождения для ведущего танцовщика (те самые обещанные «фиоритуры» для Лифаря). Pas d'action (цифра 24) — серия коротких танцев, которые в традиционном балете должны развивать сюжет, — начинается с благородного, тягучего унисона, который вводит медленную, лирическую мелодию в си-бемоль мажоре, позже переходящую к виолончелям и контрабасу. Ямбический пунктирный ритм, объединяющий элемент балета, на 32-й цифре появляется с новой темой, которая затем наращивается в двух различных пропорциях и облачается в форму канона при повторении исходной тональности на 35-й цифре. Эта новая, на первый взгляд, тема на самом деле является транспонированной в двухдольный размер версией оригинальной лирической темы в трехдольном размере, первые шесть нот которой распределяются по разным октавам, чтобы сделать ее неузнаваемой. В коде (в цифре 37) звучит еще одна метрическая вариация на

ПРИМЕР 4.1. Параллель между темой первой скрипки в 1-м такте после 25-й, 32-й цифры и в цифре 37 в Pas d'action из «Аполлона» Стравинского. Использовано с разрешения Boosey Hawkes

первую тему (пример 4.1). В следующей вариации (цифра 39) Каллиопа танцует под воображаемые русские александрины — шестистопные ямбы, которые Стравинский называл «крайне произвольной системой просодических правил» и которые он использует для создания мелодии для виолончели *dolce* в цифре 41. В более широком смысле, переложение на стихотворный ритм также служило средством укрощения диких, первобытных ритмов Стравинского, делая их «произвольными и искусственными», что для Стравинского — создателя «Аполлона» — составляло суть искусства.

Подобные приемы не были новинкой для Парижа 1928 года. Но упоительное звучание сентиментальных струнных — тепло, исходящее от партитуры Стравинского, — действительно было неожиданным для композитора, который всего за несколько лет до этого решительно отвергал струнные, именно потому что они способны «на более тонкие нюансы» и могут «лучше отражать индивидуальное восприятие исполнителя в произведениях, построенных на эмоциональной основе», то есть то, против чего выступал Стравинский-неоклассик [Stravinsky 1984: 458–459]. И вот он вдруг создает партитуру для струнных, в которой неоднократно дает музыкантам указание играть *espressivo*. «Ведь какая это радость, — признавался он, — окунуться в многотембровое благозвучие струн и насытить им мельчайшие частицы полифонической ткани!» [Стравинский 2005: 299] — ткани, которую он сделал более благозвучной, разделив виолончели на первые и вторые, чтобы они гармонировали со скрипками. Неоклассицизм типа «назад к Баху» уступил место другому виду ретроспективизма, вдохновляемому теперь классической традицией балета, что поставило Стравинского в один ряд с Чайковским, величайшим композитором балетной музыки, классической по форме, но исключительно романтической по звучанию и эмоциональной привлекательности.

В «Аполлоне» «есть еще баховские реминисценции», — сообщал Прокофьев Николаю Мясковскому после того, как проиграл клавир[7]. Бахианский неоклассицизм заметно выражен в контрапунктических структурах и в возникающей время от времени мелодии скрипки соло с разделенным регистром в первой вариации Аполлона (цифра 20). Но Бах — далеко не первая ассоциация, которая всплывает в памяти при прослушивании «Аполлона». Прокофьеву партитура не понравилась главным образом потому, что, по его мнению, в ней было слишком много материала, «нахватанного из самых зазорных карманов: и Гуно, и Делиб, и Вагнер, и даже [Людвиг] Минкус» (австрийский балетный композитор, работавший в русских императорских театрах в середине XIX века). При этом Прокофьев признавал: «Все это поднесено с чрезвычайной ловкостью и мастерством, каковое было бы исчерпывающим, если бы Стравинский не проглядел самого главного: ужаснейшей скуки»[8]. «"Поцелуй феи" разочаровал многих поклонников Стравинского», — писал Прокофьев, но находил его «приятнее "Аполлона": тут есть хоть материал, пускай и взятый на прокат»[9]. Стравинский наслаждался своей лицензией на доступ к неограниченной арендной собственности. Позже он с удовольствием перечислял Роберту Крафту «самые зазорные карманы»,

---

[7]   Письмо Прокофьева Мясковскому от 25 января 1928 года [Прокофьев, Мясковский 1977: 268].

[8]   Письмо Прокофьева Мясковскому от 9 июля 1928 года [Там же: 281].

[9]   Письмо Прокофьева Мясковскому от 21 января 1929 года [Там же: 291].

которые, во всяком случае по мнению его критиков, он выбрал
для «Аполлона», называя конкретные номера тактов в партитуре
и не ограничиваясь теми авторами и произведениями, которые,
как считали критики, стали источниками его вдохновения: Делиб
и Чайковский, «Лунный свет» Дебюсси, хор Miserere из «Трубадура» Верди и Сен-Санс, находящиеся в начале списка, студенческие
песни и американская поп-музыка — в его конце [Стравинский
1971: 188–190]. Критик газеты The Daily Telegraph услышал «Ка-
валера роз» Рихарда Штрауса в каком-то плавном фрагменте из
«Аполлона» [F. B. 1928]. Генри Малерб, писавший для газеты Le
Temps, усилил французскую сторону, добавив в список Люлли,
Рамо, Монтеклера, Обера и Гуно. Он писал, что Стравинский
оставил изобретательство и целиком отдался «доктринам семнадцатого, восемнадцатого и первой половины девятнадцатого веков», замкнувшись «в галерее, где остались только бюсты почив-
ших музыкантов» [Malherbe 1928b][10].

То, что Стравинский постоянно менял стили, ставило его
критиков в тупик. Не было ли его обращение к Баху отказом
композитора от стилистики XIX века? И что это был за неоклассицизм, присущий тому самому веку? Критик The Times поделился своим разочарованием, доведя до абсурда все более расши-
ряющийся стилистический ретроспективизм Стравинского:

> Стравинский, как нам говорят, вступил в третий, «истори-
> ческий» период, в котором он пишет в неоклассическом
> стиле. От него мы получили нео-Баха и нео-ораторию
> (в «Царе Эдипе»). В «Аполлоне Мусагете» он пишет музыку
> нео-19 века для струнных, которая иногда звучит как нео-
> Пуччини. Если эта круговерть пойдет и дальше, мы обнару-
> жим, что он сочиняет нео-Стравинского и переходит к ма-
> нере нео-«Жар-птицы» или нео-«Петрушки»[11].

При всей абсурдности этого высказывания, предположение
о том, что в конечном итоге Стравинский вернется к своим

---

[10] Карр добавляет к списку еще и «Джанни Скикки» Пуччини [Carr 2002:
118–119].

[11] The Russian Ballet Stravinsky's New Period // The Times. 1928. 12 July.

русским корням, оказалось точным. То, что Стравинский так проникся Чайковским, действительно отдавало дань уважения «классической» эпохе русской музыки. Леонид Сабанеев дал гораздо менее лестное объяснение внезапному романтическому повороту Стравинского. Он подозревал, что «смелый новатор и мощный колорист» «Весны священной», «создавший почти всю современную музыку», вступил на «(музыкально-диетический) путь воздержания и музыкального аскетизма» в отчаянном поиске «новых трюков», чтобы удержать капризное внимание современной публики». Для Сабанеева новый стиль Стравинского напоминал «гурмана, которому врачи прописали строгую диету», «упрощение» и «обеднение» по типу вегетарианского рациона. Но Стравинский, уверял Сабанеев своих читателей, был «слишком расчетливым, слишком сложным, слишком человеком нашего времени, чтобы вызвать доверие своей внезапно обретенной простотой и пристрастием к музыкальным причудам» [Sabaneyeff 1927b: 749].

По мнению Сабанеева, обращение Стравинского к композиторам XIX века говорило также и о том, что он признал поражение «своего не совсем удачного эксперимента по возвращению к Баху и о его стремлении к мелодичности, к которой — и здесь Сабанеев согласен с Дягилевым — «у блистательного и оригинального Стравинского не было ниспосланного свыше дара». Сабанеев воздавал хвалу композитору за то, что тот в «Царе Эдипе» бросил вызов самому себе и написал музыку, в которой преобладали «простота, мелодичность, искренность, лиризм» — то, чего недоставало его прежней музыке. Но в конечном итоге Сабанеев не принял даже «Эдипа», потому что ему казалось, что Стравинский так и не смог преодолеть «присущий ему антилиризм и органическую неискренность» [Ibid.]. Совершенно ясно, что для того, чтобы стать по-настоящему лиричным, Стравинскому требовалось нечто большее, чем помощь Глинки. Кто же, как не Чайковский, мог способствовать появлению на свет нового, лирического Стравинского?

В то время, когда Вальтер Нувель писал для композитора «Хронику моей жизни», Стравинский уже открыто превозносил «мелодическое искусство», которое, по его мнению, в XIX веке застыло в «тривиальных формулах». Он преподал краткий урок истории музыки, чтобы объяснить возобновление своего интереса к мелодии, которая, по его замыслу, рано или поздно должна была пережить триумфальное возвращение: «Вот почему мысль написать музыку, где все бы тяготело к мелодическому принципу, неудержимо меня привлекала» [Стравинский 2005: 299]. «Полифонический стиль длинных линий» [Стравинский 1971: 189], который композитор считал новаторским в «Аполлоне», был не чем иным, как сочетанием старинного контрапункта и романтической мелодичности. Обращаясь к «классическим» мастерам, он пытался «открыть мелос, независимый от фольклора» [Там же: 187], избавиться от пестроты своей экзотической русской молодости и стать «чисто» классическим композитором; и если в своих ранних русских балетах Стравинский использовал русскую народную музыку, то теперь вместо этого он обратился к классическим мелодиям, заимствованным из широкого круга источников, которые, однако, полностью исключали фольклор.

ЧЕЙ НЕОКЛАССИЦИЗМ?

В 1920-е годы существовало множество форм неоклассицизма[12]. Дягилев обратился к Бошану не только потому, что почувствовал в нем восходящую звезду парижского мира искусства, но и потому, что через колоритные неопримитивные образы, которые он описывал в интервью как «наивные, искренние» и «совершенно особый, резко отличающийся от шаблонных греческих постановок» стиль, он надеялся сделать балет «более современным и свободным от фальшивого эллинизма». Постановки Дягилева должны были быть современными вне зависимости от того, были

---

[12] Здесь мы сосредоточимся только на повторном использовании этого термина во Франции 1920-х годов. Для более подробного обсуждения значения неоклассицизма см. [Messing 1988; Taruskin 2009: 382–405; Levitz 2012: особенно 17–20].

они вдохновлены классикой или нет. «Когда классика является "реставрацией старины", — говорил Дягилев в интервью газете «Возрождение» через несколько месяцев после премьеры «Аполлона», — то не только нужно ее не охранять, но наоборот — содействовать ее разрушению, так как она яд, который может заразить организм» [Зильберштейн, Замков 1982, 1: 251].

Это заявление Дягилева стало реакцией на критику его работы со стороны Александра Бундикова, опубликованную несколькими днями ранее в той же газете. Бундиков упрекал Дягилева в том, что тот постоянно стремится к введению всяческих новшеств. Нововведения — это хорошо и замечательно, если речь идет о сохранении аристократического классического балета, который Бундиков называл «господскими причудами», от вырождения во время революции путем его вывоза на Запад. Дягилев «показал Европе всех богов российского артистического Олимпа: Мусоргского, Бородина, Глазунова, Стравинского, Шаляпина, Фокина, Павлову, Нижинского, Карсавину, Мясина, Долина, Немчинову, Бакста, Коровина, Головина, Репина, Бенуа». Главным достижением Дягилева, по утверждению Бундикова, были именно сохранение и популяризация классического балета. Но достигнуто это было ценой «сомнительных уступок и мишурных украшений». Как видно, еще не оправившись от шока, вызванного большевистским «Стальным скоком» Прокофьева, критик так же с неодобрением отзывался о «галопе», заменяющем танец: теперь классическому балету уже ничто не угрожает, «развенчано любительство босоножек и ритмическое притопывание Далькроза» и вместе с пантомимой и стилистическими пастишами уже ушло в прошлое. «Утопающего необходимо... ошеломить, чтобы он не мешал собственному спасению. Но зачем же продолжать дубасить его по голове, коль скоро он извлечен уже на берег?» Классика, к которой, по мнению Бундикова, Дягилев постепенно начинает обращаться, уже сама по себе прекрасна. Это «таинственное примирение духа с тончайшей культурой тела»; в классике можно найти все, заверял Бундиков своих читателей, за исключением одного: новшеств. И в этом заключается парадокс «вечно нового» Дягилева [Бундиков 1928].

Дягилев был согласен с позицией Бундикова, отвергая таких новаторов танца, как Айседора Дункан, Эмиль Жак-Далькроз, Рудольф Лабан и Мэри Вигман. Имресарио также был против их борьбы с «устаревшим» классическим танцем, по мнению Дягилева, заведшем Германию в тупик, из которого она, похоже, так и не нашла выхода. Кроме того, Дягилев выступал против поддельного эллинизма Иды Рубинштейн, успеху которой, по его словам, он прямо поспособствовал, пригласив участвовать в спектаклях Русского балета «Клеопатра» в 1909 году и «Шехеразада» в 1910 году, но которая стала его конкуренткой, создав в 1928 году собственную труппу. По словам Дягилева, в спектаклях Рубинштейн ее желание адаптировать греческие традиции не привело к полной гармонии. Постановки ее были сумбурны и лишены воображения — ее «классицизм», язвительно заключил Дягилев, был не более чем пастишем.

Несмотря на самоуверенный тон Дягилева, его представление о классицизме отнюдь не было раз и навсегда закрепленным. «Ода» была одной из разновидностей классицизма, недалеко ушедшей от ностальгического пастиша, который он так презирал в творческих начинаниях Рубинштейн. В своем стремлении опровергнуть категорическое противопоставление Бундиковым новаторства и классики Дягилев готов был и в пропорциях небоскребов увидеть современное ощущение классики. Он утверждал: «Наше пластическое и динамическое строительство должно иметь ту же основу, что и классика, давшая нам возможности искания новых форм». Однако сказать, что здания должны быть гармоничными и иметь правильные пропорции, недостаточно: «Оно должно быть также стройно и гармонично; но от этого далеко до проповеди обязательного "культа" классики в творчестве современного хореографа. Классика есть средство, но не цель» [Зильберштейн, Замков 1982, 1: 251].

При создании некоторых постановок Дягилева вдохновлял французский ретроспективный классицизм. Во время Первой мировой войны французы были помешаны на славе своего *grand siècle*. Были возобновлены постановки опер Люлли и Рамо; планировалось поставить также «балет-фантазию, в котором должен был быть показан Людовик XIV, сам танцевавший в балетах в молодые годы, и так называемые музыкальные ужины, развлекавшие его в зрелости» [Garafola 1988: 190]. Этот энтузиазм не иссяк и после окончания войны — когда у Дягилева уже был готов его русский аналог. «Свадьба Авроры» (1922) была представлена в честь столетия со дня рождения ее первого хореографа, француза Мариуса Петипа. Но, как считает Линн Гарафола, этот спектакль, с его анахроничными дополнениями в виде церковных гимнов и вокальных интерлюдий, напоминавших о fête merveilleuse, также являлся вторичным отражением славы французской монархии. «Аполлон» вполне отвечал этим вкусам. Колесница, запряженная четверкой лошадей, медленно спускавшаяся с небес в конце балета, напомнила Бомонту триумфальную колесницу и была, по его словам, «навеяна финальными прославлениями XVIII века» [Beaumont 1940: 284]. Французская опера-балет XVIII века также оставила свой след в «Аполлоне» в виде аллегорического истолкования сюжета и инструментовки, напоминающей знаменитый струнный оркестр Les Vingt-quatre Violons du Roy («Двадцать четыре скрипки короля»). Оркестр был представлен пятью струнными инструментами разного размера и сопровождал все официальные светские мероприятия королевского двора Франции с 1626 по 1761 год.

Обращение к теме *grand siècle* было сопряжено и с неприятным политическим подтекстом. До «Аполлона», как отмечает Гарафола, хореографический неоклассицизм оставался политически нейтральным феноменом. Но с возвращением Баланчина к Петипа

> изначальная взрывная сила неоклассической идеи в хореографии — ее, если можно так выразиться, модернизм — уступила место стремлению к художественному и социальному порядку. Неоклассицизм не столько представлял образ будущего, сколько определял отношение к прошлому, к тому упорядоченному прошлому, которое исчезло вместе с модернизмом [Garafola 1988: 190].

Все сказанное Гарафола о Баланчине можно сказать и о Стравинском. Его музыка также идеализировала иерархическое прошлое, «примирившись с идеей социального порядка и религиозной ортодоксии» и обретая таким образом «глубоко консервативную ауру» [Ibid.].

ТОЧНО ПО РАЗМЕРУ: КЛАССИЦИЗМ ШЛЁЦЕРА

Среди множества противоборствующих концепций классицизма, концепция Бориса де Шлёцера как нельзя лучше подходила для Стравинского. Тамара Левиц считает, что употребление Шлёцером термина «неоклассицизм» в отношении Стравинского — это реакция на то, как Петр Сувчинский и Борис Асафьев интерпретировали постреволюционную идентичность композитора [Levitz 2012: 305]. Вместе с тем это был способ создать специфическое эмигрантское пространство, в котором можно свести на нет национальную самобытность. Шлёцер был первым, кто в 1923 году связал слово «неоклассицизм» со Стравинским, и он не мог не вернуться к этой теме[13]. Понимая, что ставшее уже привычным противопоставление классицизма и романтизма потеряло смысл, Шлёцер в исследовании 1929 года дал новое определение этих терминов, указывая, что они означают не временны́е периоды, а различные мировоззренческие установки, которые присутствовали во все времена и в творчестве любого художника. Именно их соотношение определяло особенности творческой индивидуальности. Шлёцер не ограничился традиционным противопоставлением свободы и порядка, излишеств и умеренности — он заострил внимание на той разнице, которая существует между художниками романтического и классического направлений в их отношении к реальности [Schloezer 1929a: 128–130][14].

---

[13] Скотт Мессинг утверждает, что случайное упоминание Шлёцером неоклассицизма Стравинского в рецензии на «Симфонию для духовых инструментов» в 1923 году послужило первым шагом к реабилитации этого термина, который до войны имел негативный оттенок [Messing 1991: 490]. Обзор Шлёцера появился в [Schloezer 1923a].

[14] Эта часть книги также была опубликована в [Schloezer 1929b] и перепеч. в [Schloezer 2011: 195–209].

Нет ничего нового в том, что Шлёцер описывает художника романтического направления как творца, открытого жизни, принимающего ее во всем ее многообразии, непостоянстве и изменчивости, что придает его произведениям определенную степень подлинности. Бетховен, хотя его имя и не упоминается в книге, служит образцом для композитора-романтика, который ведет непрерывную борьбу за свободу и расширение границ искусства. Такой художник, согласно Шлёцеру, настолько глубоко погружается в реальность, что его творчество вырывается за грани ремесла, стремясь к участию в психологических, социальных, религиозных и мистических аспектах окружающей жизни. Искусство такого художника уже не просто развлечение, но инструмент активных действий и преобразований мира [Schloezer 1925][15].

Определение классицизма, предложенное Шлёцером, заслуживает более пристального внимания, особенно если учесть, что Стравинский хотя и критиковал это определение в частных беседах, но публично полностью с ним соглашался [Levitz 2012: 307–308]. Мир классического художника, по мнению Шлёцера, — это мир замкнутый, оторванный от жизни и реальности[16]. Для классического художника реальность является лишь исходным материалом, который нужно сформировать в соответствии с установленным формальным принципом. Такой художник уходит от реальности, чтобы создать новую, свободную от нее вселенную, которая накладывается на вселенную реальную, но полностью отделена от нее. Переход между реальным миром и искусственной вселенной, созданной классическим художником, отсутствует. Классическим искусством правит искусственность, а классическое произведение искусства существует исключительно в эстетической сфере — Стравинский охотно согласился с этим утверждением [Стравинский 1971: 188–189]. Классическое искусство, как показывают Симфонии для духовых инструментов,

---

[15] Также см. [Schloezer 1929a: 131–135; Schloezer 1929b: 201–202; Schloezer 2011: 195].

[16] Рядом с утверждением Шлёцера о том, что «классическое искусство можно определить как антиреалистическое» [Schloezer 1923], Стравинский написал: «Всё как раз наоборот». См. [Dufour 2006: 125].

Октет и Фортепианный концерт Стравинского, «холодно и чисто в том смысле, что все решено технически и каждый момент вытекает из предыдущего без вмешательства эмоционального фактора» [Schloezer 1930a][17]. «Классическая» сфера Шлёцера защищена от всего, что могло бы стать помехой ее искусственной, утопической природе: он исключает из нее социальную жизнь, психологические параметры жизни, историю, эмоции, людей, даже другие искусства, способные оказать нежелательное влияние [Schloezer 1923b: 130–131]. В очерке, написанном в 1953 году, Шлёцер добавил к этому определению еще и отстраненность от течения времени. Для классициста, писал он, «искусство — это только интерлюдия, своеобразный праздник; оно приостанавливает ход времени и является своего рода передышкой в заведенном порядке жизни» [Schloezer 1953b: 229–248][18].

Этот аспект риторики классицизма Шлёцера во многом перекликается с неотомистским определением искусства Жака Маритена в книге Art and Scholasticism («Искусство и схоластика», 1920), которая оказала огромное влияние на художественные дискуссии 1920-х годов, в особенности на споры вокруг музыки Стравинского. Маритен писал: «[Искусство] освобождает от оков человеческого естества, переносит artifex'а, т. е. художника или ремесленника, в иной, замкнутый, заповедный мир абсолюта, где он употребляет свои человеческие силы и ум в интересах объекта, который будет создан» [Маритен 2004: 448–449][19]. Согласно Мари-

---

[17] Цит. по: [Schloezer 2011: 194–195]. Противопоставление классики и романтизма у Шлёцера похоже на противопоставление у Лурье того, что он называл «неоклассическим» и «неоготическим», описывая первое как объективное, более чем индивидуалистическое, а второе как эгоцентрическое и субъективное. Как и ожидалось, он также выбирает Стравинского как воплощение неоклассического принципа (и Шенберга как его неоготического антипода) [Lourié 1928b: 6–7].

[18] Также см. [Schloezer 1987: 311–312].

[19] Поскольку его средневековый эталон, Фома Аквинский, не отделял изящные искусства от мастерства, Маритен собрал высказывания фомистов о мастерстве, чтобы построить свою собственную эстетическую теорию. Он сохранил средневековое смешение ремесла и искусства, но возвысил их до уровня божественного творения. См. [Emerson 2014: 226–227].

тену, художник творит, полагаясь на свой интеллект, но постигает красоту — которая, по Фоме Аквинскому, есть целостность, пропорциональность и ясность, — с помощью интуиции. Акт сочинения холоден и подчинен интеллекту: он «сухой», бесстрастный, такой же, как и музыка Стравинского, на что, по словам Шлёцера, многие жаловались [Schloezer 1930a][20]. Манифест Стравинского 1924 года об абсолютной объективности его Октета («Мой Октет — это музыкальный объект») звучал как пародия на маритенизм [Stravinsky 1924: 4–6]. Музыка Стравинского, по Шлёцеру, выступала за классические идеалы «порядка, умеренности, ясности, равновесия, спокойствия, иногда также холодности и отстраненности» и противостояла романтическим идеалам «свободы, чрезмерности, преувеличения, пафоса, сентиментализма, беспорядка и безграничности» [Schloezer 1923b: 129].

Классицизм Шлёцера создал некое утопическое пространство, которое отражало психологические потребности деятелей искусства, находящихся в эмиграции. Эмоциональная отстраненность — это естественная реакция на травму, и люди, пережившие ее, как правило, не испытывают желания вовлекаться в напряженный хаотичный мир того, что Шлёцер назвал романтизмом. Классицизм Шлёцера предлагал эмигрантам безопасное место, где люди были защищены от собственных эмоций и могли найти утешение. Холодный, лишенный эмоций, совершенный и упорядоченный неоклассицизм создавал пространство, которого в реальной жизни попросту не существовало. Однако далеко не все русские эмигранты приняли предложение Шлёцера. Многие, среди которых самым известным был Рахманинов, не пожелали последовать за Стравинским и отказаться от устаревшего эмоционального стиля. И все же настойчивое стремление Шлёцера отделить классицизм от реальности имело такое же существенное значение для опыта эмиграции, как и ностальгия Рахманинова.

Трансформация, которую Шлёцер наблюдал в «Аполлоне» Стравинского, отличалась от предыдущих метаморфоз композитора, так как не ограничивалась простым гармоническим языком,

---

[20] Цит. по: [Schloezer 2011: 210].

сокращением оркестра до струнных, отказом от Баха и Генделя или возрождением традиции французского балета XVIII века в духе Люлли. Через классицизм, как считал Шлёцер, Стравинскому удалось достичь той умиротворенности и чистоты, которую критик находил в «Волшебной флейте» Моцарта, на представлении которой он побывал за два дня до премьеры «Аполлона» [Schloezer 1928][21]. Стравинский мог заявить, что он написал партитуру так, словно это был нотариальный договор; можно было бы поставить композитору в вину также создание стилизации под Люлли и Делиба, порой вызывающей в памяти и Форе. Но для Шлёцера все это не имело значения: важно было лишь то, что, по его мнению, в Стравинском проснулась неутолимая тяга к отречению, которая стала сигналом нового, религиозного импульса. Уравновешенность, холодность и сухость классицизма Стравинского стали результатом триумфального акта добровольного отречения[22]. По мнению Шлёцера, «Аполлон» дает не только эстетический, но и моральный, даже религиозный, урок. В партитуре музыка Стравинского разрывает последние связи с реальностью: она по-прежнему волнует слушателей, но пробуждаемые ею эмоции не имеют ничего общего с обыденной психологией. И тем не менее музыка не была ни абстрактной, ни холодной, хотя Шлёцер и нс мог определить источника ее тепла. Он задавался вопросом, что Стравинский мог бы написать после «Аполлона»? Вот и самое цитируемое предсказание: «Логически рассуждая, после "Аполлона" он должен был преподнести нам Мессу» [Там же][23]. В своем предположении он ошибся почти на два десятилетия (Стравинский написал Мессу между 1944 и 1948 годами), но, позволив Стравинскому, русскому и православному, присоединиться к величайшим композиторам западной

---

[21] Цит. по: [Там же: 394–395].

[22] Шлёцер противопоставляет добровольному отречению Стравинского естественную, а не приобретенную бедность музыкального воображения, которую он находит частой в творчестве других композиторов [Schloezer 1930a] (цит. по: [Там же: 195]).

[23] Цит. по: [Там же: 394–395].

музыки в сочинении католической мессы, Шлёцер освободил его от азиатского русского прошлого и пригласил присоединиться к «вселенскому» Западу.

ПАСПОРТ В ЕВРОПУ

А может быть, и нет. Как ни странно, но после того, как в 1923 году Шлёцер дал добро на использование по отношению к Стравинскому такого спорного термина, как «неоклассицизм», тот же Шлёцер спустя несколько месяцев отказался от него, назвав Октет Стравинского примером «объективизма». К 1925 году критик отбросил «нео» от «классицизма», а в 1929 году и вовсе отказался от этого термина, признав, что тот не имеет смысла и его следует избегать потому, что он неизменно ассоциируется с «эклектизмом» и «академизмом»[24]. Но не одни только неудачные ассоциации беспокоили Шлёцера. Статус гражданина Европы ставил под угрозу не только отношения Стравинского с родиной, но и с русской музыкой за рубежом, жизненная сила которой во многом зависела от его популярности. Чтобы избавить русского композитора от космополитического клейма неоклассицизма, которое он сам же и придумал, Шлёцеру пришлось признать, что классицизм в творчестве Стравинского является специфически русским.

Шлёцер дал новую формулировку понятию «классицизм», используя бинарные оси «субъективность» и «объективность» или «индивидуальное» и «коллективное», что и позволило ему объяснить классицизм Стравинского его русским происхождением. Многие русские художники, как утверждал Шлёцер, имели

---

[24] «Я не говорю: неоклассическое искусство, — заключил он часть своей статьи о «классическом искусстве» Стравинского, — потому что этот термин, на мой взгляд, ничего не значит» [Schloezer 1929b] (цит. по: [Schloezer 2011: 209]). Это предложение отсутствует в его книге о Стравинском. В своем обзоре «"Похождения повесы" Стравинского» Шлёцер называет неоклассицизм «ностальгией по классицизму, по стилю, ностальгией, которая может дать не более чем искусную подделку» [Schloezer 1953a] (цит. по: [Schloezer 2011: 403]).

подобную тенденцию к деперсонализации, к погружению в «коллективное». Даже символисты из своих башен из слоновой кости обратились к народу, писал он, приводя в пример то, как Александр Блок воспринял революцию. В России, по мнению Шлёцера, потребность в единении и общности приобретала разнообразные внешние формы, но все они проистекали из религиозных побуждений, — даже такие, на первый взгляд, атеистические, как коммунизм. Даже такой в высшей степени романтический, склонный к индивидуализму композитор, как Александр Скрябин, стремился растворить свое эго во всеобщности мироздания. Шлёцер настаивал на том, что даже националистическое движение в русской музыке, побуждавшее композиторов включать в свою музыку народные песни, берет свое начало в русском культе коллективного.

В этом смысле, утверждал Шлёцер, Стравинский был типичным русским художником. В его произведениях, начиная с «Петрушки» и заканчивая «Свадебкой» и «Ренаром», «индивидуальность Стравинского реализуется посредством сугубо личностных механизмов», но при этом он сохраняет «близкую связь» с сообществом, что побуждает его «преодолевать границы своей индивидуальности». Тот факт, что Стравинский разорвал «почти все связи со своей страной и что большинство его русских произведений было написано для иностранцев», все же не давал Шлёцеру оснований усомниться в «русскости» композитора. В конце концов, разве Гоголь не написал свой «национальный эпос», «Мертвые души», вдали от родины, в Риме? Так и Стравинский, по мнению Шлёцера, обратился к мастерам XVIII века, чтобы вновь обрести «универсальный язык вселенского масштаба» [Schloezer 1929b: 124]. Шлёцер, хотя и допускал, что французские композиторы — например, Форе и Равель — тяготели к классическому стилю, все же полагал, что их музыкальный язык был слишком личным для того, чтобы считаться «классическим». Вместо того чтобы объяснять классицизм Стравинского так, как его объясняли другие (то есть тем, что композитор следовал французской моде), критик представил классические тенденции в творчестве Стравинского как нечто принципиально русское.

В 1929 году в небольшой монографии Igor Stravinsky Шлёцер постарался более внимательно рассмотреть основополагающую «русскость» композитора. Первая глава под названием «Русское и европейское» полностью посвящена вопросу о том, как можно соотнести первый, русский, и второй, неоклассический, периоды творчества Стравинского. Многие думают, писал Шлёцер, что кроме «Мавры», в которой композитор обращается к Глинке, он не написал ничего русского со времен создания «Пульчинеллы». Как можно увязать обращение Стравинского к Италии и Германии XVIII века с его убеждением в том, что гений должен обладать узнаваемой национальной идентичностью, — спрашивает Шлёцер, вспоминая при этом, что Стравинский критиковал Скрябина за то, что у того «...не было паспорта» [Там же: 11].

Но что значит — быть русским в музыке? С точки зрения Запада, «русский» означает «колоритный»: «неистовый, пестрый, ностальгический». Шлёцер цитирует знаменитое выражение Наполеона: «Поскреби русского — найдешь татарина». Однако, рассуждал он, у России была и другая культура, и свой собственный золотой век — начало XIX столетия, — который породил таких гениев, как Пушкин и Глинка, — хотя и глубоко русских, но воспитанных на зарубежной литературе и произведениях западных мастеров. Глинка искал вдохновения у Моцарта, Пушкин — у Мольера и Тирсо де Молина. Даже члены «Могучей кучки», Римский-Корсаков и Милий Балакирев, которые как будто бы отвергали западные образцы, на самом деле черпали вдохновение у Берлиоза и Листа, а Скрябин — у Вагнера. Обращение Стравинского к Баху и Генделю прекрасно вписывается в эту русскую традицию, утверждал Шлёцер. В произведениях Пушкина и Глинки можно найти тот самый хороший вкус, благообразие и уравновешенность, которые являются отличительными чертами духа классицизма. Российский ампир, изящное воплощение Древнего Рима, процветал в Петербурге во времена царствования Александра I и в первые годы правления Николая I — в период, с которым, по словам Шлёцера, Стравинский был связан сильнее всего. Если бы западные традиции и в самом деле были бы так чужды русскому менталитету, рассуждал Шлёцер, то «Петербург времен Александра I и появление таких деятелей искусства, как Глинка и Пушкин... были бы совершенно необъяснимы» [Там же: 22–24]. К 1935 году Стравинский уже созрел для того, чтобы публично заявить о своей генеалогии. В короткой речи, произнесенной перед концертом в Нью-Йорке, композитор использовал недавно освоенный им английский язык, чтобы объявить себя потомком «великих русских композиторов Глинки и Чайковского»[25].

Хотя Шлёцер провозгласил Стравинского «самым европейским, самым по сути своей западным из всех существующих музыкантов», он отказался охарактеризовать его европейский стиль как «интернациональный», поскольку это подразумевало не только академический эклектизм, стирающий все национальные различия, но и карикатуру на истинно европейский дух. Как сказал Стравинский, отвергнув Скрябина, настоящий художник должен иметь при себе паспорт — но не для того, чтобы оставаться в своей стране, а «для того, чтобы иметь возможность свободно пересекать границы». Наличие такого документа у Стравинского, заключил Шлёцер, «является важнейшим условием его европеизма» [Там же: 31–34]. И тем не менее Шлёцер в своем искусном и дипломатичном подходе к противоречию между заявленной европейской и подавленной национальной идентичностью Стравинского упустил самый важный компонент стилистической непоседливости композитора: его эмигрантский статус. Во всяком случае, образно говоря, настоящим паспортом Стравинского оставался нансеновский, специально созданный для русских эмигрантов, ставших бездомными после революции.

НЕОКЛАССИЦИЗМ ПО СТРАВИНСКОМУ

В «Аполлоне» Стравинский задался целью получить символический «французский паспорт». Кроме загадочного заявления о том, что ритм виолончельного соло (ц. 41 в вариации Каллио-

---

[25] О речи Стравинского сообщает Е. И. Сомов в письме к Рахманинову [Рахманинов 1980: 261]. См. также [Walsh 2006: 8; Taruskin 2016a: 125–126].

пы) — это «русский александрийский стих, подсказанный ему двустишием Пушкина», Стравинский никогда не говорил о том, что у «Аполлона» есть русские корни. Как раз наоборот, он подчеркивал французские истоки балета, настаивая на том, что «"Аполлон" — это дань французскому XVII веку» [Стравинский 1971: 188]. По всей партитуре он писал «французское»: даже в вариацию Каллиопы, которую композитор задумывал как музыкальный эквивалент александрийского стиха, он вставил цитату из L' art poétique Николя Буало 1674 года в качестве примера и как определение поэтических строк такого типа — «Que toujours dans vos vers le sens coupant les mots / suspende l'hémistiche et marque le repos» [Там же][26]. Стравинский надеялся, «что французы могли бы понять этот намек если не из моего музыкального александрийского стихосложения, то по крайней мере из декораций: колесница, три лошади и солнечный диск (Кода) были эмблемами Короля-солнца» [Там же]. Он цитировал строки из «Федры» Расина, чтобы объяснить трагический характер своего «Аполлона»: «Tous les jours se levaient clairs et sereins pour eux»[27]. Обращение к Людовику XIV, который считал Аполлона своим символом и танцевал эту роль в нескольких балетах — например, «Ночь» (1653) и «Брак Фетиды и Пелея» (1654), — было, как считал Стравинский, в этом контексте безошибочно.

По мнению критика газеты The Observer, для всех было ясно, что у «Аполлона» Стравинского «два "родовых гнезда" — Парнас и Версаль»[28]. Малерб сравнивал сценарий балета с дивертисментами семнадцатого и восемнадцатого веков [Malherbe 1928b]. Колесница Аполлона напомнила Морису Брийяну «очень красивый» кабриолет времен Луи Филиппа, который он нашел совер-

---

[26] «На полустишия делите так ваш стих, / Чтоб смысл цезурою подчеркивался в них» (Николя Буало. «Поэтическое искусство», песня 1, строки 105–106; пер. с фр. Э. Л. Линецкой). Французское «hémistiche» означает как цезуру, так и две части строфы, которые разделены «hémistiche».

[27] «Бескрайняя чреда незамутненных дней» (Жан Расин. «Федра», действие 4, явление 6; пер. с фр. М. А. Донского).

[28] The New Stravinsky Ballet. M. Diaghileff's Novelties // The Observer. 1928. 24 June.

шенно несоответствующим музыке балета [Brillant 1928: 628].
Пьер-Бартелеми Геузи отметил, что Стравинский намеренно
поместил свой балет «во времена давно минувшие», и добавил,
что «даже летающий механизм, запряженный картонными ло-
шадьми, напоминает оперу-балет Рамо» [Gheusi 1928][29]. В рецензиях Люлли и Рамо упоминались неоднократно — очевидно, что
французам было приятно считать Стравинского своим.

Они также охотно приняли определение неоклассицизма,
предложенное Стравинским. Так, Брийян привел цитату из
«Предупреждения» Стравинского, опубликованного на английском языке в периодическом издании Dominant в декабре 1927 года, в котором речь шла о ложных представлениях о классицизме.
В этой короткой декларации, форма, которую Стравинский
определил как «качество взаимодействия между составными
частями, взаимосвязь строительного материала», была возведена
им в ранг носителя «истинного» классицизма. Классической
музыку делает не музыкальный материал или поверхностные
впечатления, а более глубокие «конструктивные ценности».
Форма, заявил Стравинский, это «единственный стабильный
элемент», который «лежит в стороне от всего, что является непонятно индивидуальным» [Stravinsky 1927: 31–32][30]. Именно с этим
утверждением был категорически не согласен Ролло Х. Майерс,
отвечая на публикацию Стравинского в The Dominant. Отрицание
всего, кроме формы, как «внемузыкального» и восприятие всех
остальных элементов музыки («цвета, ритма, гармонии, индивидуальности») как «непонятно индивидуальных», заставило
Майерса, наиболее известного своей работой о музыке Сати
и Равеля, усомниться в «прямолинейной и ограниченной оценке
Стравинским того, что составляет самою суть музыки». Защищая
старые романтические представления об искусстве и художниках,
Майерс утверждал, что именно индивидуальность является не-
отъемлемой ценностью искусства [Myers 1928: 32–34].

---

[29] Цит. по: [Bellow 2007: 243].

[30] Журнал The Dominant также напечатал оригинальную французскую версию
текста под заголовком «Avertisment».

Французские критики были менее привередливы. Брийян принял «Предупреждение» Стравинского на веру и цитировал его как определение классицизма — не подражание так называемым классикам, а полное следование формальным принципам [Brillant 1928: 620]. Он также ориентировался на Артура Лурье, «авторитетного и мудрого наставника», подчеркивая чистоту, простоту, объективность, логичность, экономичность, точность и духовную направленность музыки Стравинского, в которой композитор смог даже низкие материи возвысить до чистой формы. Для Брийяна «Аполлон» был образцом античной безмятежности, его аскетичность была сродни янсенизму — христианскому движению XVII века, в основе которого лежало богословское учение Корнелиуса Янсена, утверждавшего, что человеческая природа порочна и спасение человека зависит от искупительной силы божественной благодати. Призвав дух Винкельмана, Малерб увидел в танце Аполлона «благородство и величие», а музыка показалась ему «свободной от оркестрового многоцветия, облаченной в строгую драпировку бледных, как мрамор, статуй» [Malherbe 1928b]. Критик газеты The Times назвал Лифаря движущейся статуей, ожившим «Аполлоном Вейским»: «С того момента, когда он появляется из скалы... и до того, как колесница спускается с небес, чтобы унести его и Муз в новый дом на Парнасе, он выдерживает линии и жесты, напоминающие скульптуру архаической эпохи»[31]. «Никакой живописности, — писал Малерб, — никаких изысков. Никакого отказа. И почти полное подчинение доктринам семнадцатого, восемнадцатого и первой половины девятнадцатого веков» [Там же].

Такие перемены не всем пришлись по душе. Критик The Times увидел в новом балете Стравинского кончину дягилевской труппы:

> Раньше нередко можно было услышать, что без Стравинского не было бы и Русского балета; его новая постановка заставляет нас опасаться, что скоро и с ним от Русского

---

[31] Анонимная статья о «Аполлоне Мусагете» была опубликована в газете The Times от 22 июня 1928 года.

балета мало что останется. <...> «Аполлон Мусагет» — это
нечто чрезвычайно торжественное. Он не стремится доста-
вить удовольствие, как «Чимарозиана», или вызвать восторг,
как «Жар-птица». Этих ловушек ему удалось избежать.
Музыку даже нельзя назвать скверной, это просто вялое
блуждание по общим местам, обильно напичканным пар-
тиями для струнных. Нет ни ударных, ни пронзительных
гармоний — вообще ничего[32].

Андре Левинсон одобрительно замечал, что Стравинский,
великий варвар «Весны священной», проникся «культом Аполлона» и, похоже, готов «сдержать дионисийское буйство и разбить
флейту Марсия». «Аполлон» представлялся ему неким религиозным жертвоприношением, *ex-voto*, которое «возродило культ...
возобновило традицию и восстановило технику». Но «статуеоб-
разность» танца не напоминала Левинсону о классицизме Вин-
кельманна: он считал, что стремление Баланчина к абстракции
и геометрическим формулам в движении привело только к «охла-
ждению» классического танца [Levinson 1928b].

«Аполлон» вознес Стравинского на французский Парнас. По
мере того как росла и ширилась его известность, все больше
людей вслед за Кэби заявляли, что «это уже не Стравинский» — то
есть что написанное им уже не было русским, что в «Царе Эдипе»
звучали «Бах, Гендель и Мейербер», а в «Аполлоне» — «Доницет-
ти». «В действительности, — заверял читателей Кэби, — творчество Стравинского постоянно движется вперед в соответствии
с тем, что он туманно именовал "универсальными принципами"»
[Caby 1928b]. Аполлон, бог классицизма, освободил Стравинского от его дионисийского русского прошлого. Исчезло «упоение
первобытной жизнью», которое питало «Весну священную»
и выразительности которого Кэби все еще отдавал должное
в «Свадебке» [Caby 1928a]. Но как же обманчива была замена
Стравинским его собственного дионисийского русского прошлого на «универсальное» аполлоническое искусство! Кроме Парна-

---

[32] Там же.

са и Версаля у бога Солнца был еще один дом — холодная столица Российской империи. И Стравинский ушел, чтобы вернуться — в свой дом, о котором невозможно было забыть.

ТЕНЬ ДИОНИСА

В автобиографии Стравинский отождествляет свое искусство с целями классического танца и аполлоническими принципами:

> ...я подхожу, таким образом, к извечному противопоставлению в искусстве аполлонического начала дионисийскому. Конечной целью последнего является экстаз, то есть утрата своего «я», тогда как искусство требует от художника прежде всего полноты сознания [Стравинский 2005: 224].

Следовательно, его высокая оценка классического танца была не столько вопросом вкуса, сколько подчинением «аполлоническому принципу», который подразумевает «торжество вдумчивой композиции над расплывчатостью, правила над произволом, порядка над "случайностью"» [Там же: 223–224]. Таким образом, неоклассицизм стал победой над тем модернизмом, который Стравинский связывал с хаотическими силами политических революций и который он отверг вместе со своим собственным модернистским прошлым [Stravinsky 1923].

Оглядываясь назад, можно сказать, что русские балеты Стравинского встроились в ряд того, что в последние дни имперской России считалось революционными тенденциями в искусстве. Как говорил один старый флигель-адъютант французскому послу Морису Палеологу в 1915 году, классический балет XIX века в России представлял собой «картину того, чем было и чем должно было быть русское общество. Порядок, выдержка, симметрия, законченность. И в результате, — тонкое удовольствие и возвышенное наслаждение». «Ужасающие» балеты Дягилева представляли собой полную противоположность — «распущенный и отравленный, ведь это революция, это анархия...» [Палеолог 1991: 113].

Классицизм Стравинского в «Аполлоне» был хорошо продуманным дополнением к возобновленной Дягилевым постановке «Спящей красавицы» Чайковского, которая, как заметил один английский критик, «привела в восторг тех, кто ненавидел "Весну"» [Homans 2010: 331]. «Аполлон» обернулся против собственных ранних русских балетов композитора: «Жар-птицы», в оркестровке которой Аким Волынский, один из самых авторитетных российских танцевальных критиков, услышал «свист Диониса», и «Петрушки», тему которого отверг, потому что «не балаган является источником классического танца» [Volynsky 2008: 75, 77]. Если Дионис свистел в «Жар-птице», то он попирал все основы «Весны священной», примитивизм которой, по словам Алексиса Ролана-Мануэля, предшествовал дионисийским пиршествам [Roland-Manuel 1913: 13], а французский критик назвал «дионисийской оргией, о которой грезил Ницше и которая была порождена его пророческим желанием быть светочем мира, несущегося навстречу смерти» [Homans 2010: 319]. Хотя Жак Ривьер считал «Весну священную» произведением антидебюссистским, квазиклассическим, которое было «абсолютно чистым», «великолепно ограниченным», объективным и свободным от эмоций, — самый скандально знаменитый русский балет Стравинского был полной противоположностью аполлоническому [Riviere 1913][33]. В нем была утрированная «отрывистость», «капризные всплески и срывы», которые Волынский критиковал в музыке Стравинского как «недостаточно дансантные», а значит, и несовместимые с классическим танцем [Volynsky 2008: 74, 77].

Волынский был не одинок в своем пренебрежении к тому, что он считал антиаполлоническими тенденциями в балетах Стравинского. В 1923 году возмущенный Левинсон назвал хореографию Брониславы Нижинской в «Свадебке» Стравинского «марксистской», обвинив Нижинскую в том, что источником вдохновения для нее послужила «бредовая идеология советского "массового театра"». Хореография, по словам Левинсона, напоминала «самые спорные элементы в первом варианте "Весны священной"» — ме-

---

[33] Цит. по: [Taruskin 1996, 1: 992–995].

ханическое воспроизведение ритма» [Левинсон 1923; Levinson 1923a; Levinson 1923b][34]. Однако порицая Нижинскую, Левинсон остался благосклонен к музыке Стравинского, которая, по его мнению, была совершенно не связана с «марксистской» хореографией. Впрочем, марксистский ракурс его критики все равно так или иначе бросал тень на достижения Стравинского.

Предложенное Стравинским решение не отличалось особой оригинальностью. Обращение к теме Аполлона было хорошо отработано еще до Первой мировой войны в России в качестве попытки подавления революционного импульса. В 1909 году Сергей Маковский создал журнал «Аполлон», в редакторском вступлении к первому номеру которого было провозглашено: «Аполлон. В самом заглавии — избранный нами путь» [Бенуа и др. 1909: 3]. Александр Бенуа приветствовал новый журнал очерком под названием «В ожидании гимна Аполлону». Леон Бакст написал статью «Пути классицизма в искусстве», в которой заявил, «Наш вкус, наша мода медленно, но упрямо, с каждым годом все сильнее и сильнее — прибавлю, неумолимее, — возвращают нас на путь античного творчества!» [Бакст 1909: 48]. «Аполлон» стал продолжателем того, на чем остановился дягилевский журнал «Мир искусства», прекративший свое существование в 1904 году. Но несмотря на то что статьи многих авторов журнала частично повторяли идеи публикаций в «Мире искусства», «Аполлон» ознаменовал собой поворот от русского ретроспективизма к тому, что Тим Шолль называет классицизмом двадцатого века [Scholl 1994: 81–82]. «Аполлоновцы» включили в круг своих источников греческую и французскую классику, а также русское искусство и рассматривали классицизм не просто как «подражание совершенным художникам Греции и Ренессанса», о чем писали редакторы во вступлении, а как «протест против бесформенных дерзаний творчества, забывшего законы культурной преемственности» [Бенуа, Иванов, Маковский и др. 1909: 3]. Неоклассическое возрождение в России не было свободно от «ностальгии по ушедшим

---

[34] Особая благодарность Линн Гарафоле, которая привлекла мое внимание к этим рецензиям.

в прошлое культурным ценностям и переосмысленного чувства имперской монументальности» [Brumfield 1991: 242]. Бенуа в свое время уже публиковал в «Мире искусства» цикл статей, посвященных неоклассической архитектуре Петербурга; Георгий Лукомский восклицал «Столетний юбилей деятельности Захарова, Тома де Томона, Воронихина — застает нас на пороге изучения тех же первоисточников, которыми руководствовались и мастера расцвета классицизма в России» [Лукомский 1914: 9]. Как будто предчувствуя грядущее обращение Стравинского к классицизму, Волынский ратовал за классический танец как за очищающее средство, имеющее целительный эффект [Волынский 1925: 16]. Он призывал «идти к Аполлону, живому и действенному, к очистительному Аполлону, как говорили древние греки: очистительному от всего того хаоса правды и неправды, который и называется оргийным настроением Диониса» [Молоствов 1908: 15].

Призрак Вацлава Нижинского все еще довлел над хореографией Баланчина в «Аполлоне» Стравинского. Создавалось впечатление, что Баланчин призывал бога Солнца, чтобы стереть память о Нижинском из истории танца. В исполнении Лифаря Аполлон начинает свой танец там, где Фавн в исполнении Нижинского заканчивал его: движения правой руки танцовщика, играющего на лютне, явно аутоэротичны и вызывают в памяти скандальное завершение «Послеполуденного отдыха Фавна» в постановке Нижинского (1912), все еще остававшегося в репертуаре Русского балета (в Париже 23 июня 1928 года он был показан сразу после «Аполлона») [Scholl 1994: 26].

«Аполлон» Стравинского также был «камешком в огород» «Стального скока», с которым он разделил программу 21 и 23 июня[35]. Когда Геузи расхваливал «новый народный дух» Стравинского, он подчеркивал, что тот обошелся «без коммунизма» и остался «против серпа и молота». Стравинский, по мнению Геузи, предложил свое противоядие против пламенных моторов «Стального скока» [Gheusi 1928][36].

---

[35] Дневник Прокофьева. Запись от 25 июня 1927 года [Прокофьев 2002б: 568].

[36] Цит. по: [Bellow 2007: 243].

Прокофьеву, который как будто предчувствовал реакционный поворот Стравинского, «Аполлон» решительно не нравился. Он писал в своем дневнике: «...увидь я такое сочинение и принадлежи оно неизвестному автору, я просто отложил бы его как средний балет»[37]. Дягилев, будто специально сталкивая двух своих фаворитов и спутав их балеты, в интервью журналу Excelsior самым непостижимым образом высказался об «Аполлоне»: «Современная жизнь — это столкновение рабочих, автомобильного движения или беспроводных волн». И добавил: «Полагаю, мелодия Стравинского, вместо того чтобы обращаться к луне, вместо того чтобы черпать вдохновение в песне соловья, будет вести речь о машине, ее будут вдохновлять не смутные слухи, а механизмы фабричной забастовки» [Georges-Michel 1927][38]. Бессвязные рассуждения Дягилева в духе импрессионизма Дебюсси к 1927 году, ко времени этого интервью, уже звучали анахронизмом. Упоминание о фабричных механизмах относится к рекламе «Стального скока» и не имеет ничего общего с «Аполлоном», призванным развеять революционные ассоциации, которые наводили русские балеты Стравинского.

ЭПИЛОГ: «АПОФЕОЗ»

Даже Прокофьева восхищала заключительная страница «Аполлона». Здесь Стравинский «...все-таки блеснул, — писал он Мясковскому, — и умудрился даже поганую тему заставить звучать убедительно»[39]. Тема, которую Прокофьев посчитал скучной, — это величественный, в пунктирном ритме, лейтмотив Аполлона, который впервые появляется в Прологе, сопровождаемый перегруженными анапестами прямо из «Трубадура» Верди (примеры 4.2a-b). Вполне вероятно, что именно исчезновение

---

[37] Дневник Прокофьева. Запись от 12 июня 1928 года [Прокофьев 2002б: 633].

[38] Цит. по: [Walsh 1999: 453].

[39] Письмо Прокофьева Мясковскому от 9 июля 1928 года [Прокофьев, Мясковский 1977: 281].

взбудораженного аккомпанемента заставило возвращение темы в конце балета зазвучать для Прокофьева более убедительно. Мелодия, исполняемая на две октавы первыми скрипками и первыми виолончелями, тихо парит над органным пунктом на ре в басу; ее плавный напев вырисовывается на фоне переливчатых тремоло вторых скрипок и альтов; его метрическую точность подрывают четвертные ноты вторых виолончелей, сгруппированные в сменяющие друг друга формации из двух или трех нот. Острые углы французской увертюры сглаживаются, а тема становится нежной, словно звучащей сквозь дымку воспоминаний (пример 4.3, цифра 99).

В конце балета также возвращается и ми-мажорная тональность темы из Пролога — в виде первого аккорда в «Апофеозе», который является обязательным разрешением конфликтов в классических балетах. Стравинский оттеняет яркую терцию в ми мажоре / соль-диез миноре *forte* в верхних струнах до-диез минором / ми мажором *piano* в нижних струнах, тем самым оставляя тональность как бы подвешенной между ми мажором и параллельным ему минором. Возникает эффект контраста между ярким светом и смутной тенью, словно за торжествующими звуками триумфа скрываются мрачные тона трагедии. На фоне органного пункта на ми в партии альтов верхний голос поднимается до шестой ступени звукоряда в ми мажоре, в то время как бас снижается до шестой ступени в до-диез миноре, оставляя в конечном итоге незавершенным то, что начиналось как бас остинато. Соль-диез, пятая ступень звукоряда до-диез минора и нереализованная цель повторяющейся темы в басу, оказывается недостижимой в ладовом языке «Апофеоза», в котором Стравинский старательно избегает доминантовых напряжений и их тонального разрешения.

Стравинский не завершает свой белый балет в белом до мажоре. После вступительных тактов в ми мажоре / соль-диез миноре, он меняет ключевые знаки на два диеза, воздавая должное звучанию королевских фанфар в божественных празднествах. Но следующая за этим удивительно сложная контрапунктическая музыка — не ре-мажорной тональности. Стравинский избегает

ПРИМЕР 4.2а. Miserere из оперы «Трубадур» Верди (транскрипция Ференца Листа)

использования до-диез в качестве вводного тона, либо сталкивая его с до-бекар, как в 1-м такте после цифры 98, либо последовательно совмещая эти два тона, как в партии альтов в 2-х тактах до цифры 98. Си минор, тональность, к которой тяготеет мелодия, оказывается подорванной точно так же, как и тональный центр. До-диез, ее вводный тон, появляется лишь однажды, но, как и вводный тон ре мажора, до-диез звучит одновременно с ля, его неизменяемым эквивалентом (2 такта после цифры 97).

Музыка Стравинского не вписывается в рамки традиционных аналитических определений. Он пишет диатоническую, тональную музыку, в которой использует все двенадцать тонов, заменяет трезвучия терциями или открытыми квинтами и избегает четко выраженного тонального центра. Романтические порывы не выходят за рамки дозволенного. Мелодии обозначены как *ben cantabile* согласно итальянской традиции лирических струнных инструментов. Музыка трижды нарастает, приближаясь к эмоциональной и динамической кульминации, достигаемой восходящими последовательностями. В первый раз цель — си бемоль, снова шестая ступень, которая достигнута на 1-м такте до цифры 98. При следующей попытке того же мелодического подъема Стравинский усиливает его контрапунктической линией в басу, расширяет диапазон, поднимая верхний голос на октаву выше, и придает динамике более интенсивный характер. Но результат остается все тем же: динамическая напряженность сойдет на нет прежде, чем будет достигнута кульминация в 1-м такте до цифры 99.

ПРИМЕР 4.2b. Перегруженные анапесты в прологе «Аполлона» Стравинского. Используется с разрешения Boosey & Hawkes

ПРИМЕР 4.3. «Апофеоз». Используется с разрешения
Boosey & Hawkes

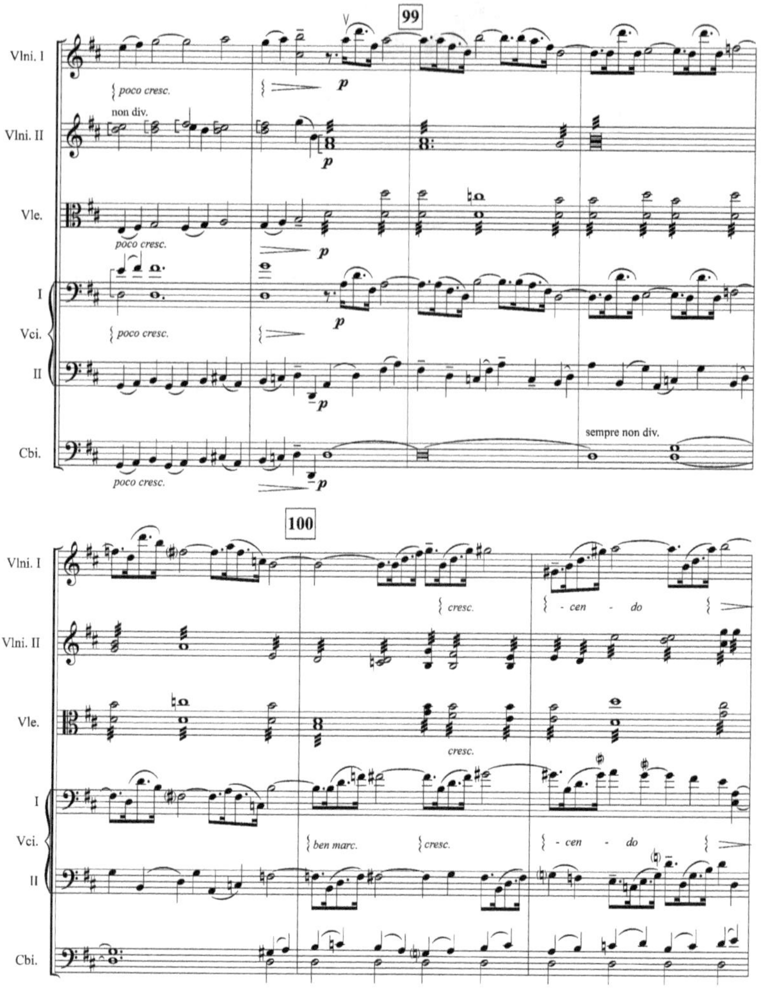

ПРИМЕР 4.3. «Апофеоз» (продолжение)

ПРИМЕР 4.3. «Апофеоз» (окончание)

Подъем вновь начинается с *piano*, но контрапунктическая структура при отсутствии метрического и ритмического напора не
доводит музыку до эмоционального разрешения. Вот-вот достигнута желанная нота си — но протянутая рука тихо исчезает.
Классицизм подразумевает сдержанность.

Стравинский пробуждает царственную тему Аполлона, чтобы
привести ее к новой кульминации. В возвращающейся мелодии
длинные ноты начинают повышаться, постепенно переходя от ре
(цифра 99) к си (в 2-х тактах перед цифрой 101) сначала диато-
нически, затем хроматически, принципиально пропуская ля-ди-
ез, который придал бы си функцию тонального центра раньше
положенного срока. Вторая половина секвенционного подъема
воспроизводит мелодию вступительных тактов и спокойно достигает цели. Нота си появляется уже во втором такте переосмыс-
ленной темы (цифра 99) в качестве естественной мелодической
цели, ладового поворота в архаичном лейтмотиве Аполлона.
Последняя часть «Апофеоза» — признание этого си настоящим
апогеем, сенью богов, местом, которое невозможно достичь человеческими усилиями, а только лишь божественной благодатью.

На этом самом си обрушивается последнее крещендо. Но это
крушение отнюдь не свидетельствует о поражении и не подвига-
ет к новым свершениям. Подобно тому, как в конце более поздней
«Симфонии псалмов» (1930) звучание арф соединяется с метал-
лическим звуком фортепиано, акцентированные четвертные
ноты контрабаса и вторых скрипок наводят на мысль о тихом, но
неумолимом течении времени. Царственно пунктирная мелодия
Аполлона, как бы парящая над этим фоном, приобретает само-
стоятельное бытие после кульминации, бесконечно кружа вокруг
си ее квинтой, фа-диез, и ее нижней секстой, соль. Стравинский
подчеркивает важную роль этих двух спутников си, выстраивая
басовую часть на арпеджированном соль-мажорном трезвучии
и возводя хроматическое остинато вокруг фа-диез у вторых
скрипок и альтов.

Каким же должно быть завершение после того, как достигнуто
это безмятежное плато? Уже ослабело напряжение — и вот уже
нет никакого конфликта, который нужно было бы разрешить.

И хотя это не совсем конфликт, но для достижения истинного апофеоза нужно, чтобы и само время остановилось. Сначала это происходит почти незаметно: тиканье четвертной ноты не прекращается сразу, но длинные ноты в мелодии постепенно нарастают, увеличиваясь на одну четвертную ноту при каждом ее звучании, с третьей по седьмую, достигая финальной си, которая удерживается на протяжении одиннадцати четвертных нот. В конечном итоге Стравинский также замедляет звучание различных пластов остинато, переводя басовое остинато на половинные, а затем и на целые ноты. Два других остинато следуют его примеру и аналогичным образом растягиваются. К тому времени, когда музыка заканчивается, стихает и желание достичь цели. То, как Стравинский останавливает ход времени, в конечном итоге растворяет представление слушателя о времени и расстоянии. Примечательно, что предпоследнее созвучие — это уменьшенное трезвучие на си, которое поначалу выступает как часть доминантсептаккорда соль. Но гармония не разрешается в до. Вместо этого Стравинский переводит аккорд в си минор, хроматически повышая фа, заменяя тем самым логическое гармоническое разрешение деспотическим повелением. «Апофеоз» Стравинского задуман как божественное действо, свободное от ощущения противоборства и эмоционального вмешательства человека, о чем Стравинский сообщает своим нетрадиционным подходом к тональности. Его музыкальный процесс не обусловлен тональными напряжениями и разрешениями и, несмотря на то что в музыке постепенно нарастает подъем, происходит без усилий, его итог никогда не становится кульминацией.

В «Аполлоне» Стравинский намеревался выйти за пределы времени не только в сюжете своего бессюжетного балета, но и в его эстетике. Непрерывные нововведения и дерзания модернизма утратили свой смысл в стилистической компиляции нового художественного ви́дения Стравинского. Он сам стал Аполлоном — как писал Малерб, «мусагетом современной школы», божественным гением, который сбросил с себя домотканое (то есть русское) одеяние, чтобы облачиться в этнически нейтральную белую мантию неоклассицизма [Malherbe 1928b].

Его неоклассический посыл был в равной степени и русским, и французским; это одновременно было и переложением послевоенной, антиромантической и антиимпрессионистической французской чувствительности, и целенаправленным возвращением в воображаемую дореволюционную Россию с ее аристократическим преклонением перед всем классическим. После «Аполлона» уже не было необходимости расширять палитру возможных путей возврата — аполлоническое плато было достигнуто. Стравинский вернулся домой, не пересекая границ. Его метафорическое возвращение на родину, в отличие от реального возвращения Прокофьева, не столкнулось с отрезвляющей реальностью сталинской России; в своей мнимой безупречности оно превратило русское прошлое Стравинского в его западное будущее. «Аполлон» стал паспортом Стравинского: выданным в России, действительным во всем западном мире, но все еще несущим на себе неизгладимую печать эмигрантского опыта.

Неоклассическое ви́дение Стравинского было самым безопасным уголком эмигрантской культуры. Русское и французское, обращенное в прошлое, но эмоционально отстраненное, ретроспективное и в то же время современное, оно давало деятелям искусства русского зарубежья ту свободу действий, в которой они нуждались. Его притяжение было непреодолимым, и когда в 1937 году эмигранты отмечали 100-летие со дня смерти Пушкина и представили миру свою версию творчества поэта золотого века русской культуры, неудивительно, что их Пушкин обладал поразительным сходством с лучезарным Аполлоном Стравинского.

Глава 5

1937, или Разделенный Пушкин

Россия имеет своего бога, своего Аполлона: Пушкин, наиболее вдохновенный из всех, сумел зажечь сердце народа. <...> Благодаря Пушкину русские имеют свой Парнас.

Приглашение на организованную Сергеем Лифарем Пушкинскую выставку, весна 1937 года
[Лифарь 1966: 52–53]

Игорь Стравинский, уехавший из Парижа в свое третье американское турне, не смог участвовать в торжественных мероприятиях, посвященных столетней годовщине со дня смерти Пушкина, которую отмечали с большой пышностью как в русском зарубежье, так и в Советском Союзе. Желая присоединить свое имя к числу участников торжеств, он поручил своему зятю, писателю Юрию Мандельштаму (1908–1943), написать от его имени посвящение поэту. 4 января 1937 года Мандельштам отправил ему эссе «Пушкин: Поэзия и музыка», в котором, как надеялась дочь Стравинского Людмила (Мика), ее мужу «удалось задать именно тот тон, который необходим, чтобы выразить точку зрения [Стравинского]» [Monightetti 2013][1]. Написанное за Стравинского эссе было невыразительным образцом хорошо отрепетированного программного сочинения на тему «Мой Пушкин», выдержанного в духе, в котором обычно русская ин-

---

[1]   Цит. по: [Levitz 2013: 67].

теллигенция позиционировала себя по отношению к великому поэту[2]. Отказавшись от клише, которые применялись для описания творчества Пушкина, в особенности от нового советского эпитета «предтеча русской революции», автор эссе сделал акцент на той стороне пушкинского таланта, которая была ближе всего сердцу Стравинского: на его мастерстве и готовности сочинять стихи ради самих стихов. То, что передает глубину и «духовное ядро» стихов поэта, — это «поэтический строй его рифм», то есть техническое мастерство. «Цель поэзии — поэзия», — заявляет автор эссе, цитируя самого Пушкина, и это художественное кредо совпадает со взглядами Стравинского. «Цель музыки — музыка», — пишет Мандельштам, обобщая взгляды композитора, изложенные в его автобиографии (1935), чтобы показать «глубокую внутреннюю взаимосвязь» между эстетикой Стравинского и Пушкина. Таким образом, свою наиболее сильную приверженность Стравинский устами Мандельштама выражает Пушкину-формалисту.

Мандельштам снова обратился к характеристике русского мировосприятия Пушкина — перешедшая в «Хронику моей жизни» Стравинского, эта идея была впервые сформулирована композитором в открытом письме в газету Times в 1921 году. Там Стравинский обосновал свое возвращение к Чайковскому, замечая, что «Национальные элементы как таковые очень сильны и у Пушкина, и у Глинки, и у Чайковского» [Стравинский 2005: 220][3]. В юбилейном очерке должен был найти отражение и другой важный аспект творчества Пушкина: сочетание европейского и русского наследия. В эссе подчеркивается, что, будучи европейским по духу, творчество Пушкина вместе с тем имело глубокие корни в русской традиции. «Творческое миропонимание» Пушкина было необычным для русских, за исключением нескольких

---

[2] Эссе было напечатано Харви Тейлором в целях защиты авторских прав в 1940 году. Полный текст см. [White 1966: 588–591].

[3] «Открытое письмо» Стравинского от 1 октября 1921 года, напечатанное на английском языке в Times и в программе-аннотации «Русских балетов», воспроизведено в [Craft 1982: 54]. Отрывок о Пушкине см. также [Стравинский 2005: 219–222].

гениев, таких как Михаил Глинка и Петр Чайковский, которые были названы «славными музыкальными предшественниками» Стравинского, и Дягилев, чье мироощущение, как говорилось в эссе, Стравинский сам научился развивать. Считать искусство этих выдающихся русских «космополитическим» было так же несправедливо, как не замечать национальных элементов в творчестве Пушкина, — утверждал Мандельштам. Национальный элемент представлялся стихийным, а не намеренно привнесенным аспектом натуры поэта — тем аспектом, о котором автор статьи отзывается пренебрежительно (вслед за самим Стравинским, который писал о «национально-этнографической эстетике» как о «стремлении достаточно бесплодном» [Там же]), как о «опасном», поскольку он препятствует «свободному и естественному развитию культуры... навсегда связанной с культурой Европы». Пушкин Стравинского, который одновременно был и европейским, и русским, стал литературной версией неоклассического «я» композитора, сформированного им, в свою очередь, благодаря использованию классического Пушкина в качестве важной модели для собственного извода неоклассицизма.

Воззрения Стравинского на Пушкина были близки русским эмигрантам, жившим в воображаемом культурном пространстве России за рубежом. Эмигрантская версия Пушкина, на удивление единообразная, несла на себе следы душевного потрясения, связанного с опытом изгнания, и была чем-то вроде фотонегатива того радикально нового взгляда на Пушкина, который сформировался в сталинской России. Пушкинская годовщина стала полем битвы между двумя разделенными русскими культурами, причем обе стороны предъявляли права собственности на своего кумира. В этой главе я сравниваю Пушкинские торжества в Париже и в сталинской России, показывая, как французская столица в конце 1930-х годов превратилась из политически нейтральной гавани в место, где открыто не симпатизировали русским эмигрантам. Юбилей 1937 года в Париже, призванный под именем Пушкина добиться единства диаспоры, выявил слабость и постепенный распад русской эмигрантской культуры. Уже одно то, что Лифарь, бывший танцовщик Дягилева, играл центральную роль в организации эмигрантского Пушкинского праздника, являлось признаком ослабления некогда единого культурного центра, дестабилизированного внутренней борьбой, крушением надежд и растущим влиянием сталинской России. В 1930-е годы советская идеология превратилась из отдаленной политической и культурной угрозы в главную силу, формирующую облик французской столицы. Коммунизм, поначалу воспринимаемый многими как утопическая утопия, превратился в то, что многие считали действенным противоядием от нацизма, представлявшего гораздо бо́льшую угрозу для Европы и русской эмигрантской общины. Когда в июне 1940 года фашистская чума достигла Парижа, она разрушила то, что еще оставалось от эмигрантской русской культуры. Некоторые русские, такие, например, как Лифарь, предпочли сотрудничать с нацистами[4]; другие решили бежать, в который раз примеряя на себя новую культурную идентичность.

ПАРИЖ ПОД ЗНАМЕНЕМ ПУШКИНА

В зарубежной России Пушкин был объектом самого настоящего культа. В 1925 году день его рождения был объявлен Днем русской культуры, который отмечался во всех столицах мира, где жили русские [Andreyev, Savický 2004: 156]. Нигилистическая критика XIX века, считавшая, что Пушкин не представляет собой никакой «общественной пользы», сделала его предметом любви эмигрантов, которые не выносили марксистских интерпретаций социальной функции искусства — особенно если учесть, что большевики поначалу игнорировали Пушкина как аристократа и апологета царского режима и эмигранты могли претендовать на него как на свою собственность. Владислав Ходасевич и Марина Цветаева превозносили поэзию Пушкина как образец формального совершенства, а эмигрантская интеллигенция находила утешение в его бескомпромиссном индивидуализме [Раев 1994: 125]. Но когда в 1937 году выяснилось, что у зарубежной России

---

[4]   О сотрудничестве Лифаря с нацистами см. в [Franko: 2016: 21–41; Spotts 2008].

есть конкурент в праздновании столетия со дня смерти поэта в лице Советской России, положение с исключительным правом собственности изменилось. Юбилей, провозглашенный всемирным празднованием национального русского гения, стал еще более болезненным свидетельством непреодолимого барьера между двумя русскими культурами. С точки зрения русского зарубежья этот праздник должен был объединить диаспору и укрепить то немногое, что еще оставалось от ее политической, социальной и культурной целостности. Выдавая желаемое за действительное, К. И. Зайцев писал в статье «Борьба за Пушкина» для парижского «Возрождения»: «...эмиграция... выстроилась вся, как одна боевая семья, под знаменем Пушкина»[5].

Хотя Пушкинские празднования в Зарубежной России позиционировались как не связанные с политикой, им тем не менее приходилось противостоять советской пропаганде, которая использовала это событие в собственных целях. Париж, центр эмигрантской интеллектуальной жизни и организационный центр празднования, в сражении за Пушкина превратился в сложное с точки зрения культуры поле битвы. Между торжествами, которые проводила советская сторона, и празднованиями эмигрантов возникли идеологические разногласия, что привело в замешательство французскую столицу, поскольку СССР через свое посольство на Рю де Гренель располагал серьезными рычагами влияния на французскую интеллигенцию и недавно сформированное правительство, стремившееся к сотрудничеству с Союзом после победы Народного фронта в 1936 году.

Как рассказывает Лифарь, где-то в середине 1934 года его пригласили на квартиру Павла Милюкова (1859–1943), основателя и лидера либеральной Конституционно-демократической партии (партии кадетов) и главного редактора газеты «Последние новости» в Париже. Поводом была встреча с Владимиром Зеелером (1874–1954), еще одним членом партии кадетов и секретарем Центрального комитета Дня русской культуры, и Михаилом Федоровым (1858–1949), членом Русского национального коми-

---

[5] Цит. по: [Перельмутер 1999: 535].

тета и одним из основателей просуществовавшего недолгое время журнала «Борьба за Россию» [Перельмутер 1999: 7–8]. На встрече, сообщает Лифарь, речь шла о создании Пушкинского комитета, который должен был организовать торжества в юбилейный год. Лифаря пригласили в надежде, что танцовщик наряду с такими знаменитыми русскими артистами, как Федор Шаляпин и Сергей Рахманинов, придаст мероприятиям художественную значимость.

Во главе Пушкинского комитета стал Василий Маклаков (1869–1957), который в период с 1917 по 1924 год являлся неаккредитованным послом уже не существующей царской России в Париже. Благодаря своей способности выступать посредником между противоборствующими политическими группировками русских эмигрантов и французским правительством Маклаков идеально подходил на роль председателя комитета. В статье в «Последних новостях» от 19 января 1937 года лауреат Нобелевской премии писатель Иван Бунин, Милюков и Федоров указаны как товарищи председателя Пушкинского комитета, а ученый-филолог Григорий Лозинский (1889–1942) — как секретарь[6]. Парижский комитет, как сообщает газета, ставил своей целью превратить празднование в событие международного масштаба и способствовать созданию восьмидесяти пяти комитетов в тридцати семи странах на пяти континентах. Комитет планировал проведение торжественных собраний, лекций, представлений и концертов с участием русских композиторов, которые писали музыку на стихи Пушкина или черпали вдохновение в творчестве поэта. В годовщину смерти Пушкина во всех русских православных церквях Франции должны были пройти заупокойные службы. Комитет принял решение об издании собрания сочинений Пушкина вместе с подборкой размышлений современных французских деятелей искусства о поэте и посвятить ему специальный выпуск в рамках празднования Дня русской культуры. Комитет также пообещал устроить вечер драматических произ-

---

[6] Пушкинский комитет // Последние новости (Париж). 1937. 19 янв. См. также [Мнухин, Неброзова 2000: 310].

ведений Пушкина, а 11 февраля — праздничную конференцию
в Зале д'Иена.

Франция, со своей стороны, провела 26 января праздничную
конференцию в Сорбонне, на которой со вступительными речами выступили министр национального образования Жан Зе
(1904–1944) и писатель Поль Валери; в Национальной опере
в январе был проставлен балет «Золотой петушок» Николая
Римского-Корсакова, а в феврале — опера «Борис Годунов» Модеста Мусоргского; в качестве почетного гостя присутствовал
Лифарь[7]. В Национальной библиотеке была организована выставка «Пушкин и его эпоха». Некоторые надеялись, что в честь
Пушкина назовут улицу в Париже, потому что, как напомнил
читателям французский журналист и почитатель Пушкина Андре
Пьер, «Пушкина убил молодой французский аристократ. Пуля
эльзасца Жоржа Дантеса оборвала жизнь величайшего поэтического гения России, которому было тридцать восемь лет» [Pierre
1937a; Pierre 1937b].

Русские эмигранты также стремились привлечь внимание
французской публики, поэтому музыка играла в торжествах
исключительно важную роль. 8 февраля, в день годовщины роковой дуэли, Пушкинский комитет устроил грандиозный концерт
в зале Плейель [Мнухин, Неброзова 2000: 312]. Открыл концерт
«Квартет Кедрова», мужской четырехголосный вокальный ансамбль, выступавший a cappella, который исполнил произведение
Александра Гречанинова на одно из самых известных стихотворений Пушкина «Я памятник себе воздвиг нерукотворный…»,
специально написанное к празднованиям. В исполнении ансамбля также прозвучало стихотворение Пушкина «Три ключа»
в обработке Николая Черепнина. В завершение первого отделения
концерта, состоявшего из романсов на стихи поэта, писатель
Алексей Ремизов продекламировал сочинение Пушкина «Сказка
о рыбаке и рыбке» в сопровождении «Шести музыкальных иллюстраций для фортепиано к сказке "О рыбаке и рыбки"», написанных Черепниным в 1912 году. Во втором отделении концерта

---

[7]   Le Figaro. 1937. 19 March.

прозвучали арии и ансамбли из опер «Руслан и Людмила» Глинки, «Евгений Онегин» Чайковского и «Борис Годунов» Мусоргского. Публике было особенно интересно увидеть, как Лифарь, приехавший в полночь после выступления в балете «Видение розы» в Опере, исполнил короткий «Танец доблестного рыцаря», специально созданный для этого вечера на музыку из «Руслана и Людмилы» Глинки.

Хотя вступительную речь на концерте 8 февраля произнес Андре Пьер, мероприятие было по преимуществу эмигрантским собранием. Газета Милюкова «Последние новости», сообщая о том, что великий русский поэт объединил парижскую эмигрантскую общину, выразила, судя по всему, надежды своего главного редактора:

> В первом ряду сидели П. Н. Милюков, [командующий белой армией] генерал Деникин, В. А. Маклаков, [вскоре похищенный] генерал Е. К. Миллер и другие. В первом ряду лож можно было увидеть белый клобук митрополита Евлогия [Евлогий Парижский, епископ Православной церкви за границей]. Собрались все известные русские писатели, артисты, художники и общественные деятели[8].

В выступлениях, прозвучавших на торжественном собрании Пушкинского комитета в Зале д'Иена 11 февраля, подчеркивалось, что эмигранты по-прежнему верят в старую Россию и считают, что Пушкин может помочь им туда вернуться[9].

Другой концерт в зале Плейель, который состоялся 18 марта, получил более широкую рекламу. Лифарь утверждает, что организовал концерт, чтобы собрать деньги на публикацию собрания сочинений Пушкина — проект, который обошелся Пушкинскому комитету гораздо дороже, чем он смог за него выручить. Четыре оперных певца исполнили отрывки из произведений Глинки, Римского-Корсакова, Мусоргского, Чайковского, Александра

---

[8] Пушкинский концерт в зале Плейель // Последние новости (Париж). 1937. 10 февр.

[9] Иллюстрированная Россия. 1937. № 9. С. 8–9.

Илл. 5.1. Афиша праздничного концерта в зале Плейель. Центр русской культуры Амхерстского колледжа

Глазунова и малоизвестного Павла Ковалева в оркестровом сопровождении Парижского симфонического оркестра под управлением дирижера Михаила Штеймана (илл. 5.1). Гвоздем программы снова стал Лифарь, который принял участие в концерте с особого разрешения директора Оперы Жака Руше[10]. Прибыль от этого концерта, как не без гордости писал Лифарь в своих воспоминаниях, покрыла убытки, достигшие почти 22 000 франков, которые комитет понес от издания полного собрания сочинений Пушкина [Лифарь 1966: 37].

Впрочем, на одном мероприятии Лифарь не присутствовал вовсе. Несмотря на то что он называл себя пушкинистом, никто не пригласил его на торжественное мероприятие в Сорбонне, которое задумывалось как главная дань уважения величайшему поэту

---

[10] Журнал Le Ménestrel (1937. 12 Mars) объявил в списке концертов, что Лифарь будет танцевать в зале Плейель, не сообщая подробностей программы.

России со стороны Франции. В состав французского комитета, выступившего организатором вечера, вошли два министра, Зе и Ивон Дельбос (1885–1956), французские писатели Поль Валери, Поль Клодель, Жорж Дюамель и Андре Моруа, директор Парижской оперы Жак Руше, актер и режиссер Жак Копо и профессор Пол Бойер. Судя по всему, никто из знаменитостей из числа эмигрантов, присутствовавших в зале Плейель, не появился на концерте. Вместо этого комитет пригласил советского посла Владимира Потемкина (1874–1946), который, сидя рядом с официальными лицами Франции в первом ряду, представлял родину Пушкина[11].

Вечер открылся увертюрой к опере Глинки «Руслан и Людмила» в исполнении оркестра Комеди Франсез под управлением Раймона Шарпантье. В приветственном слове Зе отметил политические перемены, которые произошли на родине Пушкина, но, обращаясь к советскому послу, он также заверил слушателей, что «слава Пушкина продолжает сиять» над Россией. Французский филолог Андре Мазон тоже посчитал себя обязанным заявить, что «величие Пушкина не вызывает сомнений ни при советской власти, ни при царском режиме». Память Пушкина почтил «принц французской поэзии» Поль Валери, который, прежде чем повторить все избитые клише о роли Пушкина в русской культуре, признался, что у него как у человека, не говорящего по-русски, доступ к творчеству поэта был весьма ограничен. Впоследствии Лифарь утверждал, что в речи Валери (которая в целом дословно повторяла его выступление, произнесенное годом ранее, 17 марта 1936 года, на Пушкинском вечере в зале Плейель по просьбе Лифаря) было одно красноречивое упущение: отсутствовало признание в том, что Валери «имел о Пушкине весьма смутное впечатление» именно до встречи с Лифарем. Танцору объяснили, что это место речи было «рекомендовано» выпустить, чтобы не упоминать о связи Валери с русским эмигрантом [Там же: 64–65].

Завершило мероприятие двухчасовое исполнение произведений Пушкина, включая чтение стихов в переводе на французский язык и отрывки из «Русалки» Даргомыжского, «Бориса Годунова»

---

[11] Pouchkine celebre a la Sorbonne // L'Intransigeant. 1937. 28 Janvier.

Мусоргского, «Пиковой дамы» и «Онегина» Чайковского, «Золотого петушка» Римского-Корсакова в исполнении французских певцов. Был в программе и танец из «Руслана и Людмилы» — в этот раз без участия Лифаря.

То, что из программы концерта исключили Лифаря, говорило о том, что сообщение в L'Intrasigeant от 28 января 1937 года об объединяющей силе поэзии Пушкина было попыткой выдать желаемое за действительное. Примирить противоборствующие группировки внутри эмигрантского сообщества было довольно сложно; примирить официальных представителей Советской России с эмигрантами оказалось и вовсе невозможно, учитывая, что Советы делали вид, что эмигрантов не существует вообще. Культ Пушкина не был настолько сильным, чтобы разрешить конфликт: не Пушкин объединил разделенную русскую культуру, а советская власть и эмигранты разделили Пушкина на две непримиримые части.

«ПУШКИН И ЕГО ЭПОХА»

И во французской, и в русской прессе Парижа почти не было объявлений, в которых имя Пушкина упоминалось бы без имени Лифаря. Серж Лифарь добился для себя особого положения на торжествах прежде всего как владелец ценных пушкинских рукописей и реликвий, среди которых были письма к невесте поэта Наталье Гончаровой, доставшиеся Лифарю в наследство вместе с другими важными рукописями и первыми изданиями Пушкина из коллекции Дягилева; рукопись предисловия к «Путешествию в Арзрум» (1829), которую Лифарю случайно удалось найти у одного парижского книготорговца; и две неизвестные строфы из шестой главы «Евгения Онегина»[12]. В 1934 году он издал «Пу-

---

[12] После смерти Дягилева в 1929 году Лифарь, двоюродный брат Дягилева Павел Корибут-Кубитович, Вальтер Нувель и Борис Кохно забрали рукописи писем и другие документы из парижской квартиры импресарио. Позже Лифарь приобрел оставшиеся активы Дягилева на льготных условиях, когда имущество было выставлено на аукцион [Veroli 2014: 135, fn. 49].

тешествие в Арзрум», в 1936-м — письма Гончаровой, а в 1937-м — новую редакцию «Онегина». В этих проектах ему помогал пушкинист Модест Людвигович Гофман (1887–1959), с которым танцор подружился в те годы, когда работал с Дягилевым. Гофман приехал в Париж в 1922 году в качестве официального представителя Академии наук, чтобы договориться о приобретении пушкинской коллекции Александра Федоровича Онегина (Отто). Как и большинство эмигрантов, Гофман испытывал трудности с деньгами и вскоре начал работать у Лифаря «литературным негром», помогая танцовщику утвердиться в качестве интеллектуала и прежде всего знатока Пушкина [Veroli 2014: 135, fn. 49][13]. Результат не заставил себя долго ждать: когда в 1937 Геа Аугсбург опубликовал свою книгу «La Vie en images de Serge Lifar» («Жизнь в образах Сержа Лифаря»), он уже смело мог поместить рядом с Лифарем-Фавном и Лифарем-Аполлоном также и Лифаря — воображаемого собеседника Пушкина (илл. 5.2).

К пушкинскому юбилею Лифарь решил организовать выставку, на которой будут представлены, как он сам объявил, «драгоценные документы жизни и творчества Пушкина периода правления в России императора Николая I» [Pierre 1937a]. Вместе с архивистом Жаном Порше он устроил выставку в Национальной библиотеке[14]. В то время Лифарь работал с Гофманом над биографией Дягилева, и, возможно, его вдохновила знаменитая выставка русских портретов XVIII века 1905 года, которая, как и его собственная пушкинская экспозиция, должна была представлять уже ушедшую, но выдающуюся эпоху[15]. В знак благо-

---

[13] По словам Вероли, Гофман был настоящим автором первой автобиографии Лифаря в 1935 году, а также биографии Дягилева, «написанной» Лифарем [Лифарь 1939]. В 1940-х годах сын Гофмана, музыковед Ростислав, взял на себя роль отца в качестве писателя-призрака вместо Лифаря.

[14] В интервью Андре Франку [Frank 1937] Лифарь объявил, что его Пушкинская выставка откроется в конце февраля в Национальной библиотеке. Место проведения выставки также было подтверждено в [Pierre 1937a].

[15] Об «Историко-художественной выставке русских портретов» в Таврическом дворце, организованной Дягилевым в 1905 году, см. [Лифарь 1939: особ. 122–126].

дарности Лифарь пообещал посвятить свою выставку гения России «благородной и свободной Франции»[16].

Однако, как выяснилось, французское правительство уступило давлению со стороны Советов и запретило Лифарю доступ в Национальную библиотеку. Наверняка газетные объявления о проведении выставки попали на глаза советскому послу Потемкину и заставили его задуматься о том, какой политический ущерб может быть нанесен, если позволить эмигрантам праздновать юбилей Пушкина с благословения французского правительства. По утверждению Лифаря, посол Потемкин попросил министра Зе убедить танцовщика отвести ему какую-то официальную роль в организации выставки. В своем полном мелодраматизма рассказе Лифарь сообщает, что Зе был готов подчиниться, но Лифарь героически отверг требование советской стороны[17]. Несложно представить, что Потемкин убедил Зе отказаться от официальной поддержки проекта Лифаря, поскольку тот шел вразрез с советскими интересами. Гораздо сложнее поверить, что советский посол хотел поставить себе в заслугу проведение выставки, которая если и не была откровенно антисоветской, то во многом противоречила предложенному советской стороной образу Пушкина.

Как бы там ни было, но Лифарю пришлось перенести свою экспозицию в два вестибюля зала Плейель и преобразовать то, что задумывалось как совместное французско-русское празднование юбилейной даты Пушкина, в сугубо эмигрантское мероприятие, которое посетили, правда без официального благословения, представители французского правительства[18].

Из-за переноса места проведения открытие выставки Лифаря было отложено и состоялось 16 марта 1937 года. Жан Кокто на-

---

[16] Такое же посвящение напечатано в издании писем Пушкина к своей невесте в редакции Лифаря [Frank 1937].

[17] Лифарь утверждал, что Зе предложил ему орден Почетного легиона в обмен на активную роль советского посла в Пушкинской выставке [Lifar 1970: 144].

[18] Президент Франции Альбер Франсуа Лебрен (1871–1950) не появился на торжественном открытии. Он посетил выставку на следующий день в компании Поля Валери [Перельмутер 2003: 216].

Илл. 5.2. Изображение Сержа Лифаря с Пушкиным [Augsbourg1937] (также воспроизведено в [Лифарь 1966: 11]).© 2019 Artists Rights Society (ARS), New York / ProLitteris, Zurich, используется с разрешения

Илл. 5.3. Приглашение на Пушкинскую выставку Сержа Лифаря с рисунком Жана Кокто. Центр русской культуры Амхерстского колледжа

бросал эскиз приглашения (илл. 5.3), на обратной стороне которого была напечатана маленькая и странная заметка Лифаря о божественном вдохновении и о том, что он отождествляет предводителя муз Аполлона с русским гением Пушкиным. Лифарь был не первым, кто проводил параллель между Пушкиным и богом солнца Аполлоном. Полные отчаяния слова князя Владимира Одоевского о смерти Пушкина — «Солнце нашей поэзии закатилось! Пушкин скончался...» — были подхвачены многими[19]. В 1837 году агиографическая метафора Одоевского возвела поэта в ранг святых угодников или царственных мучеников [Debreczeny 1997: 224]. Но таинственное сияние, исходящее от золотых икон, постепенно померкло вокруг образа Пушкина — на смену ему пришел солнечный свет Греции. Андре Жид в 1937 году воздал должное поэту, наделив его «аполлоническим характером», который, по его мнению, часто вводит в заблуждение иностранных читателей, ожидающих от русских писателей туманности и загадки и ошибочно принимающих их отсутствие за недостаток глубины[20].

Хотя выставка Лифаря задумывалась как экспозиция интеллектуального наследия Пушкина, на деле она превратилась в монументальное собрание антиквариата в эмигрантском вкусе. Довольствуясь мыслями и воспоминаниями о прошлом, эмигранты горели желанием показать предметы — вещественные свидетельства пушкинского времени как бы в доказательство того, что это прошлое действительно существовало. При организации выставки Лифарь по примеру Дягилева обратился за помощью к своим соотечественникам. В номере газеты «Возрождение» от 6 марта 1937 года танцовщик воззвал к русской зарубежной общественности: «От русских людей, находящихся в заграничном рассеянии, зависит, чтобы эта выставка была бы еще более зна-

---

[19] См. некролог Пушкину В. Ф. Одоевского в «Литературных приложениях к русскому инвалиду» от 30 января 1837 года. Метафора ожила у Осипа Мандельштама в заметке «Пушкин и Скрябин» (иначе называемой «<Скрябин и христианство>») [Мандельштам 2009–2011, 2: 35].

[20] Цит. по: [Перельмутер 2003: 211].

чительной манифестацией русской культуры за границей». В своем «горячем призыве» он просил передать ему любые реликвии, «касающиеся Пушкина и его эпохи» [Лифарь 1966: 51]. Так же как в 1905 году Дягилев уговаривал помещиков доверить ему свои старинные семейные портреты, так и Лифарь убеждал эмигрантов передать ему их сокровища. В памятном издании выставочного каталога указано шестьдесят шесть человек, передавших на выставку пушкинские реликвии: Михаил Пушкин, внук поэта, барон Геккерен Дантес, потомок убийцы Пушкина, и др., а также восемь организаций и групп, включая Тургеневскую библиотеку и Тургеневское общество, Bibliothèque Slave (Славянская библиотека) в Париже и Музей Адама Мицкевича в Польше [Lifar 1937: 55–57].

Разумеется, предметы, представленные на выставке, носили случайный характер: здесь можно было увидеть и вещи из разряда сенсационных, например подлинные пистолеты, из которые происходила роковая дуэль между Пушкиным и Дантесом, но были и миниатюрные фарфоровые чайные чашки из кукольного дома друга поэта Павла Нащокина, и серебряные табакерки, и сумочки, расшитые бисером, и даже такие трогательные вещи, как кусочки сосны из усадьбы Пушкина в Михайловском, сломанной бурей в 1895 году [Гофман 1999: 575–618][21]. Выставка носила и академический характер, поскольку на ней были представлены оригиналы пушкинских рукописей (из коллекции Лифаря) и некоторые репродукции из парижского Пушкинского музея Отто Онегина; автографы и первые издания произведений Пушкина и его современников; современные журналы, включая «Литературную газету», которую Пушкин редактировал вместе с бароном Антоном Дельвигом, основанный Пушкиным журнал «Современник», первый номер которого вышел через год после смерти поэта.

В витрине, посвященной театрам пушкинской эпохи, Лифарь также выставил рукопись переложения Глинки пушкинского «Пью за здравие Мери...» — вольного перевода «Песни» Барри

---

[21] Подробное описание выставки см. [Гофман 1937].

Корнуолла, которую Пушкин обнаружил в том же томе, где нашел
пьесу Джона Вильсона «Город чумы». В рукописи Глинки песня
была ошибочно названа «Песней Марии» из пушкинского перевода сцены из этой пьесы[22].

Наиболее привлекательной стороной выставки в визуальном
плане была серия великолепных русских картин XIX века. По
примеру Дягилева, разместившего в специальном выпуске
журнала «Мир искусства» за 1899 год репродукции картин
пушкинских времен, Лифарь потратил немало усилий, чтобы
приобрести портреты кисти Карла Брюллова, Герхардта фон
Кюгельгена, Владимира Боровиковского, Ореста Кипренского,
Петра Соколова и Вольдемара Гау (в России известного как
Владимир Гау). Портреты изображали русских монархов, императрицу Елизавету Алексеевну, императоров Александра I и Николая I — последний был покровителем и личным цензором
Пушкина — и многочисленных аристократов, связанных с Пушкиным либо лично, либо в силу того, что они упоминались в его
произведениях. В этих портретах оживала имперская Россия,
а картины и гравюры показывали Петербург таким, каким его
видели Пушкин и его современники: праздничный город с широкими площадями, садами, памятниками и прекрасными зданиями. Двенадцать рисунков Царского Села, сделанных современником Пушкина Валерианом Лангером, навевали мысли
о молодости поэта и окружающей его обстановке. К картинам
с бальными залами и современными интерьерами была добав-
лена реконструкция комнаты пушкинской эпохи с коврами,
мебелью из березы, стульями, столами, вазами, шкафом с фар-
фором, портретами и большой картиной Максима Воробьева,
изображающей парусники на Неве.

На выставке Лифаря нашли свое место сохранившиеся в домах
эмигрантов осколки прошлого, разрозненные и перемещенные

---

[22] См. «Песню» Барри Корнуолла в «Поэтических произведениях Барри Корнуолла» [Milman 1829: 152]. Этот том Пушкин использовал при переводе
сцены из пьесы Джона Вильсона «Город чумы» (p. 25–64) для «Пира во
время чумы». Рукопись Глинки также воспроизведена в [Пушкин 1937: 7].

из привычной обстановки. Николай Пушкин, внук поэта, специально приехавший в Париж, чтобы выступить на открытии выставки, признался, что, отдавая себе отчет в тех трудностях, с которыми сопряжено создание подобной экспозиции за границей, опасался, что «она рискует оказаться бедной, неполной, недостойной того, кому она посвящена». Но как только он переступил порог зала, его опасения рассеялись — «я был охвачен энтузиазмом». Выразив благодарность Лифарю, Гофману и Александру Бенуа, принимавшим участие в организации выставки, внук поэта заявил, что, «без всякого сомнения, она должна занять одно из первых мест в списке юбилейных торжеств столетия смерти Пушкина» [Lifar 1937: 62].

Модест Гофман в своей речи отдал должное художественному вкусу Лифаря, который, по его признанию, был достоин своего учителя, Дягилева. По мнению Гофмана, Пушкин в контексте своей эпохи предстал перед нами живым и близким поэтом. Но Лифарю в экспозиции удалось добиться большего: он воскресил Пушкина, который был не просто убит пулей Дантеса, но уничтожен постоянным переосмыслением его жизни и творчества, в результате чего у почитателей поэта остался не настоящий Пушкин, а «столетний Пушкин, обремененный суждениями о нем Белинского, А[поллона] Григорьева, Достоевского, Тургенева, Мережковского, Александра Блока» и др. Перед нынешним поколением, сказал Гофман, стоит задача возродить настоящего Пушкина, сбросить накопившиеся за сто лет слои его интерпретаций, чтобы «вернуть Пушкина полного жизни, любимого всеми нами так, как любят живых, тех, кто рядом с нами, а не тех, кого с нами уже нет». Выставка достигла именно этого: она оживотворила Пушкина, вернув его в контекст своего времени. Это произвело почти галлюцинаторный эффект: Пушкин, как с восхищением отмечал Гофман, представал перед посетителями выставки так, как будто он скончался только вчера [Ibid.: 62][23].

---

[23] Подробнее о дебатах о Пушкине см. [Паперно 1992: 19–51].

ПУШКИН — РЕВОЛЮЦИОНЕР

Настоятельная необходимость очистить образ Пушкина ощущалась особенно остро еще и потому, что Советская Россия уже запустила пропагандистскую машину для создания нового образа поэта. Коммунисты на свой лад стремились избавиться от всяческого «хлама», накопившегося вокруг поэта. Как ни парадоксально, но в то время как идеалисты-эмигранты ухватились за материальную реальность пушкинского прошлого, коммунисты, официально пропагандировавшие материалистическое мировоззрение и имевшие возможность чествовать Пушкина в физической реальности его отечества, предпочитали демонстрировать свои идеологические установки, а не предметы, прямо связанные с поэтом.

В связи с попытками по-новому представить образ Пушкина, между представителями эмиграции и советской властью возникли резкие разногласия по поводу того, как Пушкин относился к восстанию декабристов 1825 года. На выставке Лифаря декабристам был посвящен только один стенд. «Свободолюбивый поэт, — как признавал Гофман в описании выставки, — был близок к тайному обществу, которое планировало восстание на Сенатской площади». То, что он беспокоился о судьбе своих «друзей и братьев», послужило достаточным основанием, чтобы включить эту тему в выставку, посвященную Пушкину и его эпохе, писал Гофман будто в оправдание [Гофман 1937][24].

Само собой разумеется, что именно тема «Пушкин и восстание» была в центре внимания московской выставки, которая открылась ровно на месяц раньше экспозиции Лифаря. Пушкинская выставка в Москве была организована по распоряжению Совета народных комиссаров в Государственном историческом музее. Главной ее целью, как было заявлено в брошюре, являлось «показать жизнь великого поэта, его борьбу с самодержавием и гибель в этой борьбе». Иначе говоря, это была еще одна выставка, которую можно было бы назвать «Пушкин и его эпоха», но

---

[24] Цит. по: [Гофман 1999: 604].

вместо того чтобы показать царскую Россию с точки зрения пушкинского контекста, организаторы сделали акцент на крепостном праве, восстании декабристов и европейских революционных движениях пушкинской эпохи, рассматривая их в качестве предпосылок интеллектуального развития поэта. Хотя только один из семнадцати залов выставки был прямо посвящен восстанию 1825 года, во всех залах можно было увидеть те или иные сюжеты на революционную тему. Так, в экспозиции, посвященной детству Пушкина, висели картины, изображающие сцены Французской революции; в зале, посвященном Южной ссылке поэта, организаторы акцентировали внимание на его связи с тайными обществами и революционными движениями в Европе 1820-х годов. Экспозиция о путешествии Пушкина на Кавказ включала его встречу с декабристами, пребывание в Болдино в 1830 году и, кроме того, рассказывала об Июльской революции во Франции и других революционных движениях в Европе. Интерес Пушкина к восстанию Пугачева, легшего в основу «Капитанской дочки», занимал центральное место в экспозиции, посвященной историческим темам в творчестве Пушкина. Организаторы выделили отдельный зал, в котором рассказывалось о судьбе литературного наследия поэта в царской России, точнее говоря, о том, как был «фальсифицирован» его образ перед революцией 1917 года. В последних четырех залах развернулись экспозиции, посвященные Пушкину в эпоху Октябрьской социалистической революции; Пушкину в творчестве советских детей; Пушкину в советской музыке, театре и кино; и в завершение, Пушкину в советском изобразительном искусстве[25]. Аристократ парижской выставки превратился в героя революции, который пророчески предвидел и благословил сталинскую Советскую Россию. Как пишет Вадим Перельмутер, «для эмиграции Пушкин — поэт национальный, для Советского Союза — государственный», выполняющий любое задание политического руководства [Перельмутер 1999: 30].

---

[25] Подробное описание выставки см. [Краткий путеводитель 1937; Pushkin 1933: 309–327].

В Советской России 1937 года у Пушкина было достаточно таких политических заданий. Прошли те времена, когда в эпатажном манифесте 1912 года «Пощечина общественному вкусу» Владимир Маяковский и его собратья-футуристы объявили Пушкина «непонятнее иероглифов» и хотели бросить Пушкина «с Парохода Современности». Страна Советов принимала Пушкина постепенно. Уже в 1924 году, когда послереволюционная Россия отмечала 125-летие со дня рождения поэта, Анатолий Луначарский мог смело заявить, что «самые дерзкие вихрастые футуристические головы в конце концов склоняются» перед Пушкиным [Луначарский 1963–1967, 1: 39]. У Сталина в 1937 году на кону стояло нечто большее: он использовал Пушкинские торжества как репетицию политически более значимой двадцатой годовщины Октябрьской революции, причем оба события проходили в самый разгар показательных репрессий.

В числе политических заданий Пушкина была помощь в борьбе с неграмотностью, что, в свою очередь, позволяло массам читать и усваивать государственную пропаганду, особенно регулярные сообщения о показательных процессах, которые в конце 1930-х годов стали частью повседневной жизни. Пушкин служил примером в борьбе с «буржуазным формализмом» — под эту категорию легко можно было подогнать любого писателя, творения которого государство хотело подвергнуть цензуре. Так пропаганда превратила отважного противника Николая I в покорного слугу Сталина. Передовица в «Правде» от 10 февраля 1937 года с пышным названием «Слава русского народа» торжественно объявила, что «Пушкин целиком наш, советский». Именно «советский» Пушкин, как провозглашала главная газета страны, был «подлинным Пушкиным без корыстного посредничества многочисленных искажателей текстов поэта, без реакционной цензуры, без скудоумных и ничтожных толкователей, старавшихся причесать буйного Пушкина под свою буржуазную гребенку». Превращенный в «стенобитное орудие», Пушкин протягивал «дружескую руку» сталинскому режиму в его борьбе с «подлыми преступлениями троцкистских бандитов», которые были «прямой реакцией контрреволюционной буржуазии на ликвидацию эксплуататоров в нашей стране». Пушкин, все творчество которого «глупые вульгаризаторы» клеветнически объявили дворянским, говорилось в передовице, «радостно рукоплескал бы гибели эксплуататорских классов». В таком изложении смерть поэта превращалась из личной трагедии в результат политического заговора; а главный заговорщик, убийца Пушкина, объявлялся «иноземным аристократическим прохвостом, наемником царизма». По указанию сталинского руководства Пушкин стал борцом-антифашистом, выступавшим в качестве «обвинительного акта» против «фашистских изуверов и варваров, попирающих солдафонским сапогом все культурные ценности, созданные человечеством». К концу передовицы панегирик Пушкину вполне предсказуемо перешел в восхваление сталинского режима[26].

Напыщенная, политически ангажированная риторика в равной степени звучала как в советской прессе, так и в зале суда, когда в январе 1937 года, менее чем за две недели до начала Пушкинских торжеств, начался второй московский показательный процесс против «антисоветского троцкистского центра», завершившийся вынесением смертных приговоров тринадцати из семнадцати обвиняемых [Шлёгель 2011: 162–165]. Ставшее привычным навешивание на «врага» многочисленных обвинений породило устойчивый лексикон, который навсегда закрепился за сталинской пропагандой. Обвиняемые были, по словам прокурора Андрея Вышинского, «буквально ордой бандитов, грабителей, изготовителей поддельных документов, вредителями, шпионами и убийцами» [Там же: 175]. Тот же лексикон используется и при описании предполагаемых врагов Пушкина: те самые газеты, которые печатали праздничные статьи, посвященные поэту, публикуют ужасающие описания диверсий, взрывов, увечий,

---

[26] В заключение статьи говорилось: «Русский народ дал миру гениального Пушкина. Русский народ под руководством великой партии Ленина — Сталина свершил Социалистическую революцию и доведет ее до конца. Русский народ вправе гордиться своей ролью в истории, своими писателями и поэтами» (Слава русского народа // Правда. 1937. № 40 (7006). 10 февр. С. 1.

а также отчеты о судебных процессах, в которых, по словам Карла Шлегеля, «с полной серьезностью отрабатывается лексика ритуальных убийств, суда Линча» [Там же: 178].

Если парижские торжества были посвящены аристократическому наследию Пушкина и преподносили поэта как представителя культурной элиты, недосягаемого для обычных людей, то Советы приложили максимум усилий для того, чтобы доказать, что Пушкин на самом деле может стать достоянием широких масс[27]. Только в 1937 году общий тираж изданных произведений Пушкина достиг 13,4 млн экземпляров, что позволило государству объявить поэта «продуктом широкого потребления». Рабочие и матросы выступали с постановками по произведениям Пушкина, школьники читали его стихи, проводились массовые собрания, переименовывались улицы, площади и музеи, воздвигались памятники, а строки из его пророческого стихотворения «К Чаадаеву» были вывешены в виде плаката на колокольне разрушенного Страстного монастыря на Страстной площади, переименованной теперь в Пушкинскую: «Товарищ, верь: взойдёт она, / Звезда пленительного счастья, / Россия вспрянет ото сна, / И на обломках самовластья / Напишут наши имена!» [Пушкин 1977–1979, 1: 307].

Настоящее дворянское прошлое Пушкина в Советской России превратилось в руины. Усадьба поэта Михайловское к тому времени, когда в 1922 году ее объявили национальным памятником, была сожжена, а от господского дома остался только фундамент. По описанию одного из посетителей, «как кирпичи обвалились, так там и остались; стен уже давно нет» [Sandler 2004: 52]. Но если бы Гражданская война и обошла Михайловское стороной, то даже в этом случае сохранение предметов из пушкинского дворянского прошлого шло вразрез с целями революции. Проще было заполнить пустоту новым содержанием, и поэтому путеводитель по усадьбе с уверенностью заявлял:

---

[27] «Пушкин — поэт народный, но не "массовый"», — писал В. Ф. Ходасевич под псевдонимом «Гулливер» в негативной рецензии на «Пушкинский словарь» под редакцией Б. В. Томашевского [Гулливер 1937].

«Только после Великой Октябрьской социалистической революции у пушкинских мест появился настоящий и заботливый хозяин — советский народ» [Ibid.: 59].

Вполне возможно, что в Советском Союзе даже не подозрева-
ли о том, что в Западной Европе тоже отмечают пушкинскую
дату, но русские эмигранты в Париже были в курсе событий,
связанных с празднованием юбилея Пушкина в СССР. Читатели
«Последних новостей» регулярно знакомились с обзорами советских публикаций, материалами, полученными от российского
информационного агентства ТАСС и из советских изданий, таких
как «Правда», «Известия» и «Красная газета». Они знали о том,
что в феврале в Большом театре состоялось торжественное собрание, на котором присутствовал Сталин, и могли прочесть
небольшую выдержку из процитированной выше статьи из газеты «Правда»[28]. «Последние новости» сообщали о переименовании улиц, о проведении грандиозного массового митинга у памятника поэту и о переименовании города Детское Село (ранее
Царское Село) в город Пушкин[29]. В большинстве случаев эти
сообщения публиковались без комментариев. Иногда в них
присутствовал ироничный политический подтекст, как, например, в сообщении о призыве к проведению Пушкинских торжеств,
опубликованном в газете «Правда» (5 января 1937), в котором
организаторы обращали внимание читателей на то, что Пушкинские дни «приходятся как раз на то время, "когда рукой гениального мыслителя и борца, тов. Сталина", написана новая консти-
туция»[30]. В короткой заметке о недостатках советского пушкино-
ведения читателю сообщалось, что в Советском Союзе прадеда
Пушкина Ганнибала путают с карфагенским полководцем Ганни-
балом, а пушкинского «Евгения Онегина» трактуют не иначе как
доказательство упадка дворянства и разложения дворянской

---

[28] Пушкинские торжества в Москве. Собрание в Большом театре // Последние
новости (Париж). 1937. 12 февр.

[29] Пушкинские торжества в России. Митинг у памятника Пушкину в Москве //
Последние новости (Париж). 1937. 11 февр.

[30] Пушкин и... Сталин // Последние новости (Париж). 1937. 9 янв.

молодежи[31]. Статья Николая Заболоцкого «Пушкин и мы», которая появилась в «Известиях» и получила освещение в эмигрантской прессе, как нельзя лучше продемонстрировала, что именно было не так с советским Пушкинским юбилеем. Вместо Пушкина Заболоцкий назвал Ленина и Сталина источниками «чистоты и мощи», которых «может достигнуть русский язык». Заболоцкий заявил, что поэзия все еще далека от того, чтобы сравняться с «своей железной логикой, всей своей мудрой простотой, всем своим убийственным юмором» речи Сталина на VIII Съезде Советов[32]. Значит, истинным наследником литературного гения Пушкина был Сталин — такой вывод и высмеяла карикатура в «Последних новостях», на которой был изображен старый профессор, чью речь о Пушкине редактирует государственный цензор. Подпись под карикатурой гласит: «Я зачеркиваю, товарищ профессор, в вашей речи слова "великий", "гениальный", "наша гордость": ведь никто не понял бы, что речь идет о Пушкине: все думали бы, что вы говорите о товарище Сталине» (илл. 5.4)[33].

Эмигранты вполне обоснованно опасались, что напыщенная демагогия советской пропаганды способна затмить их Пушкинский праздник. Необходимость представить Западу «другого Пушкина» была тем более актуальна, что французские публикации, посвященные поэту, в большинстве своем отражали советскую точку зрения. В вышедшем к столетнему юбилею со дня смерти Пушкина французском издании редактор Ж.-Э. Путерман, известный своими переводами с русского языка, заявил, что цель публикации — «разделить с французской публикой» единодушный энтузиазм советского народа в праздновании юбилея великого поэта, и привел слова Максима Горького как признанного знатока Пушкина [Pouterman 1937: 7–8]. Путерман издал перевод недавно вышедшей популярной биографии Пушкина авторства советского писателя Викентия Вересаева, потому что, как объяснил редактор, она была достаточно простой, чтобы разойтись

---

[31] Как прорабатывают Пушкина // Последние новости (Париж). 1937. 21 янв.

[32] Цит. по: [Перельмутер 2003: 225].

[33] Последние новости (Париж). 1937. 9 февр.

Пушкинскiе дни въ Москвѣ

Рис. Mad'а.

— Я зачеркиваю, товарищъ профессоръ, въ вашей рѣчи слова «вели-
кiй», «генiальный», «наша гордость»: вѣдь никто не понялъ бы, что рѣчь
идетъ о Пушкинѣ: всѣ думали бы, что вы говорите о товарищѣ Сталинѣ...

Илл. 5.4. Пушкинские дни в Москве. Карикатура в «Последних
новостях». 11 февраля 1937 года, с. 1

в Советском Союзе миллионными тиражами [Ibid.: 11][34]. Кроме
того, Путерман включил туда отрывки из статьи «Пушкин и мы»
«красного профессора» Василия Десницкого (1878–1958), впервые
опубликованной в журнале «Литературный современник»
в 1936 году. Творчество Пушкина, как считал Десницкий, приобретает первостепенную важность именно сейчас, когда «потоки
новой пролетарской всеобщности все более и более заявляют
о себе в поэзии всех стран». С точки зрения профессора, «голая

---

[34] Книги Вересаева «Пушкин в жизни» (1925–1926) и «Спутники Пушкина»
(1937). О роли Вересаева в полемике о Пушкине см. [Паперно 1992].

простота» пушкинского отображения действительности «созвучна ритмам социалистического строительства новой культуры» [Десницкий 1935; Pouterman 1937: 139–140]. Удивляет не то, что в очерке Десницкого Пушкин поставлен на службу Советскому государству, а то, что Путерман посчитал уместным распространить это сочинение во Франции.

НАШ ПУШКИН

«Пушкин и мы» Десницкого был своеобразным вариантом фразы «Мой Пушкин», появившейся как иронический комментарий к словам Николая I, который, после первой встречи с Пушкиным в Москве, так представил поэта своему двору: «Господа, это Пушкин мой!» [Полевой 1985: 67]. Для русской интеллигенции личное присвоение Пушкина представляло своего рода инициацию, что побудило даже революционера Маяковского написать признание в любви к Пушкину (стихотворение «Юбилейное», 1924), в котором он стягивает статую поэта с пьедестала, чтобы вместе прогуляться. Доверительная беседа Маяковского с поэтом типична для этого жанра, в котором зачастую выражается несогласие с «фальшивыми» публичными церемониями официальных Пушкинских торжеств [Sandler 2004: 88].

Чествование Пушкина в 1921 году, когда несколько представителей русской интеллигенции решили объявить годовщину смерти поэта днем национального траура, все еще было делом личной инициативы, даже если такое решение было принято на собрании ведущих литературных и общественных деятелей Петрограда. Выступления А. А. Блока, В. Ф. Ходасевича и других были глубоко прочувствованными и личными. В речи Ходасевича, произнесенной в Доме литераторов 14 февраля 1921 года, нетрудно было уловить мрачные интонации: «...наше желание сделать день смерти Пушкина днем всенародного празднования отчасти, мне думается, подсказано тем же предчувствием», опасением, что связь с пушкинским временем «будет совсем утрачена». «Это мы услаавливаемся, каким именем нам аукаться, как нам перекликаться в надвигающемся мраке», — говорил Ходасевич за год до своего отъезда из России [Ходасевич 1996: 85]. Когда с речью «О назначении поэта» в Доме литераторов выступил Блок, то в ней услышали предчувствие его собственной смерти, последовавшей через год: «...Пушкина... убила вовсе не пуля Дантеса. Его убило отсутствие воздуха. С ним умирала его культура» [Блок 1962: 167]. Блок сформулировал предназначение поэта в музыкальных терминах:

> Поэт — сын гармонии; и ему дана какая-то роль в мировой культуре. Три дела возложены на него: во-первых — освободить звуки из родной безначальной стихии, в которой они пребывают; во-вторых — привести эти звуки в гармонию, дать им форму; в-третьих — внести эту гармонию во внешний мир [Там же: 162].

Однако сложно представить, что хаотичный мир 1921 года можно было превратить в нечто гармонически целое.

Как и предсказывал Ходасевич, терпимое отношение к индивидуалистическому присвоению Пушкина в Советской России продлилось недолго. Теперь уже не интеллигенция, а партия — «мы, рабочие» — претендовала на поэта. Советский критик Валерий Яковлевич Кирпотин (1898–1997) в юбилейной статье «Наследие Пушкина и коммунизм», опубликованной в 1937 году, противопоставляет поэта и «извращенную мечту» индивидуализма Запада. Западная «идеалистически-субъективная точка зрения, — убежден Кирпотин, — была совершенно чужда пушкинскому гению» [Кирпотин 1937: 50][35].

В условиях эмиграции то, что Кирпотин высмеивал как «идеалистически-субъективную точку зрения», присущую индивидуализму, оставалось единственно возможным способом существования в разобщенном культурном пространстве. 2 марта 1937 года Марина Цветаева читала свое проникновенное и глубоко личное эссе «Мой Пушкин» в Salle du Musée Social [Мнухин

---

[35] Более чем стостраничный очерк Кирпотина вышел в сокращенном виде.

1995: 293]. Она рассказала о своей первой встрече с Пушкиным, которая произошла, когда ей было три года, — это был Пушкин на картине Александра Наумова «Дуэль Пушкина с Дантесом» в спальне ее матери. «Пушкин был мой первый поэт, и моего первого поэта — убили». И добавляла: «Пушкин был негр. <...> Какой поэт из бывших и сущих не негр, и какого поэта — не убили?» [Цветаева 1994: 58, 59]. «Мой Пушкин» Цветаевой — это наиболее осязаемое описание мира, который больше не существовал в своей физической реальности и сохранился только в словах и воспоминаниях: «"свободная стихия" оказалась стихами, а не морем, стихами, то есть единственной стихией, с которой не прощаются —никогда» [Там же: 91] — даже в эмиграции, даже в языковой изоляции.

В свою очередь, Лифарь, нисколько не смущаясь, размещал свои собственные исповедальные сочинения о Пушкине в одном ряду с блестящими литературными эссе. Вполне возможно, что некоторые из них, например, «Сияющий свет поэзии», действительно были написаны им самим [Лифарь 1937]. Но бо́льшая их часть наверняка принадлежала перу Гофмана, чьи глубокие познания в пушкинистике поддерживали литературные амбиции Лифаря в юбилейный год. Можно предположить, что именно Гофману принадлежит авторство эссе Лифаря 1934 года «Наш Пушкин», в котором ставится задача объяснить западной читательской аудитории значение Пушкина для эмигрантов[36]. В этой статье говорится, что о Пушкине Запад имеет одностороннее представление: его знают благодаря Достоевскому, великому русскому писателю. «...Россия Достоевского, знакомая Западу, полна самобичевания, страданий и утех без радости», она «представляется каким-то мрачным, темным царством глубокой, безрадостной сумеречности духа и безрадостной сумеречности

---

[36] Вероли не указала эту статью среди публикаций (в основном книг), которые, как она подозревает, Лифарю помогал писать Гофман. Но поскольку статья была опубликована в том же году, что и опубликованное Лифарем «Путешествие Пушкина в Арзрум во время похода 1829 года» под редакцией Гофмана, представляется вероятным, что Гофман также помогал Лифарю с написанием и этой статьи [Veroli 2014: 138].

греховной, темной плоти» [Лифарь 1966: 109]. Образ России, по мнению Лифаря/Гофмана, был исключительно книжным, литературным, его сформировали произведения Тургенева, Толстого и Достоевского. «Достоевский говорил, что у русского человека две родины — Россия и Европа. Обе родины были подарены русскому сознанию всеобъемлющим гением Пушкина — самым русским и самым европейским из всех русских писателей» [Там же: 111]. Но разве мог западный читатель, которому Пушкина преподносили в плохих переводах, постичь творчество поэта, а через него — Россию и русских?

МУЗЫКАЛЬНАЯ ПУШКИНИАНА

Чтобы решить эту проблему, Лифарь/Гофман призвал иностранцев слушать русскую музыку, «вдохновившуюся, пронизанную Пушкиным» [Там же: 112], написанную на стихи Пушкина, выражая надежду на то, что музыка сможет передать смысл и содержание пушкинских произведений более полно, чем перевод произведений. Судя по юбилейному календарю мероприятий, музыка действительно широко исполнялась на чествованиях Пушкина во французской столице. На выбор было предложено богатейшее музыкальное меню. Список Лифаря/Гофмана, как и бесконечно повторяющийся каталог русских композиторов, фигурирующий в эссе под названием «Пушкин и музыка» в течение всего юбилейного года, начинается с непременного Глинки, «отца русской музыки», затем идут члены «Могучей кучки», после них —Чайковский, Рахманинов, даже Николай Набоков и Николай Мясковский, и далее вплоть до комической оперы «Мавра» Стравинского. В этой опере, написанной на основе поэмы Пушкина «Домик в Коломне», Стравинский пытался придать Пушкину более современное звучание; именно опера упомянута в эссе Стравинского «Пушкин: Поэзия и музыка» как наиболее значительный его вклад в музыкальную пушкиниану. Автор статьи «Наш Пушкин» особо отметил Римского-Корсакова, чьи непринужденные музыкальные произведения, написанные на стихи Пушкина, на его взгляд, идеально гармонировали с мелодикой пушкинского слова [Там же: 113–114].

С утверждением, что музыка может служить превосходным переводом Пушкина, были согласны далеко не все. Например, Леонид Сабанеев выразил свое несогласие с этой точкой зрения в 1937 году в журнале «Современные записки» [Сабанеев 1937]. Его статья «Пушкин и музыка» стала одной из нескольких статей, которые вышли под таким названием в 1937 году. Большинство из них, как и статья Лоллия Львова в журнале «Иллюстрированная Россия», довольствовались перечислением композиторов, положивших слова Пушкина на музыку [Пушкин 1937]. Сабанеев, вне всякого сомнения, был самым критически настроенным из всех, и, что более важно, его взгляды в наибольшей степени были сообразны с эмигрантским образом поэта. Пушкин Сабанеева не был знатоком музыки: несмотря на то что поэт был современником Бетховена, Шуберта, Шопена и Берлиоза, он высоко ценил только Моцарта[37]. Сабанеев соглашался с тем, что музыка сыграла большую роль в известности Пушкина на Западе, поскольку именно в операх Мусоргского и Чайковского зарубежная публика впервые познакомилась с творчеством поэта. Но, по его мнению, независимо от того, как часто они черпали вдохновение в пушкинских сюжетах, русские композиторы оставались в неведении в отношении эстетики поэта. Даже опера Глинки «Руслан и Людмила» — произведение, наиболее близкое по времени к Пушкину — обнаруживает полное безразличие к достоинствам текста, потому что, как считал Сабанеев, «наивная простота» Глинки не была способна придать соответствующее музыкальное выражение литературному гению русского поэта. По мнению Сабанеева, Римский-Корсаков, музыку которого он считал гораздо более понятной, гармоничной, а значит, и стилистически более подходящей к текстам Пушкина, тоже не дотягивал до игристого «шампанского» и молодости, характерных для

---

[37] Удивительно, но Сабанеев не упоминает Россини, чью музыку полюбил Пушкин, пристрастившись к «упоительному Россини» во время пребывания в Одессе в 1823 году. См. «Отрывки из путешествия Онегина» [Пушкин 1977–1979, 5: 178].

творчества поэта. Даже Николай Метнер, которого Сабанеев оценивал очень высоко как «настоящего, убежденного "пушки-нианца"», подавил поэта своей чрезмерно детализированной и слишком проработанной музыкой [Сабанеев 1999: 546, 548–550].

Не лучше обстояли дела и у Мусоргского. Сабанеев признавал его гением, достойным Пушкина, но в итоге не принял его музыкальную пушкиниану, поскольку не почувствовал эстетического созвучия между поэтом и композитором, — причем это касалось даже «Бориса Годунова», в первом варианте которого Мусоргский тщательно придерживался пушкинского текста. Да и Чайковский, чей пользовавшийся огромной известностью «Евгений Онегин» сыграл, пожалуй, наибольшую роль в популяризации Пушкина за границей, не имел, по мнению Сабанеева, ничего общего с поэтом золотого века русской литературы. В качестве примера того, что Чайковский не понимал Пушкина, Сабанеев приводит самый лирический момент в «Онегине» — арию Ленского «Куда, куда вы удалились...», простодушное очарование которой было равносильно полному непониманию замысла поэта. То в музыке Чайковского, от чего тают сердца слушателей, по замыслу Пушкина, является сатирическим описанием романтической судьбы молодого, начинающего поэта, о сочинительстве которого Пушкин говорит, что пишет он «темно и вяло»[38]. Сабанеев делает вывод: «Мрачный элегик Чайковский совершенно не лежит в плане пушкинской поэзии» [Там же: 550]. Большинство литературоведов были согласны с этим.

Но почему даже лучшие русские композиторы не смогли передать дух Пушкина? Это не их вина, считает Сабанеев: проблема кроется в эстетике Пушкина. Пушкинский мир, который в его изображении предстает светлым, высоко рациональным, эстетически уравновешенным, ярким, игривым и искрящимся, даже если он касается самых глубоких тем, «стоит в разительном противоречии с мрачным и трагическим, глубоко пессимистическим и мистическим миром русских музыкантов». Русская

---

[38] Так он писал *темно и вяло* / (Что романтизмом мы зовем, / Хоть романтизма тут нимало / Не вижу я; да что нам в том?) («Евгений Онегин») [Пушкин 1977–1979, 5: 111].

музыка всегда влекла к себе композиторов склонных к трагизму, людей «мистических и иррациональных, экстатических», тех, кому проще впасть в истерику, чем обрести равновесие — примерно так писал Сабанеев, один из знатоков творчества Скрябина. Пушкин был сделан совсем из другого теста. Его талант не был типично русским, и потому неудивительно, что не нашлось музыкантов, способных достойно отразить его гений, гораздо более схожий с гением Моцарта или Рафаэля, чем других русских литераторов. С оценкой Сабанеева согласились многие — но, конечно, не в тех случаях, когда речь заходила о русской самобытности Пушкина — главной теме юбилейного года в русском Париже.

КЛАССИЧЕСКИЙ ПУШКИН

То, что Сабанеев преподносит Пушкина как поэта классического по духу, не было оригинальным. Сравнение Пушкина с Моцартом и Рафаэлем встречалось повсеместно. Но акцент на европейской, классической стороне творчества Пушкина приобрел особое звучание для представителей эмиграции как ответ на попытку Советов «узурпировать» поэта[39]. Классический, формалистский образ Пушкина, созданный эмигрантами, получил наиболее яркое выражение в трудах литературного критика Д. С. Мирского, титулованного дворянина (урожденного князя Дмитрия Святополк-Мирского), который написал свои первые эссе о Пушкине для западных читателей. В представлении Мирского Пушкин был аристократическим, классическим, европейским художником, творчество которого лучше всего изучать с помощью формалистических методов. При всех своих политических разногласиях с Мирским, Ходасевич, один из самых выдающих-

---

[39] Некоторые группировки в эмиграции также пытались противостоять советской пропаганде, отстаивая новые философские, политические и религиозные подходы к Пушкину. Краткое изложение этих споров см. [Hughes 2007: 178–182].

ся зарубежных пушкинистов, поддерживал его позицию, не приемля попытки философа и богослова Сергея Булгакова трактовать творчество Пушкина с религиозной точки зрения. Поэт не был ни пророком, ни учителем, ни предводителем всего русского, утверждал Ходасевич: «...всего лишь поэтом жил, хотел жить и умер Пушкин» [Гальцева 1999: 488–493]. В своей книге «История русской литературы» (1926) Мирский указывал, что «к 1818–1820 гг. основа пушкинского поэтического стиля была заложена и уже не менялась до конца. Это французская классическая основа» [Мирский 2005: 165]. Самая характерная черта этого стиля — особенно озадачивающая воспитанного на романтизме читателя — полное отсутствие метафор и образов. Как уверяет Мирский, «вся система пушкинской образности построена на счастливом использовании *mot juste* (точного слова), поэтическое воздействие — на метонимиях и тому подобных чисто словесных риторических фигурах» [Там же].

В эссе 1928 года, которое было переиздано в 1937 году в юбилейном сборнике Путермана, посвященном Пушкину, Мирский охарактеризовал отношение поэта к Европе как «трагическую иронию»: «Есть трагическая ирония в том, что можно назвать романом Пушкина с Европой» [Мирский 2018: 71]. Пушкин «больше, чем всякий другой русский писатель... любил и испытывал ностальгию по Западу, считая его подлинным прибежищем духа, его *home*». Однако «его творчество, обожествляемое в России, не вызвало никакого отклика в Европе. Франция была к нему особенно жестока: "Ваш поэт плоский", — говорил Флобер Тургеневу». Суждение Проспера Мериме, который перевел несколько повестей Пушкина, оказалось не более лестным. По словам Мирского, «Мериме испытывал к Пушкину некоторый интерес, но не потому что признавал в нем великого поэта, а скорее потому, что этот "афинянин среди скифов" представлял собой в его глазах любопытное зрелище». И сегодня, сетует Мирский, когда вся Европа очарована русскими писателями, она «...осталась при прежнем мнении о Пушкине, мнении Флобера». Равнодушие к Пушкину, как поясняет критик, было обусловлено качествами, присущими творчеству поэта:

> Ни одной из «славянских добродетелей» в нем не найти. Он
> и не мистичен, и не глубок, и не варвар. Он не близок ни
> к Богу, ни к Природе, ни к Подсознательному. <...> Его мир
> человечный и разумный, им управляют законы морали и ло-
> гики. Его стиль отличается сдержанностью и целомудрием,
> очищен от всякой экзотики, лишен неопределенности и неяс-
> ности. Но как заставить французов поверить, что Россия
> произвела на свет великого поэта, не меньшего классика, чем
> Расин [Там же].

Ясность стихов Пушкина, которую Мирский приравнивает
к классицизму, противостоит «романтическим сумеркам», ее
логическая линия противостоит «эмоциональному цвету»:
«Пушкин не считал поэзию враждебной разуму, скорее, он видел
в ней форму разума» [Там же: 72].

Критик предупреждает: «Всякая классическая поэзия в восприятии требует определенного усилия, доброй воли, которая не возникает вдруг» [Там же: 71]. Классическая поэзия опирается на
тысячелетнюю традицию и влияние элит, обладающих точным
и неколебимым вкусом, или на воздействие какой-то другой внеш-
ней силы, имеющей авторитет и престиж. Мирский опровергал
идею о том, что Пушкин был «продуктом русского народа». «Гений
Пушкина был порожден высокой и своеобразной космополитиче-
ской цивилизацией русского дворянства», — заявил он в 1923 году
[Mirsky 1923: 71–84]. Такие аристократические воззрения в конечном итоге навредили Мирскому после того, как он вернулся
в Советскую Россию в 1932 году. Легко быть сторонником элитиз-
ма в эмиграции, но продолжать настаивать на том, что Пушкин
был поэтом аристократии, в Советском Союзе было весьма не-
осмотрительно. В выступлении 1934 года Мирский утверждал, что
в конце жизни Пушкин склонил голову перед царизмом и перешел
на политически консервативные позиции. Через два года под политическим давлением он признал свою ошибку, но проступок
был слишком велик, чтобы его можно было простить, тем более
в юбилейный год. 3 июня 1937 года Мирского арестовали. Он умер
в лагерной больнице в январе 1939 года.

Подразумеваемый «объективизм» формализма, как представляется, служил своего рода убежищем от опасностей, которые

таила в себе изменяющаяся в 1920-х годах политика Советской России. Казалось, что гораздо безопаснее было заняться изучением литературных приемов, чем вступать в идеологические баталии. Но в 1930-е годы слово «формализм» приобрело скверный оттенок. Мирский отмечал «наготу и почти абстрактность» пушкинского стиля [Мирский 2018: 72], для которого непредсказуемые оттенки смысла и фонетические находки приобретают огромное значение, — однако в Советском Союзе, где Луначарский еще в 1924 году осудил эпоху формализма как «бессодержательную эпоху, культуру классов, потерявших содержание» [Луначарский 1963–1967, 7: 421], такой подход был в высшей степени неуместен. Как и то, что стихотворения и прозу Пушкина Мирский называл «образцом формы, "прекрасными предметами", вышедшими из рук высокого и добросовестного ремесленника» [Мирский 2018: 72]. Критик обращал внимание читателей на не имеющее себе равных литературное мастерство Пушкина, к которому, по его мнению, «никто не смог приблизиться в последующие годы». Для Мирского и других эмигрантов Пушкин представлял собой потерянный рай, потому что он обладал такими качествами, как «разум и здравый смысл, мужественная сила и душевная гармония, ясно выраженная человеческая страсть и сознательное мастерство», которые отсутствовали в русской литературе более позднего, девятнадцатого века, не говоря уже о политическом хаосе века двадцатого [Mirsky 1989: 122–123].

Представление Мирского о Пушкине как о поэте-классицисте и добросовестном ремесленнике во многом перекликается с неоклассическим духом 1920-х годов, в особенности с взглядами на искусство Жака Маритена, которые он изложил в эссе «Ответственность художника» и которые послужили образцом для «Музыкальной поэтики» Стравинского. Искусство, согласно схоластической теории Маритена, «есть некая потенция Практического Интеллекта, а именно та его потенция, которая относится к сотворению долженствующих быть сделанными предметов» [Маритен 1991: 172]. Рационально создавая предметы искусства, художник тем самым становится сопричастным божественной тайне творения. Возможно, Пушкин не был понятен Флоберу и его современникам, но эмигранты могли надеяться, что поэта по достоинству оценят в те времена, когда красота, совершенство и мастерство вновь станут достоинствами, а не недостатками.

Гофман утверждал, что образ Пушкина, созданный эмигрантами, и был тем самым «настоящим» Пушкиным, освобожденным от искажений, накопившихся за столетие. В действительности аполлонический образ Пушкина тоже был неким конструктом, порожденным потрясением, которое пережили представители диаспоры, и взращенным в их воображении. В свою очередь, классический Пушкин помог вновь пробудить в русском Париже интерес к неоклассицизму. Уже в 1928 году «Аполлон» Стравинского танцевал в его лучах, и память о нем сияла в изображениях имперского Санкт-Петербурга на выставке Лифаря. Но в итоге лучезарный, классический образ Пушкина оказался тепличным растением, слишком слабым, чтобы устоять перед грядущими политическими потрясениями и агрессивной атакой советской пропаганды. Исподволь сгущался сумрак 1930-х годов, в котором эмигрантскому Пушкину уже не было места. Нужен был новый Пушкин, новый кумир, который смог бы вместить как разрушение и безумие Диониса, так и надежду на ясность, даруемую Аполлоном.

Как ни странно, Лифарь, похоже, не проявлял особого интереса к тому, чтобы выразить свою любовь к Пушкину в танце. Он не создал балета на пушкинскую тему, который мог бы стать более подходящим способом передать его восхищение поэтом, нежели эрзац — литературное творчество. Тем более удивительно отсутствие пушкинского балета на пушкинском юбилее, ведь у Лифаря появилась такая возможность, когда в конце 1930-х годов ему предложили поставить для Парижской оперы оперубалет Артура Лурье «Пир во время чумы» по одной из «Маленьких трагедий» Пушкина 1830 года. Несмотря на то что «Пир» Лурье никогда не исполнялся, он в полной мере относится к произведениям эмигрантской пушкинианы, являясь музыкально-театральной данью Пушкину, которая, заново открывая творчество поэта для интерпретации в духе символизма, отражает апокалиптический страх, овладевший культурным пространством русского Парижа в конце 1930-х годов.

Глава 6
Пир во время чумы

Всё, всё, что гибелью грозит,
Для сердца смертного таит
Неизъяснимы наслажденья —
Бессмертья, может быть, залог!
И счастлив тот, кто средь волненья
Их обретать и ведать мог.

А. С. Пушкин. Пир во время чумы
[Пушкин 977–1979, 5: 356]

Артур Лурье, который разделял страстное увлечение своих русских соотечественников Пушкиным, знал, как вовлечь поэта в сферу музыки. В отличие от Леонида Сабанеева, он не пытался отыскать безупречный музыкальный стиль, который бы подходил Пушкину, — вместо этого он пошел вглубь, чтобы установить фундаментальные отношения между поэзией и музыкой. В лекции, прочитанной им в Русском географическом обществе в Петрограде в феврале 1922 года, за пять месяцев до того, как он навеки покинул Советскую Россию, Лурье заявил, что «творческий экстаз поэта всегда возникает и расцветает в духе музыки», и настаивал на том, что «процесс творческого становления по существу музыкальный процесс» [Лурье 1922: 45, 56].

Его путеводной звездой в размышлениях о поэзии и музыке был Александр Блок. Эссе Лурье «Голос поэта», с подзаголовком «Пушкин», в равной степени посвящено и Блоку, и поэту XIX века. Но то, что «Пушкина в творческом постижении приводит к животворящей солнечному, к пафосу утверждения жизни, — у Блока, в процессе творческой экстатики (sic!), преломляется в страстную муку, в пафос страдания — приводящий к утверждению смерти» [Там же: 40]. В отличие от Блока, утверждал Лурье, Пушкин верил не только в священную избранность поэта, но и в его спасение. Его аполлоническое лучезарное сияние берет начало в совершенной гармонии между ним и его музой.

Представления Лурье о Пушкине несут на себе несомненную печать Блока и символистов. Лурье провозглашал: «Символисты... учили нас постижению темных оргий Диониса, исконного носителя Духа Музыки»; «учили нас бесстрашному и мудрому приобщению к "древнему и родимому" хаосу». Но, добавляет он, они также учили нас «созерцанию лучезарной ясности Аполлоных солнц». Пушкин, по мнению Лурье, был посвящен в тайны и Диониса, и Аполлона.

> Но если эпоха последней русской поэзии, эпоха символизма имела главный упор в проповеди Дионисийства, Пушкин, пронизанный дионисийским экстазом, живет в нашей памяти как светлый миф о Солнечном Герое. Для нас, музыкантов, он живой носитель духа музыки, вечно рождаемого в Дионисе, но просветленного в лучах Аполлона [Там же: 46].

Именно дионисийский Пушкин символистов, все еще излучающий сияние Аполлона, стал определяющим моментом в работе Лурье над созданием оперы-балета по трагедии Пушкина «Пир во время чумы». Большой знаток русской культуры, обладавший способностью вникать в самые сложные ее аспекты, Лурье идеально подходил на роль того, кто придаст новое звучание представлениям эмигрантов о Пушкине. Несмотря на то что нет никаких свидетельств знакомства Лурье с эссе Марины Цветаевой о Пушкине 1930-х годов, в его опере-балете нашли отражение взгляды, наиболее ярко выраженные именно в ее произведениях. Кроме того, пушкинская опера Лурье позволяет рассмотреть неординарную эмигрантскую жизнь и творческую карьеру этого писателя и композитора, которая в своей неудаче гораздо более показательна для русских художников в Париже, чем примеры успешной творческой деятельности Стравинского,

Прокофьева и Рахманинова, трех самых известных на Западе русских музыкантов.

История неудавшегося сотрудничества Лурье с Сержем Лифарем над вдохновленной Пушкиным оперой-балетом вписывает Лурье — самую неоднозначную личность из всех главных героев этой книги — в широкую историю русской эмиграции. Будучи завзятым денди, Лурье никогда не пропускал модных новинок. Но с течением временем, когда ему так и не удалось добиться прочного успеха, он все чаще обращался к своему выдающемуся прошлому и не желал избавляться от него, даже пытаясь воспринять новые тенденции. Тому же Стравинскому в подобной ситуации проще было изображать человека, страдающего потерей памяти: во всяком случае, чисто внешне космополитичный, неоклассический Стравинский не поддерживал отношений с русским Стравинским. Лурье же не мог расстаться с символизмом и преклонением перед Блоком; с акмеизмом и нежными воспоминаниями об Анне Ахматовой; с футуризмом и его эпатажными причудами; даже с коммунизмом и его запятнанным наследием — все это прикипело к нему в самом хаотичном соседстве с космополитическим неоклассицизмом, евразийством и французским *renouveau catholique* 1920-х годов. Эта невероятная мешанина культурных, эстетических, религиозных и политических идей наложила свой отпечаток на «Пир» Лурье, и именно поэтому он и его опера-балет являются неоценимо важными примерами русского опыта эмиграции 1930-х годов. Резкий контраст между плотностью и тяжеловесностью «Пира» и воздушностью и пластичностью «Аполлона Мусагета» Стравинского, таким образом, выдвигает на первый план не только разницу судеб двух людей в изгнании, но и подчеркивает широту границ эмигрантского пространства.

ПЕТЕРБУРЖСКАЯ ШТУЧКА

5 января 1945 года состоялась премьера симфонической сюиты (концертного варианта) «Пира во время чумы» в исполнении Бостонского симфонического оркестра под управлением настав-

ника Лурье Сергея Кусевицкого. Джон Н. Берк, комментатор программы Бостонского симфонического оркестра, весьма необычно представил композитора, который, покинув Париж в 1940 году и поселившись в Нью-Йорке годом позже, все еще оставался малоизвестной фигурой на американской концертной сцене. В США у него состоялось несколько премьер: в Нью-Йорке в 1929 году хор «Школа Канторум» под руководством Хью Росса исполнил его «Chant funèbre sur la mort d'un poète» («Траурная песнь на смерть поэта») — сочинение, посвященное памяти Блока, а в 1930 году — «Concerto spirituale»; В 1932 году в Филадельфии племянник Кусевицкого Фабиан Севицкий исполнил его «A Little Chamber Music» («Маленькую камерную музыку») и «Divertissement» для скрипки и альта с Филадельфийской камерной струнной симфониеттой. Кроме того, Кусевицкий привез в США «Sonate liturgique» («Литургическую сонату») (Бостон, 2 января 1931 года) и исполнил две симфонии Стравинского: «Sinfonia dialectica» («Диалектическую симфонию») в 1933 году и «Кормчую» в 1941 году.

«Пир» Лурье был исполнен между двумя симфоническими «ветеранами сцены» — «Неоконченной» симфонией Шуберта и Симфонией № 7 Бетховена — и, должно быть, произвел странное впечатление. Представление композитора, сделанное Берком, это впечатление только усилило: «Артур Лурье… обитатель необычных музыкальных закоулков, неутомимый искатель эстетической истины в своих многочисленных сочинениях, некогда ультрарадикал в экзотических баловствах, а ныне "верующий" самого строгого толка, — личность, способная разжечь любопытство»[1]. Как ни странно, но Берк взял за источник не самого Лурье, который, будучи автором монографии о Кусевицком и литературным обработчиком многочисленных статей, якобы принадлежащих перу дирижера, входил в его ближний круг, а книгу Сабанеева «Современные русские композиторы» 1927 года,

---

[1] Программы-аннотации, написанные Джоном Н. Бёрком в Бостонском симфоническом оркестре (сезон 64, 1944–1945, 5 января, суббота. Дневной концерт 682, 686).

в которой Сабанеев изображает Лурье скорее интеллектуалом и эстетом, нежели музыкантом [Sabaneyeff 1927a: 235–241][2]. Выводы, сделанные Сабанеевым о Лурье, так же сумбурны, как и высказывания Берка. Сабанеев описывает Лурье как декадентского, неоимпрессионистического композитора-экспериментатора, типичного эстета-скептика, любившего изысканные парадоксы, друга с Блоком. Берк внес единственный оригинальный вклад в описание Сабанеева, отнеся «глубокий интеллектуализм» Лурье к его «еврейскому происхождению» — редкий случай, когда национальность Лурье появляется в публикациях о нем, и едва уловимый сигнал того, что обвинения Лурье в отсутствии у него целостной личности могут иметь своим источником культурные стереотипы о неустойчивости традиций еврейского народа.

Возможно, американская аудитория не обратила внимания на важность того факта, что Лурье был «другом» Блока, но «дружить с Блоком» было невероятно престижно в дореволюционной России, в которой Лурье пользовался огромным авторитетом в передовых артистических кругах, посещавших в довоенные годы знаменитое литературно-артистическое кафе «Подвал Бродячей собаки» в Санкт-Петербурге[3]. «Тот дурье, кто не знает Лурье», — шутил Владимир Маяковский[4]. И правда: родившись в 1861 году в провинциальном городе Пропойске Могилевской губернии, Лурье сумел превратиться в «петербуржскую штучку», как метко окрестил его художник Владимир Милашевский [Милашевский 1989: 107]. Композитор знал всех, и его знало все артистическое общество Петербурга: он был протеже художника-

---

[2] О взаимоотношениях Лурье с Кусевицким см. статью Саймона Моррисона «Литературный раб Кусевицкого» в [Móricz, Morrison 2014: 212–249]. См. также [Lourié 1931b].

[3] У нас есть только свидетельства Лурье о его дружбе с Блоком; поэт оставил о Лурье лишь короткие дневниковые записи. Так, 6 апреля 1918 года Блок записал в своем дневнике: «Встреча с Лурье — он поддержал мои музыкальные наклонности. Декларация (будущая) Музыкального отдела — о духе музыки» [Блок 1965: 455].

[4] Фраза, приписываемая Маяковскому, цит. по: [Гуль 2001, 2: 118].

футуриста Николая Кульбина; вместе с Бенедиктом Лившицем и Георгием Якуловым он стал соавтором манифеста русских футуристов «Мы и Запад» (1914); он был возлюбленным акмеистки Ахматовой и другом Осипа Мандельштама; находился в близких отношениях с актрисой и музой многих художников и поэтом Ольгой Глебовой-Судейкиной. Список посвящений (среди них Петр Митурич, Николай Пунин, Владимир Татлин, Велимир Хлебников и Маяковский) на первой странице его сочинения «Наш марш» для фортепиано, обложка которого была оформлена Митуричем, был публичным заявлением о футуристической позиции Лурье. Именно благодаря его репутации эстетического радикала Анатолий Луначарский назначил Лурье руководителем МУЗО — музыкального отдела Народного комиссариата просвещения. Эту должность Лурье занимал с января 1918 по январь 1921 года.

В 1922 году Лурье «дезертировал» с помощью официально одобренной командировки для участия в конференции по четвертитоновой музыке в Берлине, откуда больше уже не вернулся. Его короткая, но запомнившаяся служба у большевиков перечеркнула его карьеру на Западе. Не помогло даже то, что он продолжал придерживаться своих крайних футуристических взглядов, исполняя обязанности комиссара в голодном Петрограде. Николай Набоков узнал и охотно повторял неправдоподобные слухи о том, что Лурье унизил своего старого учителя Александра Глазунова, заставив его час ждать в прихожей своего кабинета, а затем появившись перед ним «в костюме Пьеро с лицом, раскрашенным наполовину белой, наполовину черной краской, красными губами и темно-сиреневыми бровями, с моноклем в одном глазу»[5]. Кроме того, его обвиняли в том, что он злоупотребляет властью, печатая преимущественно свою собственную музыку. Прокофьев, которому удалось избежать худших последствий Гражданской войны и последующего хаоса, так и не простил Лурье то, что тот не выдал Борису Асафьеву «соответ-

---

[5]   Машинописный экземпляр «Багажа» [Dominique Nabokov Archive]. Цит. по: [Giroud 2015: 92–93].

ствующих грамот для изъятия из квартиры [Прокофьева] на хранение» его рукописей[6]. Сабанеев же оказался более великодушным, признавая, что в тот бурный период Лурье сумел «сохранить ряд музыкальных сокровищ, которые в противном случае погибли бы в бурях революции» [Sabaneyeff 1927c: 883][7].

Берлин не пришелся Лурье по вкусу. Всегда оставаясь «петербуржской штучкой», он находил германскую столицу суматошной, провинциальной и безвкусной, а однажды назвал ее «антимузыкальным царством пошлости»[8]. Столкнувшись в Берлине с явно расстроенным Лурье, Прокофьев не без злорадства сообщил об отсутствии у него известности за пределами России: «...вид у него ощипанный, и вообще им мало кто интересуется за границей»[9]. Из-за своего большевистского прошлого Лурье вынужден был ждать французской визы в течение нескольких месяцев после получения нансеновского паспорта. Он уехал из Берлина 3 марта, сопровождаемый ироническим напутствием советского композитора Владимира Щербачева: «...прекрасный Артур уезжает в Париж, так как немецкая атмосфера на него действует неблагоприятно, и, по-видимому, Париж его ждет с напряженнейшим энтузиазмом» [Щербачёв 1985: 130]. Но и в столице Франции комиссарское прошлое неотступно следовало за ним: в 1924 году Лурье объявили коммунистическим шпионом и депортировали. 7 марта 1924 года Прокофьев без всякого сочувствия записал в своем дневнике, что Лурье «выселили из Парижа»[10]. Лурье объяснил Кусевицкому, что его перепутали с Михаилом Залмановичем Лурье (псевдоним Юрия Ларина, 1882–1932), из-

---

6 Письмо Прокофьева Мясковскому от 6 февраля 1923 года [Прокофьев, Мясковский 1977: 153].

7 Подробнее о большевистском периоде Лурье см. [Bobrik 2014: 28–62, особ. 43–48].

8 Письма Лурье Кусевицкому от 26 августа, 19 октября и 19 декабря 1922 года (Koussevitzky Coll.) любезно предоставлены нам Саймоном Моррисоном.

9 Письмо Прокофьева Элеоноре Дамской от 7 января 1923 года [Prokofiev 1998: 49].

10 Дневник Прокофьева. Запись от 7 марта 1924 года [Прокофьев 2002б: 244].

вестным социал-демократом и революционером[11]. Тем не менее даже при помощи адвоката Лурье потребовалось семь месяцев, чтобы разъяснить обстоятельства дела и вернуться из Висбадена в Париж.

В вынужденном изгнании он работал над книгой о Стравинском, с которым познакомился через будущую жену композитора, Веру Судейкину, известную ему еще по Петербургу[12]. Стравинский, матери которого Лурье помог выехать из Советской России, скоро оценил его интеллектуальные способности и неофициально назначил своим личным секретарем и выразителем идейных взглядов. На какое-то время Стравинский готов был отказаться от своих предубеждений в отношении бывшего комиссара, за что Лурье был ему чрезвычайно благодарен[13]. Эрнест Эберг, управляющий Édition russe de musique Кусевицкого, уверял Стравинского в том, что у Лурье «есть добрая благородная душа, [которая] страдает за свои прошлые ошибки молодости»[14]. В письме Стравинскому из Висбадена Лурье писал, что он «верил в то, что делал» в России, и «делал это честно»: «От этих лет моей работы в России у меня осталась большая душевная тяжесть, но на совести моей, человеческой и артистической, пятна нет»[15].

Превращение Лурье в «сателлита» Стравинского, по словам Сабанеева, имело свои недостатки [Sabaneyeff 1927c: 883]. Прокофьев был уверен, что «враждебное» отношение Лурье к его музыке объясняется тем, что он в то время «неразливно дружил со Стравинским»[16]. Позднее Набоков, который претендовал на роль доверенного лица Стравинского, высказывал, пожалуй, самое нелицеприятное мнение о Лурье, называя его «тенью

---

[11] Письмо Лурье Кусевицкому от 11 марта 1924 года (Koussevitzky Coll.).

[12] В начале 1920-х годов Лурье жил с Верой в *ménage à quatre* вместе с Сергеем Судейкиным и его женой Ольгой.

[13] Письмо Лурье Стравинскому от 10 апреля 1924 года [Стравинский 2003, 3: 50].

[14] Письмо Эберга Стравинскому от 11 февраля 1924 года [Там же: 34].

[15] Письмо Лурье Стравинскому от 10 апреля 1924 года [Там же: 50].

[16] Дневник Прокофьева. Запись от 22 мая 1929 года [Прокофьев 2002б: 706].

Стравинского» и утверждая, что «где-то за спиной у Лурье спрятан скелет» [Набоков 2003: 204]. Набоков, который к тому же соперничал с Лурье за внимание Жака Маритена, не мог скрыть свою неприязнь и говорил знакомым, что от Лурье у него «чекистские мурашки по коже», считая своего конкурента сотрудником ЧК. Стравинский, который по-прежнему оставался близким союзником Лурье, негативно отнесся к этому замечанию и на какое-то время отстранился от Набокова [Giroud 2015: 93].

Книге Лурье о Стравинском, которую он надеялся опубликовать в Édition russe на английском языке до гастролей композитора в США в 1925 году[17], так и не суждено было выйти в свет, но в период с 1925 по 1930 год его статьи о композиторе регулярно появлялись в La Revue musicale, двух евразийских газетах, «Версты» и «Евразия», и некоторых других изданиях[18]. Связь Лурье с евразийским движением в Париже — еще один темный момент его биографии, особенно если принять во внимание, что его участие в этом движении совпало с тем, что он стал видным членом неотомистского кружка Маритена. Католицизм евразийцы категорически отвергали, считая его «империалистическим папско-римским стремлением к мировому господству»[19]. И тем не менее Лурье когда-то в Советской России удалось стать музыкальным представителем футуризма, не разорвав при этом связей с символистами, так и в Париже он сумел вписать своего кумира, Стравинского, в евразийский нарратив, создав себе в то же время репутацию композитора-католика [Taruskin 2014: 77].

По сути, именно эта способность устанавливать связь между, казалось бы, несовместимыми мировоззрениями и позволила Лурье стать выдающимся интеллектуалом, острый и проница-

---

[17] Письмо Эберга Кусевицкому от 2 августа 1924 года. Цит. по: [Юзефович 2013: 192].

[18] В хронологическом порядке: [Lourié 1925; Лурье 1926; Lourié 1927; Lourié 1928a; Лурье 1928а; Lourié 1928b; Лурье 1928б; Лурье 1929; Lourié 1930a; Lourié 1930b; Lourié 1931a].

[19] Кэрил Эмерсон цитирует сборник «Россия и латинство» [Бурнашев 1923], чтобы показать врожденный антагонизм между евразийцами и католиками [Emerson 2014: 198].

тельный ум которого вызвал восхищение даже у Набокова, во всем остальном ему не симпатизировавшего. Еврей и католик, католик и русский, христианин и коммунист, футурист и символист, евразиец и католик, эротичный и аскетически целомудренный, бывший красный комиссар и идейный вдохновитель русского белоэмигранта Стравинского, пропагандист Советской России и, позднее в США, автор, пишущий за Кусевицкого, защитник искусства в странах свободного мира, — похоже, не существовало предела стараньям Лурье совместить несовместимое. Но в отличие от Стравинского, он не менял обличий, поскольку никогда не отрекался от своего прошлого в угоду настоящему. Эберг ошибался, полагая, что Лурье раскаивается в ошибках молодости: без всяких оправданий тот оставлял за собой право на все им пережитое. Он никогда не расставался со своей самонадеянностью, даже когда его карьера летела под уклон или неотомистская вера заставляла принять «глубокое смирение», которое проповедовал Маритен в «Искусстве и схоластике» [Маритен 2004: 453]. Все это привело к тому, что Лурье так и не создал окончательный биографический нарратив и остался в тени своих более знаменитых современников. Но так как он никогда не хотел избавиться от своего прошлого, в его собственном творчестве более отчетливо проявились противоречивые тенденции русской эмиграции.

Лурье относился к Стравинскому с величайшим почтением, но его критический ум продолжал отыскивать изъяны в эстетической системе взглядов, которую он помогал возводить вокруг своего кумира, в итоге став проницательным критиком неоклассицизма[20]. Хотя во время их тесного общения, которое длилось с 1924 по 1934 год, превосходство Стравинского никогда не ставилось под сомнение, существуют убедительные доказательства того, что даже Стравинский поддался чарам Лурье, когда познакомился с его «Concerto spirituale». В письме от 25 декабря 1929 года Эрнесту Ансерме Лурье, который никогда и не мечтал о том, что Стравинский всерьез будет воспринимать его как

---

[20] Об отношении Лурье к Стравинскому см. [Móricz 2013: 105–126].

композитора, восторженно сообщал: «Он попросил меня показать ему концерт и отнесся к нему одобрительно»:

> Перемена была такой, что я протер глаза, чтобы убедиться, что это не чудо. Ему очень нравится то направление, которое я выбрал; я вижу те же проблемы, что и он, и то, что я пишу, интересует его настолько, что он часами сидит за роялем, изучая рукопись... <...> Вера говорит, что такое поведение для него совершенно необычно и что теперь я могу считать себя его единственным учеником[21].

Итак, за год до создания «Симфонии псалмов» Стравинский внимательно изучил «Concerto spirituale» Лурье — концерт для фортепиано, солистов, хора и оркестра на литургические тексты, в котором, кроме контрабасов, не используются другие струнные инструменты, потому что, как объяснил композитор в программе концерта, в струнных «слишком много личного», а деревянные духовые отсутствуют, потому что они «слишком склонны к живописности»[22]. Направление, которое побудило Бориса де Шлёцера говорить о существовании логики в том, что после «Аполлона» Стравинский написал Мессу, исходило от Лурье, а его «Concerto spirituale» (1929) выявляет связь между «Аполлоном» (1928) и «Симфонией псалмов» (1930) [Schloezer 1928: 104–108][23].

СЛАВА. ПОЧТИ СЛАВА...

Нельзя сказать, что ко времени своего появления в столице Франции Лурье был совсем неизвестен парижской публике. К 1921 году его фортепианная музыка уже звучала в Париже в исполнении Кароля Шимановского, Альфредо Казеллы, Белы

---

[21] Письмо Лурье Ансерме от 25 декабря 1929 года (Fonds Ansermet, Bibliothèque publique et universitaire de Genève. Msmus 184). Цит. по: [Levidou 2008: 156–157].

[22] Цит. по: [Mouton 1931].

[23] См. также [Schloezer 2011: 394–395].

Бартока, Дариуса Мийо и Арнольда Шенберга[24]. На концерте Международной гильдии композиторов в 1923 году весьма модернистский цикл пьес Лурье для фортепиано «Синтезы» вновь занял свое место среди произведений Бартока, Шенберга, Пауля Хиндемита и Стравинского[25]. Его «Cinq rondeaux de Christine de Pisan» («Пять рондо Кристины Пизанской», 1915), посвященные Глебовой-Судейкиной, критик журнала Comœdia в 1924 году назвал «изысканно архаичными»[26]. В 1926 году Клаудио Аррау выступил с премьерой еще одной фортепианной пьесы Лурье на концерте, где среди прочих исполнял и Стравинского; в 1929 году в одном концерте он сыграл «Вальс» и «Марш» Лурье и «Piano-Rag-Music» Стравинского[27]. 26 января 1927 года квартет Рота исполнил «Маленькую камерную музыку» Лурье. «Великолепные гармонии» и монотонные ритмы этого произведения напомнили критикам стиль Стравинского, проявившийся в хорале его «Истории солдата», «Трех пьесах для струнного квартета» и «Концертино»[28]. Тому же критику все еще казалось, что «Соната для альта и контрабаса» Лурье (1924), которую он назвал «одним из самых удачных изысканий в инструментальной музыке», является производной от музыки Стравинского, но вместе с тем он признавал, что в своей чуткости по отношению к партии контрабаса «ученик Стравинского» превращается в «полноправного творца»[29].

Настоящим прорывом в композиторской карьере Лурье стало исполнение его «Concerto spirituale» в Париже, которое состоялось через шесть лет после премьеры произведения с участием «Школы Канторум» в Нью-Йорке в 1930 году. Казалось, положение Лурье начало меняться уже в 1930 году, когда прошла пре-

[24] См. объявление о концерте в газете Comœdia (1921. 6 Mars).

[25] См. объявления в газете Comœdia (1923. 10 Nov.) и журнале Le Ménestrel (1923. 14 Dec.).

[26] В концертной программе прозвучали только три из пяти рондо (Comœdia. 1924. 17 Nov.).

[27] Comœdia. 1926. 6 Dec.; Le Ménestrel. 1929. 19 Avr.

[28] Le Ménestrel. 1927. 4 Fevr.

[29] Le Ménestrel. 1928. 27 Avr.

мьера его «Литургической сонаты» для фортепиано, трех контрабасов, деревянных духовых инструментов и шести женских голосов в исполнении Orchestre des Concerts Straram, считавшегося в то время одним из лучших оркестров современной музыки в Париже. В некоторых рецензиях повторялась мысль о том, что эмоциональная отстраненность композитора напоминает о стиле Стравинского, но в то же время критики подчеркивали оригинальность оркестровки Лурье[30]. Рецензия Шлёцера в La Revue musicale оказалась куда более глубокой. У Лурье, как писал Шлёцер, есть и культура, и техника, и вкус, и изобретательность, позволяющие ему стать великим композитором, — но ему не хватало некой внутренней необходимости, без которой его музыка кажется «искусной, интересной, интеллектуальной, но не незаменимой». Отсутствие внутренней необходимости или вдохновения, по мнению Шлёцера, объясняется тем, что в прошлом Лурье подвергался противоположным влияниям Александра Скрябина, Клода Дебюсси, Шенберга и, наконец, Стравинского. Однако «влияние Стравинского, столь опасное для других, оказалось поразительно плодотворным» для Лурье, поскольку позволило ему найти свой авторский стиль, который Шлёцер смог почувствовать в его «Литургической сонате». Хотя соната и напомнила Шлёцеру церковные трио-сонаты Джованни Габриели, он пришел к выводу о том, что понимание духовной музыки Лурье имело мало общего с историческими прецедентами или общепринятой ее трактовкой: соната явно была произведением «богатого и оригинального таланта» [Schloezer 1930b: 355–356].

Словно в ответ на сомнения Шлёцера, Анри Давенсон (псевдоним Анри-Ирене Марру) назвал музыку Лурье «необходимой» в статье, опубликованной в июне 1935 года в Esprit — журнале, который был рупором философии персонализма Эммануэля Мунье, увлекавшей в те годы многих выдающихся мыслителей,

---

[30] Поль Ле Флем писал, что композитор «стоит вне своего сюжета, как будто боится, что, продемонстрировав собственные эмоции, он осквернит величие и красоту выбранных им тем» [Le Flem 1930]. См. также статью Марселя Бельвианеса (Le Ménestrell. 1930. 21 Fevr.).

в том числе и Маритена. Музыка Лурье, по утверждению Давенсона, была «по сути своей религиозной и мистической», превосходящей музыку Стравинского, даже «Симфонию псалмов», которую он считал недостаточно христианской. Симфония Стравинского была «приношением Богу Авраама, Исаака и Иакова... но это приношение музыканта-идолопоклонника», — то есть искусство, которое не превзошло своей декоративности. Давенсон, будучи католиком, считал музыку Лурье более духовной и искренней [Davenson 1935: 838].

Долгожданное признание пришло к Лурье в 1936 году. В своих мемуарах Владимир Дукельский с восторгом вспоминает парижскую премьеру «Concerto spirituale» и отзывается о произведении Лурье как «тяжелом от музыки и переполненном религиозным пылом», заслуживающим «скорейшего возобновления» [Duke 1955: 334]. Парижская премьера концерта состоялась 2 июня в зале Плейель в исполнении Филармонического оркестра под управлением Чарльза Мунка, с Ивонн Гуверне за фортепиано и хором Алексея Власова, который пятью годами ранее записал «Симфонию псалмов» Стравинского. Роже Винтель в журнале Le Ménestrel назвал произведение Лурье «серьезным и сильным в своей необычности». «Велик Бог Артура Лурье, — провозгласил он, — величествен его глашатай, несущий весть о спасении, поистине отягчен печалью и трепещет от надежды», которые звучат в хоре, поющем Псалом 41: «Quando veniam et apparebo ante faciem Dei?» («Когда прииду и явлюся лицу Божию?..») [Vinteuil 1936]. Словно в знак уважения к трепету человеческой души, вопрошающей «Quare tristis es anima mea: et quare conturbas me?» («Вскую прискорбна еси, душе моя? И вскую смущаеши мя?»), Лурье заставляет инструменты замолчать, позволив хору исполнить то, что Жан Мутон назвал «великолепным размышлением» и что Шлёцер считает «самыми прекрасными страницами современной музыки»[31]. Вместо того чтобы демонстрировать свои технические возможности, отмечает Мутон, «фортепиано сопровождает один из самых трепетных вопросов нашего сердца». Здесь концерт

---

[31] Цит. по: [Mouton 1936].

выходит за грани ранее «установленной и искусственной формы», чтобы обрести смысл вне пределов своего жанра. Звук, который Лурье высвобождает, чтобы выразить бурные вихри, приходит в оцепенение; слепые силы природы получают приглашение в свою очередь воздать осознанную хвалу создателю» [Ibid.].

Фредерик Голдбек в рецензии в La Revue musicale пошел еще дальше и назвал «Concerto spirituale» «одним из редчайших шедевров современной музыки». Критик выразил сожаление по поводу того, что этому произведению пришлось ждать постановки на парижской концертной сцене несколько лет. Он признавал, что Концерт был необычным и сложным, а его композитор, отличавшийся гордой рассудительностью и снисходительным отношением к музыкальным группам, не пользовался популярностью. Но причиной отсрочки была скорее строгая, бескомпромиссная природа музыки, чем бескомпромиссный характер композитора. То, что Голдбек назвал модальным стилем Лурье, в равной степени порицалось академиками и романтиками, одержимыми прогрессом и неоклассицистами, а также модернистами шенберговского направления. Критик утверждал, что концерт Лурье был религиозным произведением не только из-за его мистического характера, но и потому, что он противостоял «романтической ереси переноса того, что присуще религиозному действу, в произведение искусства». Голдбек оценил «глубокую орнаментированную красоту» произведения, а также понимание Лурье того, что эта красота является «подсознательным выражением», а не «сознательным объяснением души». Красота «может сопровождать и иллюстрировать, но никогда не поглощать и тем более не заменять молитву или исповедание веры» [Goldbeck 1936: 47–48].

Ни одно из крупных произведений Лурье, исполненных в Париже в 1930-е годы, не удостоилось столь высоких оценок. Теперь он собирался воспользоваться своей новообретенной славой, написав оперу-балет по пьесе Пушкина «Пир во время чумы». Впрочем, «Пир», его самое значительное на тот момент произведение, так никогда и не был поставлен в Париже. Это стало сильнейшим ударом для композиторской карьеры Лурье, от которого он так и не смог оправиться.

БАЛЕТ, КОТОРОГО НЕ БЫЛО

Даже во времена своей близости к Стравинскому Лурье и мечтать не мог о том, чтобы получить заказ на балет от Дягилева.
И все же возможность поставить балет в Париже появилась,
правда, почти через десять лет после смерти импресарио, когда
отношения композитора со Стравинским уже прервались.
В 1937 году Лифарь, все еще находясь под впечатлением от своей
Пушкинской выставки, согласился поставить оперу-балет Лурье
в Парижской опере. Первый набросок «Пира» датируется шестью
годами ранее юбилейного года. Вернувшись в июне 1931 года
после отдыха в горной деревне Малоя в Швейцарии, Лурье сообщил прессе, что закончил «лирическое произведение "Пир во
время чумы", в основу которого был положен текст Пушкина»[32].
И на клавире, и на партитуре указаны два места и даты: «Малоя
1931» и «Париж 1933»[33]. Остается неясным, почему Лурье пона-
добилось четыре года, прежде чем он обратился к Жаку Руше,
директору Оперы, но вполне возможно, что именно пушкинский
юбилей подтолкнул его к постановке[34]. 11 июня 1937 года католи-
ческий еженедельник Sept объявил о «симфоническом балете

---

[32] Comœdia. 1930. 11 Juin.

[33] Полная партитура (300 страниц) находится в (Lourié Coll. JPB 92–61. No. 81).
Там же есть партитура для двух фортепиано (284 страниц; JPB 92–61. No. 48)
и шестичастная сюита (124 страницы, Ibid. JPB 92–61. No. 80; Ibid. JPB 92–61.
No. 49, 125 страниц). Коллекция Лурье в базельском Фонде Пауля Захера (The
Lourie Collection in the Paul Sacher Stiftungin Basel, Switzerland) также содержит
фотокопию вокальной партитуры и несколько набросков.

[34] Краткое изложение событий, связанных с «Пиром» Лурье, сохранилось в трех
версиях: подробная записка, написанная почерком Раисы Маритен сначала
от первого лица (затем откорректирована — от третьего лица), хранящаяся
среди бумаг Раисы в (Maritain Coll.); значительно укороченный текст, написанный рукой Раисы, также находящийся в страсбургском собрании; напе-
чатанная и неподписанная чистовая копия в сокращенном варианте, которая
находится в переписке Жака Руше в одной из частей музыкального отдела
Национальной библиотеки Франции — библиотеке-музее Гранд-опера
(Bibliothèque-musée del'Opéra, далее — Opéra-Rouché) среди писем, отправ-
ленных Руше.

в двух действиях» Лурье, причем Лифарь был назван хореографом и ведущим танцором постановки[35].

По заказу Руше, «Édition russe» подготовило одну партитуру, оркестровые партии и двенадцать копий вокальной партитуры. Репетиции должны были начаться в октябре, но, как позднее отмечал Лурье, после одной или двух репетиций Лифарь, по всей видимости, потерял интерес к проекту. Где-то в середине февраля 1938 года он уверил композитора, что Руше хочет, чтобы опера была поставлена как можно скорее. Когда Лурье через несколько дней после встречи с Лифарем обратился к Руше, директор уже обдумывал кандидатуры дирижеров, солистов и сценографов[36]. Однако вскоре между Лурье и Лифарем, которому не понравился сценарий балета, возник конфликт[37]. 20 февраля Лифарь передал композитору свой вариант сценария и потребовал принять его в качестве условия постановки балета[38]. Хоть Лурье и считал, что сценарий Лифаря совершенно не подходит к его музыке, он согласился, потому что боялся потерять возможность постановки в Опере. Однако эта уступка не помогла, и через несколько дней Лифарь сообщил Лурье, что в мае репетиции начать не удастся, как было обещано, потому что в это время не

---

[35] Объявление было повторено 2 июля в журнале Le Ménestrel; в сентябре опера-балет Лурье была включена в список новых постановок оперы в предстоящем сезоне 1937/1938 годов. См. анонсы от 2 июля и 10 сентября 1937 года в журнале Le Ménestrel.

[36] Письмо Лурье Руше от 18 февраля 1938 года (Opéra-Rouché) и 15 марта 1938 года (любезно предоставлено Венсаном Лалуа).

[37] Сохранились два сценария балета. Один из них представляет собой четырехстраничное краткое описание на французском языке под названием «LE FESTIN PENDANT LA PEST. Opéra-Ballet en 2 actes, Argument and Musique d'Arthur Lourié» (в настоящее время находится в Lourié Coll. PB 92–61. No. 88. F. 1). Тот же сценарий можно найти и в Opéra-Rouché. Этот сценарий существует и на русском языке. Более подробная версия под названием «Le Festin Pendant la Peste, Mythe en deux actes, Argument et musique d'Arthur Lourié» существует в рукописном виде, записанном почерком Раисы Маритен, и в машинописи среди бумаг Раисы в New York Public Library. Special Collection. Arthur Lourié Papers. JPB 92–61. No. 88. F. 1. Подробная записка Раисы содержит также описание общей концепции постановки оперы в Страсбурге. Русскоязычный сценарий есть также в собрании Lourie Coll., Paul Sacher Stiftung.

[38] Неподписанная короткая записка (Opéra-Rouche).

будет хора Оперы. Осенью Лифарь отправился в турне, что привело к дальнейшему переносу постановки.

В январе 1939 года Лурье все еще пытался добиться от Лифаря конкретной даты. Он обратился к Руше, напомнив ему о его прежней поддержке проекта и намекнув на то, что может забрать партитуру и отдать ее Туллио Серафину или Леопольду Стоков-скому, которые проявили интерес к его произведению[39]. Приближалась война, и в голосе Лурье уже слышалось отчаяние: «Бесконечное ожидание и неопределенность в течение двух лет ужасно мешают мне жить и работать», — признавался он Руше. Мечты о парижском успехе стремительно таяли. Лурье чувствовал себя одиноким и не мог защититься от тех, кто знал, как ему лучше «управиться» со своей карьерой. Поддержки у него не было, и он мог рассчитывать только на помощь Руше в постановке его оперы-балета[40]. В октябре 1939 года Лурье с огорчением писал Шлёцеру: «Живу почти в абсолютном одиночестве. Дни кое-как проходят, в бесконечных заботах и трудах, конечно, но с наступлением вечера — дикая тоска...»[41]

Отвечая Лурье, Руше объяснял, что ожидание в течение года не считается таким уж долгим для постановки и что хор в данный момент не может взяться за разучивание его сложной партитуры. В другой, более обнадеживающей записке он сообщал композитору, что уже заказал Хосе Марии Серту декорации[42]. Увы, вскоре Серт отказался от участия в постановке из-за болезни и смерти жены, Изабель Русудан Мдивани, а также потому, что был слишком занят остальными заказами[43]. Руше предложил заменить Лифаря другим хореографом и поискать сценографа в Комеди Франсез.

---

[39] В письме Луи Лалуа Лурье пишет о намерении устроить свой праздник в Риме зимой: «Но в нынешней политической ситуации этого не произойдет» (письмо Лурье Лалуа от 6 октября 1938 года, любезно предоставлено Венсаном Лалуа).

[40] Письмо Лурье Руше от 18 января 1939 года (Opéra-Rouché).

[41] Письмо Лурье Шлёцеру от 6 октября 1939 года (Schloezer Coll.).

[42] Письмо Руше Лурье от 20 января 1939 года, любезно предоставлено Венсаном Лалуа.

[43] Подробная записка (New York Public Library. Special Collection. Arthur Lourié Papers. JPB 92–61. No. 88. F. 1).

Лурье проявил редкостное отсутствие практического смысла, пытаясь уверить Руше, что постановка его оперы-балета не вызовет затруднений. По его словам, опера длится всего час и пятнадцать минут и для нее потребуется около пятидесяти музыкантов и шестидесяти певцов, а также солирующие сопрано и баритон. Он предложил, чтобы вместо оригинальной сценографии Опера использовала «Этюд Леонардо да Винчи для заднего плана картины "Поклонение волхвов"», потому что, по его мнению, он «полностью гармонирует с текстом и музыкой "Пира"»[44]. Однако в конечном итоге именно нежелание Лифаря либо отказаться от проекта, либо начать работать над ним нанесло смертельный удар по опере-балету Лурье.

До последнего момента Лурье оставался в Париже, ожидая постановки «Пира», и бежал в Виши только в конце лета 1940 года вместе с другими беженцами и отступающей французской армией, когда немецкие войска находились от них всего в 30–50 километрах. Добравшись до Виши, где сложилась крайне удручающая обстановка, Лурье всерьез задумался о возвращении в Париж, но, к счастью, не смог этого сделать[45]. Очевидно, что в это время Руше был уже не в силах помочь: «Пир» Лурье, опера-балет, которая, как ни печально, была очень своевременной, так и не появилась на сцене Парижской оперы, как и ни на одной оперной сцене мира. Сюита, исполненная Кусевицким в 1945 году, — вот, собственно, и все, что когда-либо было представлено публике.

ПУШКИН С ДОПОЛНЕНИЯМИ

В опере-балете Лурье дает дословное переложение «маленькой трагедии» Пушкина «Пир во время чумы» (1830). «Пир» Пушкина представляет собой перевод около трех четвертей четвертой сцены первого акта пьесы «Город чумы» (1816) шотландского

---

[44] Подробная записка (Maritain Coll.).
[45] Письма Лурье Шлёцеру от 1 августа 1940 года и 18 августа 1940 года (Schloezer Coll.).

поэта Джона Вильсона, которую Пушкин читал в томе его собрания сочинений [Milman 1829] во время первой болдинской осени. Благодаря своей краткости маленькие трагедии Пушкина стали популярными оперными сюжетами: Александр Даргомыжский поставил «Каменного гостя» в 1872 году, Николай Римский-Корсаков — «Моцарта и Сальери» в 1897 году, Цезарь Кюи — «Пир во время чумы» в 1900 году, Сергей Рахманинов — «Скупого рыцаря» в 1906 году[46]. В «Пире» Лурье добавил к пушкинскому оригиналу и другие тексты. Так, в первом акте оперы-балета, который Лурье назвал «Jeux latins» («Латинские игры»), текста Пушкина вообще нет. Вместо этого Лурье использовал четыре латинских стихотворения римских поэтов Пентадия (IV век) и Авсония (ок. 310 — ок. 395), чтобы подготовить сцену для пушкинского «Пира». Он взял их из книги «Erotopaegnia» («Любовные игры») — сборнике эротических стихов римских поэтов, который вышел в 1917 году в Москве на двух языках под редакцией Валерия Брюсова[47]. Возможно, Лурье был наслышан об этом сборнике еще в России, где тот был настоящим фетишем для коллекционеров, но мог купить его и в Париже, где несколько экземпляров всплыло из недр советского рынка[48]. После 1931 года Лурье также добавил в первый акт новый номер — переложение на музыку диалогов Франческо Петрарки «De remediis utriusque fortunae» («О средствах против превратностей судьбы», 1358). Часть трактата «De remediis» была опубликована в книге Шарля-Альберта Сингриа «Petrarque» в декабре 1932 года, как в оригинале на латыни, так и во французском переводе, и Стравинский, который получил эту книгу от Сингриа в качестве ро-

---

[46] Лурье хотел превратить пушкинскую «маленькую трагедию» «Моцарт и Сальери» в оперу в одном действии и трех картинах. Либретто без указания даты, в которое Лурье к оригинальному тексту Пушкина добавил стихотворение Рильке и, по примеру Римского-Корсакова, слова из Реквиема Моцарта, сохранилось в Lourié Coll. JPB 92–61. No. 88.

[47] Брюсов мог позаимствовать свое название из одноименного сборника малоизвестного римского поэта Левия.

[48] См. обзор Владислава Ходасевича «Erotopaegnia» в парижской газете «Возрождение» (1932. Т. 8. № 2676. 29 сент. С. 3) [Ходасевич 1996: 234–237].

ждественского подарка, думал о том, чтобы положить трактат на музыку [Walsh 1999: 512][49].

Сценарий балета Лурье, который он отправил Руше 22 апреля 1938 года, написан на основе пушкинской сцены, в которой друзья пытаются отвлечься, пируя на одной из улиц Лондона во время Великой чумы 1665 года[50]. Лурье объясняет, что «действие может происходить в любой стране и в любую эпоху», «но для него необходимы условия катастрофы: войны, революции и т. д.». Происходящее на сцене не является ни грезой, ни видением, пишет Лурье в более длинной версии сценария: сцена должна пробуждать мысль о неведомом будущем, которое не напоминает какой-то конкретный период времени[51]. В первом акте труппа бродячих комедиантов сооружает сцену в разрушенном доме, чтобы показать «Латинские игры» «в стиле древних моралите». «Моралите» Лурье — это серия танцев, представляющих античный миф о сотворении мира, точнее, версию мифа о Нарциссе. Во время оркестрового вступления танцовщик изображает «борьбу человека со стихиями хаоса». Первое canto, или песнопение на текст «Crede ratem» Пентадия, представляет появление Земли, на которой танцуют нимфы и юноша. В следующем песнопении, на слова «Cuit pater amnis erat» Пентадия, юноша видит свое отражение в озере и, созерцая его, превращается в Нарцисса, который во время следующего песнопения, на текст «Furetis procaces» Авсония, танцует с нифами. Оторвавшись от своего отражения, Нарцисс исчезает в озере, чтобы возродиться «в образе цветка». Во время четвертого песнопения, на этот раз на стихи «Dum dubitat natura» Авсония, Нарцисс, возникающий из

---

[49] Факсимиле наброска Стравинского см. [Stravinsky 1982–1985, 3: 371–378]. В партитуре Лурье «Пир во время чумы» «Диалог» Петрарки — это явная вставка между номером «Tempo di Marcia», который заканчивается на с. 102, и номером «Duettino», который начинается на с. 103. «Диалог» написан синими чернилами, а в остальной части партитуры Лурье использовал черные чернила.

[50] Краткий французский сценарий (Opéra-Rouché).

[51] Длинный сценарий (New York Public Library. Special Collection. Arthur Lourié Papers. JPB 92–61. No. 88. F. 1).

цветка, становится андрогином, который, в свою очередь, пре-вращается в поэта. Следующий номер, «Tempo di Marcia» («В рит-ме марша»), изображает пробуждение сознания поэта. Затем, во время «De remediis» Петрарки, поэт танцует вокруг «Радости» и «Боли» и «их свиты масок».

Сюжет второго действия во многом повторяет сюжет Пушки-на, с той только разницей, что в либретто Лурье вместо пушкин-ского Вальсингама Председателем пира, так и оставшимся безы-мянным, становится отсутствующий у поэта предводитель коме-диантов, которого друзья приглашают к своему столу и который берет на себя роль весельчака, отвлекающего их от «погребальных процессий и траурных шествий»[52]. Лурье также вводит в действие второго акта два христианских гимна, сопровождающих процес-сии, что представляется чем-то инородным для пушкинского антирелигиозного нарратива. Первый танец отдан двум женским персонажам, Мери и Луизе, «погибшим, но милым созданиям», которые поют и танцуют в сопровождении дуэта на стихотворе-ние Пушкина «Юношу, горько рыдая...» (<1834–1835>), не входя-щее в состав «Пира во время чумы». Когда, наконец, начинается «маленькая трагедия» Пушкина, ее первые строки звучат как сопровождение к танцу молодых людей в память об их друге, умершем от чумы. Как у Пушкина, так и в балете Председатель просит Мери спеть и поднять им настроение: ее песня воплоща-ется в прекрасном медленном танце. Председатель в танце бла-годарит Мери. Соперница Мери, Луиза, насмехается над ее песней, но когда мимо проезжает телега, наполненная мертвыми телами, Луиза от ужаса падает в обморок. Молодой человек продолжает танцевать, чтобы ободрить своих друзей, вводя их в общий танец, сопровождающий то, что Лурье назвал «Вызов судьбе» — то есть «Гимн чуме», который у Пушкина поет Вальсингам. Следом за

---

[52] Полного либретто не сохранилось. Бумаги Лурье (Lourié Coll.) содержат текст, начиная с первого акта: это копии латинских стихотворений вместе с их русским переводом В. Я. Брюсова, и русский перевод Петрарки, сделанный самим Лурье; из второго акта — текст Пушкина во французском переводе Луи Лалуа и в итальянском переводе Франко Локателли-Малакрида и Ирэн Виттории Грэм.

этим появляется процессия монахов и кающихся грешников, которые пересекают сцену, исполняя гимн. Как и в «Пире» Пушкина, на сцену выходит Священник и обращается к пирующим, напоминая Председателю о его умерших матери и жене. Председатель в танце выражает свое отчаяние, вызванное воспоминаниями о прошлом, — друзья осознают весь ужас своего положения. Еще одна процессия пересекает сцену, и Священник, мольбам которого не внял Председатель, уходит вместе с ними. В версии Лурье после финального танца Председатель возвращается на сцену в разрушенном доме и исчезает.

Сценарий Лифаря не сохранился, но нет ничего удивительного в том, что любые его предложения не совпадали с ви́дением композитора, в котором переплелись символистское увлечение античной мифологией, римский декадентский эротизм, восхищение антирелигиозной бравадой Пушкина и глубоко прочувствованный католицизм самого Лурье. Как это часто бывало, перегруженное в культурном отношении творение Лурье не вписывалось ни в одно определенное направление.

«ЕСТЬ УПОЕНИЕ В БОЮ...»

«Пир во время чумы» занимает особое место в творчестве Пушкина. Кто-то считает пьесу посредственной, кому-то она представляется шедевром. В эссе «Пиры Платона и Пушкина» Лурье утверждал, что пьеса является «символом того положения, в котором находится человек в современном мире» [Lourié 1954: 25]. В аннотации к сюите, созданной Лурье на основе его оперы-балета, Берк, вероятно, под влиянием композитора, приписывает пьесе специфический русский смысл — «забвение в радостях жизни в самый момент катастрофы»[53].

Маленькие трагедии Пушкина — это короткие драматические поэмы, в центре которых находятся экзистенциально критические моменты бытия, как пишет Сергей Давыдов, «тайна счастия

---

[53] Программа-аннотация Берка к «Пиру» Лурье.

и гроба» или «прикосновение "любви" и "смерти", Эросаи Танатоса» [Давыдов 1999: 382][54]. Написанные в дни эпидемии холеры в Болдино, трагедии затрагивают тему смерти и многообразия человеческих реакций на нее. Объекты желания людей различны: золото в «Скупом рыцаре», искусство в «Моцарте и Сальери», любовь в «Каменном госте», жизнь в «Пире», но сходны их страсть, отменяющая обычные моральные устои, и трагедия, которая за этим следует. В каждом из этих произведений, но в наибольшей степени в «Пире», «страстно́е начало в герое (παθος) имеет двойную природу: это и отдание себя страсти во всей ее хаотической, оргиастической силе, и страдание как искупление страсти» [Беляк, Виролайнен 1991: 86]. Безумие и смерть притаились вокруг пирующих персонажей; их близость обостряет в главных героях жажду жизни и заставляет их энергию продления рода и творческие силы вырываться наружу в последней отчаянной попытке уцелеть, держась за существование как можно дольше. Чтобы еще больше распалить свои чувства, герои предаются пиршеству с едой, вином, любовью, песнями, поэзией и танцами. Ни проезжающая мимо телега с покойниками, напоминающая об их реальном положении, ни упреки Священника, призывающего к покаянию и молитве, не могут заставить этих людей отказаться от дионисийского веселья. Их Председатель, Вальсингам, наиболее отчетливо осознает происходящее, признаваясь Священнику, что он «удержан / Отчаяньем, воспоминаньем страшным»и «И ужасом той мертвой пустоты, / Которую в моем дому встречаю», — это они не позволяют ему покинуть пир и заставляют вкусить «благодатный яд этой чаши» и смертельно сладкий поцелуй Мери, «погибшего, но милого созданья». Но вместо того чтобы призвать к покаянию, Священник называет имя его умершей жены, что ввергает Вальсингама в безумие.

Только два фрагмента пьесы принадлежат собственно Пушкину: песня Мери и «Гимн чуме» Вальсингама. Оба эти фрагмента

---

[54] Фраза Давыдова «тайна счастия и гроба» восходит к последней строке ранней редакции пушкинского стихотворения «Воспоминание» («Когда для смертного умолкнет шумный день...», 1828): «И оба говорят мне мертвым языком / О тайнах счастия и гроба» [Пушкин 1977–1979, 3: 417].

прерывают драматическое течение сцены мощными лирическими строками. В случае с песней Мери причина замены имеет вполне практическое объяснение. В оригинале Вильсона Мери поет на шотландском диалекте, который Пушкин, имея в своем распоряжении в Болдино лишь небольшой англо-французский словарь, перевести затруднялся [Пушкин 2009, 7: 884]. Предвосхищая ситуацию с Вальсингамом, пушкинский текст также вводит песню Мери в основной сюжет. В пушкинском варианте Мери поет о Дженни, которая просит своего возлюбленного не целовать ее на прощание, когда она умрет, а бежать из деревни и вернуться навестить ее могилу только после того, как «зараза минет». В споре со Священником Вальсингам вспоминает о своей усопшей жене Матильде, «святом чаде света», чей «чистый дух» зовет его. В отличие от Эдмонда из песни Мери, Вальсингам, гуляка-богохульник, который остается, чтобы утопить свою печаль в чувственном оргиастическом пире, утрачивает право достичь чистой души Матильды — «Где я? Святое чадо света! вижу / Тебя я там, куда мой падший дух / Не досягнет уже...» [Пушкин 1977–1979, 5: 358].

Песня Мери — это сентиментальная реакция на трагическое время чумы. В ней счастливое прошлое, наполненное веселыми детскими голосами, противопоставляется нынешнему опустошению, тишину которого нарушает только звон колоколов да громыхание телег для перевозки покойных. Но поскольку в песне поется о событиях давно минувших дней, она дает надежду на будущее. В последнем образе песни есть виде́ние рая, где добродетельная Дженни молится о своем возлюбленном, пережившем «мрачный год» чумы, который, как говорит Вальсингам в благодарности Мери за ее песню, «едва оставил память о себе» в ее родной земле, по берегам потоков и ручьев, «бегущих ныне весело и мирно».

Совсем не случайно, что свой сентиментальный лирический рассказ о мрачных временах чумы Пушкин поручает женщине. Напоминая стихи учителя поэта В. А. Жуковского, песня выглядит стилистически «старой» и не «модной», как говорит Луиза, высмеивая ее. Другими словами, она не отвечает сложившейся ситуации. Пушкин отводит Вальсингаму смелый и более оригинальный ответ. В отличие от песни Мери, философски сложный «Гимн чуме» не имеет ничего общего с его аналогом у Вильсона, веселой «Песней о чуме» с тривиальным хоровым припевом[55]. Пушкинский Вальсингам ведет себя кощунственно: он не только встречает смерть без покаяния, наслаждаясь радостями жизни, но и воспринимает ее как источник величайшего из всех возможных наслаждений:

> Есть упоение в бою,
> И бездны мрачной на краю,
> И в разъяренном океане,
> Средь грозных волн и бурной тьмы,
> И в аравийском урагане,
> И в дуновении Чумы.
>
> Всё, всё, что гибелью грозит,
> Для сердца смертного таит
> Неизъяснимы наслажденья —
> Бессмертья, может быть, залог!
> И счастлив тот, кто средь волненья
> Их обретать и ведать мог [Там же: 356].

Поколения русских поэтов были покорены пушкинским Вальсингамом — гулякой, превратившимся в поэта. В отличие от бессильного ответа на чуму Мери, песни, пронизанной ностальгией и нотками чистой любви, обещающей райское блаженство после смерти, ответ Вальсингама — это художественный акт, превращающий *terror anticus* в священное поэтическое вдохновение. В эссе 1933 года «Искусство при свете совести» М. И. Цветаева описала экстаз Вальсингама как нечто большее, чем радость: «Блаженство, равного которому во всей мировой поэзии нет.

---

[55] «Then, leaning on this snowwhite breast, / I sing the praises of the Pest! / If me thoug wouldst this night destroy, / Come, smite me in the arms of Joy» («Поэтические произведения Вильсона» [Milman 1829: 37]). Здесь и далее подстрочный пер. с англ. А. А. Долинина: «И потому, припадая к белоснежной груди, / Я пою хвалу Чуме. / Если ты хочешь сразить меня сегодня ночью, / Приходи, убивай, пока я покоюсь в объятьях Наслаждения».

Блаженство полной отдачи стихии, будь то Любовь, Чума — или как их еще зовут» [Цветаева 1994a: 350]. Создавая образ Вальсингама, Пушкин спасался от чумы (точнее, от бушующей холеры), уходя «в песню», в сочинение стихов — иными словами, в «стихию стихий: слово». Пушкину, чтобы написать «Пир во время чумы», «нужно было *быть* Вальсингамом», но в то же время и отдалиться от своего главного героя «и перестать им быть». Гимн Вальсингама был для Цветаевой подтверждением того, что Пушкин отождествлял себя именно с ним, а не с праведным Священником, который в «Пире» не поет.

В своем увлечении стихией Цветаева так объясняла, почему гимн Вальсингама бросает вызов Богу куда более явно, чем сам пир во время чумы: гимн был кощунством, потому «мы в песне — апогее Пира — уже утратили страх, что мы из кары делаем — пир, из кары делаем дар, что не в страхе Божьем растворяемся, а в блаженстве уничтожения». Для Цветаевой «после гимна Чуме никакого Бога не было» [Там же].

Маловероятно, что Лурье читал эссе Цветаевой, которое так и не было издано при жизни поэтессы, но он разделял ее уверенность в том, что в «Пире» Пушкин перешел черту. Его понимание пьесы было апокалиптическим и все еще несло на себе отпечаток символистских интерпретаций. «Уже знал Пушкин, что конец близок и что мир должен будет начаться заново и по-другому», — писал Лурье в эссе «Пиры Платона и Пушкина», сравнивая «Пир» Платона, «пир начала», и маленькую трагедию Пушкина, «пир конца». Платоновский пир, утверждал Лурье, — это сон, отделенный от реальности бездной. Глядя в бездну, «Платон проповедует преображение», превращение *terror anticus* в идиллию республики, а трагедию обреченности — в философское и сентиментальное воспоминание об андрогине, символе первозданного единства человечества. В конечном итоге «возвышающий обман», показанный в произведении Платона, был «только иллюзией победы над реальностью», которая «не побеждена, а лишь сознательно скована и остановлена». У Пушкина же другой идеал: он ищет его «в глубинах жестокой реальности» и подходит к нему без страха. Как и Цветаева, Лурье остановился на словах «Нам не страшна могилы тьма...» из «Гимна чуме» Вальсингама и считал, что пир Пушкина — это «очень смелое принятие абсолютной конечности». В нем нет катарсиса, нет «экстаза очищения, о котором говорили древние»; если нет очищения, то, следовательно, нет и искупления [Lourié 1954: 26–27]. Композитор также понимал, что «неминуемая погибель», которую без страха встречает Пушкин, обладает «мощным, неотразимым и таинственным магнетизмом», втягивающим в себя все вокруг, подобно водовороту. Вот как Пушкин формулирует это в своем гимне:

Все, все, что гибелью грозит,
Для сердца смертного таит
Неизъяснимы наслажденья —
Бессмертья, может быть, залог!

Эти строки, как замечает Раиса Маритен, и воплощают тему второго акта «Пира» Лурье[56].

Как и Цветаеву, Лурье волновали вопросы взаимоотношения искусства и жизни, искусства и реальности, искусства и мечты. По его мнению, в пушкинском «Пире» именно бескомпромиссное принятие реальности выявляет искусство в подлинном его понимании. Для Лурье «пир искусства», то есть особенный момент, в который происходит встреча между искусством и реальностью, происходит лишь изредка, в основном во времена катастрофических событий. Романтическое искусство никогда не сможет породить таких встреч, поскольку его поэтические мечты всегда оторваны от действительности. Как будто отыскивая слово «пир» в библиотеке собственной памяти, Лурье привлекает к своим рассуждениям тексты Артюра Рембо, Иннокентия Анненского и Блока. Его первый пример — стихотворение в прозе Рембо «Une saison en enfer» («Одно лето в аду», 1873), написанное поэтом, по словам Лурье, в «мрачные времена французской истории»: «Когда-то, насколько я помню, моя жизнь была пиршеством, где все

---

[56] На листе бумаги Раиса Маритен написала строфу «Всё, всё...», а ниже, на французском языке, приписала: «Поэма, являющаяся темой второго акта оперы Лурье "Пир во время чумы"» (Maritain Coll. F. 6).

сердца раскрывались... <...> Я ключ решил отыскать от старого пиршества... Этот ключ — милосердие». Однако Лурье не приводит строки, которые самым очевидным образом связывают стихотворение Рембо с пушкинским «Пиром», а именно повеление демона главному герою: «К смерти иди с твоим вожделеньем, и твоим эгоизмом, и со всеми семью грехами»[57]. Первые строки этого стихотворения Лурье использует в качестве эпиграфа к своей опере-балету. Он также цитирует стихотворение Анненского «Моя тоска» (1909) как пример топоса «отравленного пира»[58] в России на рубеже веков, а также строки из «Скифов» Блока, иллюстрирующие пророческое предупреждение поэта о том, что Лурье называет «последним пиром» в России, — пиром революции, на который сзывает народ «варварская лира» поэта[59].

Несмотря на то что эссе Лурье было написано в 1954 году, в нем все еще слышны отзвуки его юношеского декадентства. Он видит мир безнадежно раздробленным, распавшимся на части и страстно желает новой целостности сознания, вопрошая: «Какое место занимает искусство в современном разобщении», в то время, когда мечты символистов о творческом преображении мира представляются безнадежно утраченными? Русская революция разрушила «миф о связи между революционной политической идеей и творческим сознанием художников». То, что осталось от прошлого, — «сомнамбулическая, бесполая сфера, слабовольная, ничего не принимающая и ничего не отрицающая; она вне ночи и дня, добра и зла, жизни и смерти, красоты и уродства» [Там же: 28–29]. По мнению Лурье, искусство служило либо отупению, либо жадности, либо, как он представил это в первом акте своего «Пира», отвлечению или забвению.

---

[57] Пер. с фр. М. П. Кудинова см. [Рембо 1982: 150–151]. Первая часть цитаты см. [Lourié 1954: 28].

[58] «Моя ж безлюбая — дрожит, как лошадь в мыле! / Ей — пир отравленный, мошеннический пир!» [Анненский 1990: 158].

[59] «В последний раз — опомнись, старый мир! / На братский пир труда и мира, / В последний раз —на светлый братский пир / Сзывает варварская лира!» («Скифы», 1918) [Блок 1997, 5: 80]. Отметим, что Лурье прямо заимствует центральные образы из стихотворения Блока, компилируя их.

Его решение проблемы кризиса искусства носило утопический и реставрационный характер. Вместо «скепсиса, переходящего в интеллектуальную утонченность» (колкое замечание в адрес остроумного искусства Стравинского) или «чудовищного равнодушия и бессердечия» (враждебное описание романтизма и его последователей) Лурье предложил «подлинную» встречу между жизнью и искусством, которая, по его мнению, «перейдет от абстракции к конкретной осознанности и восприимчивости, от распада к восстановлению», и которая, что особенно показательно, будет совершаться «под знаком классицизма» [Ibid.: 29]. Речь здесь идет не о скептическом неоклассицизме Стравинского, а, по мысли Лурье, об истинном воссоздании золотого века, которое стало возможным благодаря открытому принятию современной катастрофы и честному признанию глубины духовного кризиса. Великий автор «Пира во время чумы», которого и Лурье, и Цветаева превратили из аполлонического поэта равновесия в дионисийского глашатая хаоса и разлада, в конечном итоге проложил путь к восстановлению классических ценностей.

СОЗДАНИЕ ПОЭТА

Но прежде чем произошло бы это восстановление, нужно было воссоздать самого Пушкина, провозвестника благих вестей, в «Пире» Лурье и его образе Председателя. Цветаева настаивала, на том, что «Если бы Вальсингам был — Пушкин его все равно бы создал», потому что Вальсингам, как считала она, «весь... — экстерриоризация... стихийного Пушкина» [Цветаева 1994: 351]. В первом акте своей оперы-балета Лурье задается целью создать поэта, который может «раскрыть перед нами возможность постижения смысла настоящего через перспективу прошлого». Поэзия, писал Лурье в эссе о «Пире», необходима как хлеб, особенно в катастрофические периоды человеческой истории [Lourié 1954: 25].

Лурье назвал свою оперу-балет «мифом в двух действиях»[60]. И действительно, первый акт — это своего рода миф о сотворении мира. Быстрое оркестровое вступление олицетворяет бесформенные, темные, хаотичные стихии: поверх непрерывной, быстрой пульсации до-диезов, которую исполняют шесть контрабасов, чередуя размер на $\frac{5}{8}$ и на $\frac{6}{8}$, восемь арф выводят примитивную трехнотную мелодию, которая образует нескончаемое остинато. На его фоне семь литавр (основной инструмент Лурье) отбивают свое собственное примитивное остинато. При этом не происходит никакого развития, не появляется новый тем: эта темная масса, пульсирующая, дышащая, накапливающаяся, слой за слоем динамика постепенно нарастает, пока не врываются *fortissimo* медные духовые, сопровождая восьмиголосный хор, который вступает с первой строкой текста из следующего номера (пример 6.1).

Легкие, пронизанные эстетизмом «Латинские игры» Лурье во втором акте балета будут противопоставлены трагизму и реалистичности пьесы Пушкина[61]. Остановив свой выбор на стихотворениях «Crede ratem» и «De Narcisso» Пентадия и «Nymphis quae Hylam merserunt» и «In puerum formosum» Авсония, Лурье выбрал не самые насыщенные эротическими образами тексты, а стихи, которые наиболее гармонично вписывались в сценарий балета. В первом стихотворении Пентадия звучит предостережение против женских пороков: «Ветрам вверяй ладью, души не вверяй только деве...»[62] — в унисон поют теноры и басы в первом песнопении. Строки Пентадия содержат явный гомосексуальный подтекст, отдавая дань «Пиру» Платона, который Лурье позднее сравнивал с пушкинским «Пиром». В мифе о творении, который создает Лурье, первое песнопение представляет сотворение человека — существа, не знающего ни себя, ни прекрасных созда-

---

[60] Длинный сценарий (New York Public Library. Special Collection. Arthur Lourié Papers. JPB 92–61. No. 88. F. 1).

[61] Подробная записка (New York Public Library. Special Collection. Arthur Lourié Papers. JPB 92–61. No. 88. F. 1).

[62] Перевод В. Я. Брюсова [Erotopaegnia 1917: 31].

ПРИМЕР 6.1. Вступление хора во Введении к «Пиру во время чумы» Лурье (вокальная партитура Lourie Coll.)

ний, населяющих землю. В основном унисонное, трезвучное мужское пение в постоянно меняющемся размере пробуждает «примитивное», безотчетное, первобытное желание.

Отдельный голос появляется во втором песнопении, выводящем на сцену мифологического Нарцисса, размышления которого не интроспективны, а сосредоточены только на самом себе. Мелодию исполняет андрогинный альтовый голос, который придает теме любви к себе лирическое звучание. Гобой, гобой д'амур, английский рожок и скрипки вносят мягкость в богатую оркестровую фактуру, а медные духовые, арфы, челеста и клавесины придают звучанию особенную яркость. Сначала солирует бас, затем вступает хор, сопровождаемый постепенно уплотняющейся оркестровой фактурой. Экстаз Нарцисса, который может восприниматься и как эротический, и как творческий, сопровождается грандиозной массой звука: шквал витиеватых, переплетающихся вокальных линий объединяется с несколькими слоями остинато в оркестре, создавая всепоглощающие фактуры, получающие ритмическую пульсацию от стремительных повторяющихся аккордов в партии рожков в концу этой части (пример 6.2).

В следующем песнопении всего три строки: это текст Авсония о Гиласе (Гиле) — прекрасном спутнике Геракла, которого прельстили водные нимфы. В балете Гилас заменен Нарциссом. Среди всех песнопений именно третье создает самую сильную сенсорную перегрузку: это настоящая феерия звуков, порожденная сначала резко диссонирующим, гомофонным пением хора *fortissimo*, которое сопровождается однотактными, плотно сбитыми остинато, звучащими у гобоев, струнных, клавесина, контрабаса и арфы. Высшая точка фактурной плотности достигается в тот момент, когда хор затихает и оркестр начинает играть в более быстром темпе. Замысловатые по ритму фанфары звучат над слоями остинато, тремоло струнных, трелями клавесина и ударами литавр в шестнадцатых нотах, никогда не опускаясь в динамике ниже *fortissimo*.

Последнее песнопение, «In puerum formosum», не такое буйное и более нежное. Динамический уровень понижается до *piano*, а плотная масса звуков сменяется легкими арпеджио арф и клавесинов и трелями гобоев, сопровождающими мужской хор. Они поют о красоте «прекрасного юноши, почти девы» Нарцисса, получившего новую жизнь в образе платоновского возрожденного андрогина. Рожденный таким образом андрогин олицетворяет собой поэта, сознание которого пробуждается во время следующего номера, инструментального «Tempo di Marcia». Задача поэта, как пишет Лурье в длинном варианте сценария балета, «проникнуть в тайные связи между видимым и невидимым, духом и материей, мечтой и реальностью», представить «двойственную природу Вселенной, которая есть разрушение и созидание, сон и явь, ночь и день». Мужское желание, нейтрализованное или угасшее в андрогине, становится высшей миссией поэта.

«Tempo di Marcia» Лурье, сопровождающий превращение свободного, но еще не обладающего знаниями человека в созна-

ПРИМЕР 6.2. Уплотнение фактуры во втором песнопении в «Пире» Лурье (вокальная партитура) тельного творца, не похож на обычный марш: размер на $\frac{4}{4}$ чередуется с размерами на $\frac{3}{4}$ и $\frac{5}{4}$, а движущиеся вперед акцентированные четвертные ноты, половинные ноты и пунктирные ритмы у духовых, подкрепленные восьмушками шагающего баса, прерываются лирическими размышлениями *espressivo* гобоя д'амур и солирующей скрипки.

Лирическая вставка также выступает в качестве фа-мажорной побочной темы в сонатной форме, в которой, вполне в духе Стравинского, отсутствует развитие, а форма выражается сопоставлением и вариациями. Лурье позаимствовал эту часть из своей Сюиты для струнного квартета 1926 года, в которой она была обозначена как «Гимн» [Meyer 2010: 32, fn. 11][63].

Несмотря на то что «Tempo di Marcia» Лурье построен на формальных принципах, не предполагающих развития, в контексте оперы он является местом трансформаций. Здесь возникают драматически и психологически значимые изменения — «Пробуждение сознания поэта», как указано в сценарии. В «Пире» Лурье человек, возникающий из хаоса, медленно развивается от общего понятия человека — через поглощенного собой Нарцисса и самодостаточного андрогина — к поэту, обладающему самосознанием. В этой эволюции прослеживается сходство с символистским переходом к откровению, или, по выражению Вяч. И. Иванова, «порывом». Как Стравинский использовал внешние приметы музыки XVIII века для создания того, что противоречило бы основным принципам этой музыки, так и Лурье переосмыслил неоклассическую технику Стравинского, целью которой было создание ненарративных, статичных форм, как инструмент символистского откровения.

Тень Стравинского особенно заметна в последнем номере первого акта «Пира» Лурье, сцене из «De remediis» Петрарки. Если Стравинский в отвергнутом наброске использовал текст для экспериментов с музыкой для произведения на старофранцузском языке, то Лурье в своем «De remediis» исходил из оригинальной

---

63 Лурье повторно использовал другую часть из сюиты «Пир» — «Похоронный марш», который он переименовал в опере в «Колесницу смерти».

латыни. Текст Петрарки, хотя и с запозданием, органично вписывается в сценарий «Пира»: Лурье считал его «лирическим комментарием» к сценам первого акта, и в то же время — «объяснением символизма всего произведения»[64]. В диалоге Петрарка противопоставляет бездумное удовольствие аллегорической фигуры «Радости», которая получает наслаждение от музыки и «успокаивается» ее звучанием, — «Разуму», утверждающему, что единственная функция удовольствия — отвлечься от приближающейся боли. Лучше перейти от печали к счастью, чем от радости к слезам и вздохам, предупреждает он. «Разум» цитирует Притчи «И при смехе иногда болит сердце, и концом радости бывает печаль» (Притч. 14:13) и «Погибели предшествует гордость, и падению — надменность» (Притч. 16:18). Лебединая песня, спетая перед самой смертью, — самая сладкая. Противопоставление «Радости» и «Разума», бездумного удовольствия и самосознания, которое ни от чего не может получить удовольствие, потому что не может забыть о конце бытия, — это средневековая версия контраста между пиром и чумой, удовольствием и смертью, Эросом и Танатосом. Близость смерти в городе, охваченном чумой, является постоянным напоминанием о том, что нужно наслаждаться жизнью, пока она длится. Соположение удовольствия и боли подготавливает сознание к противостоянию со стихией (в понимании Цветаевой) или с реальностью, о чем говорит Лурье в своем анализе пушкинской «маленькой трагедии».

Сосредоточившись на просодии, Стравинский передает слова «Разума» в довольно монотонной форме, ритм которой состоит в основном из нот в одну восьмую, иногда удлиненных до четвертных или четверти с точкой [Stravinsky 1982–1985, 3: 371–378]. Мелодия движется в узком диапазоне дорийского тетрахорда, хорошо знакомого по русскому стилю Стравинского. Используя явный контраст, композитор излагает строки «Радости» в более высоком регистре и широком диапазоне, украшая их частыми мелизмами шестнадцатых нот. Лурье усугубляет противоречия

---

[64] Черновик подробной записки (New York Public Library. Special Collection. Arthur Lourié Papers. JPB 92–61. No. 88. F. 1).

между двумя аллегорическими фигурами и наделяет их стереотипными гендерными ролями: женскими для линий бездумной «Радости» и мужскими для линий размышляющего «Разума», каждая из которых представлена хором в антифонном изложении Лурье[65]. Четырехголосый женский хор исполняет песню «Радости» в размере на $\frac{4}{5}$ с пышными мелизмами в широком диапазоне; их голоса переплетаются в противоположном движении в сопровождении четырехголосного хорала для трубы (пример 6.3).

Для исполнения реплик «Разума» Лурье использует четырехголосный мужской хор в размере на $\frac{4}{4}$, который сопровождают три тромбона и туба. Строки о лебединой песне он поручает только тенорам, к которым в последней строке присоединяются басы, поющие в параллельных октавах. Он прибавляет к аккомпанементу тромбона остинато литавр и сопровождает его басовым барабаном, создавая зловещий, мрачный звуковой ландшафт, заставляющий задуматься о скором наступлении апокалипсиса (пример 6.4).

Поэт, рожденный из хаоса, достигает зрелости, танцуя между радостью и болью, которые «предстают перед ним со своей свитой масок в виде двух Фортун». Так описывается эта сцена в сценарии балета. Радость и боль, радость и разум, пир и чума, наслаждение жизнью и угроза смерти — вот те полюса, между которыми поэт создает свое искусство. Присутствие разума привносит равновесие и логику в таинственный по своей природе акт художественного творчества. По сути, разум должен быть аполлоническим, проясняющим, однако финал «Диалога» Петрарки в опере, предоставляя последнее слово разуму, мрачен и грозен. Роль поэта заключается не в том, чтобы встать на сторону разума и отвергнуть наслаждение, а в том, чтобы принять и то и другое, объединив, таким образом, Эрос и Танатос, наслаждение и боль, бездумный экстаз и осознанное откровение. По мнению Цветаевой, именно пушкинский «Гимн чуме» — слова поэтического гения, одолеваемого демоном, — делают такое

---

[65] В собственном переводе Петрарки на русский Лурье помечает слова Радости «первым антифоном», Разума — «вторым антифоном» (Lourié Coll.).

ПРИМЕР 6.3. Песня «Радости» «Меня услаждает пение» из «Диалога» Петрарки (вокальная партитура)

ПРИМЕР 6.4. Литавры и тромбоны в репликах «Разума» в «Диалоге» Петрарки (вокальная партитура; Lourie Coll.)

единство возможным. Лурье воспринимает «Гимн чуме» иначе, чем поэтесса: для него голос поэта менее личный и более общественный, и это позволяет ему завершить «Пир» не так, как он заканчивается у Пушкина.

ПУШКИНСКИЙ ПИР

Первое появление текста Пушкина в начале второго акта в виде легкого дуэта звучит достаточно сдержанно. Небольшое стихотворение в четыре строки вводит слушателя в русскую манеру выражения мыслей под музыку, знакомую ему по русской музыке XIX века. Этим дуэтом также задается схема всего действия: оригинальные тексты Пушкина поются, в то время как его переводы пьесы Вильсона, добросовестно записанные в партитуре, «интерпретируются хореографией», за исключением коротких хоровых вставок, которые отвечают «*танцевальному*, а не словесному» внутреннему монологу[66].

Песня Мери на оригинальный текст выступает в качестве пробного примера музыкальной интерпретации Пушкина. Обработка Лурье, по стилю несколько отличающаяся от музыкального языка оперы, подчеркивает сентиментальность песни. Начинающаяся с арпеджио арфы и деревянных духовых *espressivo*, песня одновременно пробуждает в воображении ангельское пение и пастораль, перенося слушателя из города, охваченного чумой, на зеленые холмы Шотландии. Характерная начальная мелодическая фраза напоминает народную песню «Вдоль по Питерской», которую Стравинский использовал в «Танце кормилиц» в «Петрушке». Плавно нисходящие мелодические фразы, широкий диапазон и горестные сексты придают мрачному тону оперы лирическое звучание (пример 6.5).

«Гимн чуме», другой оригинальный текст Пушкина в «Пире», разительно контрастирует с песней Мери. Прочтение Лурье центрального для пьесы пушкинского текста отличает его трактовку от подхода Цветаевой. Хотя и композитор, и поэтесса разделяли мнение о пушкинской интерполяции, для Цветаевой «Гимн чуме» — это в высшей степени личное поэтическое послание, в то время как Лурье, отводя гимну центральную роль, все же преуменьшает его субъективные аспекты. В отличие от Пушкина, он не называет имени Председателя пира. Более того, словно опасаясь, что гимн может показаться слишком личным, он передает бо́льшую часть текста хору, превращая тем самым индивидуальное философское высказывание Пушкина в коллективное послание.

Лурье указывает, что в первой строфе («Когда могущая зима...») партию Председателя должны исполнять басы хора. О приходе «Царицы грозной, Чумы» во второй строфе таинственно возвещают шепчущие басы и теноры, произносящие текст сначала на одной ноте, а затем в хроматически расширяющихся музыкальных фразах, сопровождаемых в основном хроматически нисходящими нонаккордами. Когда звучат отчаянные вопросы «Что

---

[66] Французская версия краткого сценария (Lourié Coll.).

ПРИМЕР 6.5. Первая страница песни Мери (вокальная партитура)

делать нам? и чем помочь?», в действие вступает хроматизм: хор делится сначала на четыре, затем на восемь голосов, все поют хроматически восходящие и нисходящие тетрахорды (пример 6.6). Следующая строфа сохраняет хроматическую фактуру, когда хор взрывается восхвалением «царствия Чумы».

Следующие две строфы, об «упоении в бою и бездны мрачной на краю», из пушкинского «Пира» цитируются чаще всего. Рассуждения Цветаевой об Вальсингаме целиком построены на этих двенадцати строках, о них же она вспоминает и в своем эссе «Пушкин и Пугачев» (1937). Пушкин, по мнению поэтессы, усиливает звучность стихотворения, сменяя образы приятного домашнего зимнего застолья необъятными картинами полей сражений, разъяренных океанов, бушующих волн и аравийских ураганов. Цветаева утверждает, что хоть Пушкин и не перечислил все разрушительные стихийные силы в четвертой строфе, он смог заключить все «то, что гибелью грозит» в «двоекратном» «всё, всё» в начале следующей строфы [Цветаева 1994: 507]. Лурье же выбирает именно это место для того, чтобы возвысить личностный голос, поручив эти строфы солирующему басу. Четвертая строфа, исполненная в величественном размере *molto appassionato* и *cantabile*, более всего приближается к оперной арии. Вокальная линия сохраняет остатки хроматизма, но в то же время открывает диапазон для мелодий с большим количеством трезвучий, которые вносят кратковременную тональную ясность в хроматическое нисхождение баса. Лурье придает этим строкам лирическое, почти сентиментальное выражение, а не раскатистое звучание стихий (пример 6.7).

В следующей строфе тон смягчается еще больше: исчезает воинственный настрой, создаваемый басовым барабаном и духовыми; флейта, арфа и челеста придают звучанию яркость, в то время как голос возвращается к более мягкому, легкому ритму в размере на $\frac{3}{8}$, таком же, как и в первой строфе. Лурье повторяет всю строфу, транспонировав ее на большую секунду вверх. Но на этом мощь подъема не заканчивается. В последней строфе возвращается хор, возвращая и музыку первой строфы, транспонированную на малую секунду вверх и теперь исполняемую всем хором. Это еще не катарсис, но уже общее принятие судьбы.

ВЗЫВАЯ К КРЕСТУ

Христианские гимны, которые Лурье вводит в конце оперы, отгоняя «чуму силой крестного знамения», создают резкий контраст между трактовками пушкинского текста Цветаевой

ПРИМЕР 6.6. Хроматическая фактура на восемь голосов
в «Гимне чуме» (вокальная партитура)

ПРИМЕР 6.7. Басовая сольная партия в «Гимне чуме»
(вокальная партитура)

и Лурье, а для поэтессы стали бы полным искажением пушкинского замысла. Цветаева утверждает, что «Гений Пушкина в том,
что он противовеса Вальсингамову гимну, противоядия Чуме —
молитвы — не дал». Для нее именно в этом отсутствии молитвы,
в этом намеренно нарушенном равновесии и заключается главная
притягательная сила «Пира». Если бы Пушкин написал контргимн, утверждает она, «тогда бы вещь оказалась в состоянии
равновесия, как мы — удовлетворенности, от чего добра бы не
прибыло, ибо, утолив нашу тоску по противу-гимну, Пушкин бы
ее угасил» [Там же: 349]. Но при этом она также признавала, что

молитва, в которой Пушкин нам отказал, все равно каким-то образом неотвратимо остается, хотя и «вне, как место не только нашей устремленности, но и отбрасываемости: то место, куда отбрасывает нас Чума» [Там же: 349–350].

Лурье в своем «Пире» передает эту подразумеваемую, но «неотвратимую» молитву посредством двух гимнов, взятых из монастырского повечерия римско-католической литургии. Это гимны «Te lucis ante terminum» («К тебе на закате дня...»), приписываемый Амвросию Медиоланскому, и «Nunc dimittis» («Ныне отпущаеши раба Твоего, Владыко...»), песнь Симеона Богоприимца из Евангелия от Луки, которой часто завершается служба. Эти литургические номера представляли собой повторные оркестровки «Deux prieres du soir» («Две вечерние молитвы») Лурье 1929 года, — произведения, первоначально написанного для трех теноров, гобоя и двух контрабасов, к которым композитор в «Te lucis» добавил едва слышно декламирующую басовую партию и английский рожок и уплотнил фактуру тромбонами, клавесинами и литаврами в «Nunc dimittis»[67]. «Te lucis ante terminum», хоровая обработка оригинальной мелодии григорианского гимна, сопровождает процессию кающихся грешников, которые появляются на сцене сразу после «Гимна чуме», воплощая именно тот «контргимн», по поводу отсутствия которого Цветаева выражала столь бурный восторг в своем эссе.

Если сентиментальная песня Мери была прервана, если можно так выразиться, вторжением суровой реальности — появлением телеги с мертвыми телами, то жестко реалистичный «Гимн чуме» отворяет врата в то запредельное пространство пушкинской драмы, где спасение все-таки возможно. Лурье поручает григорианскую мелодию трем тенорам, перемещая их линии главным образом в параллельном движении, напоминающем фобурдон, с периодическими диссонансами. Их пение оттеняется монотон-

---

[67] «Deux prières du soir» («Две вечерние молитвы для трех теноров, гобоя и двух контрабасов») (1929 год); «Te lucis» (Гимн) (август 1929 года) и «Nunc dimittis» (Песня Симеона, «Ныне отпускаешь раба своего...») (сентябрь 1929 года). Оригинальная версия хранится в Lourie Coll. Paul Sacher Stiftung.

ной речевой декламацией текста басами — прием, который Лурье уже использовал в своем «Concerto spirituale» (а Стравинский впоследствии применит в «Requiem canticles» — «Заупокойных песнопениях»). Голоса сопровождает контрабасовое остинато, хроматически нисходящее от тоники к доминанте наподобие остинатного баса, а гобой и английский рожок претворяют григорианскую мелодию в мягкие мелодические фразы. Пока процессия движется вперед, возрастает ритмическая плотность партии контрабаса, линии гобоя становятся более насыщенными, а в последнем стихе, когда динамика возрастает до *forte*, к ним присоединяются литавры и басовый барабан, чтобы переместить акцент на ноты в одну восьмую на слабых долях такта. В уже ставшей привычной для Лурье манере последняя часть оставляет хроматизм баса и заменяет его диатоникой на белых нотах, с изредка появляющимся си-бемолями, что характерно для григорианских мелодий. Гимн олицетворяет процесс очищения, катарсис, который подготавливает сцену для Священника, выходящего из процессии, чтобы осудить кощунственный пир гуляк. У Пушкина, по замечанию Цветаевой, единственное назначение Священника — это «войдя... — выйти» [Там же: 350]. Благодаря музыке, драматически подготавливающей появление персонажа, Лурье создает более тесную связь между образом Священника и его посланием о спасении (пример 6.8).

Эта связь не означает, что Лурье относится к тексту безымянного Священника иначе, чем к другим текстам Вильсона. В пьесе Пушкина Священник не поет, не читает молитву или контргимн. Он делает то, что обыкновенно делают священники осуждает безбожный пир, говорит об аде, чтобы напугать пирующих, заклинает их прервать пир во имя Христа. Самые его убедительные слова, обращенные к Председателю, — призыв чистого духа его умершей жены — не исполняются в танце или музыке: текст запрятан в угол страницы под длинной ферматой в партитуре. Председатель также не откликается в песне, его вокальные силы уже исчерпались в «Гимне чуме». Но призыв пробуждает в нем светлые чувства и желание выразить свои переживания, которые проявляются в выразительной струнной фактуре, сопровождаю-

ПРИМЕР 6.8. Отрывок из 3-го стиха «Te lucis ante terminum»
в обработке Лурье (партитура)

ПРИМЕР 6.9. Выразительная струнная фактура с солирующей скрипкой в сцене со Священником (партитура)

щей бессловесную декламацию солирующей скрипки (пример 6.9).

В интерпретации Лурье, разговор между Священником и Председателем превращает диалог между «Радостью» и «Разумом» в более оживленный обмен мнениями. Теперь уже Священник представляет разум, а Председатель — радость. Однако он жаждет наслаждений не слепо и безрассудно: он ввергает себя в бездну падения сознательно. Слова Священника, взывающего к Небесам, воплощаются в звуках флейты, арфы и челесты. Вальсингам оказывается среди тех, кто приносит покаяние и поет о последних лучах дневного света («Te lucis ante terminum»). Имя Матильды напоминает ему о том, что «благословенный свет» все еще существует, все еще виден, хотя и находится за пределами его досягаемости. Гимн «Nunc dimittis», сопровождающий размышления Председателя, также посвящен «свету к просвещению язычников», обещанию прихода Мессии.

В сцене со второй процессией Лурье не полагается на одни только церковные песнопения. Мелодия хотя и напоминает церковное пение, но является его собственной. В основном она движется в узком диапазоне дорийского тетрахорда, который во второй фразе Лурье расширяет до октавы. Далее композитор гармонизирует мелодию, исполняемую первым тенором, на четыре голоса, добавляя второй тенор и две басовые партии. Три тромбона удваивают голоса, обеспечивая поддержку и создавая ощущение ритуального, церковного звукового пространства. К этому ансамблю он добавляет разделенные контрабасы и литавры, а также богато орнаментированные партии четырех гобоев и двух клавесинов. В этой процессии Лурье совмещает сдержанность литургической музыки и радостное возбуждение мелизматического пения, уже знакомого нам по музыкальным фразам «Радости» в «Диалоге» Петрарки в первом акте оперы.

В пушкинском переводе Вильсона есть два существенных отступления от оригинала, оба — в конце пьесы. В оригинале Вильсона Председатель обещает наложить на себя проклятие, если последует за Священником («Но да будут прокляты эти ноги, если они последуют за тобою» [Milman 1829: 38]), которое Пушкин переводит менее конкретным «Но проклят будь, кто за тобой пойдет!». Еще более примечательно то, что, Пушкин добавляет ремарку «Председатель остается, погруженный в глубокую задумчивость» к ремарке Вильсона «Священник печально удаляется» — добавление, которое, как и последняя ремарка в конце «Бориса Годунова» («Народ безмолвствует»), вносит в произведение определенную двусмысленность. По мнению пушкинистов, эта маленькая строка есть не что иное, как еще один, «неписаный, но неизбежный 5-й акт каждой из "Маленьких трагедий", акт, в котором герои предстанут перед судом совести» [Давыдов 1999: 384]. Для Цветаевой финал пушкинского «Пира» однозначен: мы знаем, что спасти Вальсингама уже нельзя, и он «на черной телеге едет вечно» [Цветаева 1994: 350]. Выживает только поэзия в силу ее причастности к стихийному. Цветаеву не интересует то возможное спасение, которое может быть даровано герою памятью о Матильде. Вальсингам называет ее «святое чадо света», признавая силу имени, которое, кроме того, было именем проводницы Данте в «Чистилище», где Матильда вела поэта и к реке Лете, и к реке Эвное, первая из которых стирала из памяти воспоминания о совершенных грехах, вторая же воскрешала в памяти воспоминания о добродетельных поступках [Давыдов 1999: 384].

О чем думает Вальсингам в конце пьесы? Находит ли он наконец утешение, спокойно ли отказывается от своего кощунственного «Гимна чуме» в надежде на спасение? Отлетает ли его душа вместе со Священником, оставляя лишь оболочку тела, чтобы продолжать пировать в поисках мимолетных жизненных наслаждений? В загадочной ремарке Пушкина, которую Лурье повторял в разных либретто, ответа нет. Священник, в танце исполняя свои прощальные слова («Прости, мой сын»), уходит, а его последнему жесту еще пять тактов тихо вторят выразительные струнные и духовые. Его фигура растворяется в процессии, слова которой все еще звучат обещанием будущего спасения. В то же время Вальсингам, или Председатель, как его называет композитор, не остается на сцене. Все-таки не он был главным героем драмы в версии Лурье. В конце диалога со священником он отказывается от роли председателя пира и оставляет компанию друзей, чтобы вернуться на импровизированную сцену в разрушенном доме и пропасть из виду[68]. Как и Симеон в песнопении, на котором основывается вторая процессия, он может быть отпущен («Ныне отпущаеши раба Твоего, Владыко, по глаголу Твоему, с миром; / яко видеста очи мои спасение Твое»). Но что за спасение увидел Вальсингам, что за ви́дение позволило ему уйти с миром?

В опере-балете Лурье музыкальное пространство, которое занимает место загадочного метафорического действа Пушкина, также таинственно и не более информативно, чем сцена с погруженным в раздумья Вальсингамом. Когда в «Пире» мы слышим музыку в последний раз, это «Sinfonia finale» — еще одна процессия в размере на $\frac{4}{4}$. Лурье использует слово «синфония» в его старинном значении, указывая, что здесь он подразумевает не

---

[68] Французский и русский сценарий (Maritain Coll.).

увертюру или классическую симфонию с ее высокопарным тональным звучанием, а неконфликтующее совместное звучание в гармонии. Музыкальный процесс, серия из семи вариаций, принципиально нетелеологичен. Первый мотив, который выступает в качестве вечной, непреложной истины, своего рода религиозной догмы, звучит с одинаковой уверенностью в начале каждой вариации, но все остальные мотивы менее стабильны. Элементы предыдущих версий встречаются в каждой из них, но нет ощущения перехода от простого к более сложному или от лишенного украшений к изысканно украшенному.

В «Синфонии» вообще отсутствуют какие-либо альтерации. Она разворачивается в чистоте белых клавиш, в ее мелодических жестах совершенно забываются тональные обязательства, и потому она существует скорее в модальном, чем в тональном пространстве. Маритен мог бы назвать это пространство «белой», или «священной», магией, которая, по его мнению, имела «своим источником неизреченные желания Святого Духа» и которую он слышал в григорианских песнопениях [Maritain 1943: 103]. Уже в четвертой вариации динамический диапазон достигает своего апогея, когда оркестр во всю мощь своего звучания буквально выкрикивает *fortissimo* основной мотив (пример 6.10).

Достигнув кульминации, музыка уплывает в другой мир. Громкость снова снижается (*subito piano*), исчезают медные духовые, а их место занимают нежные арфы, струнные (играющие *con sordino*) и неземная челеста. Любое *crescendo*, угрожающее новым взрывом агрессии, быстро затихает благодаря *subito piano*, которые в конце возносят нас в белую диатонику, застывшую в завершающем диатоническом суммирующем аккорде. Неужели мы уже попали на Небеса — так просто, безо всяких усилий? Или это и есть тот воплощенный в звуках свет, что обещан был перед концом дня в двух латинских гимнах? Или это «тихие крылья смерти», которые, по словам Маритена, видела пирующая молодежь, когда в опере Лурье они поднимались над нею? [Ibid.: 98].

Согласно длинному сценарию балета, после ухода священника постепенно исчезает геометрическая структура театра, выстроенная на сцене в первом акте. Исчезает и улица, и площадка, на

ПРИМЕР 6.10. Динамическая и фактурная кульминация в четвертой вариации «Sinfonia finale» (вокальная партитура)

которой шел пир, и на их месте появляется ночное звездное небо, отражающееся на земле. Поэт, отрекаясь от жизни, преображает сцену. Как и Нарцисса в первом акте, его влекут звезды, но теперь к новому видению жизни побуждает его не любовь к самому себе, а «вселенскость мира». Вдохновенно отдавшись звездной бездне, в ней он и погибает[69]. Независимо от того, каким было окончательное ви́дение финала оперы, само его достижение стало результатом искреннего прочтения пушкинского текста и осознания его темной, стихийной силы. У Лурье освободителем, по крайней мере, в контексте «Пира», является сам Пушкин — поэт, который, по мнению композитора, благодаря своему бесстрашному приятию реальности и отказу от романтической лжи пришел к тому, что Маритен услышал в музыке Лурье как «постепенное обнажение и обострение интуиции» [Maritain 1943: 99].

* * *

«Пир во время чумы» Лурье — это сложный представитель жанра «Мой Пушкин». Произведение опирается на традиционную рецепцию пушкинского текста, но при этом рассматривает

---

[69] Длинный сценарий [New York Public Library. Special Collection. Arthur Lourié Papers. JPB 92–61. No. 88. F. 1].

творчество поэта в плотном контексте накопленных пластов русской культуры. Вместо того чтобы свести образ Пушкина к идеализированному началу XIX века, к аполлонической ясности, западной ориентации, аристократической благопристойности и вселенскому охвату, как пытались сделать это другие эмигрантские нарративы, Лурье интегрирует Пушкина в специфически русское послереволюционное и французское послевоенное культурное пространство. Так же как французское неоклассическое движение в музыке стремилось вернуться в восемнадцатый век, чтобы отменить век девятнадцатый вместе со всем его «романтическим хламом» и совершить ритуальное очищение после Первой мировой войны, так и Пушкин для большинства эмигрантов стал страстным подтверждением национальной идентичности, в которой девятнадцатый век был отодвинут на второй план, чтобы отделить его дионисийские темные силы от стихии русской революции. У Лурье образ Пушкина был иным: менее идеологизированным, менее прямолинейным и более терпимым к потенциально темному подтексту его произведений. Лурье обращается к Пушкину-Аполлону, в котором еще живет древнее дикарство и который потому может общаться с «тенями человеческих глубин», в том смысле, в каком писал об этом Маритен [Ibid.: 102]. Сабанеев, воспринимавший Пушкина как фигуру классическую, считал, что символистам не хватает классической яркости Пушкина [Сабанеев 1937][70]. Может, он и был прав, но определенно он принимал свою собственную ностальгию по аполлонической ясности за настоящего Пушкина. Совершенно не случайно, что вновь записанный в «классицисты» Пушкин получил такой теплый прием в Париже и что аристократический «классицизм» поэта был так решительно подавлен в сталинской России, где поэта быстро превратили в предвестника дионисийского революционного разгула. Лурье, который был не в состоянии расстаться с отжившими убеждениями, даже уступив более современным тенденциям, создал Пушкина, во многом похожего на себя самого: обремененного наследием Серебряного века,

---

[70] Цит. по: [Сабанеев 1999: 549].

революцией, Гражданской войной и, разумеется, последствиями пережитого изгнания. Его богом был лучезарный Аполлон, приносящий ясность, но вместе с тем и безумный, сеющий хаос Дионис, потому, что только их сочетание делало возможным достижение откровения.

Пушкин Лурье — не революционер. Но и не фигура, отлитая из чистого золота и пропитанная ностальгией. Он — бесконечно пополняемый кладезь культурных особенностей, восточных и западных, русских и европейских, классических и романтических; он в равной мере и стихийная сила, грозящая тьмой, и посланник небес, несущий свет. В восприятии Лурье Пушкин мог вобрать в себя все, включая, казалось бы, несовместимые друг с другом вещи: универсальный язык латыни и католицизма и мистический символизм из юности Лурье. Конечно, Пушкин был «наше все», как сказал в 1859 году Аполлон Григорьев, но он уже далеко не был простым и понятным для современников[71]. Пушкин Лурье, аккумулирующий это «все», был загадочен, как и сам композитор: его латынь звучала со слишком тяжелым русским акцентом.

В «Пире» Артура Лурье представлен заново собранный Пушкин. Хотя в опере-балете все еще присутствуют элементы неоклассицизма Стравинского, например, неразвивающиеся формы и статичные остинато, но, несмотря на мифологические образы, «Пир» Лурье не имеет никакого сходства с хронологически совпадающей с ним «Персефоной» Стравинского. «Пир» говорит на языке символизма, который стремится к мистике и экстазу, проявляющимся сначала в эротическом напряжении, затем в творческом, поэтическом взлете и в конечном итоге в религиозной трансцендентности. Христианство в какой-то степени усмиряет дионисийские стихийные силы, но где-то во внутренних глубинах постоянно присутствует желание достичь потенциального *порыва*. Ностальгия — вот причина того, что Лурье не может расстаться с символизмом. Но назвать ее полностью ретроспективной было бы нельзя, потому что в ней композитор не пыта-

---

[71] Цит. по: [Sandler 2004: 315, fn. 23].

ется воссоздать свое прошлое, — напротив, его ностальгия опирается на это прошлое так, словно его никогда не существовало.

Не являясь ни неоклассическим, ни ностальгически-романтическим, ни поддавшимся большевистскому соблазну, «Пир» Лурье представляет собой нечто совершенно необычное. И все же ни одно другое произведение не демонстрирует так четко и так явно проблемы, наводнившие культурное пространство эмиграции. Фактически «Пир» создавался в условиях культурного вакуума, когда его наиболее понимающие зрители уже отошли в мир иной, а идеальная культурная среда разрушилась, и такое положение вещей в конечном итоге стало неизбежным атрибутом эмигрантского искусства вообще. Дерзнувший творчески переосмыслить Россию на пороге революции, «Пир» был обременен прошлым и потому получился бессвязным с художественной точки зрения. Попытка Лурье воспеть ту культуру, которая могла бы сложиться, если бы не произошло революции, в конечном итоге оказалась неудачной, и это тоже было до боли точным отражением эмигрантского опыта. Чтобы успешно перемещаться в эмигрантском пространстве, нужно было путешествовать с более легким багажом — а в идеале иметь возможность и вовсе отказаться от него.

Глава 7

Эпилог, или От Жар-птицы
к птице Феникс

Готов ты к тому, что тебя вычеркнут,
сотрут, отменят, превратят в ничто?
Готов стать никем? Кануть в небытие?
Если нет, то тебе никогда не измениться
по-настоящему
Юность Феникса возрождается
Когда он сжигает себя, сжигает заживо,
сжигает дотла
до жаркого пухового пепла.
Но после... Шевельнется слабо новый
птенец в гнезде
пуховый, сам как пепел,
смотри, смотри... он возрождает свою
юность, подобно орлу,
птице бессмертной.

Д. Г. Лоуренс. Феникс, 1932

В своей неопубликованной монографии о Стравинском Николай Набоков размышлял о том, что он называл «фениксоидной» натурой своего знаменитого современника, которую он объяснял «эгоцентрической потребностью» гения Стравинского. «Это наводит меня на мысли о европейской политике семнадцатого века, в которой союзы менялись внезапно и стремительно, а принц Германии, принадлежащий к протестантской церкви, вдруг в одночасье оказывался союзником Католической лиги», — писал он [Nabokov: 169]. Сравнение Набокова нельзя назвать преувеличением, учитывая, что Стравинский, некогда бывший беспощадным критиком двенадцатитоновой системы Шенберга, вдруг неожиданно присоединился к ранее презираемому им направлению. Как писал в 1964 году Владимир Дукельский, который к тому времени уже более двух десятков лет называл себя Верноном Дюком, давая непривычно злую оценку творчеству Стравинского, создатель «Похождения повесы» «мужественно освободился от цепей неоклассицизма, чтобы оказаться в тюрьме тотальной свободы — сериализме» [Duke 1964: 2]. Эта последняя трансформация Стравинского еще больше отдалила его от русского музыкального сообщества, которое в конце 1930-х годов потеряло свой географический центр в Париже, а теперь, когда главный композитор диаспоры присоединился к лагерю сторонников 12-тоновой музыки, лишилось и той звезды, по орбите которой вращались многие музыканты-эмигранты.

Похоже, что Стравинский разорвал связи с «ветреными фривольными двадцатыми» вполне осознанно. По словам Набокова, он прогнал большинство своих бывших друзей, напоминавших ему о «временах неустроенности», либо отнеся их в «стан врагов» (как это было в 1930-е годы с Артуром Лурье, которого Стравинский, по свидетельству Набокова, просто выбросил, как «использованную записную книжку»), либо отвернувшись от них с полным безразличием. Даже преданные ему люди, из тех, кто оставался рядом — Набоков называет Надю Буланже, Витторио Риети и себя, хотя к ним можно добавить, помимо прочих, Джорджа Баланчина и Петра Сувчинского, — ходили вокруг великого старца на цыпочках, стараясь не вступать в обсуждение новых эстетических взглядов композитора [Nabokov: 121, 169]. Во всяком случае, по мнению некоторых, в своем последнем «феноидном» возрождении Стравинский, похоже, сжег дотла свое русское прошлое, а вместе с ним и парижские русские годы, и память о соратниках по музыке. В этом личном холокосте, с горечью писал Дюк, выжил только один человек — сам Стравинский, посвятивший всю свою оставшуюся жизнь «только одному делу — делу Стравинского» [Duke 1964: 2]. Эго Стравинского, или, как предпочитали говорить его поклонники, его гений, преодолело национальные границы, и поэтому обсуждение американца Стравинского как представителя русской музыки требовало гораздо более абстрактных рассуждений, нежели новая интерпретация его неоклассицизма как русского по своей сути, что десятилетиями ранее удалось сделать Борису де Шлёцеру. В дальнейшем я расскажу об ослаблении связей, соединявших русских композиторов за рубежом с эксцентричной персоной Стравинского, — и о том, как для удержания обособленного с национальной точки зрения композитора в лоне России потребовался интеллектуальный *тур де форс*, инициированный трактовкой Сувчинского нейтральной, на первый взгляд, антиэкспрессивной эстетики Стравинского как нравственно ответственного отображения реального времени. Своеобразное восприятие времени, сформировавшееся в изгнании, способствовало тому, что изменчивая эстетика Стравинского как будто застыла во вневременном пространстве классицизма.

ОТЪЕЗДЫ И СТОЛКНОВЕНИЯ

Леонид Сабанеев был прав, когда предрекал недолгий век русской музыкальной диаспоре. Но не возвращение музыкантов на родину (за исключением, конечно, злополучного переезда в СССР Прокофьева) и не их ассимиляция с французской культурой положили конец русской музыке в Париже. Большинство действующих лиц этой книги пошло третьим путем, еще раз выбрав изгнание и переехав в Соединенные Штаты, чтобы попытать счастья в менее понятной и более непредсказуемой культурной среде. Дукельский был первым, кто покинул Европу. Его семья уже находилась в Соединенных Штатах, и 22 июня 1929 года он отправился в Нью-Йорк на лайнере «Лакония» в надежде начать все сначала. Двухнедельный отпуск превратился для Дукельского в продолжительное, а затем и постоянное пребывание в США, когда выяснилось, что в Лондоне были отложены репетиции его мюзикла «Make Hay» (позже переименованного в «Open Your Eyes» — «Открой глаза»). Смерть Дягилева 29 августа 1929 года развеяла все иллюзии в отношении его дальнейших карьерных возможностей на континенте. Дягилевская Европа, которой так дорожил Дукельский, умерла вместе с импресарио [Duke 1955: 217–249]. После того как Дягилева не стало, Дукельский почувствовал себя достаточно свободным, чтобы окончательно перевоплотиться в бродвейского композитора и построить более удачную карьеру. Его русское прошлое, все еще звучавшее в его имени, поэзии и эпизодических опытах в классической музыке, постепенно сошло на нет, в особенности после того, как в 1939 году он окончательно сменил имя на Вернон Дюк.

Следом за ним уехал Николай Набоков. Позже, в мемуарах «Багаж», он вспоминал, что решил покинуть Францию, «потому что нужно же было найти какое-то место, где можно поесть» [Giroud 2015: 108]. Он уехал 9 августа 1933 года на лайнере «SS De Grasse», чтобы выполнить контракт с Альбертом К. Барнсом, владельцем фармацевтической компании и коллекционером произведений искусства, который был согласен платить Набокову приемлемое жалование за несколько лекций, посвященных эстетическим тенденциям в музыке и изобразительном искусстве, прочитанных в его фонде в Мерионе, штат Пенсильвания [Ibid.: 108–109]. После окончания контракта в Мерионе Набоков сменил несколько преподавательских должностей, одну из которых он назвал выходом для «одаренного и устремленного» молодого композитора, который не мог зарабатывать на жизнь исключительно сочинительством. Среди других вариантов возможной деятельности были дирижирование, создание музыки к фильмам или к спектаклям для театров, работа на радио в качестве консультанта или совмещение сочинения «популярной и серьезной музыки», что, как утверждал Набоков, приводя в пример Дюка, никогда не приводит к успеху, так как «рано или поздно, и обычно раньше, чем позже, популярный, более прибыльный музыкальный материал одерживает верх» [Ibid.: 106]. Кроме того, он думал о том, чтобы зарабатывать деньги в качестве аранжировщика, преподавателя или музыкального критика, но отверг подобные перспективы. При отсутствии собственных средств самым лучшим решением было бы найти покровителя, который финансировал его композиторскую работу. А поскольку ни один из этих вариантов не представлялся возможным, Набоков избрал для себя другую карьеру и сделался импресарио в области культуры, используя для заработка свое аристократическое воспитание, которое дало ему свободное владение четырьмя языками, эрудицию, связи в высшем обществе, организаторские способности и, наконец, — что не менее важно — яростную антисоветскую позицию. В качестве генерального секретаря Конгресса за свободу культуры он проводил в послевоенной Европе роскошные фестивали, чтобы удержать западных интеллектуалов от коммунистических соблазнов. Дягилев пришел бы в неописуемый восторг, имей он такое же безграничное, как казалось, финансирование, как у Набокова, и которое, как потом выяснилось, в основном исходило от ЦРУ [Wellens 2002].

В новой роли посла культуры у Набокова появилась возможность войти в узкий круг друзей Стравинского в Соединенных Штатах. В Париже его отношения с «благосклонным мастером» переживали то взлеты, то падения. Первая размолвка произошла из-за того, что Стравинский встал на защиту Лурье от враждебного к нему отношения со стороны Набокова. Позже Набокова весьма порадовало, что в 1947 году, когда он работал на радиостанции «Голос Америки» и по просьбе Кусевицкого помог бедствующему Лурье устроиться на работу, Стравинский отказался прийти в офис радиостанции на Западной 57-й улице, потому что не хотел столкнуться со своим бывшим доверенным лицом [Nabokov: 116][1]. Кроме того, в Париже Стравинский сердился на Набокова за то, что тот не смог по достоинству оценить его «Аполлона Мусагета» после премьеры в 1928 году. К тому же Стравинского привело в страшное раздражение то, что во взволнованном некрологе Дягилеву Набоков предположил, что имен-

---

[1] Жена Стравинского Вера объяснила Набокову, что Стравинский «раз и навсегда порвал отношения с Лурье» по «чрезвычайно уважительным причинам», как добавил Набоков в скобках и которые оставил нерасшифрованными в рукописи его мемуаров. Крафт утверждал, что причиной стала Вера, сплетни о которой Лурье пересказывал сыну Стравинского Федору [Stravinsky, Craft 1969: 136–137].

но тот «подал оригинальную идею и оказал влияние» на создание Стравинским «Петрушки» и «Свадебки» [Nabokov 1929: 64]. Стравинский опубликовал разгневанное опровержение в журнале La musique, обвиняя Набокова в незнании фактов[2]. И хотя месяц спустя он «простил» молодого композитора в знак христианского примирения, Набоков и Стравинский по-прежнему держались на расстоянии друг от друга вплоть до случайной встречи в Нью-Йорке в 1937 году [Giroud 2015: 128–129].

Набоков закрепил свой статус в жизни Стравинского с помощью подобострастной статьи о композиторе в журнале Partisan Review в 1944 году [Nabokov 1944: 324–334]. Стравинский, перебравшийся в США в 1939 году, все еще чувствовал себя в новой стране неуверенно и нуждался в сторонниках. Он не жалел о том, что покинул Европу: за девять месяцев до отъезда он потерял дочь, жену и мать и похоронил их рядом на русском кладбище в Сент-Женевьев-де-Буа, расположенном в 30 километрах к югу от Парижа. «Мой дом, моя семья разрушены — мне больше нечего делать в Париже», — писал он из санатория, где проходил лечение от туберкулеза[3]. Здоровье его было подорвано, он лишился семьи, возможности выступлений на европейских концертных площадках были исчерпаны, и немолодому уже композитору не оставалось ничего другого, как принять предложение Гарвардского университета, сделанное при посредничестве Буланже, стать первым музыкантом, который займет кафедру поэзии имени Чарльза Элиота Нортона и прочтет цикл лекций, позже опубликованных под общим названием «Музыкальная поэтика».

Статья Набокова, которая очень понравилась Стравинскому, затронула самый болезненный для него вопрос: «выполнил ли он свое обещание» или же со времени «русского периода» его творческие силы пошли на спад? Был ли Стравинский «хорошим русским композитором с парижским оттенком, который пережил свое время?» Уже сам этот вопрос, по мнению Набокова, подразумевает,

---

2   La musique. 1929. Vol. 3. No. 3. 15 Dec.

3   Письмо Стравинского Рене Обержонуа от 17 июня 1939 года. Цит. по: [Walsh 2006: 89].

что «наличие национальных особенностей — это не только достоинство, но и непременная добродетель музыкального искусства». Если музыка призвана воплощать национальную культуру, то обращение Стравинского к неоклассицизму можно рассматривать как «некое ошибочное отклонение, направленное на то, чтобы замаскировать упадок его творческих сил, потерю уверенности в себе и национальное отчуждение» [Там же: 324–325]. Несомненно, неоклассицизм побудил некоторых критиков рассматривать Стравинского как менее прогрессивного композитора, в особенности по сравнению с его старшим современником Арнольдом Шенбергом. Набоков доблестно, если не сказать утонченно, защищал Стравинского, щедро выдавая ему пустые похвалы за то, что неоклассическая музыка Стравинского «созвучна его прежнему гению», а его новый стиль «столь же "радикален", как и во времена "Весны священной"» [Ibid.: 327]. Возвращение Стравинского к традиционной форме было признаком его мастерства, что не отрицало его стремления к постоянному обновлению, утверждал Набоков.

Гораздо труднее было справиться с обращением Стравинского к двенадцатитоновой музыкальной системе. Как сам Набоков признавался в «Благосклонном мастере», он был «не в состоянии усвоить и применить даже в бесконечно малой степени... фениксоподобные способности Стравинского к изменению и возрождению», в которых тот «не предавал свое собственное "русское «я»"». Ирония состояла в том, что после того, как Набоков сблизился со Стравинским в качестве его друга и музыкального агента, он обнаружил, что занимается продвижением той музыки, которую меньше всего понимает, — музыки, структурные приемы и стиль которой «были наиболее далеки» от всего остального творчества Стравинского, воспринимаемого Набоковым на интуитивном уровне [Nabokov: 159, 164]. Набоков понимал, что последняя трансформация Стравинского произошла при непосредственном участии нового «Фигаро» композитора — молодого и амбициозного дирижера Роберта Крафта (1923–2015), который в конце 1940-х годов взял на себя ведение дел мастера. С появлением Крафта Набоков почувствовал, что в отношениях со Стравинским он может играть только второстепенную роль, уступив свое место тому, кто готов пожертвовать собственной карьерой, чтобы стать «семейным адъюнктом» Стравинского — другом, коллегой, наставником и душеприказчиком. Крафт, как писал Набоков, быстро понял, что Стравинскому нужно находиться «на переднем крае "авангарда"», «доминировать над любым стилем и техникой»; молодой дирижер, по мнению Набокова, совершил «исключительный подвиг», не только добившись того, что композитор стал понимать и уважать серийную музыку, но и фактически перенял ее для своих собственных музыкальных сочинений [Ibid.: 165–169]. Были забыты заявления Стравинского, сделанные им в тридцатые годы, что серийная техника музыкальной композиции неизбежно ведет к атональности, а атональность — это «беспорядок, в то время как искусство — это порядок», и что «музыка должна иметь корень, центр, полюс притяжения». Похоже было, что Стравинский уже не помнил, как сильно раздражали его европейские композиторы, попавшие в тупик сериализма и отказавшиеся от свободы работать с музыкой. Набоков осознавал, что превращение в серийного композитора позволило Стравинскому испытать «воодушевление от того, что он стал новым лидером — пусть даже иллюзорным — молодого, послевоенного поколения композиторов», которые постепенно вытеснили с его орбиты старых русских друзей [Ibid.: 188–189].

Эта замена, несомненно, задела чувства русских. Даже преданному Набокову с трудом удалось дать справедливую оценку Крафту в своей монографии. Самым же сложным для понимания было то, с какой легкостью Стравинский переиначил свое прошлое в первых трех томах его бесед с Крафтом, опубликованных в 1959–1962 годах [Craft 1959; Stravinsky, Craft 1960; Stravinsky, Craft 1962][4]. Чтобы не ставить под удар свои теплые отношения со Стравинским, Набоков отказался читать первый том, который дал ему композитор: «Я прочитал несколько страниц, а потом закрыл книгу и перестал читать». Вместо «голоса» Стравинского

---

[4] Три других соавторских тома выходили с середины по конец 1960-х годов [Stravinsky, Craft 1963; Stravinsky, Craft 1966; Stravinsky, Craft 1969]. Русские издания: [Стравинский 1971; Стравинский 2016].

он услышал голос Крафта, который, переняв мысли, идеи и высказывания мастера, подал их совершенно по-своему, или, по выражению Набокова, «бобизировал»[5] их: «В какой-то степени возникало чувство, будто читаешь речь американского президента, подготовленную его спичрайтером» [Nabokov: 174]. Хотя Набоков должен был знать, что своеобразный язык Стравинского был неприемлем для широкой публикации, он, тем не менее, скучал по английскому языку композитора, в котором присутствовали русский, французский и немецкий пласты и который, таким образом, очевидно был языком русского эмигранта. В свое оправдание отказа читать книгу Набоков сказал композитору, что хотел бы сохранить свои собственные воспоминания о мастере. Но очевидно, что в книгах, написанных в соавторстве с Крафтом, для Набокова было утрачено нечто гораздо большее, чем просто эмигрантский язык Стравинского.

Дюк, которому не посчастливилось быть в числе друзей Стравинского и который упорно занимал сторону Прокофьева в соперничестве между двумя первыми «сыновьями» Дягилева даже после смерти Прокофьева в 1953 году, отреагировал на публикацию диалогов Стравинского и Крафта куда более злобно:

> Три тома диалогов Стравинского-Крафта, отражающие «нервную и едкую ненависть» мастера, несмотря на то что в них встречаются пассажи, полные напускного смирения, на самом деле представляют собой чудовищную комнату ужасов, причем самым ужасающим в ней оказывается, пожалуй, сам Стравинский... Совершенно ясно, что он не Великий, а Сердитый Старик в музыке: причем чрезвычайно сердитый старик, который «плюет» на своих коллег-композиторов — как покойных, так и ныне здравствующих, — композиторов, чья музыка также вызывает у него тошноту или вопли... [Duke 1964b: 5][6].

---

[5] Слово, образованное от краткой формы имени Роберта Крафта — Боб. — *Примеч. пер.*

[6] Дюк цитирует Стравинского, сказавшего, что не желает «плевать» на Рахманинова за написание консервативной музыки [Craft 1959: 42]. Дюк заимствует из «словаря» Стравинского — Крафта редкое слово «horripilating» («ужасающий»).

Эссе Дюка «The Deification of Stravinsky» («Обожествление Стравинского»), первоначально представлявшее собой главу в сборнике «Listen Here» («Послушайте», 1963), также было опубликовано в двух частях в 1964 году и вызвало не менее злобный ответ Стравинского, вышедший вместе со второй частью статьи Дюка [Duke 1963][7]. Удар ниже пояса, который с таким раздражением нанес Стравинскому Дюк, был его реакцией на недавнее предательство композитором его русских соотечественников, а также и на собственную неудавшуюся «серьезную» карьеру. Публичное осуждение Стравинского со стороны Дюка нанесло удар скорее по репутации второго, чем первого. Неприкрытая вражда двух русских композиторов стала печальным и оставляющим чувство неловкости эпилогом в истории карьеры русских композиторов за рубежом. Я упоминаю об этом здесь только потому, что оскорбленные чувства Дюка, как бы грубо они ни были выражены, по всей вероятности, разделяли и другие представители прежнего русского окружения Стравинского, как показывает реакция Набокова.

Дюк испытывал «мрачное восхищение» от диалогов Стравинского и Крафта. Как и Набокову, голос Крафта казался ему слишком громким, и он сомневался в том, что Стравинский, чей английский он называл «откровенно слабым», был в состоянии сформулировать пространные ответы на наводящие вопросы Крафта [Duke 1964а: 2]. Он был оскорблен отношением Стравинского к русским композиторам; к своему учителю Николаю Римскому-Корсакову, которого Стравинский назвал «поразительно поверхностным в своих устремлениях» и добавил, что «очевидно, что и в натуре Римского, и в его музыке не было большой глубины» [Стравинский 1971: 38]; к своему бывшему наставнику Дягилеву, которого Стравинский обвинил в том, что тот подбирал своих хореографов в соответствии с собственными эротическими интересами [Там же: 63 и далее]. Больше всего его огорчала уничижительная оценка, данная Стравинским Прокофьеву, которого тот называл интеллектуально неразвитым (в «противоположность

---

[7]   О жизни Дюка в 1960-е годы см. [Zelensky 2019: особенно Ch. 4].

музыкальному мыслителю») и отметил, что Скрябин был гораздо
лучше него «подкован в области контрапункта и гармонии» [Там
же: 46]. В ответ на принижение заслуг Прокофьева, Дюк привел
статистические данные: в 1962 году было осуществлено 105 постановок 17 произведений Прокофьева и только 83 постановки
15 произведений Стравинского. Он считал выпады Стравинского
против других композиторов признаком его неуверенности
в себе, вызванной несоответствием, которое существовало между
огромной известностью композитора и фактической скудостью
его музыкального портфолио. Он предупреждал, что обожествление Стравинского молодыми американскими композиторами
«должно навести нас на еще более тягостные размышления
о будущем» музыки в Соединенных Штатах [Duke 1964a: 4–5].

Пожалуй, самым болезненным для Стравинского было утверждение Дюка о том, что творческие силы композитора пошли на
спад, что при всем желании «ни одно из его произведений после
великолепной "Симфонии псалмов"... нельзя было бы считать
прочным успехом» и что «ничто из созданного композитором не
произвело того эффекта, который был бы сравним с его незабы-
ваемыми прежними победами». Дюк, хорошо разбиравшийся
в переменчивом мире популярной музыки, готов был нанести
сокрушительный удар по недавней музыке Стравинского: «За
последние тридцать два года — 1931–1963 — музыка Стравинского принесла ему солидные дивиденды и скудные аплодисменты», или, лучше сказать, широкое профессиональное признание,
но никакого успеха у публики. Оценивая успех по громкости
аплодисментов, Дюк не был впечатлен той неожиданной лиди-
рующей ролью, которую Стравинский занял в серийной музыке.
Он считал, что композитор обратился к додекафонии просто
потому, что «устал переписывать одно и то же произведение
в течение последних тридцати лет». Как до него Сабанеев, Дюк
приписывал авторитет Стравинского в США способности композитора к саморекламе: оказавшись в мекке капитализма, он
извлек немалую выгоду из своего «вдохновенного умения про-
давать и безошибочной деловой хватки», которые и помогли ему
использовать открывшиеся финансовые возможности [Ibid.: 1–3].

Стравинский, который был известен своими колкими и остроумными ответами на нападки, ответил на «богохульство» (как он это назвал) Дюка в том же духе, всецело положившись на Крафта в формулировке ответа: в итоге тот получился скорее грубым, чем остроумным. Взяв пример с Дюка, который называл его A. O. M (Angry Old Man — «Сердитый старик»), он назвал Дюка V. D. и озаглавил свою статью «Лекарство от V. D.», тем самым грубо сравнив композитора с венерическим заболеванием [Stravinsky 1964: 1][8]. Он объяснял враждебное отношение Дюка его личными неудачами и профессиональной ревностью, а на обвинения в упадке творческих сил назвал его посредственным и неспособным к творчеству композитором, которому для нападок нужна отеческая фигура непререкаемого авторитета. «Картина того, как плохой композитор "прогорает", не нова», — писал он. А то, что «композитор "Зефира и Флоры" стал создателем "Апреля в Париже", [было] уже само по себе определением композитора, который терпит неудачу и, ожесточившись и озлобившись, вкладывает горечь своего поражения в обывательские обличительные речи» [Ibid.]. Он признавал, что еще в Париже рекомендовал музыку Дукельского Дягилеву, но в дальнейшем отказался от поддержки и свел к минимуму личные контакты с молодым русским коллегой, чей путь, по его словам, пересекался с его лишь «ненадолго и безрезультативно». Стравинский выразил свое недоумение по поводу того, что Дукельский стремится присоединиться к «сообществу квалифицированных летописцев тех весьма захватывающих событий, в которых сам он играл столь второстепенную и незначительную роль» [Ibid.][9]. В завершение он нанес Дюку оскорбление,

---

8 Venereal disease — «венерическое заболевание» (*англ.*). Под заголовком редактор добавил в скобках: «Заголовок принадлежит г-ну Стравинскому».

9 По иронии судьбы, 16 января 1961 года Дюк получил письмо от миссис Роберт Д. Графт, сопредседателя выставки «Стравинский помогает танцу», проводимой в Нью-Йоркской публичной библиотеке, с просьбой к Дюку, «как старому другу Стравинского», предоставить предметы, связанные с темой выставки. Письмо миссис Роберт Д. Графт Дюку от 16 января 1961 года (Duke Coll.). Дюк подчеркнул фразу «как старый друг Стравинского» и добавил два восклицательных знака на полях.

столь же мелкое, как и выпады против него, предположив, что Дюк спровоцировал его только для того, чтобы добиться упоминания о себе в одной из книг Стравинского.

Вторая часть статьи Дюка была напечатана рядом с полным желчи ответом Стравинского и, таким образом, не могла содержать ответа Дюка на обвинения Стравинского. Эту часть статьи Дюк посвятил смакованию «бесславного провала» «Потопа» Стравинского, представив его как «единственное телешоу на моей памяти, в котором только рекламные сюжеты приносили желанное и утешительное облегчение», а также тому, как, «переобувшись на ходу», Стравинский неожиданно посетил Советский Союз — страну, о которой на протяжении десятилетий он отзывался с таким пренебрежением [Duke 1964b: 3]. Однако после того, как Дюк прочитал ответ Стравинского, он был настолько раздосадован, что отправил редактору журнала Listen Леонарду Альтману письмо на шести страницах, в котором пункт за пунктом опроверг обвинения Стравинского и повторил свою критику в недостатке мелодической изобретательности. «Детсадовская трескотня Стравинского по поводу "Апреля в Париже", — писал он Альтману, — заставила меня заподозрить, что Мастер охотно бы отказался от того, чтобы наводнять музыкальный рынок своими агонизирующими звуками, если бы только мог написать такую же хорошую мелодию». В заключение он предложил Стравинскому написать «по-настоящему хорошую мелодию» для песни «Марш в Москве», на которую он готов предоставить «подходящий текст в качестве искренней дани уважения его разносторонности»[10]. Ответ Дюка так и остался неопубликованным, потому что после пяти выпусков Listen прекратил свою деятельность[11].

---

[10] Письмо Дюка Альтману от 23 сентября 1964 года (Duke Coll. Box 109).

[11] По словам Скотта Холдена, Альтман был готов опубликовать ответ Дюка, но не смог обеспечить дальнейшее финансирование журнала [Holden 2010: 305]. Обозревая музыкальный ежемесячник Listen, Роберт Дамм похвалил журнал за его независимый голос [Dumm 1964: 36], но некоторые, в том числе Виктор Бабин, директор Кливлендского института музыки, отказались от подписки в знак протеста против статьи Дюка. Даже Клаус Г. Рой из Кливлендского оркестра, приветствовавший противоречивый тон Listen, счел текст Дюка слишком ядовитым. См. «Письма в редакцию» [Duke 1964b: 11].

Лурье, который был ближайшим соратником Стравинского в парижские годы, никогда не критиковал своего бывшего кумира публично, выражая свои переменившиеся чувства к мастеру в частных беседах и в эстетических дискуссиях. Первым признаком того, что его глубоко укоренившееся убеждение в гениальности и творческой миссии Стравинского дало трещину, стала статья, которую он опубликовал в 1929 году в журнале Modern Music [Lourié 1929–1930: 3–11]. Статья затрагивала вопросы природы мелодии, ее этической и моральной необходимости, а также ее связи со временем и могла быть расценена как завуалированная критика Стравинского, который, как любил подчеркивать Дюк, не был гением, когда дело касалось мелодической изобретательности. Статья Лурье, посвященная мелодии, встраивается в ряд эссе и книг, опубликованных во Франции в 1930–1940-х годах, в которых рассматривается вопрос о времени в музыке. Творчество Стравинского используется в качестве примера для демонстрации нового восприятия времени. Однако статья Лурье — единственный аргумент, который ставит под сомнение превосходство эстетики Стравинского.

Из всех героев этой книги только на долю Лурье выпало поистине тяжкое бегство из Парижа. Не имея никаких возможностей и связей в Соединенных Штатах и все еще надеясь на постановку в Париже своей оперы «Пир во время чумы», он слишком долго медлил с отъездом. По своему происхождению Лурье был евреем и поэтому своей медлительностью явно ставил под угрозу собственную жизнь, хотя очевидно, что в то время он не отдавал себе в этом отчета. Лурье бежал со своей будущей третьей женой Эллой, урожденной графиней Елизаветой Белевской-Жуковской, которая была правнучкой великого князя Алексея Александровича, четвертого сына царя Александра II. Сначала они добрались до Виши, куда направлялась бóльшая часть бежавших из Парижа. В Виши Лурье вынужден был беспомощно наблюдать, как власти начали высылку людей, по 50 или 100 человек в день, давая всего 48 часов на то, чтобы собраться[12]. Очередь Лурье наступила 30 ав-

---

[12] Письмо Лурье Шлёцеру от 18 августа 1940 года (Schloezer Coll.).

густа: сначала он отправился в Орийак, оттуда в Марсель, где на себе испытал участь беженцев в многолюдном, дорогом городе. «Это были дни самого большого отчаяния», какое ему когда-либо доводилось испытать в жизни, как писал Лурье Раисе Маритен[13].

Получение визы в Соединенные Штаты было делом нелегким. Для этого заявитель должен был соответствовать квотам, установленным для страны его рождения, и предоставить ряд документов, в том числе нотариально заверенное письменное заявление, подтверждающее наличие семьи или друзей, которые могли бы оказать ему финансовую поддержку в США, а также подтверждение его морально-политических качеств, сделанное американским гражданином, желательно кем-то, кого знают в американском консульстве[14]. Лурье получил визу 29 апреля 1941 года. Его спонсорами выступили Сергей Кусевицкий, который заверил власти, что работа Лурье в США ему просто необходима, и кардинал Шарль Жорне, который помог деньгами и информацией[15]. Лурье прибыл в Нью-Йорк 21 мая 1941 года — один, без Эллы, на которой он женился еще до отъезда из Франции. Его первое письмо к ней, отправленное через неделю после приезда в Нью-Йорк, было обнадеживающим. Его друг Жак Маритен встретил его на пристани и сразу же отвез в свою квартиру на Пятой авеню, где и произошло счастливое воссоединение Лурье, Маритена и его жены Раисы. Композитор поселился в двухкомнатной квартире в том же доме и начал хлопотать о переезде Эллы. В Нью-Йорке он сразу почувствовал себя как дома. Город оказался совсем не таким, как он ожидал: несмотря на монументальные здания, он представлялся легким, элегантным и «полным таинственных вибраций»[16]. Лурье надеялся найти

---

13 Письмо Лурье Раисе Маритен от 10 декабря 1940 года (Maritain Coll.). См. также [Bobrik 2014: 55–56].

14 Американская консульская служба, Марсель, Франция. Машинописное письмо заявителю (Schloezer Coll.).

15 Телеграмма Кусевицкого американскому консулу в Марселе от 19 января 1941 года (Maritain Coll.).

16 Письмо Лурье Элле от 19 мая 1941 года (Schloezer Coll.).

работу и в скором времени обратился к Карлу Энгелю, который сразу же заплатил ему 25 долларов за статью для журнала Musical Quarterly[17], и к Кусевицкому, который предложил оплатить проезд Эллы из Лиссабона.

Надеждам Лурье на успех в Соединенных Штатах не суждено было сбыться. К 1942 году он пережил глубокий духовный кризис, который едва не довел его до самоубийства. Пасха 1942 года принесла облегчение: композитор возобновил тесные связи с Раисой, своей наставницей в вопросах католицизма, которая вместе с мужем вдохновила многих своих друзей на обращение к вере и духовное совершенствование. Маритены никогда не оставляли Лурье и верили не только в его творчество, но и в искренность его религиозных убеждений. «Что очень мне помогло, — признавался композитор в разговоре с Раисой 14 августа 1943 года, — и что спасло меня, так это то, что вы с Жаком сразу поверили мне, когда я сказал вам, что получил благодать в пасхальную неделю 1942 года»[18]. Пасхальное откровение еще сильнее сблизило его с Раисой[19]. Однако вновь обретенная привязанность прервалась, когда в 1945 году супруги переехали в Рим, где Жак стал послом Франции в Ватикане. После отъезда Маритенов в жизни Лурье образовался вакуум. Он снова оказался в одиночестве, лишенный близких друзей и духовных руководителей. Энгель умер в 1944 году, и Лурье жаловался Шлёцеру, что после его кончины Musical Quarterly публикует сплошной «академический хлам». Журнал Modern Music, еще одно место его работы, прекратил свое существование в 1946 году. Лурье, всегда бывший снобом, перестал писать и для русскоязычных журналов, поскольку считал их настолько «провинциальными и убогими», что ему было неловко видеть там свое имя. Он помог организовать экуменический журнал «Тре-

---

17 Должно быть, это статья Артура Лурье «Размышление о музыке» (Musical Quarterly. 1941. 27 April. P. 235–242).

18 Заметки Раисы Маритен о двух беседах с Лурье от 11 и 14 августа 1942 года (Maritain Coll.).

19 Письмо Лурье Раисе Маритен от 22 августа 1943 года (Maritain Coll.).

тий час», в котором напечатал несколько статей, но издание выходило нерегулярно, и в нем не было места для дискуссий об искусстве. К 1948 году чувство горечи полностью захватило композитора. Ему казалось, что он «тень среди людей», с которыми у него нет ничего общего[20].

В 1948 году Лурье все еще мог рассчитывать на поддержку Кусевицкого, который регулярно включал в программу Бостонского симфонического оркестра его произведения: симфонию «Кормчая» в 1941 году, сюиту из «Пира во время чумы» в 1945 году и «Concerto da camera» («Камерный концерт») в Тэнглвуде в 1948 году. В том же году Кусевицкий заказал Лурье оперу. На завершение работы над партитурой «Арапа Петра Великого», его последнего, поистине монументального произведения, посвященного Пушкину и Санкт-Петербургу, у Лурье ушло почти двадцать лет. То, что в течение двух последних десятков лет своей жизни Лурье был настолько увлечен этой исключительно русской темой, свидетельствует о его полной неспособности адаптироваться к жизни в новой стране. Опера «Арап Петра Великого», посвященная африканскому прадеду Пушкина, — это последний, запоздалый, пример «Петербургского текста» в этой книге. Нет ничего удивительного в том, что в США 1960-х годов не нашлось зрителей для символистского творения Лурье[21]. Опера по сей день ожидает своей постановки.

То, что Лурье не хотел расставаться со своим русским прошлым, составляло разительный контраст с той «фениксоидной» легкостью, с какой Стравинский продолжал создавать себя заново. Уже к 1930-м годам стало ясно, что Лурье не хочет повторять за Стравинским непрерывно меняющийся творческий путь. Похоже, что отношения между ними были исчерпаны уже в 1934 году, когда Лурье после случайной встречи со Стравинским описал Шлёцеру своего бывшего шефа как «жалкого, самодовольного и нестерпи-

---

[20] Письмо Лурье Шлёцеру от 12 августа 1948 года (Schloezer Coll.).

[21] См. [Móricz 2008: 181–213]. Также см. статью «Возвращение того, что разрушает время: Палимпсест Лурье "Арап Петра Великого"» в [Móricz 2013: 150–195].

мо буржуазного»[22]. Возможно, что не последнюю роль в их отчуждении сыграла политика. Если в 1920-е годы Стравинский был готов отмахнуться от опасений по поводу большевистского прошлого Лурье, то в условиях роста политической напряженности в Европе политические разногласия между ними стали более заметными. Как и многие русские, Стравинский в эмиграции стал придерживаться более правых политических взглядов, и поэтому его эстетическое стремление к порядку, который почитался им «как закон и правило, противостоящие беспорядку», приобрело политический подтекст [Стравинский 2021: 179][23]. Он открыто выступил в поддержку фашизма Муссолини, неоднократно заявляя о своем восторженном отношении к новому политическому порядку не только в интервью, но и в своей автобиографии. Хотя его восхищение правящим режимом Италии могло быть в какой-то мере пиар-ходом в рамках подготовки к будущим выступлениям в этой стране, не подлежит сомнению, что Стравинский был проникнут антидемократическими настроениями.

В отличие от Стравинского, Лурье тревожило усиление позиций фашизма в Европе. Он хоть и был перебежчиком и критиком сталинской России, но по-прежнему не стремился оправдываться за вхождение в большевистское руководство на ранних этапах советской власти. Еврею Лурье распространение власти нацистов угрожало самым непосредственным образом. Свой первый гонорар в США композитор получил за статью в журнале Modern Music, в которой открыто осудил то, что он называл «новым порядком», который, по его словам, вызвал «полное затмение ценностей, воплощенных в понятии "гуманизм"». Принять этот «новый порядок», утверждал он, значит освободить свой разум от моральных и интеллектуальных коннотаций гуманизма [Lourié 1941b: 3]. Вероятно, этические соображения сыграли свою роль и в том, что Лурье подверг переоценке эстетику Стравинского.

---

[22] Письмо Лурье Шлёцеру от 13 октября 1934 года (Schloezer Coll.).

[23] Отметим, что бо́льшая часть «Музыкальной поэтики» написана Алексисом Роланом-Мануэлем и Петром Сувчинским. Их идеи, высказанные в книге, были в свое время одобрены и авторизованы Стравинским.

УКРОЩЕНИЕ ХРОНОСА

Несмотря на то что соотечественники-эмигранты разочаровались в американском Стравинском, его ведущее положение в русской музыке оставалось неизменным. Даже Лурье продолжал считать его одним из столпов русской музыки, включив в пятерку композиторов — Глинка, Мусоргский, Чайковский, Скрябин и Стравинский — в своей лекции 1945 года, посвященной «эволюции» русской музыки[24]. В предисловии к двухтомному сборнику статей о русской музыке, вышедшему в 1953 году, Сувчинский дал новое определение русской музыки за рубежом, сократив ее до одного лишь Стравинского, которого он теперь называл композитором — «перегрином, но не космополитом», тем самым подтверждая прочные национальные связи Стравинского [Souvtchinsky 1953b: 21]. Сувчинский, огорченный тем, что Советская Россия настойчиво отвергала Стравинского, ставил в вину родине композитора то, что она упорно считала его искусство антитезой советским идеалам. Художественная позиция Стравинского могла представлять собой новое явление в истории русской музыки, но по сути своей она оставалась русской и поэтому вполне могла найти общие точки соприкосновения с послереволюционной советской эстетикой. Как и Лурье десятилетием ранее, Сувчинский утверждал, что музыка Стравинского была жесткой реакцией на принципы индивидуализма; иными словами, он превращал антиэкспрессивное кредо Стравинского в некую русскую сущность, готовую при желании соединиться с антииндивидуалистическим большевистским *диктатом*.

Но на примере Стравинского Сувчинский также опровергал марксистский постулат о том, что искусство неразрывно связано с политикой и культурной средой. Время великих открытий в русской музыке, вершиной которых стала «Весна священная», предшествовало масштабным политическим потрясениям в России, отмечал Сувчинский в предисловии, «и это доказывает, что периоды кризиса и ренессанса в искусстве не всегда совпадают

---

[24] Письмо Лурье Шлёцеру от 21 июля 1946 года (Schloezer Coll.).

с периодами аналогичных явлений в социальной и политической жизни» [Ibid.: 9]. Стравинскому хотелось заменить «не всегда» Сувчинского на решительное «никогда». В «Хронике моей жизни» Стравинский, сделал известное заявление о том, что «музыка по своей сущности не способна что бы то ни было *выражать* — чувство, положение, психологическое состояние, явление природы и т. д.» (курсив автора. — *К.М.*) [Стравинский 2005: 137]. Цель музыки, настаивал он, заключается в исправлении несовершенства человека, который по самой своей природе «обречен испытывать на себе текучесть времени, воспринимая его в категориях прошедшего и будущего и не будучи никогда в состоянии ощутить как нечто реальное, а следовательно, и устойчивое, настоящее» [Там же: 138].

Исследования времени, сделанные Стравинским, привлекли внимание критиков. В рецензии на «Автобиографию» Стравинского Жильбер Бранг заложил основу для последующей классификации композиторов в соответствии с их отношением ко времени, предложенную Сувчинским. «Прежде чем оценивать музыкальное произведение, — писал Бранг, — следует всегда задаваться вопросом: каково его отношение ко времени?» [Brangues 1936: 601][25]. Музыка обладает способностью измерять время. Но измерение времени, предупреждает Бранг, цитируя слова Сеттембрини из «Волшебной горы» Томаса Манна (1924), не бывает морально нейтральным. Измеряя время, музыка «придает бегу времени подлинность, одухотворенность и ценность. Музыка пробуждает в нас чувство времени, пробуждает способность утонченно наслаждаться временем, пробуждает... и в этом отношении она моральна». Однако не всякая музыка выполняет такую нравственно благородную функцию. Иногда — здесь Манн бросает колкость в адрес Вагнера — «происходит как раз обратное», и тогда музыка «оглушает, усыпляет, противодействует активности и прогрессу». Она может подействовать как наркотик, «а это — дьявольское действие... Этот наркотик от дьявола, ибо он вызывает отупение, неподвижность, скованность,

---

[25] Оттиск статьи хранится в Maritain Coll.

холопскую бездеятельность...» [Манн 1994, 1: 143]. Моральная миссия музыки состоит в том, чтобы заставить слушателя обратить внимание на течение времени и ограниченные рамки человеческой жизни. А способность музыки заставить слушателя забыть о неумолимом течении времени, создавая при этом иллюзию того, что время приостановилось, было, по мнению Сеттембрини Манна, в корне безнравственным.

Бранг пишет, что Стравинский рассуждает в том же ключе, когда утверждает, что человек может сделать время ощутимым только в музыке. Вместо иллюзии приостановленного времени Стравинский предлагает реальность настоящего, насыщенность которого порождает чувство неподвижности. Музыка Стравинского, по мнению Бранга, в ее осознании настоящего стремится к вневременному абсолюту, который воплощается в сверкающей неподвижности «Соловья» или в приводящей в оцепенение музыке «Царя Эдипа». Все, что нужно сделать после того, как будет достигнута эта сверкающая неподвижность, — «продлить и закрепить эфемерное равновесие между вневременным и преходящим» [Brangues 1936: 603]. Бранг сравнивал эстетический стазис Стравинского с недвижимостью духа Джеймса Джойса, который возвышается «над влечением и отвращением»; с эстетическим образом, который, по Джойсу, «сначала ясно воспринимается как самоограниченный и самодостаточный на неизмеримом фоне пространства или времени»[26]. В итоге Бранг хотя и признал, что искусство Джойса и Стравинского способно породить чувство вневременности, привел Баха в качестве идеального примера такого духовного отношения, придав религиозный смысл неподвижности, названной Фомой Аквинским «главным совершен-

---

[26] «Эстетический образ дается нам в пространстве или во времени. То, что воспринимается слухом, дается во времени, то, что воспринимается зрением, — в пространстве. Но — временной или пространственный — эстетический образ прежде всего воспринимается отчетливо, как самоограниченный и самодовлеющий на необъятном фоне пространства или времени, которые не суть он. Ты воспринимаешь его как единую вещь. Видишь как одно целое. Воспринимаешь его как *целостность*» (курсив автора. — *К. М.*) [Джойс 1993: 403].

ством» Бога, всегда остающегося неизменным. Для Бранга, который обнаружил приверженность неотомизму, когда процитировал «Divine Morality» («Божественную мораль») святого Фомы в переводе Раисы Маритен, вневременность оставалась в конечном счете религиозным принципом.

Категории музыкального времени, впервые описанные Сувчинским в статье в журнале La revue musicale в 1939 году, были, скорее всего, созданы под впечатлением от рецензии Бранга на «Автобиографию» Стравинского [Souvtchinsky 1939: 70–81]. То, что Бранг, цитируя Манна, определил как морально ответственное измерение времени, Сувчинский назвал восприятием онтологического времени, а музыку, которая пробуждает антологический опыт, он именовал «хронометрической». Музыку, которая ассоциируется с морально сомнительным, психологическим восприятием времени, Сувчинский назвал «хроно-аметрической». Как Манн и Бранг, Сувчинский включил немецкую музыку XIX века в категорию «хроно-аметрической», поскольку ее глубоко психологическая выразительность искажает восприятие времени. «Всякая музыка, в которой воля к выражению доминирует», относится к этому типу, писал Стравинский в «Музыкальной поэтике», используя идеи Сувчинского. Хронометрическая музыка, которая может воспроизвести опыт онтологического времени, свободна от эмоций. Она не выражает чувства своего создателя, но делает время слышимым, как, например, морально ответственная музыка в описании Манна. Такая музыка, как писал Стравинский, «...развивается параллельно течению онтологического времени, и проникает в него, вызывая в душе слушателя ощущение эйфории и, так сказать, "динамического покоя"» [Стравинский 2021: 185]. Именно это состояние Бранг назвал в музыке Стравинского «эфемерным равновесием».

Так, с помощью Сувчинского антиэкспрессивная эстетика Стравинского получила моральное оправдание. Обезличенная неэкспрессивность уже не была эстетикой отрицания, поскольку выполняла моральную функцию — заставляла слушателя осознать течение времени. Сувчинский пошел еще дальше, когда приравнял к религиозным свойствам отсутствие развития и обитание в «постоянном настоящем»[27], присущие музыке Стравинского, — идея, от которой Бранг в итоге отказался. То, как Сувчинский распределил музыку и композиторов по категориям в зависимости от их отношения к переживанию времени, вознесло музыку Стравинского на божественные высоты, ранее занимаемые григорианским хоралом, Бахом, Гайдном, Моцартом и Верди [Souvtchinsky 1939: 74–75].

Размышления Сувчинского и Стравинского об определении музыкального времени подвигло французского музыковеда Жизель Бреле посвятить этой теме двухтомное исследование [Brelet 1949]. Для того чтобы выразить свое восхищение Стравинским, она послала композитору свою книгу с восторженной запиской, в которой назвала музыкальное время не только сущностью музыки вообще, но и сущностью музыки самого Стравинского[28].

Философские рассуждения Бреле о времени и музыке во многом опираются на короткие размышления на эту тему Сувчинского и Стравинского. Систематическое исследование Бреле хотя и носит абстрактный характер и не выходит за рамки академической философии, тем не менее демонстрирует процесс возвышения музыки и эстетики Стравинского до статуса философии и религии. Объяснение, предложенное Бреле для музыкального времени, также обнаруживает поразительное сходство между тем, как воспринимает время Стравинский, и пониманием временных отношений, присущим изгнанию. В обоих случаях настоящее приобретает непропорционально большое значение, а прошлое и будущее, представляющиеся зыбкими, непрочными и психологически небезопасными, подавляются. «Вечное настоящее», которое Бреле выделяет в музыке Стравинского, — это отвержение памяти и ожиданий, или, если говорить другими словами, исключение участия человека в музыкальном процессе.

Многие разделяли представления Бреле, хотя и не всегда именно ее позитивные оценки. В частности, Эрнст Кшенек утверждал,

---

[27] Термин Сувчинского. Цит. по: [Brelet 1949, 2: 540].

[28] Цит. по: [Pasler 1986: 354].

что многократно повторяющаяся музыка Стравинского не требует «пристального внимания к музыкальному процессу, связанного с постоянным обращением к тому, что происходило ранее», — то есть она не опирается на память и не извлекает «эстетический смысл из контекста», что является необходимым для понимания музыки, созданной на основе принципов развития [Krenek 1993: 11]. Как и в статье Сувчинского, слова «психология» и «эмоции» являются нежелательными выражениями в книге Бреле, которая вышла в свет спустя всего четыре года после окончания Второй мировой войны, в послевоенной атмосфере постыдных, подавленных эмоций и отчаянной потребности в духовной определенности. Неразвивающаяся форма Стравинского, по мнению Бреле, не нуждается в том, чтобы стремиться к будущему и существовать; ей не нужно знать свой конец, чтобы осмыслить свое начало или размышлять о своем настоящем [Brelet 1949, 2: 685]. Бреле соглашается с мнением Сувчинского о том, что, полностью отказавшись от психологического переживания времени, музыка Стравинского стала искусством неподвижности, вечного повторения, которое усиливает восприятие настоящего.

Бреле не допускает мысли о том, что устранение человеческого элемента из восприятия времени лишает музыку Стравинского человечности. Для нее отсутствие человеческого начала указывает на то, что находится за гранью человеческого восприятия. «Вечное» в ее фразе «вечное настоящее», которое она считает основным стержнем музыки Стравинского, подразумевает как непрерывное настоящее, свободное от желаний и сожалений, так и освобождение от эмоциональных ограничений человеческого времени; или, выражаясь ее словами, «победу музыкального времени над психологической временностью» [Ibid.: 579]. Победа над временем означала, что Стравинский, подобно Аполлону, достиг Парнаса, — проще говоря, стал классиком.

Одержав победу над Хроносом, Стравинский-классик стал неуязвим для разрушительного воздействия времени — той угрозы, ощущение которой, как он писал в автобиографии, составляет основное состояние человека. Бреле наделяет Стравинского статусом классика не потому, что композитор использует классические формы, а потому, что он по-особому, рационально, обращается со временем. Благодаря этому новому определению классицизма Бреле воссоединяет русского Стравинского с его неоклассическим двойником: первый воплощает примитивное, биологическое, предмодернистское восприятие времени, а второй — его постмодернистское, духовное преодоление [Ibid.: 689]. С учетом того, как Бреле понимает классицизм Стравинского, можно было бы даже считать, что двенадцатитоновый Стравинский по сути своей ничем не отличается от Стравинского — автора русских балетов. Стирая память (согласно Ницше, сугубо человеческую способность) и низводя свою эстетику до сущностных категорий, Стравинский приобрел атрибуты бога. Его обожествление достигло своего завершения.

Неслучайно в описаниях музыки Стравинского основное внимание стало уделяться не столько течению реального или хронометрического времени, сколько вневременности. Как в свое время критики впервые начали распознавать в русских произведениях Стравинского черты того, что затем стало его неоклассическим стилем, так и теперь дискуссия об измерении времени и придании формы расширенному настоящему перешла в рассуждения о выходе композитора за границы времени в вечность. В «Симфонии in C» — сочинении, в котором запечатлен путь отъезда Стравинского из Франции, поскольку оно писалось в Париже, Санселльмозе, Кембридже, Массачусетсе и Голливуде между 1938 и 1940 годами — величайшим достижением композитора, по утверждению Набокова, стало «своеобразное восприятие вневременности». В коде, которую Набоков назвал эпилогом симфонии, музыка начинает затихать, «большие, мягкие, едва уловимо размеренные аккорды медленно движутся на горизонте исчезающего музыкального времени» (пример 7.1). А где же то «вечное настоящее», которое Бреле, следуя примеру Сувчинского, приветствовал в музыке Стравинского? Набоков называет плавно движущиеся аккорды «тенями настоящего», и Стравинский, по его мнению, «близок к тому, чтобы перестать его измерять». Ритуально медленно движущаяся мелодия, в очертаниях которой прослеживается и первая часть симфонии, и последние такты «Симфонии псалмов», повторяется снова и снова, обретая, по словам Набокова, «умиротворенность, неподвижную красоту». Ощущение неподвижности создается благодаря постоянному изменению длительности четырех нот мелодии, что делает невозможным предугадать, когда и на какой ноте музыка смолкнет. Здесь безошибочно угадывается религиозный подтекст: половинные и целые ноты, гомофонные аккорды, диатоническая, белая модальность — все говорит о том, что на последней странице Симфонии звучит именно религиозная музыка, напоминающая финал «Симфоний духовых памяти Дебюсси», в котором Ричард Тарускин выявил элементы, присущие панихиде — русской заупокойной службе [Taruskin 1996, 2: 1486–1493]. Там обращение к ритуальной форме выступило в качестве заупокойной службы по Дебюсси; здесь же, по словам Набокова, ритуальный элемент выполнял функцию погребения самого времени. Стравинский, которого Набоков называет «Великим прорицателем», в своей музыке придал Хроносу «облик и форму, понятные нам, людям». И вот теперь тот же Стравинский выходит за пределы времени. В конце симфонии «как будто старый Хронос… вот-вот растворится, исчезнет и, уходя, явит нам на мгновение покой, порядок и красоту, которые пребывают над нашим временем, над нашими произведениями искусства» [Nabokov 1944: 333–334].

Метафорическое растворение времени у Стравинского имело и более практические последствия. Он устранил прошлое не только из своего восприятия музыкального времени, но и из своих воспоминаний и биографии, переписанной вместе с Крафтом, дабы уничтожить в ней все и вся, что могло бы препятствовать его собственному обновлению. Лурье, бывший правой рукой Стравинского на протяжении более чем десятка лет, полностью исчез из его воспоминаний. Выброшенный из окружения мастера, Лурье пал жертвой ностальгии: прошлое, вновь и вновь воскрешаемое в памяти, целиком поглотило его. Музыка, как, в отличие от Стравинского, полагал Лурье, «очень редко бывает обращена к настоящему. Ее основная эмоция порождается голосом памяти» [Lourié 1941a: 242]. Память, по мнению Лурье, это единственный доступный нам инструмент для того, чтобы со-

ПРИМЕР 7.1. Последняя страница «Симфонии in C» Стравинского.
© 1948 Schott Music GmbH & Co. KG, Mainz, Germany. Copyright
© Reserved. All Rights Reserved. Used by permission of European
American Music Distributors Company, sole U.S. and Canadian agent for
Schott Music GmbH & Co., KG, Mains, Germany

ПРИМЕР 7.1. (окончание)

брать разрозненные фрагменты прошлого; задача музыки — подтвердить «невозвратность и невосполнимость потери времени» [Lourié 1966: 101].

Несмотря на то что музыка Стравинского была антителеологична и статична, «фениксоидный» характер его личности делал его весьма неординарным представителем божественной вечности — той неизменности, которую святой Фома называл главным совершенством Бога. Его вариант неоклассицизма создавал для русских эмигрантов некое утопическое место, воображаемое и совершенное, но все еще крепко связанное с традицией, которую они считали своей собственной. У этого нового, «божественного» Стравинского не было ничего, что он мог бы предложить своим соотечественникам, кроме атопии — места, которого не существует, или, выражаясь более позитивно, некого дрейфующего пристанища, которое не имеет ни постоянных границ, ни национальности, ни устойчивой идентичности[29].

Дюк, всегда практичный и чутко реагирующий на запросы музыкального рынка, не понимал, что звучание музыки Стравинского уже не было предметом обсуждения. К тому времени, когда он начал выступать против «обожествления Стравинского», музыка его знаменитого соотечественника перестала быть просто музыкой и переросла в философию, в эстетическую систему, вобравшую в себя и русскую музыкальную традицию, и европейский модернизм, и жесткую и систематическую двенадцатитоновость, которой поклонялись авангардисты. Размышляя о карьере семидесятипятилетнего Стравинского, Сувчинский с восхищением отмечал его «невероятную и яркую жизненную силу», благодаря которой этот пожилой человек был способен поддерживать связь с будущим, или, по выражению Сувчинского, обновлять и чудесным образом продлевать свое настоящее [Souvtchinsky 1958: 7][30]. В том, как Стравинский погрузился в настоя-

---

[29] О слове «атопия» см. [Willke 2001; Barthes 1978].

[30] Сувчинский заимствует эту идею у Жизель Бреле, которая определяла время как «не более чем обновляющееся настоящее» (цит. по: [Souvtchinsky 2004: 203]). Часть о Стравинском — это более длинная версия статьи «Qui est Strawinsky?» [Souvtchinsky 1958: 7].

щее, Дукельский распознал чувство, знакомое Дюку по рынку популярной музыки, когда успех и неудача были в равной степени эфемерны, а вечные ценности, похоже, никого не волновали. И все же Дюк по своей наивности не понимал, что искушенный в вопросах рынка Стравинский вовсе не отказался от своих притязаний на вечные ценности: вневременность и вечность означали для него безусловную состоятельность классицизма. Дюк не так уж и ошибался, когда уподоблял феномен Стравинского его обожествлению.

Отказавшись от «человеческого элемента, от переживаний психологического и лирического человека», о чем красноречиво заявлял Сувчинский, Стравинский вывел свое искусство за границы собственно человеческого [Там же: 11]. То, что композитор настаивал на необходимости жестких правил в искусстве, гарантировало, что «ничто из того, что касалось его внутренней жизни, никогда не будет раскрыто или предано». Стравинский, которого Сувчинский описал как «пожирающего жизнь» безумного мудреца, принадлежал к тому лукавому, не признающему своих ошибок типу композиторов, которые создавали свою музыку в некоем вакууме, лишенном человеческого сочувствия и страсти. По мнению Сувчинского, именно «страх и тревога», которые вызывала эта нечеловеческая пустота, стимулировали творческие силы Стравинского. Его творческий процесс нуждался в этой пустоте, чтобы породить «новую, не существовавшую до того реальность» [Ibid.: 12–14][31].

Конечно, философские размышления Сувчинского легко отбросить как излишне решительную попытку присвоить Стравинскому статус гения. Однако его интерпретация потребности Стравинского творить *ex nihilo* отчетливо перекликается с набоковской трактовкой композитора как феникса, который постоянно обновляет и переосмысляет свое настоящее, внося изменения в свое прошлое. Плодотворные, глубоко личные отношения Стравинского с эмоциональной пустотой позволили ему спра-

---

[31] Психологическое объяснение Сувчинским описываемой «пустоты» см. [Souvtchinsky 2004: 206].

виться с переживаниями эмигрантского периода, избежав
творческого паралича. То, что у других эмигрантов вызывало
эмоциональную опустошенность, связанную с культурным ва-
куумом, для Стравинского служило творческим стимулом. Благодаря постоянной смене его эстетических ориентиров, которую
Сувчинский объяснял жаждой новых открытий, Стравинский
«нигде в мире не был чужестранцем», как писал в 1929 году Шарль
Фердинанд Рамю [Ramuz 1929]³². Но как же обманчиво было
нарастающее сияние славы Стравинского! Оно-то и стало пред-
вестником конечной фазы жизни звезды, которая, разгораясь все
ярче и ярче, сбрасывает внешнюю оболочку, ослабляя тем самым
притяжение к своим планетам. Русские композиторы, находив-
шиеся на орбите Стравинского в 1920-х и 1930-х годах, постепенно отдалились от своего центра и рассеялись по музыкальной
Вселенной в поисках новых идентичностей.

---

³² Цит. по: [Souvtchinsky 2004: 205].

Список сокращений

Duke Coll. — Vernon Duke Collection, Library of Congress, Washington, DC.

Koussevitzky Coll. — Serge Koussevitzky Archive, Library of Congress, Washington, DC.

Lourié Coll. — Arthur Lourié Collection, New York Public Library, Music Division, Special Collection.

Maritain Coll. — Centre d'Archives, Cercled'Etudes Jacques et Raïssa Maritain, Bibliotèque Nationale et Universitaire de Strasbourg.

Prokofiev Arch. — Prokofiev Archive, Rare Book and Manuscript Library, Columbia University Library.

Schlozer Coll. — Boris de Schloezer Collection, Fonds Précieux, Médiathèque de Monaco.

Selected Letters of Prokofiev — Selected Letters of Sergei Prokofiev / trans., ed. and with an introd. by Harlow Robinson. Boston: Northeastern University Press, 1998.

Библиография

Адамович 2005 — Адамович Г. В. Полн. собр. стихотворений / вступ. ст., сост., подг. текста и прим. О. А. Коростелёва. СПб.: Гуманитарное агентство «Академический проект», 2005 («Новая Библиотека поэта»).

Анненский 1990 — Анненский И. Ф. Стихотворения и поэмы / вступ. ст., сост., подг. текста и прим. А. В. Федорова. Л.: Сов. писатель, 1990 («Библиотека поэта. Большая серия»).

Анциферов 1991 — Анциферов Н. П. Душа Петербурга // Анциферов Н. П. Непостижимый город: Душа Петербурга. Петербург Достоевского. Петербург Пушкина / сост. М. Б. Вербловская, вступ. ст. и прим. А. М. Конечного и К. А. Кумпан. СПб.: Лениздат, 1991. С. 24–175.

Ахматова 1998 — Ахматова А. А. Поэма без героя // Ахматова А. А. Собр. соч.: в 6 т. Т. 3. М.: Эллис Лак, 1998. С. 39–210.

Бакст 1903 — Бакст Л. Н. Пути классицизма в искусстве (Окончание) // Аполлон. 1909. № 3. Октябрь. С. 46–61.

Беляк, Виролайнен 1991 — Беляк Н. В., Виролайнен М. Н. «Маленькие трагедии» как культурный эпос новоевропейской истории (Судьба личности — судьба культуры) // Пушкин: Исследования и материалы. Т. 14. Л.: Наука. Ленингр. отделение, 1991. С. 73–96.

Бенуа 1902 — Бенуа А. Н. Живописный Петербург // Мир искусства. 1902. Т. 7. № 1. Отд. 3. С. 1–5.

Бенуа и др. 1909 — Бенуа А. Н., Иванов Вяч.И., Маковский С. К., Анненский И. Ф. Вступление // Аполлон. 1909. № 1. Октябрь. С. 3–4.

Берберова 1996 — Берберова Н. Н. Курсив мой. Автобиография. М.: Согласие, 1996.

Блок 1965 — Блок А. А. Записные книжки (1901–1920) / сост., подг. текста, предисл. и прим. В. Н. Орлова. М.: Худ. лит-ра, 1965.

Блок 1962 — Блок А. А. О назначении поэта // Собр. соч.: в 8 т. / под общ. ред. В. Н. Орлова, А. А. Суркова, К. И. Чуковского. Т. 6. М.; Л.: ГИХЛ, 1962. С. 160–168.

Блок 1997 — Блок А. А. Полн. собр. соч. и писем: в 20 т. М.: Наука, 1997.

Блох 1928 — Блох Р. Н. Ты снова грустен... // Блох Р. Н. Мой город. Берлин: Петрополис, 1928.

Бойм 2019 — Бойм С. Будущее ностальгии / пер. с англ. А. Стругача. М.: Новое литературное обозрение, 2019.

Борман 1969 — Борман А. А. Мой Петербург // Новое русское слово (Нью-Йорк). 1969. 26 апр.

Бродский 2003 — Бродский И. А. Состояние, которое мы называем изгнанием / пер. Е. Н. Касаткиной // Бродский И. А. Соч.: в 7 т. Т. 6. СПб.: Пушкинский фонд, 2003. С. 27–36.

Бундиков 1927 — Бундиков А. В. Балет Дягилева // Возрождение (Париж). 1927. Т. 3. № 738. 10 июня. С. 3.

Бундиков 1928 — Бундиков А. В. Дягилев и классика к предстоящим гастролям // Возрождение (Париж). 1928. Т. 4. № 1290. 13 дек. С. 3.

Бурнашев 1923 — Россия и латинство: Сб. статей / под ред. М. Н. Бурнашева. Берлин, 1923.

Варунц 2000 — Варунц В. П. Новые материалы из зарубежных архивов // Музыкальная академия. 2000. № 2. С. 188–202.

Вейдле 1968 — Вейдле В. В. Безымянная страна. Париж: YMCA-Press, 1968.

Вишневецкий 2005 — Вишневецкий И. Г. «Евразийское уклонение» в музыке 1920–1930-х годов: История вопроса. М.: Новое литературное обозрение, 2005.

Волынский 1922 — Волынский А. Л. Балеты Стравинского // Жизнь искусства. 1922. № 51 (874). 26 дек. С. 2–5.

Волынский 1925 — Волынский А. Л. Книга ликований: Азбука классического танца. Л.: Издание хореографического техникума, 1925.

Гачев 1929 — Гачев Д. И. О стальном скоке и директорском наскоке // Пролетарский музыкант. 1929. № 6. С. 19–23.

Гальцева 1999 — Пушкин в русской философской лирике / ред. Р. А. Гальцева. М.: Книга, 1999.

Гофман 1937 — Гофман М. Л. Пушкин и его эпоха: Юбилейная выставка // Иллюстрированная Россия. 1937. № 7 (613): Специальный выпуск: Пушкин и его эпоха. С. 114–131.

Гофман 1999 — Гофман М. Л. Пушкин и его эпоха: Юбилейная выставка //Пушкин в эмиграции. 1937 / изд. подгот. В. Г. Перельмутер. М.: Прогресс-Традиция, 1999. С. 575–618.

Гулливер 1937 — Гулливер [Ходасевич В. Ф.]. Пушкинский словарь // Возрождение (Париж). 1937. Т. 12. № 4063. 30 янв. С. 9.

Гуль 2001 — Гуль Р. Б. Я унёс Россию: Апология эмиграции: в 3 т. Т. 2. М.: Б.С.Г-Пресс, 2001. (Первое издание: Гуль Р. Б. Я унёс Россию: Апология эмиграции: в 3 т. Нью-Йорк: Мост, 1984.)

Давыдов 1999 — Давыдов С. С. Тайны счастья и гроба: «Повести Белкина» и «Маленькие трагедии» // Континент. 1999. № 4 (102). С. 380–387.

Десницкий 1935 — Десницкий В. А. Пушкин и мы // Пушкин А. С. Соч. / ред., биогр. очерк и прим. Б. В. Томашевского; вступ. ст. В. А. Десницкого. Л.: Худ. лит-ра, 1935.

Джойс 1993 — Джойс Дж. Портрет художника в юности / пер. с англ. М. П. Богословской-Бобровой // Джойс Дж. Дублинцы: рассказы. Портрет художника в юности: роман. М.: Знаменитая книга, 1993.

Дон-Аминадо 1929 — Дон-Аминадо [Шполянский А. П.]. Кунсткамера // Последние новости (Париж). 1929. 24 нояб. С. 3.

Достоевский 1972–1990 — Достоевский Ф. М. Полн. собр. соч.: в 30 т. / [редкол.: В. Г. Базанов, Г. М. Фридлендер, В. В. Виноградов и др.]. Л.: Наука, 1972–1990.

Дукельский 1968 — Дукельский В. А. Об одной прерванной дружбе // Мосты: Литературно-художественный и общественно-политический альманах. Мюнхен, 1968. № 13–14. С. 252–279.

Дукельский 2007 — Дукельский В. А. Об одной прерванной дружбе / публ. И. Вишневецкого // Сергей Прокофьев: Письма. Воспоминания. Статьи: Сб. / ред.-сост. М. П. Рахманова. М.: ООО «Дека-ВС», 2007. С. 75–109.

Зильберштейн, Замков 1982 — Сергей Дягилев и русское искусство: Статьи, открытые письма, интервью. Переписка. Современники о Дягилеве: в 2 т. / сост., авт. вступ. ст. и комм. И. С. Зильберштейн, В. А. Замков. М.: Изобразительное искусство, 1982.

Келдыш 1929 — Келдыш Ю. В. Балет «Стальной скок» и его автор — Прокофьев // Пролетарский музыкант. 1929. № 6. С. 12–19.

Кирпотин 1937 — Кирпотин В. Я. Наследие Пушкина и коммунизм // А. Пушкин. 1837–1937. Памятка: Статьи и материалы для доклада. Л.: Гослитиздат, 1937. С. 42–158.

Краткий путеводитель 1937 — Краткий путеводитель по выставке, посвященной столетию со дня смерти великого русского поэта Александра Сергеевича Пушкина, 1837–1937. М.: Издание Всесоюзного Пушкинского комитета, 1937.

Ладинский 1937 — Ладинский А. П. Стихи о Европе. Париж, 1937.

Левинсон 1923 — Левинсон А. Я. Русский балет «Свадебка» // Последние новости. 1923. 27 июня.

Лифарь 1937 — Лифарь С. М. Сияющий свет поэзии // Для Вас. 1937. № 6. 7 февр.

Лифарь 1939 — Лифарь С. М. Дягилев и с Дягилевым. Париж: Дом книги, 1939.

Лифарь 1966 — Лифарь С. М. Моя зарубежная пушкиниана: Пушкинские выставки и издания. Париж: Editions Béresniak, 1966.

Лифарь 2005 — Лифарь С. М. Дягилев и с Дягилевым. М.: ВАГРИУС, 2005.

Лотман 1992 — Лотман Ю. М. Символика Петербурга и проблемы семиотики города // Лотман Ю. М. Избранные статьи: в 3 т. Т. 2: Статьи по истории русской литературы XVIII — первой половины XIX века. Таллин: Александра, 1992. С. 9–21.

Лукаш 1929 — Лукаш И. С. Путешествие в Петербург // Возрождение (Париж). 1929. № 1477. 18 июня.

Лукомский 1914 — Лукомский Г. К. Неоклассицизм в архитектуре Петербурга // Аполлон. 1914. № 5. Май. С. 5–20.

Луначарский 1925 — Луначарский А. В. Письмо И. В. Сталину о поездке заграницу [Апрель 1925 г.] // В жерновах революции: Российская интеллигенция между белыми и красными в пореволюционные годы: Сб. документов и материалов / ред., вступ. ст., комм. проф. М. Е. Главацкого. М.: Русская панорама, 2008. С. 206–207.

Луначарский 1927 — Луначарский А. В. «Политика» и «публика» (Из Парижских впечатлений) // Красная панорама. 1927. № 33. С. 8–10.

Луначарский 1971 — Луначарский А. В. В мире музыки: статьи и речи / сост., ред. и комм. Г. Б. Бернандта и И. А. Саца. Изд. 2-е, доп. М.: Советский композитор, 1971.

Луначарский 1963–1967 — Луначарский А. В. Собр. соч.: в 8 т. / ред. И. И. Анисимов. М.: Худ. лит-ра, 1963–1967.

Лурье 1922 — Лурье А. С. Голос поэта (Пушкин) // Орфей: Книги о музыке. Кн. 1. Пб.: Изд-во государственной академической филармонии, 1922. С. 35–61.

Лурье 1926 — Лурье А. С. Музыка Стравинского // Вёрсты. 1926. № 1. С. 119–135.

Лурье 1928а — Лурье А. С. Две оперы Стравинского // Вёрсты. 1928. № 3. С. 225–227.

Лурье 1928б — Лурье А. С. Кризис искусства // Евразия. 1928. № 4. С. 8.

Лурье 1929 — Лурье А. С. Кризис искусства // Евразия. 1929. № 8. С. 8.

Лурье 1933 — Лурье А. С. Пути русской школы // Числа. 1933. № 7–8. С. 218–229.

Любимов 1928 — Любимов Л. Д. «Аполлон» и «Ода»: Беседа с авторами // Возрождение (Париж). 1928. Т. 4. № 1118. 24 июня. С. 4.

Мандельштам 2009–2011 — Мандельштам О. Э. Полн. собр. соч. и писем: в 3 т. / сост., подг. текста и комм. А. Г. Меца. М.: Прогресс-Плеяда, 2009–2011.

Манн 1994 — Манн Т. Волшебная гора: в 2 т. / пер. с нем. В. Курелла и В. Станкевич. М.: Крус; СПб.: Комплект, 1994.

Маритен 1991 — Маритен Ж. Самосознание художника / пер. и прим. С. С. Аверинцева и Р. А. Гальцевой // Самосознание европейской культуры XX века: Мыслители и писатели Запада о месте культуры в современном обществе / сост. Р. А. Гальцева. М.: Политиздат, 1991. С. 171–207.

Маритен 2004 — Маритен Ж. Искусство и схоластика // Маритен Ж. Избранное: Величие и нищета метафизики / пер. с фр. В. П. Гайдамаки и др. М.: РОССПЭН, 2004. С. 445–550.

Мартынов 1974 — Мартынов И. И. Сергей Прокофьев: Жизнь и творчество. М.: Музыка, 1974.

Масловская 2005 — Масловская Т. Ю. Л. Л. Сабанеев о прошлом (Вместо предисловия) // Сабанеев Л. Л. Воспоминания о России / сост., предисл. Т. Ю. Масловской, комм. С. В. Грохотова. М.: Классика-XXI, 2005. С. 6–14.

Мережковский 1908 — Мережковский Д. С. Петербургу быть пусту // Речь. 1908. № 314. 21 дек. С. 2.

Милашевский 1989 — Милашевский В. А. Вчера, позавчера… Воспоминания художника. 2-е изд., испр. и доп. М.: Книга, 1989.

Мирский 2005 — Святополк-Мирский Д. П. История русской литературы: С древнейших времен по 1925 год / пер. с англ. Р. Зерновой. Новосибирск: Изд-во «Свиньин и сыновья», 2005.

Мирский 2018 — Святополк-Мирский Д. П. Пушкин (1928) / пер. с фр. М. А. Ариас-Вихиль; публ., вступ. заметка и комм. М. В. Ефимова // Известия РАН: Серия литературы и языка. 2008. Т. 77. № 2. С. 67–75.

Мнухин 1995 — Русское зарубежье: Хроника научной, культурной и общественной жизни: 1920–1940. Франция: в 3 т. / [пер.]; под общ. ред. Л. А. Мнухина. Т. 3. М.: ЭКСМО, 1995.

Мнухин, Неброзова 2000 — Мнухин Л. А., Неброзова И. М. Пушкинский год во Франции // Пушкин и культура русского зарубежья: Международная научная конференция, посвященная 200-летию со дня рождения (1–3 июля 1999 года). М.: Русский путь, 2000. С. 306–323.

Молоствов 1908 — Молоствов Н. Г. Айседора Дункан: (Беседа с А. Л. Волынским). СПб.: Типолитография «Печатное искусство», 1908.

Набоков 2003 — Набоков Д. Багаж. Мемуары русского космополита / пер. с англ. Е. Большелаповой и М. Шерешевской; вступ. ст. Марины Ледковской. СПб.: Звезда, 2003.

Нестьев 1973 — Нестьев И. В. Жизнь Сергея Прокофьева. М.: Советский композитор, 1973.

Нестьев 1981 — Нестьев И. В. Неизвестные материалы о Прокофьеве: об одной прерванной дружбе // История и современность: Сб. статей. Л.: Советский композитор, 1981. С. 239–260.

Палеолог 1991 — Палеолог М. Царская Россия накануне революции / пер. с фр. Д. Протопопова и Ф. Ге; послесл. В. А. Емеца; репринтн. воспроизвед. изд. 1923 г. М.: Политиздат, 1991.

Паперно 1992 — Паперно И. А. Пушкин в жизни Серебряного века // Cultural Mythologies of Russian Modernism: From the Golden to the Silver Age / ed. by B. Gasparov, R. P. Hughes, I. Paperno. Berkeley; Los Angeles: University of California Press, 1992. P. 19–51.

Перельмутер 1999 — Пушкин в эмиграции. 1937 / сост., комм., вступ. очерк В. Г. Перельмутера. М.: Прогресс-Традиция, 1999.

Перельмутер 2003 — Перельмутер В. Г. «Нам целый мир чужбина...». Три взгляда на Пушкинские торжества 1937 года в русском зарубежье // Перельмутер В. Г. Пушкинское эхо. Записки. Заметки. Эссе. М.: Минувшее; Торонто: Library of Toronto Slavic Quarterly, 2003. С. 202–239.

Полевой 1985 — Полевой К. А. Из «Записок» // А. С. Пушкин в воспоминаниях современников: в 2 т. / сост., подг. текста и комм. В. Э. Вацуро и др. Т. 2. М.: Худ. лит-ра, 1985. С. 59–76.

Прокофьев 1956 — Сергей Сергеевич Прокофьев: Материалы, документы, воспоминания / [сост., ред., примеч. и вступ. ст. С. И. Шлифштейна]. М.: Музгиз, 1956.

Прокофьев 1982 — Прокофьев С. С. Автобиография / ред., подг. текста, комм. и указ. М. Г. Козловой. М.: Советский композитор, 1973.

Прокофьев 2002а — Прокофьев С. С. Дневник 1907–1918 (Часть первая). Paris: sprkfv, 2002.

Прокофьев 2002б — Прокофьев С. С. Дневник 1919–1933 (Часть вторая). Paris: sprkfv, 2002.

Прокофьев 2007а — Прокофьев С. С., Прокофьева Л. И., Дукельский В. А. Переписка. 1924–1946 / публ. И. Вишневецкого // Сергей Прокофьев: Письма. Воспоминания. Статьи: Сб. / ред.-сост. М. П. Рахманова. М.: ООО «Дека-ВС», 2007. С. 7–74.

Прокофьев 2007б — «Долгая дорога в родные края»: Из переписки С. С. Прокофьева с российскими друзьями / публ. Ю. Деклерк // Сергей Прокофьев: К 110-летию со дня рождения. Письма, воспоминания, статьи / ред.-сост. М. П. Рахманова. М.: ООО Дека-ВС, 2007. С. 5–120.

Прокофьев, Мясковский 1977 — Прокофьев С. С., Мясковский Н. Я. Переписка / сост. и подг. текста М. Г. Козловой и Н. Р. Яценко. М.: Советский композитор, 1977.

Пудовкин 1975 — Пудовкин В. И. «Конец Санкт-Петербурга» // Собр. соч.: в 3 т. Т. 2: О себе и своих фильмах. Кинокритика и публицистика / сост. и прим. Т. Запасник и А. Петрович; вступ. ст. М. Власова. М.: Искусство, 1975. С. 54–56.

Пушкин 1937 — Иллюстрированная Россия. 1937. № 7 (613): Специальный выпуск: Пушкин и его эпоха.

Пушкин 1977–1979 — Пушкин А. С. Полн. собр. соч.: в 10 т. 4-е изд. Л.: Наука, 1977–1979.

Пушкин 2000 — Пушкин и культура русского зарубежья: Международная научная конференция, посвященная 200-летию со дня рождения (1–3 июля 1991 года). М.: Русский путь, 2000.

Пушкин 2009 — Пушкин А. С. Полн. собр. соч.: в 20 т. / ред. М. Н. Виролайнен и Л. М. Лотман. Т. 7. СПб.: Наука, 2009.

Раев 1994 — Раев М. И. История культуры русской эмиграции 1919–1939. М.: Прогресс-Академия, 1994.

Рахманинов 1980 — Рахманинов С. В. Литературное наследие: в 3 т. / сост.-ред., авт. вступ. ст., комм., указат. З. А. Апетян. Т. 3. М.: Советский композитор, 1980.

Рембо 1982 — Рембо А. Стихи. Последние стихотворения. Озарения. Одно лето в аду / изд. подг. Н. И. Балашов, М. П. Кудинов, И. С. Поступальский. М.: Наука, 1982 («Литературные памятники»).

Ровинский 1900–1901— Ровинский Д. А. Русские народные картинки: в 2 т. СПб.: Изд. Р. Голике, 1900–1901.

Рубинс 2017 — Рубинс М. О. Русский Монпарнас: Парижская проза 1920–1930-х годов в контексте транснационального модернизма / пер. с англ. М. Рубинс, А. Глебовской. М.: Новое литературное обозрение, 2017.

Руль 1928 — Б. п. Das Ende von St. Petersburg // Руль. 1928. № 2226. 22 марта.

Сабанеев 1999 — Сабанеев Л. Л. Пушкин и музыка // Пушкин в эмиграции. 1937. М.: Прогресс-Традиция, 1999. С. 545–551. (Впервые: Современные записки. Париж, 1937. № 63.)

Сабанеев 2005 — Сабанеев Л. Л. Музыкальное творчество в эмиграции // Сабанеев Л. Л. Воспоминания о России / сост., предисл. Т. Ю. Масловской, комм. С. В. Грохотова. М.: Классика-XXI, 2005. С. 203–218. (Впервые: Современные записки. Париж, 1937. № 64.)

Слоним 1931 — Слоним М. Л. Заметки об эмигрантской литературе // Воля России. 1931. № 7–9. С. 617–618.

Смолярова 1999 — Смолярова Т. И. Париж 1928: Ода возвращается в театр. М.: РГГУ, 1999.

Сталин — Сталин И. В. Соч.: в 18 т. М.; Тверь, 1946–2006.

Стравинский 2003 — Стравинский И. Ф. Переписка с русскими корреспондентами. Материалы к биографии: в 3 т. Т. 3 / сост., текстолог. ред и ком. В. П. Варунца. М.: ИД Композитор, 2003.

Стравинский 2004 — Стравинский И. Ф.Хроника. Поэтика / Сост., ред., комм., указ., закл. ст. С. И. Савенко; пер. с фр. Л. В. Яковлевой-Шапориной, Э. А. Ашписа и Е. Д. Кривицкой. М.: РОСПЭН, 2004.

Стравинский 2005 — Стравинский И. Ф. Хроника моей жизни / пер. с фр. Л. В. Яковлевой-Шапориной; предисл., комм., послесл. и общ. текстол. ред. И. Я. Вершининой. М.: Композитор, 2005.

Стравинский 2021 — Стравинский И. Ф. Хроника, Поэтика. М.; СПб.: Центр гуманитарных инициатив, 2021.

Струве 1956 — Струве Г. П. Русская литература в изгнании: Опыт исторического обзора зарубежной литературы. Нью-Йорк: Изд-во им. Чехова, 1956.

Суриц 1983 — Суриц Е. Я. Стальной скок, 1927 // Советский балет. 1983. № 2. Март — апрель. С. 26–28.

Тименчик, Хазан 2006 — Петербург в поэзии русской эмиграции (первая и вторая волна) / вступ. ст., сост., подг. текста и прим. Р. Д. Тименчика и В. И. Хазана. СПб.: Академический проект, 2006 («Новая Библиотека поэта»).

Топоров 2003 — Топоров В. Н. Петербург и «Петербургский текст русской литературы» // Топоров В. Н. Петербургский текст русской литературы: Избранные труды. СПб.: Искусство–СПб., 2003.

Тютчев 1980 — Тютчев Ф. И. Соч.: в 2 т. / сост. и подг. текста А. А. Николаева; общ. ред. и вступ. ст. К. В. Пигарева. М.: Правда, 1980.

Федотов 1988 — Федотов Г. П. Три столицы // Полн. собр. соч.: в 8 т. Т. 6. Париж: YMCA-Press, 1988. С. 49–71.

Ходасевич 1996 — Ходасевич В. Ф. Собр. соч.: в 4 т. Т. 2. М.: Согласие, 1996.

Цветаева 1928 — Цветаева М. И. Маяковскому // Евразия. 1928. № 1. 24 нояб. С. 8.

Цветаева 1994 — Цветаева М. И. Собр. соч.: в 7 т. / сост., подг. текста и комм. А. Саакянц и Л. Мнухина. Т. 5. М.: Эллис Лак, 1994.

Чуковская 1997 — Чуковская Л. К. Записки об Анне Ахматовой: [В 3 т.]. Изд. 3-е, испр. и доп. Т. 2: 1952–1962. М.: Согласие, 1997.

Шкловский 1927 — Шкловский В. Б. Ошибки и изобретения: (Дискуссионно) // Новый ЛЕФ. 1927. № 11/12 (ноябрь — декабрь). С. 29–32.

Шлёгель 2011 — Шлёгель К. Террор и мечта, Москва 1937 / пер. с нем. В. А. Брун-Цехового. М.: РОССПЭН, 2011.

Шостакович 2006 — Шостакович Д. Д. Письма И. И. Соллертинскому / публ. и подг. илл. Д. И. Соллертинского; предисл. Л. Г. Ковнацкой. СПб.: Композитор, 2006.

Шпеер 1997 — Шпеер А. Воспоминания / пер. с нем. Смоленск: Русич, 1998.

Шпеер 2005 — Шпеер А. Третий рейх изнутри. Воспоминания рейхсминистра военной промышленности. 1930–1945 / пер. с нем. С. В. Лисогорского. М.: Центрполиграф, 2005.

Щербачёв 1985 — Щербачёв В. В. Статьи. Материалы. Письма / ред. Р. Н. Слонимская. Л.: Советский композитор, 1985.

Эренбург 1990 — Эренбург И. Г. Люди, годы, жизнь: в 3 т. М.: Советский писатель, 1990.

Юзефович 2013 — Юзефович В. А. Сергей Кусевицкий: Годы в Париже. Между Россией и Америкой. М.–СПб.: Центр гуманитарных инициатив, 2013.

A. K. 1927 — *A. K. A. Bolshevik Ballet: Epileptic Dancing* // The Daily News. 1927. 5 July.

Acocella, Garafola 1991 — *André Levinson on Dance: Writings from Paris in the Twenties* / eds. J. Acocella, L. Garafola. Hanover; London: Wesleyan University Press, 1991.

Andreyev, Savický 2004 — Andreyev C., Savický I. *Russia Abroad: Prague and the Russian Diaspora, 1918–1938.* New Haven: Yale University Press, 2004.

Augsbourg 1937 — *Augsbourg G.* La Vie en images de Serge Lifar, Maître de Ballet, Premier Danseur du Théâtre National de l'Opéra. *Paris: Corrèa, 1937.*

Auric *1928* — Georges Auric's review // Les Annales politiques. 1928. 1 August.

Barskova *2006* — Barskova P. Enchanted by the Spectacle of Death: Forms of the End in Leningrad Culture (1917–1934). PhD diss., University of California, Berkeley, 2006.

Barthes 1978 — Barthes R. *A Lover's Discourse: Fragments* / trans. by R. Howard. New York: Hill and Wang, 1978.

Beaumont 1940 — Beaumont C. W. *The Diaghilev Ballet in London: A Personal Record.* London: Adam and Charles Black, 1940.

Bellow 2007 — Bellow J. Balanchine and the Deconstruction of Classicism // *The Cambridge Companion to Ballet* / ed. by M. Kant. Cambridge: Cambridge University Press, 2007. P. 237–245.

Benoist-Mechin 1927 — Benoist-Mechin J. La Musiqua: La 20 saison des Ballets Russes de M. Serge de Diaghilev, au theater Sarah-Bernhardt // L'Europe Nouvelle. 1927. 18 June.

Binyon 2002 — Binyon T. J. *Pushkin: A Biography.* London: Harper Collins Publishers, 2002.

Bobrik 2014 — Bobrik O. Arthur Lourié. A Biographical Sketch // Funeral Games in Honor of Arthur Lourié / eds. K. Móricz, S. Morrison. Oxford; New York: Oxford University Press, 2014. P. 28–62.

Bowlt 1999 — Bowlt J. E. Early Writings of Serge Diaghilev // The *Ballets Russes and Its World* / ed. by L. Garafola, N. Van Norman Baer. New Haven: Yale University Press, 1999. P. 43–70.

Brangues 1936 — Brangues G. Deux dimensions de la musique // *La Vie intellectuelle.* 1936. Vol. 44. № 4. 25 September. P. 596–605.

Brelet 1949 — *Brelet G.* Le temps musical: Essai d'une esthétique nouvelle de la musique: In *2 vols. Paris: Presses Universitaires de France, 1949.*

Brelet 1953 — *Brelet G.* Essence de la musique russe // Musique russe. Études réunies par Pierre Souvtchinsky. Vol. 1. Paris: Presses Universitaires de France, 1953. P. 45–80.

Brillant 1928 — Brillant M. Les oeuvres et les hommes // *Le Correspondant.* 1928. № 267. P. 619–631.

Brumfield 1991 — Brumfield W. C. *The Origins of Modernism in Russian Architecture.* Berkeley: University of California Press, 1991.

Brunel 1927 — Brunel R. Saison des Ballets Russes: Le Pas d'Acier // L'Oeuvre. 1927. 10 June.

Buckle 1984 — Buckle R. *Diaghilev.* New York: Atheneum, 1984.

Buckler 2005 — Buckler J. A. *Mapping St. Petersburg: Imperial Text and City Shape.* Princeton: Princeton University Press, 2005.

Bulgakova 1998 — *Eisenstein und Deutschland: Texte, Dokumente, Briefe* / hg. von O. Bulgakova. Berlin: Akademie der Künste, Henschel Verlag, 1998.

Bullock 2019 — Bullock P. R. Song in a Strange Land: The Russian Musical Lyric Beyond the Nation // Global Russian Cultures / ed. by K. M. F. Platt. Madison: University of Wisconsin Press, 2019. P. 290–311.

Caby 1928a — Caby R. Ballets russes et Concerts (Robert Caby's review) // L'Humanite: Journal socialiste quotidian. 1928. 15 June.

Caby 1928b — Caby R. Un nouvelle oeuvre d'Igor Stravinsky: "Apollon-Musagete" // L'Humanite: Journal socialiste quotidian. 1928. 27 June.

Carr 2002 — Carr M. A. Multiple Masks: Neoclassicism in Stravinsky's Works on Greek Subjects. Lincoln; London: University of Nebraska Press, 2002.

Carter 1938 — Carter E. Forecast and Review // Modern Music. 1938. Vol. 15. № 3. P. 170–171.

Cavendish 2013 — Cavendish P. The Men With the Movie Camera: The Poetics of Visual Style in Soviet Avant-Garde Cinema of the 1920s. New York: Berghahn Books, 2013.

Chamberlain 2007 — Chamberlain L. Lenin's Private War: The Voyage of the Philosophy Steamer and the Exile of the Intelligentsia. New York: St. Martin's Press, 2007.

Coeuroy 1927 — Coeuroy A. Les Beaux-Arts: Ballets russes // La Revue Universelle. 1927. 15 August.

Cohen 2017 — Cohen B. "The Rite of Spring", National Narratives, and Estrangement // The Rite of Spring at 100 / ed. by S. Neff, M. Carr, G. Horlacher, J. Reef. Bloomington: Indiana University Press, 2017. P. 129–137.

Coton 1938 — Coton A. V. A. Prejudice for Ballet. London: Methuen, 1938.

Craft 1959 — Craft R. Conversations with Igor Stravinsky. Garden City: Doubleday, 1959.

Craft 1982 — Igor and Vera Stravinsky: A Photograph Album / ed. by R. Craft. New York: Thames and Hudson, 1982.

Craft 1984 — Craft R. Present Perspectives. New York: Knopf, 1984.

Crescendo 1927 — Crescendo Wheels and Toil to Music: Ugliness Has Its Night of Power at the Ballet // The Star. 1927. 5 July.

Davenson 1935 — Davenson H. (H. I. Marrou). D'une musique nécessaire et d'Arthur Lourié // Esprit. 1935. Vol. 3. № 29. February. P. 824–838.

Debreczeny 1997 — Debreczeny P. Social Functions of Literature: Alexander Pushkin and Russian Culture. Stanford, CA: Stanford University Press, 1997.

Dezarnaux 1927 — Dezarnaux R. La Musiques: Theatre Sarah-Bernhardt: Ballets Russes: "Pas d'Acier", ballet de M. Iakouloff, musique de Serge Prokofieff, choreographie de Leonide Massine // La Liberte. 1927. 9 June.

Diaghilev 1927 — Interview with Diaghilev. The New Ballet. M. Diaghilev and the Music of Prokofiev. How it Broke his Piano // Observer. 1927. 3 July.

Downes 1928 — Downes O. Stravinsky Ballet in World Premiere, "Apollon Musagetes" Opens the Elizabeth Sprague Coolidge Festival in Washington // New York Times. 1928. 28 April.

Downes 1931a — Downes O. Some Considerations Concerning Experiments in a New Art-Form // *New York Times.* 1931. 8 March.

Downes 1931b — Downes O. "Oedipus", a Stage Spectacle // *New York Times.* 1931. 22 April.

Downes 1938 — Downes O. "End of St. Petersburg" by Dukelsky Has Premiere // *New York Times.* 1938. 13 January.

Dufour 2006 — Dufour V. *Stravinsky et ses exégètes (1910–1940).* Brussels: Éditions de l'Université de Bruxelles, 2006.

Duke 1955 — Duke V. *Passport to Paris.* Boston: Little, Brown and Company, 1955.

Duke 1963 — Duke V. *"Listen Here!" A Critical Essay on Music Depreciation. New York: I. Obolensky, 1963.*

Duke 1964a — Duke V. The Deification of Stravinsky // *Listen*: A Music Monthly. 1964. Vol. 4. May — June. P. 1–5.

Duke 1964b — Duke V. The Deification of Stravinsky, Part II // *Listen*: A Music Monthly. 1964. Vol. 5. September — October. P. 1, 3–5.

Dumm 1964 — Robert Dumm's review // American Music Teacher. 1964. Vol. 14. № 2 November — December. P. 36.

d'Espezel 1937 — d'Espezel P. L'exposition international des arts et des techniques dans la vie modern // Revue de Paris. 1937. № 44. 15 August. P. 936.

E. B. 1927 — E. B. The Russian Ballet: Prokofieff's New Work // *The Manchester Guardian. 1927. 5* July.

Eaton 1938 — Eaton Q. Vladimir Dukelsky Work Revives Question of a Double Musical Life. "The End of St. Petersburg", to Be Sung by Schola Cantorum, Prompts Discussion of Composer's Twin Activities — 57th Street Knows Dukelsky But He's Duke to Tin Pan Alley — Chorus Described "Pictorial History of Famed Ex-Capital" // *Musical America.* 1938. 10 January.

Emerson 2014 — Emerson C. Jacques Maritain and the Catholic Muse in Lourié's Post-Petersburg Worlds // Funeral Games in Honor of Arthur Lourié / eds. K. Móricz, S. Morrison. Oxford and New York: Oxford University Press, 2014. P. 196–268.

Evdokimova 2003 — *Alexander Pushkins Little Tragedies: The Poetics of Brevity* / ed. by S. Evdokimova. Madison: University of Wisconsin Press, 2003.

Erotopaegnia 1917 — Erotopaegnia: Стихи Овидия, Петрония, Сенеки, Приапеевы, Марциала, Пентадия, Авсония, Клавдиана, Луксория в переводе размерами подлинника / [пер. В. Я. Брюсова]. М.: Альциона, 1917.

F. B. 1928 — F. B. Russian Ballet. Serge Diaghileff Season. "Apollon Musagetes" // The Daily Telegraph. 1928. 26 June.

Farrell 1993 — Farrell D. E. Shamanic Elements in Some Early Eighteenth Century Russian Woodcuts // Slavic Review. 1993. Vol. 52. № 4. P. 725–744.

Flament 1937 — Flament A. Tableaux de lexposition // Revue de Paris. 1937. Vol. 44. 15 August. P. 939–954.

Frank 1937 — Frank A. Quand Serge Lifar ne songe pas a l'Opera mais a la Bibliotheque Nationale // L'Intransigeant. 1937. 8 January.

Franko 2016 — Franko M. Serge Lifar et la question de la collaboration avec les autorités allemandes sous l'Occupation (1940–1949) // Vingtieme Siècle. Revue d'Histoire. 2016. № 132. October-December. P. 21–41.

Frolova-Walker, Walker 2013 — Frolova-Walker M., Walker J. Music and Soviet Power 1917–1932. Suffolk: The Boydell Press, 2013.

Fülöp-Miller 1928 — Fülöp-Miller R. The Mind and Face of Bolshevism: An Examination of Cultural Life in Soviet Russia / trans. by F. S. Flint and D. F. Tait. New York: Alfred A. Knopf, 1928.

Fülöp-Miller, Gregor 1930 — Fülöp-Miller R., Gregor J. The Russian Theatre: Its Character and History with Especial Reference to the Revolutionary Period. New York and London: Benjamin Blom, 1930.

Garafola 1988 — Garafola L. Looking Backward: Retrospective Classicism in the Twenties // Proceedings of the Eleventh Annual Conference, Society of Dance History Scholars, North Carolina School of the Arts, February 12–14, 1988. [Riverside]: Society of Dance History Scholars, 1988. P. 184–193.

Garafola 1989 — Garafola L. Diaghilev's Ballets Russes. New York; Oxford: Oxford University Press, 1989.

Gasparov 1992 — Gasparov B. The "Golden Age" and its Role in the Cultural Mythology of Russian Modernism // Cultural Mythologies of Russian Modernism: From the Golden Age to the Silver Age / ed. by B. Gasparov, R. P. Hughes, I. Paperno. Berkeley; Los Angeles: University of California Press, 1992. P. 1–18.

Geldern 1991 — Geldern J. The Ode as a Performative Genre // Slavic Review.1991.Vol. 50. № 4 (Winter). P. 927–939.

George 1928 — André George's review // Les Nouvelles litteraires. 1928. 16 June.

Georges-Michel 1927 — Michel Georges-Michel's interview with Diaghilev // Excelsior. 1927. 27 October.

Gheusi 1928 — Gheusi P.-B. Les ballets Russes // Figaro. 1928. 19 June.

Gilman 1938 — Gilman L. The Life and Death of a City // *New York Herald Tribune*. 1938. 9 January.

Giroud 2015 — Giroud V. *Nicolas Nabokov: A Life in Freedom and Music*. Oxford; New York: Oxford University Press, 2015.

Glad 1990 — *Literature in Exile* / ed. by J. Glad. Durham; London: Duke University Press, 1990.

Glebov 2017 — Glebov S. From Empire to Eurasia: Politics, Scholarship, and Ideology in Russian Eurasianism, 1920s–1930s. DeKalb: Northern Illinois Press, 2017.

Gojowy 1993 — Gojowy D. Arthur Lourié und der russische Futurismus. Laaber: Laaber–Verlag, 1993.

Golburt 2014 — Golburt L. The First Epoch: The Eighteenth Century and the Russian Cultural Imagination. Madison: University of Wisconsin Press, 2014.

Goldbeck 1936 — Goldbeck F. Arthur Lourié: "Concerto spiritual" // La Revue musicale. 1936. Vol. 17. № 167. July-August. P. 45–48.

Goleizovsky 1988 — Soviet Choreographers in the 1920s: Kasian Yaroslavich Goleizovsky // Dance Research Journal. 1988. Vol. *20.* № *2. Russian Issue. P. 9–22.*

Gousseff 2008 — Gousseff C. L'exil russe: La fabrique du refugie apatride (1920–1939). Paris: CNRS Editions, 2008.

Dumm 1964 — Dumm's review // American Music Teacher. 1964. Vol. 14. № 2. November–December. P. 36.

H. 1927 — H. The Bolshevist Ballet // The Saturday Review. 1927. 16 July.

H. A. S. 1927 — H. A. S. A Ballet of Imbecility and Ugliness: M. Diaghileff's New Effort // *The Westminster Gazette*. 1927. 5 July.

Haehl 1922 — Hahnemann S. Organon of the Art of Healing (1810) // Haehl R. Samuel Hahnemann: His Work / trans. M. L. Wheeler, W. Grundy: In 2 vols. London: Homoeopathic Publishing Company, 1922.

Hansen *1985* — Hansen R. C. *Scenic and Costume Design for the Ballets Russes* (Theater and Dramatic Studies № 30). Ann Arbor: UMI Research Press, 1985.

Hart 1937 — Hart A. Garret to Seller: Ambidextrous Vernon Duke Writes Jazz As Well As Concertos Because He Likes Caviar // New York World Telegram. 1937. 27 February.

Haskell, Nouvel *1955* — Haskell A., Nouvel W. *Diaghilev: His Artistic and Private Life*. London: Victor Gollancz Ltd, 1955.

Herbert *1998* — Herbert J. D. *Paris 1937: World on Exhibition*. Ithaca; London: Cornell University Press, 1998.

Holden *2010* — Holden S. The "Adventures and Battles" of Vladimir Dukelsky (a.k.a. Vernon Duke) // *American Music*. 2010. Vol. 28. № 3. P. 297–319.

Homans *2010* — Homans J. *Apollo's Angels: A History of Ballet*. New York: Random House, 2010.

Hughes *2007* — Hughes R. P. Pushkin and Russia Abroid // *The Cambridge Companion to Pushkin* / ed. by A. Kahn. Cambridge: Cambridge University Press, 2007. P. 178–182.

Huyssen *2005* — Huyssen A. Geographies of Modernism in a Globalized World // *Geographies of Modernism: Literatures, Cultures, Spaces* / ed. by A. Tacker, P. Brooker. London: Routledge, 2005. P. 6–19.

Jabara *2006* — Jabara M. C. A. Soviet Eye on France from the Rue de Grenelle in Paris, 1924–1940 // *Diplomacy & Statecraft*. 2006. Vol. 17. № 2. P. 295–346.

Johnson *1990* — Johnson R. Bakst on Classicism: "The Paths of Classicism in Art" // *Dance Chronicle*. 1990. Vol. 13. № 2. P. 170–192.

Joseph *2011* — Joseph C. M. *Stravinsky's Ballets*. New Haven and London: Yale University Press, 2011.

Kenez 2001 — *Kenez P. Cinema and Soviet Society from the Revolution to the Death of Stalin*. London; New York: I. B. Tauris Publishers, 2001.

Kepley *2003* — Kepley V. J. The End of St. Petersburg (KINOfiles Film Companion 10) / ed. by R. Taylor. London; New York: I. B. Tauris, 2003.

Khazan 2008 — Khazan V. Petersburg in the Poetry of the Russian Emigration // *Preserving Petersburg: History, Memory, Nostalgia* / ed. by H. Goscilo, S. M. Norris. Bloomington; Indianapolis: Indiana University Press, 2008. P. 115–141.

Kholopov 2007 — Kholopov Y. Why did Prokofiev write the "Classical Symphony"? // *Three Oranges Journal*. 2007. № 13. May. P. 10–14.

Kochno 1970 — Kochno B. *Diaghilev and the Ballets Russes* / trans. by A. Foulke. New York; Evanston: Harper & Row, Publishers, 1970.

Kochno, Luz 1954 — Kochno B., Luz M. *Le Ballet*. Paris: Hachette, 1954.

Kohler *2003* — Kohler G.-B. *Boris de Schloezer (1881-1969): Wege aus der russischen Emigration*. Bausteine zur Slavischen Philologie und Kulturgeschichte. Bd. 41. Köln: Böhlau, 2003.

Korabelnikova *2008* — Korabelnikova L. Z. *Alexander Tcherepnin: The Saga of a Russian Emigré Composer* / trans. by A. Winestein, ed. by S.-E. Hershman-Tcherepnin. Bloomington: Indiana University Pres, 2008.

Krenek 1993 — Krenek E. Musical Time // *Newsletter of the Ernst Krenek Archive. 1993.* Vol. 3. № 2–3. Winter-Spring. P. 11–13.

Labbé 1939 — *Exposition international des arts et techniques dans la vie modern (1937)* / éd. par M. E. Labbé. *Paris: Imprimerie nationale: 1939 (Rapport Général. Vol. 9).*

Laloy 1928 — Louis Laloy's review // *Comœdia*. 1928. 8 June.

Le Flem 1930 — Paul Le Flem's review // Comœdia. 1930. 17 February.

Leveillé 2013 — Leveillé A. "Slavic Charm and the Soul of Tolstoy": Russian Music in Paris in the 1920s // *Russian Émigré Culture: Conservatism or Evolution?* / ed. by C. Flamm, H. Keazor, R. Marti.Newcastle upon Tyne: Cambridge Scholars Publishing, 2013. P. 165–178.

Levidou 2008 — Levidou K. The Encounter of Neoclassicism with Eurasianism in Interwar Paris. PhD diss., Oxford University, 2008.

Levidou *2013* — Levidou K. Eurasianism in Perspective: Souvtchinsky, Lourié, and the Silver Age // *Russian Émigré Culture: Conservatism or Evolution?* / ed. by C. Flamm, H. Keazor, R. Marti. Newcastle upon Tyne: Cambridge Scholars Publishing, 2013. P. 203–228.

Levinson *1923a* — Levinson A. Le decor, la chorégraphie // *Comœdia*. 1923. 16 June.

Levinson *1923b* — Levinson A. La Danse. Où en sont les "Ballets russes" // *Comœdia*. 1923. 18 June.

Levinson *1927* — Levinson A. La Choreographie // *Comœdia*. 1927. 9 June.

Levinson *1928a* — Levinson A. Aux "Ballets Russes": Ode // *Candide*. 1928. 14 June.

Levinson *1928b* — Andre Levinson's review of Apollo // *Candide*. 1928. 21 June.

Levinson *1929* — Levinson A. La Danse d'aujourd'hui: etudes, notes, portraits. Paris: Editions Duchartre et Van Buggenhoudt, 1929.

Levitz *2012* — Levitz T. *Modernist Mysteries: Persephone*. Oxford: Oxford University Press, 2012.

Levitz *2013* — *Stravinsky and His World* / ed. by T. Levitz. Princeton; Oxford: Princeton University Press, 2013.

Leyda 1983 — Leyda J. *Kino: A History of the Russian and Soviet Film*. Princeton: Princeton University Press, 1983.

Lifar 1937 — *Exposition Pouchkine et son époque: Centenaire de Pouchkine. 1837–1937* / éd. par S. Lifar. Paris: [Imp. Coopérative Étoile], 1937.

Lifar 1970 — *Lifar S. Ma Vie: From Kiev to Kiev; An Autobiography / trans. by J. H. Mason*. New York; Cleveland: The World Publishing Company, 1970.

Livak 2003 — *Livak L. How It Was Done in Paris: Russian Émigré Literature and French Modernism*. Madison: University of Wisconsin Preis, 2003.

Livak 2018 — *Livak L. In Search of Russian Modernism*. Baltimore: Johns Hopkins University Press, 2018.

Lourié 1925 — Lourié A. La Sonate pour piano de Strawinsky // *La Revue musicale*. 1925. Vol. 6. № 10. 1 August. P. 100–104.

Lourié 1927 — Lourié A. Œdipus-Rex // *La Revue musicale*. 1927. Vol. 8. № 8. 1 June. P. 240–253.

Lourié 1928a — Lourié A. A propos de l'*Apollon* d'Igor Strawinsky // *Musique*. 1928. Vol. 1. P. 117–119.

Lourié 1928b — Lourié A. Neogothic and Neoclassic // *Modern* Music. 1928. Vol. 5. № 3. March-April. P. 3–8.

Lourié 1929–1930 — Lourié A. An Inquiry into Melody // Modern Music. 1929–1930. Vol. 7. № 1. December-January. P. 3–11.

Lourié 1930a — Lourié A. Le Capriccio de Strawinsky // *La Revue musicale*. 1930. Vol. 11. № 103. April. P. 353–355.

Lourié 1930b — Lourié A. Strawinsky a Bruxelles // *Cahiers de Belgique*. 1930. Vol. 3. December. P. 330–332.

Lourié 1931a — Lourié A. Perspectives de l'École Russe / trans. by H. Gourko // *La Revue musicale*. 1931. Vol. 12. № 117–118. July–August. P. 160–165.

Lourié 1931b — Lourié A. *Sergei* Koussevitzky and His Epoch: A Biographical Chronicle / *trans. by S. W.* Pring. New York: Alfred A. Knopf, 1931.

Lourié 1932 — Lourié A. The Russian School / trans. by S. W. Pring // *The Musical Quarterly*. 1932. Vol. 28. № 4. October. P. 519–529.

Lourié 1941a — Lourié A. Musing on Music // Musical *Quarterly*. 1941. Vol. 27. № 2. April. P. 235–242.

Lourié 1941b — Lourié A. Notes on the "New Order" // *Modern Music*. 1941. Vol. 19. № 1. November–December. P. 3–9.

Lourié 1954 — Lourié A. The Feasts of Plato and Pushkin // The *Third Hour*. 1954. Vol. 6. P. 25–29.

Lourié 1966 — Lourié A. *Profanation et Sanctification du Tempe*e Journal musical, Saint-Pétersbourg — Paris — New York. Paris: Desclée de Brouwer, 1966.

Maguire 1968 — Maguire R. A. *Red Virgin Soil: Soviet Literature in the 1920s*. Princeton: Princeton University Press, 1968.

Malherbe 1927 — Malherbe H. Chronique musicale // Le Temps. 1927. 15 June.

Malherbe 1928a — Henry Malherbe's review // Le Temps. 1928. 13 June.

Malherbe 1928b — Henry Malherbe's review of Apollo // Le Temps. 1928. 20 June.

Maritain 1943 — Maritain J. *Art and Poetry* / trans. by E. de P. Matthews. New York: Philosophical Library, 1943.

Marker 2009 — Marker G. Standing in St. Petersburg Looking West, Or, Is Backwardness All There Is? // *Republics of Letters: A Journal for the Study of Knowledge, Politics, and the Arts. 2009.*Vol. 1. № 1. 1 May. P. 1–12.

Martin 1931a — Martin J. Social Satire: Prokofiev's "Pas d'Acier" in a New Version To Be Given on Tuesday // *New York Times. 1931.* 19 April.

Martin 1931b — Martin J. Modernism: League of Composers Ballet Raises Art Problems Anew // *New York Times*. 1931. 26 April.

Martin 1932 — Martin J. Mexican Ballet in World Premiere: Cryptically Titled "H.P" Given by Philadelphia Grand Opera Company. Ballet Music by Chavez. Catherine Littlefield Directs Choreography — Dolinoff, Dancer, in American Debut // New York Times. 1932. 1 April.

Matich 2010 — Petersburg/Petersburg: *Novel and City, 1900–1921* / ed. by O. Matich. Madison: University of Wisconsin Press, 2010.

Messing 1988 — Messing S. Neoclassicism in Music: From the Genesis of the Concept through the Schoenberg/Stravinsky Polemic (Studies in Musicology № 101). Ann Arbor and London: UMI Research Press, 1988.

Messing 1991 — Messing S. Polemic as History: The Case of Neociassicism // Journal of Musicology 1991. Vol. 9. № 4. P. 481–497.

Meyer 2010 — Meyer F. Brückenschlag zur Vergangenh eit: Zu Arthur Lourié`s "*Concerto da camera*" // *Mitteilungen der Paul Sacher Stiftung.* 2010. Vol. 23. P. 26–32.

Milman 1829 — The Poetical Works of Milman, Bowles, Wilson, and Barry Cornwall. Paris: A. and W. Galignati, 1829.

Mirsky 1923 — Mirsky D. P. Pushkin // *The Slavonic Review*. 1923. Vol. 2. № 4. P. 71–84.

Mirsky 1928 — Mirsky D. P. Pouchkine (L'Oeuvre de Pouchkine) // Commerce. 1928. № 16. P. 83–87.

Mirsky 1989 — Mirsky D. P. *Uncollected Writings on Russian Literature* / ed. by G. S. Smith. Berkeley: Berkeley Slavic Specialties, 1989.

Monightetti *2013* — Baranova Monightetti T. Stravinsky's Russian Library // *Stravinsky and His World* / ed. by T. Levitz. Princeton; Oxford: Princeton University Press, 2013. P. 61–77.

Morrison 2002 — Morrison S. *Russian Opera and the Symbolist Movement*. Berkeley; Los Angeles: University of California Press, 2002.

Morrison 2009 — Morrison S. *The People's Artist: Prokofiev's Soviet Years*. Oxford: Oxford University Press, 2009.

Mouton 1931 — Mouton J. Review of the Concerto spiritual // Sept: *l'hebdomadaire du temps présent. 1931. 31 June*.

Mouton 1936 — Jean Mouton's review // Sept. 1936. 31 June.

Móricz 2008 — Móricz K. Decadent Truncation: Liberated Eros in Arthur Vincent Lourié's *"The Blackamoor of Peter the Great" // Cambridge Opera Journal*. 2008. Vol. 20. № 2. P. 181–213.

Móricz 2013 — Móricz K. *Symphonies* and *Funeral Games*: Lourié's Critique of Stravinsky's Neoclassicism // *Stravinsky and His World* / ed. by T. Levitz. Princeton; Oxford: Princeton University Press, 2013. P. 105–126.

Móricz, Morrison 2014 — *Funeral Games in Honor of Arthur Lourié* / eds. K. Móricz, S. Morrison. Oxford; New York: Oxford University Press, 2014.

Myers 1928 — Myers R. H. Some Thoughts Suggested by Stravinsky's «Avertissement»// *The Dominant*. 1928. March. P. 32–34.

Nabokov 1929 — Nabokov N. La vie et l'oeuvre de Serge Diaghilew // *La musique. 1929*. Vol. 3. № 2. November 15. P. 54–68.

Nabokov 1944 — Nabokov N. Stravinsky Now // *Partisan Review*. 1944. Vol. 11. № 3. P. 324–334.

Nabokov 1951 — Nabokov N. *Old Friends and New Music*. Boston: Little, Brown and Company, 1951.

Nabokov 1975 — Nabokov N. *Bagazh: Memoirs of a Russian Cosmopolitan*. New York: Atheneum, 1975.

Nabokov n.d. — Nabokov N. The Gracious Master (Typescript) <1970s> // Nicolas Nabokov Papers. Box 4. F. 68.

Nice 2003 — Nice D. *Prokofiev: From Russia to the West, 1891–1935*. New Haven; London: Yale University Press, 2003.

Nisnevich 2007 — Nisnevich A. V. The Silver Age and Its Echo: St. Petersburg Classicism at Home and Abroad 1897–1921. PhD diss., University of California, Berkeley, 2007.

Parker 1927 — P[arker] H. T. The Play, the Work: Music and Mining; Ballet Out of Life. Prokofiev's "Pas D'Acier" in London // *Boston Evening Transcript*. 1927. 23 July.

Pasler 1986 — *Confronting Stravinsky: Man, Musician, and Modernist* / ed. by J. Pasler. Berkeley; Los Angeles: University of California Press, 1986.

Pierre 1937a — Pierre A. Donnera-t-on le nom de Pouchkine a une rue de Paris? // Le Temps. 1937. 19 January.

Pierre 1937b — Pierre A. Ou sera la rue Pouchkine? // Le Temps. 1937. 6 February.

Platt, Brandenberger 2006 — *Epic Revisionism: Russian History and Literature as Stalinist Propaganda* / eds. K.M. F. Platt, D. Brandenberger. Madison: University of Wisconsin Press, 2006.

Pouterman 1937 — *Poushkine 1837–1937 / Textes recueillis* et *annotés par J.-E. Pouterman*. Paris: Editions Sociales Internationales, 1937.

Press 2006 — Press S. D. *Prokofiev's Ballets for Diaghilev*. Burlington: Ashgate, 2006.

Prokofiev 1991 — *Sergey Prokofiev: Soviet Diary 1927 and Other Writings / trans. and edited by* O. Prokofiev and C. Palmer. Boston: Northeastern University Press, 1991.

Prokofiev 1998 — *Selected Letters of Sergei Prokofiev* / trans. and ed. by H. Robinson. Boston: Northeastern University Press, 1998.

Prompter 1927 — The Prompter Theatre and Hall // Empire News. 1927. 10 July.

Pushkin 1933 — The Pushkin Centenary: Preparations in the USSR // *The Slavonic and East European Review*. 1933. Vol. 15. № 44. January. P. 309–327.

Pyman 1990 — Pyman A. The City as Myth: Petersburg in Russian Literature of the Silver Age // *Journal of European Studies*. 1990. № 20. P. 191–217.

Rabinowitz 2008 — Rabinowitz S. J. From the Other Shore: Russian Comment on Diaghilev's Ballets Russes // *Dance Research. 2008.*Vol. 27. № 1. P. 1–27.

Ramuz 1929 — Ramuz C. F. *Souvenirs sur Igor Strawinsky*. Lausanne; Paris: Librarie Gallimard / Editions Mermod, 1929.

Rey 1927 — Rey G. Igor Stravinsky nous parle du "duce" des muses // L'Intransiaent. 1927. 2 December.

Riviere 1913 — Riviere J. Le Sacre du Printemps // Nouvelle Revue Française. 1913. 1 November.

Roland-Manuel 1913 — Alexis Roland-Manuel's review of "The Rite" // Montjoie! 1913. № 9–10. 14–29 June. P. 13.

Rubins 2019 — Rubins M. A. Century of Russian Culture(s) "Abroad": The Unfolding of Literary Geography // *Global Russian* Cultures / ed. by K. M. F. Platt. Madison: University of Wisconsin Press, 2019. P. 21–47.

Sabaneyeff 1927a — Sabaneyeff L. *Modern Russian composers* / trans. by J. A. Joffe. New York: International Publishers, 1927.

Sabaneyeff 1927b — Sabaneyeff L. Musical Notes from Abroad: Russian Music in Paris // The *Musical Times.*1927. Vol. 68. № 1015. 1 August. P. 749–751.

Sabaneyeff 1927c — Sabaneyeff L. Three Russian Composers in Paris / trans. by S. W. Pring // The *Musical Times*. 1927. *Vol*. 68. № 1016. October. P. 882–884.

Sandler 2004 — Sandler S. *Commemorating Pushkin: Russia's Myth of a National Poet*.Stanford, CA: Stanford University Press, 2004.

Sayers 1999 — Sayers L.-A. "Le Pas d'acier" (1927): A Study in the Historiography and Reconstruction of Georges Jakulov's Set Design for Diaghilev's "Soviet Ballet": In 2 vols. Thesis, University of Bristol, 1999.

Sayers, Morrison 2004 — Sayers L.-A., Morrison S. Prokofiev's "*Le Pas d'Acier*": How the Steel Was Tempered // *Soviet Music and Society under Lenin and Stalin: The Baton and Sickle* / ed. by N. Edmunds. London; New York: RouledgeCurzon, 2004. P. 81–104.

Schaeffner 1928 — Schaeffner A. Theatre Sarah-Bernhardt. Ballets russes de Serge de Diaghilev, Ode de Nicolas Nabokoff // Le Menestrel. 1928. 15 June. P. 269.

Scheijen 2009 — Scheijen S. *Diaghilev: A Life* / trans. by J. Hedley-Prôle, S. J. Leinbach. London: Profile Books, 2009.

Schloezer 1923a — *Boris de* Schloezer's review // La revue contemporaine. 1923. February. P. 245–248.

Schloezer 1923b — Schloezer B. Igor Stravinsky // *La Revue musicale.1923*. Vol. 5. *№ 2*. 1 December. P. 97–141.

Schloezer 1925 — Schloezer B. Réflexions sur la musique: "La rançon du classicism" // *La Revue musicale.1925*. Vol. 6. *№ 8*. 1 June. P. 284–286.

Schloezer 1928 — Schloezer B. Chronique musicale ["Apollon Musagète" de Stravinsky] // *La Nouvelle Revue* française. 1928. Vol. 15, *№* 178 (1 July). P. 104–108.

Schloezer 1929a — Schloezer B. *Igor Stravinsky* // La musique modern / éd. par A. Coeuroy. Paris: Éditions Claude Aveline, 1929.

Schloezer 1929b — Schloezer B. Sur Stravinsky // *La Revue musicale.1929*. Vol. 10. *№ 4*. 1 February. P. 1–19.

Schloezer 1930a — Schloezer B. Réflexions sur la musique (Réponse aux critiques du *Stravinsky)* // La Revue musicale.1930. Vol. 11. *№ 101*. 1 February. P. 145–150.

Schloezer 1930b — Schloezer B. "*Sonate liturgique*" d'Arthur Lourié (Concerts Straram) // *La Revue musicale.1930*. Vol. 11. *№ 103*. April. P. 355–356.

Schloezer 1953a — Schloezer B. Igor Stravinsky: "*Le libertin*" ["The Rake's Progress"] [Classicism et neoclassicisme] // *La Nouvelle Revue française*. 1953. Vol. 1. *№* 9. September. P. 536–538.

Schloezer 1953b — Schloezer B. Alexander Scriabine // Musique Russe. Études réunies par Pierre Souvtchinsky. Vol. 2. Paris: Presses Universitaires de France, 1953. P. 229–248.

Schloezer 1987 — Schloezer B. *Scriabin: Artist and Mystic* / trans. by N. Slonimsky. Berkeley; Los Angeles: University of California Press, 1987.

Schloezer 2011 — Schloezer B. *Comprendre la musique: Contributions à La Nouvelle Revue française et à La Revue* musicale *(1921–1956)* / éd. par T. Picard. Rennes Cedex: Presses universitaires de Rennes, 2011.

Schlogel 2012 — Schlogel K. *Moscow, 1937* / trans. by R. Livingstone. Cambridge: Polity Press, 2012.

Scholl 1994 — Scholl T. From Petipa to Balanchine: Classical Revival and the Modernization of Ballet. London and New York: Routledge, 1994.

Schouvaloff 1997 — Schouvaloff A. The Art of Ballets Russes: The Serge Lifar Collection of Theater Designs, Costumes, and Painting at the Wadsworth Atheneum, Hartford, Connecticut. New Haven; London: Yale University Press, 1997.

Shanks 1927 — Shanks E. The Bolshevist Heresy. Review of *"The Mind and Face of Bolshevism"* by R. F. Miller (Putnam) // *The Saturday Review. 1927.* 16 July.

Smolkin-Rothrock 2010 — Smolkin-Rothrock V. The Voices of Silence: The Death and Funeral of Alexander Blok // Petersburg/Petersburg: Novel and City, 1900–1921 / ed. by O. Matich. Madison: University of Wisconsin Press, 2010.

Souvtchinsky 1939 — Souvtchinsky P. La Notion du Temps et la Musique (Réflexions sur la typologie de la création musicale) // *La Revue musicale. 1939. Vol. 20. № 191.* P. 70–80.

Souvtchinsky 1953a — Musique Russe. Études réunies par Pierre Souvtchinsky: In 2 vols. Paris: Presses Universitaires de France, 1953.

Souvtchinsky 1953b — Souvtchinsky P. Introduction: Domaine de la Musique Russe // Musique Russe. Études réunies par Pierre Souvtchinsky. Vol. 1. Paris: Presses Universitaires de France, 1953. P. 1–26.

Souvtchinsky 1958 — Souvtchinsky P. *Qui est Strawinsky? // Cahiers musicaux: Revue mensuelle des jeunesses musicales de Bruxelles. 1958. Vol. 3.* № 16. P. 7–14.

Souvtchinsky 2004 — Souvtchinsky P. *Un siècle de musique russe* (1830–1930): Glinka, Moussorgsky, Tchaikowsky, Strawin*sky et autre écrits, Strawinsky, Berg, Messian et Boulez* / éd. par F. Langlois. Arles: Actes Sud — Association Pierre Souvtchinsky, 2004.

Spotts 2008 — Spotts F. *The Shameful Peace: How French Artists* and Intellectuals Survived the Nazi Occupation. *New Haven; London: Yale University Press, 2008.*

Stravinsky 1923 — Stravinsky "Not Revolutionary". Composer of Les Noces Denies It Himself. Hates Progress; Says Music Is No Longer Servant of Ballet // Evening Standard. 1923. July 8.

Stravinsky 1924 — Stravinsky I. Some Ideas about my Octuor // *The Arts.* 1924. Vol. VI. № 1. January. P. 4–6.

Stravinsky 1927 — Stravinsky I. A Warning // *The Dominant.* 1927. December. P. 31–32.

Stravinsky 1928 — Pourquoi lon n'aime pas ma musique: Une interview d'Igor Stravinsky // Journal de Geneve. 1928. 14 November.

Stravinsky 1936 — Stravinsky I. *An Autobiography.* New York: W. W. Norton & Company, 1936.

Stravinsky 1947 — Stravinsky I. *Poetics of Music in the Form of Six Lessons /* trans. by A. Knodel, I. Dahl. New York: Vintage Books, 1947.

Stravinsky 1964 — Stravinsky I. Stravinsky Proposes: A Cure For V. D. // Listen: A Music Monthly. 1964. № 5. September–October. P. 1–2.

Stravinsky 1982–1985 — *Stravinsky: Selected Correspondence:* In 3 vols / ed. by R. Craft. New York: Alfred A. Knopf, 1982–1985.

Stravinsky 1984 — Stravinsky I. Some Ideas about my Octuor // *Music in the Western World: A History in Document /* ed. by P. Weiss, R. Taruskin. New York: Schirmer Books, 1984. P. 458–459.

Stravinsky, Craft 1960 — Stravinsky I., Craft R. *Memories and Commentaries.* Garden City: Doubleday, 1960.

Stravinsky, Craft 1962 — Stravinsky I., Craft R. *Expositions and Developments.* Garden City: Doubleday, 1962.

Stravinsky, Craft 1963 — Stravinsky I., Craft R. *Dialogues and a Diary.* Garden City: Doubleday, 1963.

Stravinsky, Craft 1966 — Stravinsky I., Craft R. *Themes and Episodes.* New York: Knopf, 1966.

Stravinsky, Craft 1969 — Stravinsky I., Craft R.*Retrospectives and Conclusions. New York: Knopf, 1969.*

Stravinsky, Craft 1982 — Stravinsky I., Craft R. *Dialogues.* Berkeley and Los Angeles: University of California Press, 1982.

Swift 2009–2010 — Swift M. The Petersburg Sublime: Alexander Benois and the *Bronze Horseman* Series (1903–1922) // *Germano-Slavica: A Canadian Journal of Literary, Linguistic and Cultural Perspectives.* 2009–2010. Vol. 17. P. 3–24.

Taruskin 1996 — Taruskin R. *Stravinsky and the Russian Traditions: A Biography of the Works Through "Mavra": In* 2 vols. Berkeley; Los Angeles: University of California Press, 1996.

Taruskin 2009 — Taruskin R. Back to Whom? Neoclassicism as Ideology // Taruskin R. *The Danger of Music and Other Anti-Utopian Essays.* Berkeley; Los Angeles: University of California Press, 2009. P. 382–405.

Taruskin 2010 — Taruskin R. *Oxford History of Western Music: In* 6 vols. Oxford; New York: Oxford University Press, 2010.

Taruskin 2014 — Taruskin R. Turania Revisited, with Lourié My Guide // *Funeral Games in Honor of Arthur Vincent Lourié* / ed. by K. Móricz, S. Morrison. Oxford; New York: Oxford University Press, 2014. P. 63–120.

Taruskin 2016a — Taruskin R. *Not Modern and Loving it* // Taruskin R. *Russian Music at Home and Abroad: New Essays.* Oakland: University of California Press, 2016. P. 120–134.

Taruskin 2016b — Taruskin R. Is There a "Russia Abroad" in Music? // Taruskin R. *Russian Music at Home and Abroad: New Essays.* Oakland: University of California Press, 2016. P. 140–161.

Taruskin 2016c — Taruskin R. Stravinsky's "*Poetics*" and Russian Music // Taruskin R. *Russian Music at Home and Abroad: New Essays.* Oakland: University of California Press, 2016. P. 361–365.

Taruskin 2016d — Taruskin R. Just How Russian Was Stravinsky? // Taruskin R. *Russian Music at Home and Abroad: New Essays.* Oakland: University of California Press, 2016. P. 428–471.

Taylor 1928 — T[aylor] H. P. Out of Spain, The Argentina and the Dance // Boston Evening Transcript. 1928. 14 July.

Taylor, Christie 1994 — *The Film Factory: Russian and Soviet Cinema in Documents 1896–1939* / eds. R. Taylor, I. Christie. London; New York: Routledge, 1994.

Toye 1928 — Francis Toye's review // The Morning Post. 1928. 14 July.

Tyler 1967 — Tyler P. *The Divine Comedy of Pavel Tchelitchew: A Biography.* London: Weidenfeld & Nicolson, 1967.

Veroli *2014* — Veroli P. Serge Lifar as a Dance Historian and the Myth of Russian Dance in "Zarubezhnaia Rossiia" (Russia Abroad) 1930–1940 // *Dance Research: The Journal of the Society for Dance Research.* 2014. Vol. 32. № 2. P. 105–143.

Vinteuil 1936 — Robert Vinteuil's review // Le Ménestrel. 1936. 19 June.

Vishnevetsky *2004* — Vishnevetsky I. The Birth of Chaos from the Spirit of Harmony: "*The End of St. Petersburg*" by Vladimir Dukelsky. *AION-Slav-*

istica. Annali dell' Universita degli Studi di Napoli. 2004. № 6: "L'Orientale". P. 243–277.

Volynsky *2008* — Volynsky A. *Ballet's Magic Kingdom: Selected Writings on Dance in Russia, 1911–1925* / trans. by S. J. Rabinowitz. New Haven; London: Yale University Press, 2008.

W. M. — W. M. Factory Life Ballet: Music and Machinery // The Daily Mail. 1927. 5 July.

Walsh 1999 — *Walsh S. Stravinsky: A Creative Spring: Russia and France, 1882–1934. New York: Alfred A. Knopf, 1999.*

Walsh 2006 — *Walsh S. Stravinsky: The Second Exile: France and America 1934–1971. New York: Alfred A. Knopf, 2006.*

Wellens 2002 — *Wellens I. Music on the Frontline: Nicolas Nabokov's Struggle Against Communism and Middlebrow Culture. Burlington: Ashgate Publishing Company, 2002.*

White 1966 — White E. W. *Stravinsky: The Composer and His Works.* Berkeley; Los Angeles: University of California Press, 1966.

Willke 2001 — *Willke H. Atopia: Studien zur atopischen Gesellschaft. Frankfurt: Suhrkamp, 2001.*

Zelensky 2019 — *Zelensky N. Performing Tsarist Russia in New York: Music, Émigrés, and the American Imagination. Bloomington: Indiana University Press, 2019.*

Предметно-именной указатель

коммунизм 113, 119, 179, 246,
256, 270, 295, 307; см. также
большевизм; идеология
Конец Санкт-Петербурга,
оратория Дукельского В. А. 44,
47–111, 173, 197
ностальгия 70–85;
Петербургский миф 64–67
Петербургский синдром 67–70
советский триумфализм 44,
50, 52, 54
финал на стихи Маяковского
50–52, 71, 76, 106
концерты 25–33, 40, 52, 57, 62, 63,
73, 77, 102, 109, 111, 121, 123,
124, 129, 130, 182, 191, 192, 196,
217, 242, 248, 272, 273–277, 308,
315, 316, 318, 319, 376
Котон А. В. (Coton A. V.) 209
Кохно Борис Егеньевич 59, 112,
119, 121, 127, 134, 147, 148, 192,
206–208, 210, 213, 214, 216, 277
Красин Борис Борисович
115, 129
Красная новь, журнал 15
Крафт Роберт (Craft Robert) 233,
364, 366–369, 371, 387
Кузмин Михаил Алексеевич 49,
71–73
Осенние озера 71
Кулидж Элизабет Спрэг
(Coolidge Elizabeth Sprague)
222, 223
Кусевицкий Сергей Александро-
вич 11, 27–30, 32, 40, 58, 71,
98–100, 102, 106, 110, 111, 120,
130, 138, 308, 309, 311–314, 323,
364, 374–376
Кшенек Эрнст (Křenek Ernst) 382

Ладинский Антонин Петро-
вич 68
Ланг Фриц 160
Метрополис 160
Лангер Валериан Платонович 284
Ларионов Михаил Федорович
115, 116, 122, 148
Левинсон Андрей Яковлевич,
Левинсон Андре (Levinson
André) 153, 194, 215–218, 252,
254, 255
Левиц Тамара (Levitz Tamara) 240
Лекок Шарль (Lecocq Charles) 116
Жирофле-Жирофля 116,
117, 148
либретто 127–131, 136, 216, 324,
326, 354
Ливак Леонид (Livak Leonid) 15,
16, 19, 22, 23
Лига композиторов (Нью-Йорк)
173, 177
Лифарь Сергей Михайлович,
Лифарь Серж (Lifar Serge) 59,
102, 115, 154, 189, 192, 212, 213,
215, 224, 225, 232, 251, 256, 267,
269–286, 296, 297, 304, 307,
320–323, 327
Л. в Зефире и Флоре 102
Л. в Оде Набокова 192, 212,
213, 215
Л. в организации Пушкинских
торжеств 102, 267, 269–286,
Л. в Стальном Скоке 154
Л. как Аполлон 224, 227,
232, 256
Л. как хореограф Пира во
время чумы Лурье 320–
323, 327
Наш Пушкин 294–297

Оглавление

Научное издание

Клара Мориц
НА ОРБИТЕ СТРАВИНСКОГО
Русский Париж и его рецепция модернизма

Директор издательства *И. В. Немировский*
Ответственный редактор *И. Белецкий*
Куратор серии *К. Тверьянович*
Заведующая редакцией *О. Петрова*

Дизайн *И. Граве*
Редактор *А. Пахомова*
Корректоры *А. Филимонова, Е. Гайдель*
Верстка *Е. Падалки*

Подписано в печать 29.09.2022.
Формат издания 60 × 90 $^1/_{16}$. Усл. печ. л. 27,5.
Тираж 300 экз.

Academic Studies Press
1577 Beacon Street, Brookline, MA 02446 USA
https://www.academicstudiespress.com

ООО «Библиороссика».
190005, Санкт-Петербург, 7-я Красноармейская ул., д. 25а

Эксклюзивные дистрибьюторы:
ООО «Караван»
ООО «КНИЖНЫЙ КЛУБ 36.6»
http://www.club366.ru
Тел./факс: 8(495)9264544
e-mail: club366@club366.ru

Книги издательства можно купить
в интернет-магазине: www.bibliorossicapress.com
e-mail: sales@bibliorossicapress.ru

12+

Знак информационной продукции согласно
Федеральному закону от 29.12.2010 № 436-ФЗ

www.ingramcontent.com/pod-product-compliance
Lightning Source LLC
Chambersburg PA
CBHW070405100426
42812CB00005B/1643